개념 잡는 데이터 분석 with 머신러닝

Data Analysis with Machine Learning

장은실 · 양숙희 · 오경선 지음

배움터

개념 잡는 데이터 분석 with 머신러닝

초판발행 2023년 2월 15일
제1판2쇄 2024년 3월 6일

지은이 | 장은실, 양숙희, 오경선

펴낸이 | 김민수
펴낸곳 | (도서출판)배움터 / **주소** 경기도 파주시 광인사길 143
출판사 등록일 | 2005년 1월 31일 / **신고번호** 제406-4060000251002005000003호
대표전화 | (031)955-7990 / **팩스** (031)955-0768
홈페이지 | www.booksr.co.kr

책임편집 | 이종무 / **편집** 신성민, 김민보, 유제훈 / **디자인** 유준범, 표혜린
마케팅 | 최복락, 심수경, 차종필, 백수정, 송성환, 최태웅, 명하나, 김민정
인쇄 | 천일문화사
제본 | 일진제책사

ISBN 978-89-89383-08-6 93000
정가 27,000원

머리말

우리가 살고 있는 이 시대는 무한 경쟁 사회이며, 개인, 기업, 국가 모두가 경쟁력 강화를 위해 기술 발전에 힘쓰고 있다. 개인의 능력, 산업기술 보유, 국가 핵심기술 보유를 위해 지속적으로 노력하고 있는 것이다. 집중하고 있는 IT 분야의 핵심기술로는 인공지능, 데이터 분석, 블록체인, AR/VR, 클라우드 컴퓨팅, 자율 주행차, 나노 기술 등이 해당된다. 특히나 인공지능과 데이터 분석은 산업, 금융 등의 다양한 분야에서 고객의 니즈 파악과 보다 정확한 서비스를 위해 활용되고 있다. 이는 모든 분야에서 보편적인 도구로써 인공지능이나 데이터 분석 기술이 필요하다는 것이다.

즉, 의학, 금융 서비스, 비즈니스 인텔리전스 분야 등에서 데이터 분석 기술은 핵심 투자 집중 영역의 다양한 형태로 진화하고 있다. 이에 인공지능 및 데이터 분석 기술을 보다 쉽게 활용할 수 있도록 다양한 형태의 도구들이 생겨나고 있지만, 아직은 파이썬 언어를 이용한 인공지능이나 데이터 분석 기술 활용이 가장 쉽게 접근할 수 있는 방법 중의 하나이다.

본 교재는 이 같은 현시대의 수요를 반영하여 대학에서 교양 수준으로 머신러닝을 통한 데이터 분석을 누구나 쉽게 활용할 수 있도록 진입장벽을 낮추는 것에 초점을 두고 집필하였다. 데이터 분석이 무엇인지, 어떻게 하는 것인지 살펴보고, 데이터 분석을 위한 파이썬 언어에 대한 핵심 문법, 넘파이, 판다스, 시각화 라이브러리에 대하여 학습한다. 이후 네이버 트렌드, 행복지수, 날씨, 쇼핑몰, 드라마, 뉴스 등의 공공 데이디를 활용하여 데이터를 분석하고 머신러닝으로 예측 및 분류할 수 있는 미니 프로젝트를 다룬다.

머신러닝을 활용한 데이터 분석 기술을 보편적인 도구로써 누구나 쉽게 활용할 수 있는 그날까지 저자들은 끊임없이 고군분투할 것이다. 모쪼록 이 교재를 접한 모든 독자가 자신감을 가지고 데이터 분석에 대한 도전의 첫 단추가 잘 끼워지기를 기대한다.

끝으로 본 교재를 집필하는 동안 진심을 다하여 적극적으로 협조해주신 집필진분들께 감사의 말씀을 드리며, 책을 출간하기까지 애써주신 (도서출판)배움터에도 감사함을 전한다.

2023년 1월

저자 장은실, 양숙희, 오경선

이 책의 구성과 특징

이 책은 전공과 상관없이 데이터 분석을 쉽게 배울 수 있는 입문서이다. 데이터 분석을 위한 도구는 많지만, 상대적으로 배우기 쉬운 파이썬을 이용하여 데이터 분석 방법에 대하여 설명한다.

이 책의 특징

- 데이터 분석을 처음 배우는 학습자도 이해하기 쉽게 내용을 구성하였다.
- 데이터 분석을 위한 파이썬 언어의 핵심 문법, 넘파이, 판다스, 시각화 라이브러리에 대하여 다룬다.
- 다양한 주제의 공공 데이터를 활용한 머신러닝 기반의 데이터 분석 미니 프로젝트를 구성하였고, 상황에 맞는 분석 기법을 선정하여 파이썬으로 다양한 형태를 분석할 수 있도록 하였다.

이 책의 구성

본 교재는 크게 3개 분야로 구성되어 있는데, Part 01. Why는 빅데이터 분석에 대한 개요를 다루고, Part 02. What은 데이터 분석에 필요한 파이썬 핵심 문법과 관련 라이브러리에 대하여 학습한다. Part 03. How는 다양한 주제의 데이터 분석 미니 프로젝트를 통해 머신러닝을 이용한 데이터 분석을 실습한다.

강의 계획은 중간고사와 기말고사를 포함하여 15주로 구성하였다. 파이썬에 대한 프로그래밍 경험이 없는 학습자를 위해 2장에서 파이썬 핵심 문법을 다루었으나 학습자의 수준에 따라 융통성 있게 내용의 폭과 깊이를 조절하여 진행하면 좋을 것이다.

강의 계획안

이 책은 프로그래밍 경험이 없는 학습자를 위해 파이썬 핵심 문법을 별도의 챕터로 구성하고 있기 때문에 주당 2~3시간 정도를 기준으로 했을 때 학습 수준에 따라 다음과 같이 기초(★)와 기본(★★★)으로 구분하여 진행할 수 있다.

<table>
<tr><th colspan="5">학습 진도표</th></tr>
<tr><td>학습 수준</td><td colspan="2">기초 (★☆☆☆☆)</td><td colspan="2">기본 (★★★☆☆)</td></tr>
<tr><td colspan="5">PART 01. Why – 빅데이터 분석과 머신러닝</td></tr>
<tr><td>1주</td><td>1장</td><td>빅데이터 분석과 머신러닝</td><td>1장</td><td>빅데이터 분석과 머신러닝</td></tr>
<tr><td colspan="5">PART 02. What – 빅데이터 분석에 필요한 파이썬 문법과 라이브러리</td></tr>
<tr><td>2주</td><td rowspan="2">2장</td><td rowspan="2">파이썬 핵심 문법</td><td>2장</td><td>파이썬 핵심 문법</td></tr>
<tr><td>3주</td><td rowspan="2">3장</td><td rowspan="2">판다스 라이브러리의 개요</td></tr>
<tr><td>4주</td><td rowspan="2">3장</td><td rowspan="2">판다스 라이브러리의 개요</td></tr>
<tr><td>5주</td><td>4장</td><td>시각화 라이브러리 I</td></tr>
<tr><td>6주</td><td>4장</td><td>시각화 라이브러리 I</td><td>5장</td><td>시각화 라이브러리 II</td></tr>
<tr><td>7주</td><td>5장</td><td>시각화 라이브러리 II</td><td>6장</td><td>빅데이터 분석 관련 라이브러리 종합 실습</td></tr>
<tr><td>8주</td><td colspan="4">중간고사</td></tr>
<tr><td colspan="5">PART 03. How – 머신러닝을 이용한 빅데이터 분석 실습</td></tr>
<tr><td>9주</td><td>7장</td><td>데이터 다듬기</td><td>7장</td><td>데이터 다듬기</td></tr>
<tr><td>10주</td><td>8장</td><td>행복지수 데이터 관계성 찾기</td><td>8장</td><td>행복지수 데이터 관계성 찾기</td></tr>
<tr><td>11주</td><td>9장</td><td>날씨 데이터 예측하기</td><td>9장</td><td>날씨 데이터 예측하기</td></tr>
</table>

학습 진도표

주	장	내용	장	내용
12주	11장	드라마 분류하기	10장	클러스터링을 활용한 쇼핑몰 회원 관리
13주			11장	드라마 분류하기
14주	12장	텍스트로 읽는 세상	12장	텍스트로 읽는 세상
15주	기말고사			

차례

PART 1 WHY - 빅데이터 분석과 머신러닝

CHAPTER 1 빅데이터 분석과 머신러닝

1.1 빅데이터 분석의 이해 **18**
(1) 빅데이터 분석의 정의 19
(2) 빅데이터 분석의 필요성 21

1.2 빅데이터 분석 처리 과정 **23**
(1) 문제 해결의 목적 정의 24
(2) 데이터 수집 25
(3) 데이터 전처리와 정형화(탐색적 분석) 27
(4) 머신러닝 모델 적용 29
(5) 학습 모델 평가 30

1.3 빅데이터 분석과 머신러닝과의 관계 **31**
(1) 지도학습 32
(2) 비지도학습 32
(3) 강화 학습 33
(4) 기타 34

연습 문제 **35**

PART 2 WHAT - 빅데이터 분석에 필요한 파이썬 문법과 라이브러리

CHAPTER 2 파이썬 핵심 문법

2.1 코랩 환경 **40**
(1) 코랩 기본 사용법 40

2.2 변수 **48**
(1) 변수의 개념 48

(2) 변수의 특징 48
(3) 변수 생성 및 규칙 49
2.3 연산자 51
(1) 산술 연산자 51
(2) 대입 연산자 51
(3) 비교 연산자 52
(4) 논리 연산자 53
(5) 문자열 연산자 53
2.4 표준 입 · 출력 54
(1) 표준 입력 54
(2) 표준 출력 56
2.5 컬렉션 자료형 60
(1) 컬렉션 자료형 개념과 필요성 60
(2) 리스트(list) 60
(3) 튜플(tuple) 64
(4) 딕셔너리(dictionary) 66
(5) 세트(set) 69
2.6 리스트 내포 71
(1) 리스트 내포 처리 과정 71
2.7 선택문 73
(1) 파이썬 선택문의 개요 74
(2) 조건식 74
(3) if / if~else 75
(4) if~elif / if~elif~else 76
2.8 반복문과 기타 제어문 77
(1) 파이썬 반복문 개요 78
(2) for 문 78
(3) while 문 79
(4) 기타 제어문 81
2.9 함수 81
(1) 함수란? 81

(2) 내장 함수 82
(3) 사용자 정의 함수 85
(4) 람다(lambda) 함수 86
연습 문제 90

CHAPTER 3 판다스 라이브러리의 개요

3.1 판다스 데이터의 구조 이해 100
(1) 시리즈 101
(2) 데이터프레임 101
3.2 데이터프레임 객체 생성하기 102
(1) 데이터프레임 직접 생성하기 103
(2) 외부 데이터 이용하기 103
3.3 데이터 확인하기 106
(1) 데이터프레임 만들기 107
(2) 변수 속성 파악하기 108
(3) 데이터 앞부분/뒷부분 확인하기 109
(4) 데이터 요약 통계량 출력하기 110
(5) 데이터 행/열 크기 확인하기 112
(6) 데이터 인덱스/칼럼 명 확인하기 113
(7) 데이터 타입 확인하기 113
(8) 데이터 정렬하기 114
(9) 데이터 빈도수 구하기 117
(10) 데이터 고윳값 구하기 117
3.4 데이터 선택하기 118
(1) 칼럼(열) 선택하기 118
(2) 레이블이나 조건 표현으로 선택하는 방법: loc[] 121
(3) 불 인덱싱 123
3.5 데이터 가공 및 그룹핑 126
(1) 칼럼 삭제 126
(2) 칼럼 이름 변경 128
(3) 칼럼 생성 129

(4) 데이터 그룹핑 130

3.6 결측 데이터 처리하기 131

(1) 결측 데이터 확인 133

(2) 결측 데이터 삭제하기 134

(3) 결측 데이터 최빈값으로 대체하기 136

(4) 결측 데이터 평균값으로 대체하기 137

연습 문제 138

CHAPTER **4** **시각화 라이브러리 I**

4.1 데이터 시각화의 이해 148

(1) 데이터 시각화의 장점 148

(2) 데이터 시각화의 활용 사례 151

(3) 파이썬으로 하는 데이터 시각화 154

4.2 맷플롯립 라이브러리 155

(1) 시각화 옵션 156

(2) 선 그래프 161

(3) 막대 그래프 166

(4) 산점도 그래프 171

(5) 히스토그램 174

(6) 상자수염(Box Plot) 그래프 177

연습 문제 181

CHAPTER **5** **시각화 라이브러리 II**

5.1 시본 라이브러리의 개요 188

5.2 시본 라이브러리 191

(1) 데이터 시각화 준비하기 191

(2) 시본 막대 그래프 194

(3) 시본 산점도 그래프 198

(4) 시본 히스토그램 203

(5) 시본 상자수염(Box Plot) 그래프 205
(6) 카운트 플롯(Count Plot) 그래프 208
(7) 바이올린 플롯(Violin Plot) 그래프 209
(8) 시본 히트맵(Heat Map) 그래프 211
(9) 다중 플롯 그리드 그래프 215
연습 문제 220

CHAPTER 6 **빅데이터 분석 관련 라이브러리 종합 실습**
6.1 한국 드라마 TOP 100 데이터 분석하기 230
(1) 데이터 확인하기 231
(2) 데이터 선택하기 238
(3) 데이터 가공 및 그룹핑 242
(4) 데이터 시각화 246
연습 문제 251

PART 3 **HOW - 머신러닝을 이용한 빅데이터 분석 실습**
CHAPTER 7 **데이터 다듬기**
7.1 머신러닝 단계 258
7.2 탐색적 데이터 분석 260
(1) 원본 데이터 관찰 260
(2) 요약통계값 확인 261
(3) 시각화 264
7.3 전처리 방법 269
(1) 데이터 타입의 변환 269
(2) 결측치 처리 269
(3) 이상치 처리 273
7.4 제로콜라와 기온 속성 간에는 관련이 있을까? 274
(1) 문제 정의 274
(2) 데이터 속성 설명 275

(3) 원본 데이터 관찰하기 275
(4) 요약 통계값 확인하기 277
(5) 전처리하기 278
(6) 시각화로 표현 278
(7) 상관관계 확인하기 280

7.5 데이터 탐색과 전처리 실습 281
(1) 문제 정의 281
(2) 데이터 속성 설명 282
(3) 원본 데이터 관찰하기 282
(4) 요약 통계값 확인 284
(5) 시각화로 표현 290

연습 문제 306

CHAPTER 8 행복지수 데이터 관계성 찾기

8.1 [상관분석] 행복지수 데이터 분석하기 315
(1) 데이터 확인과 가공하기 315
(2) 데이터 분석과 시각화 318

8.2 [연관분석] 장바구니 분석하기 331
(1) 연관분석의 개념 이해 331
(2) 연관분석의 필요성 332
(3) 연관분석의 예제 333

연습 문제 340

CHAPTER 9 날씨 데이터 예측하기

9.1 회귀분석의 개념 348
(1) 회귀분석의 개념 이해 348
(2) 기업의 회귀분석 활용 사례 349
(3) 단순선형회귀와 다중선형회귀 350

9.2 [회귀분석] 날씨 데이터 분석하기 353

(1) 데이터셋 정보 353
(2) 데이터필드의 이해 354
(3) 데이터 확인과 가공하기 354
(4) 회귀분석 예제 360
연습 문제 **371**

CHAPTER 10 클러스터링을 활용한 쇼핑몰 회원 관리

10.1 클러스터링 **382**
(1) K-Means 383
(2) Hierarchical clustering 389
10.2 클러스터링을 활용한 쇼핑몰 회원 세분화 **395**
(1) 데이터 읽기 395
(2) 데이터 탐색 398
(3) K-means를 이용한 군집화 405
(4) Hierarchical clustering을 이용한 군집화 415
연습 문제 **424**

CHAPTER 11 드라마 분류하기

11.1 K-최근접 이웃 **432**
(1) K-최근접 이웃의 원리 432
(2) class sklearn.cluster.KNeighborsClassifier 모델 사용 방법 434
(3) k의 수 436
(4) 표준화 작업 442
11.2 K-NN을 이용한 인기 영화 분류하기 **446**
(1) 데이터 읽기 447
(2) 데이터 탐색 450
(3) 훈련 데이터와 테스트 데이터 나누기 455
(4) K-NN을 이용한 분류 456
11.3 K-NN을 이용한 농구 선수 분류하기 **458**

(1) 데이터 읽기 459
(2) 데이터 탐색 461
(3) 경력별 선수의 특징 462
(4) 훈련 데이터와 테스트 데이터 나누기 463
(5) K-NN을 이용한 분류 463

연습 문제 466

CHAPTER 12 **텍스트로 읽는 세상**

12.1 자연어 처리 474
(1) 토큰화 474
(2) 토큰화 실습 480

12.2 워드클라우드 482
(1) 라이브러리 설치하기 482
(2) 한글 글꼴 설치 483
(3) 텍스트 가져오기 484
(4) 품사 태깅하기 484
(5) 동일한 단어의 빈도수 구하기 486
(6) wordcloud 생성 487
(7) matplotlib으로 시각화하기 488

12.3 자연어 처리 실습 488
(1) 뉴스기사로 워드클라우드 만들기 488

연습 문제 497

참고문헌 502
찾아보기 503

PART

1 WHY

빅데이터 분석과 머신러닝

빅데이터 분석과 머신러닝

1

1.1 빅데이터 분석의 이해

1.2 빅데이터 분석 처리 과정

1.3 빅데이터 분석과 머신러닝과의 관계

학습목표

- 빅데이터 분석이 무엇인지 알고 필요성에 대하여 설명할 수 있다.
- 빅데이터 분석 처리 과정에 대하여 설명할 수 있다.
- 빅데이터 분석과 머신러닝과의 관계를 설명할 수 있다.

CHAPTER

1 빅데이터 분석과 머신러닝

정보통신과 첨단 기술의 발전은 하루에도 엄청난 데이터가 만들어지고 공유되도록 하고 있다. 더불어 하드웨어의 발전은 PC에서 태블릿, 스마트폰에 이르기까지 다양한 전자기기를 통해 정보를 손쉽게 만들어 내었고, 유 · 무선 인터넷 및 통신 기술의 발전으로 전 세계 사람들이 터치나 클릭만으로 순식간에 정보를 주고받을 수 있는 시대가 되었다. 이렇게 만들어진 수많은 데이터는 있는 그 자체로는 유용한 데이터가 아닐 수도 있다. 그러나 데이터 분석 기술을 이용하여 약간의 노력을 기울인다면 다양한 분야에서 유용한 정보로 재생산될 수 있다.

1.1 빅데이터 분석의 이해

현대사회는 순식간에 엄청난 데이터가 생겨나고 있다. 눈을 뜨기 시작해서 잠들기 전까지 자의가 아니더라도 수많은 데이터가 생성된다. 집 밖으로 나오기만 해도 촬영되는 CCTV 및 블랙박스 영상 데이터에서 대중교통 이용 기록들, 음악 재생 정보, SNS 게시물이나 동영상 재생 정보 및 댓글 데이터 등이 해당된다. 스스로가 직접 만든 데이터도 있지만, 편의시설을 이용하게 되면서 남는 이용 기록, CCTV 촬영 데이터는 본인의 의지와 상관없이 만들어지는 데이터이다.

이러한 데이터는 주어진 조건에 따라 수집, 계산과 비교, 분석, 표현, 공유 및 평가되어 활용 가치가 높은 정보가 된다. 예를 들어, 근육질의 건강한 몸매를 만들기 원한다면 적절한 식단 조절과 운동을 병행해야 한다. 건강을 해치지 않으면서 할 수 있는 식사 조절 방법, 오랫동안 지속할 수 있는 운동 방법 등에 대하여 기록, 계산, 분석 등을 하고 적용해야 건강한 몸매를 만들 수 있을 것이다.

전문 트레이너에 의해 관리 받으면서 제한된 식단과 운동을 성실히 실천했지만, 근육량 증가와 체지방 감소와는 다르게 역효과의 결과가 나타날 수 있다. 그렇다면 무엇이 잘못되었는지 원인을 찾아 바로 잡아야 한다. 잘못 측정된 데이터나 무리한 목표 기준이 원인이 될 수 있다. 역효과의 결과가 나타나는 동안 누적된 데이터들은 새로운 목표 기준을 세우기 위한 기초 자료가 될 것이고, 원하는 목표에 도달할 때까지 유용한 데이터로 사용될 것이다.

이와 같이 데이터를 수집, 비교, 분석, 표현하여 새로운 정보를 얻어내거나 예측하기 위한 과정을 빅데이터 분석이라고 한다. 빅데이터 분석은 전문 분야에서만 사용되는 것이 아니다. 근육질의 건강한 몸매를 만들기 위한 예처럼 우리는 일상생활에서도 의도했든 의도하지 않았든 끊임없이 기록, 비교, 분석, 표현하면서 빅데이터 분석을 하고 있었을 것이다. 이러한 일상생활을 좀 더 확대한 것이 빅데이터 분석 또는 데이터 분석이라고 한다. 이 장에서는 빅데이터 분석은 무엇이고 왜 필요한지, 데이터 분석 처리 과정은 어떻게 되는지에 대하여 알아보고, 빅데이터 분석과 머신러닝과의 관계에 대하여도 살펴본다.

(1) 빅데이터 분석의 정의

데이터(data)란 사실(fact)을 표현한 것으로써 숫자, 문자, 이미지, 오디오, 동영상 등의 형식으로 나타낸 모든 것을 의미한다. 데이터는 필요에 따라 정보(information)가 될 수 있다. 예를 들어, 근육질의 건강한 몸매를 만들기 원하는 사람이 있다면, 현재

자신의 근육량, 체지방량, 즐겨하는 운동, 식단 데이터는 유용한 기초 정보가 될 것이다. 그러나 건강한 몸매를 위해 운동과 식단을 정해야 할 경우, 단순히 근육량과 체지방량 정보만으로 쉽게 결정하지는 않을 것이다. 즉, 목표에 따라 수집된 데이터를 종합적으로 기록하고 필요한 계산과 비교 등의 과정을 거쳐 활용 가치가 있는 정보를 도출해 내는데 이러한 작업을 빅데이터 분석이라고 한다.

① **빅데이터 분석**(Big Data analysis): 문제 해결 또는 인사이트 도출을 위한 목적으로 데이터 수집, 전처리 및 정형화, 분석과 표현을 하는 과정이다. 빅데이터 분석은 여러 가지 접근 방식이 있으며, 다양한 기술을 조합하여 경제, 과학, 사회과학 등 다양한 분야에서 활용되고 있다. 오늘날 비즈니스 분야에서 빅데이터 분석은 의사 결정을 더욱더 과학적이고 효율적으로 할 수 있도록 도와주는 중요한 도구이다.

정확한 빅데이터 분석을 위해서는 데이터의 특징이나 상태가 매우 중요하다. 이와 같은 데이터의 특징을 정리하면 다음과 같다.

표 1-1 빅데이터 분석을 위한 데이터의 특징

데이터의 특징	설명
문제 해결 또는 인사이트 도출을 위한 데이터	빅데이터 분석은 문제 해결이나 개선 방안을 찾기 위함이다. 목적에 맞지 않은 데이터는 오히려 빅데이터 분석에 방해가 된다. 예를 들어, 근육질의 건강한 몸매를 만들기 위해 학력이나 정치 성향 정보는 필요하지 않다. 상관없는 데이터는 빅데이터 분석을 복잡하게 만들기 때문에 반드시 필요한 데이터인지를 잘 판단해야 한다.
정확한 수치 데이터	빅데이터 분석을 위해서는 수집한 데이터가 정확한 수치 데이터여야 하고 그 수치 표현 형식도 일관되어야 한다. 예를 들어, 10년 전에 측정한 체중을 킬로그램(kg)이나 파운드(lb) 단위를 혼용해서 작성한다면 빅데이터 분석 과정에서 오류나 복잡한 상황이 발생할 것이다. 빅데이터 분석을 위한 데이터는 정확하고 일관되어야 결과도 정확하다.
적당한 양의 데이터	빅데이터 분석을 할 때 데이터가 너무 적으면 한쪽으로 편향된 결과가 나타나 문제 해결 및 인사이트 도출에 적절하지 않은 정보를 제시할 수도 있다. 반면 데이터가 너무 많으면 복잡하고 데이터 자체의 가치와 일관성이 떨어질 수도 있다. 빅데이터 분석을 위해서는 적당한 양의 데이터가 필요한데, 적당한 양의 기준은 빅데이터 분석 목적에 따라 결정된다.

(2) 빅데이터 분석의 필요성

근육질의 건강한 몸매를 만들기 원하면서 식사량만 줄인다면 체중과 함께 근육량도 함께 감소되어 근육질의 건강한 몸매를 만들기 어려울 것이다. 근육질의 건강한 몸매를 원한다면 자신의 몸 상태에 따라 적절한 운동을 선택하고 식습관 등을 점검하여 개선해야 할 것이다. 또한, 근육질의 건강한 몸매를 만드는 동안에는 매일 규칙적으로 운동과 식단을 관리하면 자연스럽게 건강한 생활 습관을 갖게 될 것이다.

이처럼 빅데이터 분석은 문제 해결이나 인사이트 도출을 위해 데이터만 있으면 되는 것이 아니라 문제의 핵심을 제대로 파악해야 한다. 문제를 정확하게 파악하기 위해서는 문제 상황을 구성하는 데이터에서 정보를 얻는 것이 가장 좋다. 문제의 핵심을 파악한 후에는 문제 해결 또는 인사이트 도출의 목적을 정의하고 그 목적 달성을 위해 필요한 데이터를 수집한다. 수집한 데이터에서 필요한 적당한 양의 데이터를 선별하여 분석을 실행한다면 만족스러운 문제 해결 또는 인사이트를 도출할 수 있다. 만약 분석을 실행하는 도중에 문제가 발생한다면 분석을 통해 얻은 정보를 이용하면 문제에 대한 대처가 가능할 것이다. 이와 같은 빅데이터 분석의 필요성을 정리하면 다음과 같다.

① 빅데이터 분석의 필요성

- 문제 상황을 정확히 파악할 수 있다.
- 문제 해결 및 인사이트 도출을 위한 목적을 정확히 정의할 수 있다.
- 목적에 따라 효율적인 방안을 제시할 수 있다.
- 만족스러운 결과가 도출될 때까지 실행 과정을 평가하고 개선할 수 있다.

다음 그림과 같이 빅데이터 분석을 전문적으로 하는 사람을 데이터 분석가(Data Analyst)라고 한다. 데이터 분석가는 사람들이 어떤 분야에 관심이 있는지, 자주 찾는 정보는 무엇인지, 한번 접근하면 얼마 동안이나 머무는지 등의 데이터를 활용 가치가 있는 정보로 만드는 사람이다. 데이터 분석가는 글래스도어(Glassdoor)가 발표한 미국의 베스트 직업 순위에서 2020년에는 44위, 2021년과 2022년에는 35위로 점점 인기가 상승하고 있는 직업이다. 글래스도어에서 발표한 직업 순위는 단순히 높은 연봉 순으로만 선정하지 않고 일과 삶의 균형 측면을 모두 고려하여 최고의 순위를 선정한 결과이다.

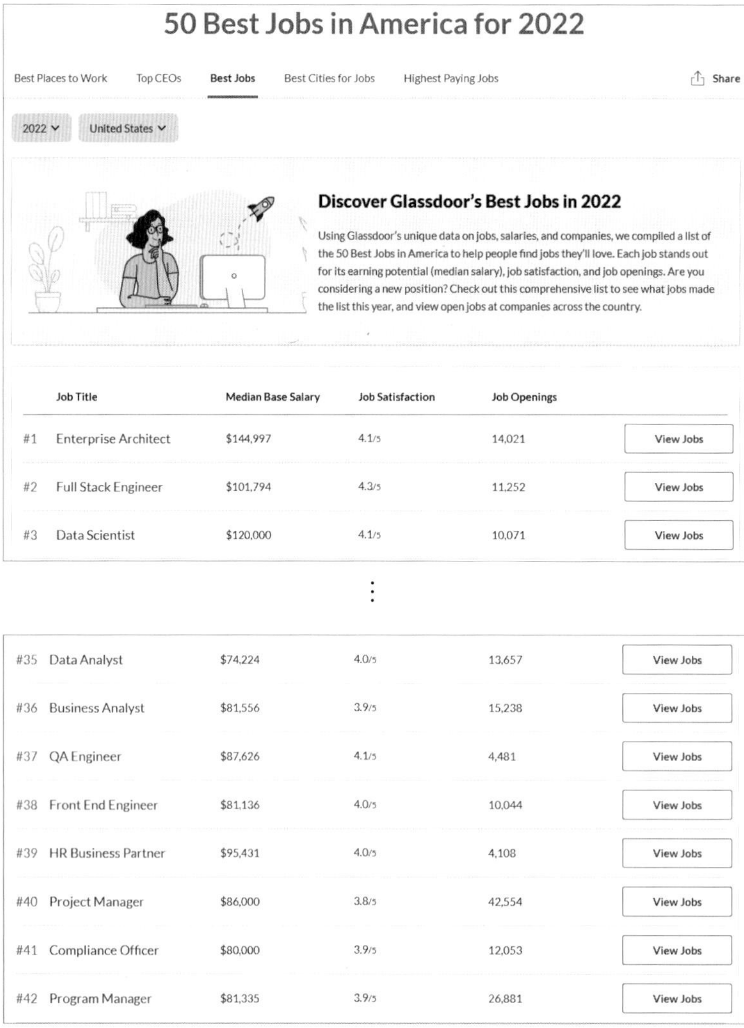

50 Best Jobs in America for 2022

Best Places to Work | Top CEOs | Best Jobs | Best Cities for Jobs | Highest Paying Jobs | Share

2022 | United States

Discover Glassdoor's Best Jobs in 2022

Using Glassdoor's unique data on jobs, salaries, and companies, we compiled a list of the 50 Best Jobs in America to help people find jobs they'll love. Each job stands out for its earning potential (median salary), job satisfaction, and job openings. Are you considering a new position? Check out this comprehensive list to see what jobs made the list this year, and view open jobs at companies across the country.

	Job Title	Median Base Salary	Job Satisfaction	Job Openings	
#1	Enterprise Architect	$144,997	4.1/5	14,021	View Jobs
#2	Full Stack Engineer	$101,794	4.3/5	11,252	View Jobs
#3	Data Scientist	$120,000	4.1/5	10,071	View Jobs
⋮					
#35	Data Analyst	$74,224	4.0/5	13,657	View Jobs
#36	Business Analyst	$81,556	3.9/5	15,238	View Jobs
#37	QA Engineer	$87,626	4.1/5	4,481	View Jobs
#38	Front End Engineer	$81,136	4.0/5	10,044	View Jobs
#39	HR Business Partner	$95,431	4.0/5	4,108	View Jobs
#40	Project Manager	$86,000	3.8/5	42,554	View Jobs
#41	Compliance Officer	$80,000	3.9/5	12,053	View Jobs
#42	Program Manager	$81,335	3.9/5	26,881	View Jobs

그림 1-1 2022년 미국의 베스트 직업 순위

1.2 빅데이터 분석 처리 과정

빅데이터 분석 처리 과정은 문제 해결의 목적 정의, 데이터 수집, 데이터 전처리와 정형화, 데이터 탐색과 분석, 활용을 위한 공유 및 평가의 단계를 거친다.

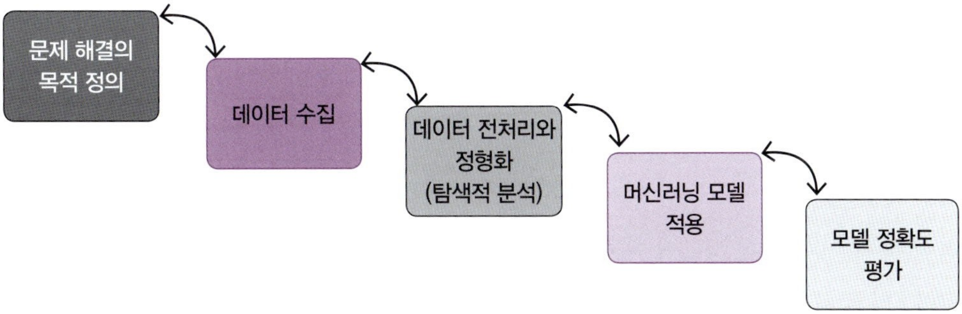

그림 1-2 빅데이터 분석 처리 과정

빅데이터 분석 처리 과정에서는 단계별 수행을 잘 처리한 후 다음 단계로 넘어가는 것이 일반적이지만, 단계별로 완전한 처리가 어려울 수 있다. 어렵더라도 단계별 수행을 하면서 문제점이 발견되면 이전 단계로 되돌아가 제대로 처리한 후 다음 단계를 진행하는 것이 빅데이터 분석 결과의 완성도를 높이는 방법이다.

예를 들어, 데이터 수집 단계에서 문제 해결 목적이 명확하지 않다면 이전 단계로 돌아가 목적을 분명하고 상세히 정의한 후 데이터를 수집하는 것이 좋다. 데이터양이나 종류가 부족하다면 이전 단계로 되돌아가 데이터를 추가로 수집하여 다음 단계로 넘어가는 것이 좋다. 이런 과정을 반복하다 보면 마지막 단계인 빅데이터 분석 활용 단계에 이르기까지 앞 단계를 여러 번 반복할 수도 있다. 이와 같은 빅데이터 분석 처리 과정의 각 단계에서 어떤 작업을 하는지 좀 더 알아보자.

(1) 문제 해결의 목적 정의

빅데이터 분석을 할 때는 가장 먼저 문제가 무엇인지, 무엇을 원하는지를 정의해야 한다. 문제가 명확하지 않은 상태에서 빅데이터 분석을 진행하게 되면 완성도 높은 결과를 제시하기 어렵고 문제를 더욱 복잡하게 만들 수도 있다. 문제를 명확히 정의하면 데이터 수집 단계에서 분석을 위한 접근 방법을 결정할 수 있고, 불필요한 작업을 최소화하여 빅데이터 분석이 수월해질 수 있다. 따라서 명확한 문제 정의는 빅데이터 분석의 목적을 정의하는 것이라고 할 수 있다. 근육질의 건강한 몸매 만들기와 같은 개인의 문제 해결 목적뿐만 아니라 사회 또는 기업에서의 다양한 문제 해결 또한 목적이 존재한다. 문제 해결을 위한 목적은 기준과 범위를 분명하고 상세하게 정의해야 한다. 문제 해결의 목적을 정의할 때 고려해야 할 사항을 정리하면 다음과 같다.

표 1-2 문제 해결을 위한 빅데이터 분석의 목적을 정의할 때 고려 사항

고려 사항	설명
문제의 배경	문제 배경 이해는 문제 해결 목적을 정의하는 기준이 된다. 현재의 문제 상황만으로 문제 해결 목적을 정하게 되면 근본적인 문제 해결이 되지 않을 수도 있다. 예를 들어, 근육질의 건강한 몸매를 만들기 위해 체중 감량에만 목적을 둔다면 결코 원하는 목적을 달성할 수 없게 된다. 따라서 문제 해결을 위한 목적을 정의할 때는 문제 상황 및 배경을 정확하고 상세히 관찰하여 이해해야 한다.
요구 사항 파악	문제 배경을 이해하고 나면 요구 사항을 파악해야 한다. 예를 들어, 근육질의 건강한 몸매를 만들기 위해서는 운동을 해야 하는데, 무릎이 안 좋다면 무릎에 무리가 가는 운동은 피하는 것이 좋을 것이다. 이러한 요구 사항은 빅데이터 분석의 목적을 현실성 있게 정의할 수 있도록 하고, 분석 과정에서 데이터 간의 연관성을 고려하는 것에도 영향을 준다.
분석 범위	빅데이터 분석 목적을 정의하는 것은 무엇을 얼마나 원하는지를 정하는 것인데, 이를 위해서는 분석할 범위를 지정해야 한다. 다이어트를 하는 목표가 근육질의 건강한 몸매를 만들기 위한 것인지, 휴가 기간 동안 비키니 수영복을 입기 위한 것인지에 따라 필요한 데이터의 종류와 양, 분석 방법이 달라질 수 있다. 따라서 빅데이터 분석 범위를 명확히 함으로써 불필요한 데이터 수집이나 적절하지 않은 분석 방법을 피할 수 있다.

앞의 표 1-2와 같이 문제의 배경, 요구 사항 파악, 분석 범위를 정확히 하여 빅데이터 분석 목적을 정의하면 다음 단계에서 필요한 데이터 종류와 양, 데이터 속성을 정하는 기준이 마련된다.

(2) 데이터 수집

이전 단계에서 빅데이터 분석을 위한 목적을 명확히 정의했다면 목적에 맞는 데이터를 수집해야 한다. 데이터를 수집하는 것은 문제를 해결하기 위해 필요한 준비물을 마련하는 것이다. 데이터를 수집하기 전에 수집할 데이터의 속성을 찾아내서 정의해야 한다. 예를 들어, 근육질의 건강한 몸매 만들기의 목적을 구성하는 속성에는 기본적으로 신장, 체중, 허리둘레, 근육량, 체지방량, 성별, 나이 등의 정보가 포함될 수 있다. 목적의 요구 사항과 범위에 따라 운동 종류 및 강도, 식습관, 생활 습관, 각종 건강 수치가 필요할 수 있다. 이와 같이 목적에 따라 필요한 데이터의 모든 속성을 먼저 정의해야 한다. 데이터 속성을 정의할 때는 데이터의 형식과 규칙(실수, 문자, 소수점 이하 자릿수, 유횻값 범위 등)에 대하여 일관성 있는 기준을 정해야 한다. 빅데이터 분석 목적에 따라 최소량의 데이터를 수집하여 빅데이터 분석 처리 과정을 진행한다. 나중에 필요한 경우 추가로 데이터를 수집하는 것이 좋다.

데이터 수집 방법은 문제 해결 목적 단계에서 어느 정도 결정되는데, 기존의 데이터를 활용하는 방법, 일정 기간 또는 일정량의 데이터가 수집될 때까지 관찰하는 방법, 설문조사 방법 등으로 문제와 목적에 따라 결정할 수 있다. 단, 어떤 방법의 데이터 수집이든 정의된 데이터에 알맞은 데이터를 수집해야 시간 낭비와 오류를 최소화할 수 있다.

빅데이터 분석 목적에 따라 공공기관 홈페이지에서 무료로 제공하는 공공 데이터를 다운로드해서 수집하는 것도 유용하다. 무료로 공공 데이터를 다운로드할 수 있는 공공기관 홈페이지를 정리하면 다음과 같다.

표 1-3 공공기관 홈페이지의 인터넷 주소

기관명	인터넷 주소
ACKIS(문화예술지식정보시스템)	https://policydb.kcti.re.kr/main.do
AI 허브	https://aihub.or.kr/
Kaggle(세계의 다양한 주제의 데이터)	https://www.kaggle.com/datasets
Quandl(경제, 의료, 부동산 등)	https://www.quandl.com
SGIS(통계지리정보서비스)	http://sgis.kostat.go.kr/
TAAS(교통사고분석시스템)	http://taas.koroad.or.kr/
Uniprot(염기서열)	https://www.uniprot.org
건축데이터 민간개방 시스템	https://open.eais.go.kr/
경기도 공공데이터 개방포털	https://data.gg.go.kr/portal/mainPage.do
경기버스정보	http://www.gbis.go.kr/
고속도로 공공데이터 포털(한국도로공사)	http://data.ex.co.kr/
공공데이터포털	https://www.data.go.kr/index.do
관광지식정보시스템	http://www.tour.go.kr/main.asp
국가공간정보포털(국토교통부)	http://www.nsdi.go.kr/
국가교통DB	https://www.ktdb.go.kr/
국가통계포털	http://kosis.kr/
기미나인(공공데이터 큐레이션 서비스)	https://www.gimi9.com/
기상자료개방포털	https://data.kma.go.kr/
농림축산식품 공공데이터	https://data.mafra.go.kr/main.do
데이콘(AI 해커톤 플랫폼)	https://dacon.io/
보건의료빅데이터개방시스템	http://opendata.hira.or.kr/op/opc/selectOpenDataList.do
부동산통계정보시스템	https://www.reb.or.kr/r-one/main.do

기관명	인터넷 주소
서울 열린데이터 광장	http://data.seoul.go.kr
서울특별시 대기환경정보	https://cleanair.seoul.go.kr/
영화진흥위원회	http://www.kofic.or.kr/kofic/business/main/main.do
인공지능팩토리	http://aifactory.space/
재난안전데이터포털	https://data.mpss.go.kr/Portal_new/
정보공개포털	https://www.open.go.kr/
주민등록 인구통계(행정안전부)	https://jumin.mois.go.kr/
지방행정 인허가 데이터개방	http://www.localdata.kr/
철도안전정보종합관리시스템	https://www.railsafety.or.kr/index.do
티머니 카드&페이(대중교통 통계자료)	https://pay.tmoney.co.kr/ncs/pct/ugd/ReadUgdMainGd.dev
학교알리미(초 · 중등 교육정보 공시서비스)	https://www.schoolinfo.go.kr/Main.do
한국소비자원 참가격	http://www.price.go.kr/tprice/portal/main/main.do

(3) 데이터 전처리와 정형화(탐색적 분석)

데이터 수집 단계에서 확보한 데이터로부터 유용한 정보를 추출하려면 데이터 전처리와 정형화 과정을 거쳐야 한다.

데이터 전처리는 필터링, 데이터 형 변환, 정제 작업 등으로 이루어진다. 필터링으로 불필요하거나 중복된 데이터를 제거하고 데이터의 형을 변환하여 분석이 수월한 데이터 유형으로 바꿔주며, 정제 작업으로 수집된 데이터의 불일치성을 교정한다. 즉, 데이터 수집 단계에서는 손실된 값을 보정하거나 무의미한 데이터를 제거하는 것이다.

데이터 정형화는 빅데이터 분석이 수월하도록 데이터 통합, 데이터 변환, 데이터 축소 등의 가공 작업을 하는 것이다. 데이터 통합으로 관련성 있는 데이터끼리 결합하고 데이터 변환으로 단위 등이 다른 것을 일관성 있게 변환하며, 데이터 고유 특성이 손

상되지 않는 범위 내에서 데이터를 축소하여 분석의 효율성을 높인다. 즉, 데이터 정형화의 가공을 통하여 분석의 효율을 높이는 것이다.
본 교재에서는 머신러닝으로 하는 데이터 분석에 집중하기 위하여 데이터 전처리와 정형화는 다루지 않기로 한다.

데이터 탐색과 분석 단계는 문제 해결 목적에 맞는 데이터를 수집하고 전처리 및 정형화 단계를 거친 이후의 단계로써, 수학적 기법을 적용한 기술 통계 분석, 머신러닝 기법 등을 이용하여 미래 상황을 예측 및 분류할 수 있도록 한다. 데이터 탐색과 분석은 넘파이(Numpy), 판다스(Pandas), 맷플롯립(Matplotlib), 시본(Seaborn) 등의 파이썬 라이브러리와 함께 Part 2에서, 머신러닝을 이용한 빅데이터 분석 실습은 Part 3에서 자세히 다루기로 한다. 먼저 데이터 탐색과 분석 단계에서 무엇을 하는지 데이터 탐색과 데이터 일반화 과정으로 구분하여 간단히 알아보자.

1) 데이터 탐색

빅데이터 분석을 정확히 하려면 수집된 데이터의 전체를 살펴봐야 한다. 전체적으로 데이터를 살펴보면서 이전 단계에서 수집한 데이터의 품질을 확인한다. 탐색 단계를 통하여 데이터의 오류, 범주나 형식의 오류, 데이터 양의 적절성 등을 확인함으로써 본격적으로 빅데이터 분석을 시작하기 전에 최종적으로 데이터를 정리하게 된다. 그리고 다양한 통계, 추론식에 필요한 여러 가지 기준값(평균, 중간값, 최댓값, 최솟값, 표본의 수 등)을 마련하는 과정이기도 하다. 데이터 탐색을 통해 문제 상황의 정확한 표현과 일관성 있는 문제 상황 기준에서 벗어난 데이터가 발견된다면 데이터 수집 단계로 되돌아가 데이터 수정 및 추가 수집 등의 작업을 다시 수행해야 한다.

2) 데이터 일반화

데이터 일반화 과정에서는 문제 해결 목적에 따른 문제 상황을 이해하고 개선 및 해결 방법을 위한 근거를 마련한다. 문제 상황의 이해는 개선 또는 문제 해결책 제시를 위한 가장 기본적인 단계이기 때문에 데이터 탐색 과정에서 정리한 데이터를 이용하여 최대한의 정보를 도출해야 한다. 따라서 정의된 문제와 목적에 따라 데이터 계산, 정렬, 분류, 비교 등의 작업과 다양한 통계적 추론 방법을 활용한다. 데이터 일반화 과정의 주요 작업은 다음과 같다.

① 데이터 일반화 과정의 주요 작업

- 데이터의 대푯값(평균, 최대, 최소 등) 파악
- 데이터 범위, 분산 및 편향성을 이용한 규칙성과 특이점 발견
- 조건에 따른 필터링, 그룹화를 이용하여 데이터 선별 및 비교
- 미래 예측 및 개선 방향 제안

위의 주요 작업은 필요에 따라 선택적으로 수행한다. 어떤 작업이든 정의된 문제와 목적에 필요한 결과물을 얻어낸다면 데이터 일반화 과정에 해당된다.

탐색적 분석을 포함하여 머신러닝을 이용한 빅데이터 분석에 대해서는 Part 3에서 자세히 다루게 된다.

(4) 머신러닝 모델 적용

데이터 전처리와 정형화(분석적 탐색) 단계에서 추출한 중요한 특성에 따라 머신러닝 모델 적용 단계에서는 알맞은 데이터 학습 모델을 적용하여 문제 해결 또는 인사이트를 도출한다. 테스트 데이터와 훈련 데이터를 구분하고, 훈련 데이터에 선택된 데이

터 학습 모델을 적용하여 실행 및 평가하는 과정을 반복 수행하여 데이터 학습 모델을 완성한다. 이때 데이터 특성 및 목적에 따라 적절한 데이터 학습 모델 유형을 선택할 수 있다.

표 1-4 데이터 학습 모델 종류

유형	종류 및 설명	
통계 분석 모델	전통적인 분석 기법으로 수치형 데이터에 사용하며, 확률을 기반으로 추정 및 예측한다.	
	기술 통계	대표적으로 평균(산술평균, 중앙값, 최빈값 등), 분산, 표준편차 등이 있다.
	상관 분석	데이터 간의 어떠한 관계가 있는지 분석하는 기법이다. 데이터들은 서로 독립적인 관계일 수 있고 상관된 관계일 수도 있는데, 이러한 관계의 강도를 상관관계라고 한다.
데이터 학습 모델	머신러닝의 데이터 학습 모델을 이용하여 데이터 간의 상호 관련성 및 유용한 정보를 추출하는 기법이다.	
	예측	연속적인 데이터에 대한 독립 변수와 종속 변수 사이의 선형적 관계식을 구하여 어떤 독립 변수가 주어졌을 때 이에 따른 종속 변수를 예측하는 분석 기법이다.
	분류	데이터를 클래스별로 구별해 내는 기법으로 분류 알고리즘에 의해 학습한 모델을 이용하여 어느 범주에 속하는지 구분한다.
	군집화	데이터를 비슷한 특징을 가진 몇 개의 그룹으로 나누는 기법이다.

(5) 학습 모델 평가

머신러닝 학습 모델은 여러 방법으로 예측 성능을 평가할 수 있다. 성능 평가 지표는 일반적으로 학습 모델이 분류인지 회귀인지에 따라 종류가 구분된다.

표 1-5 성능 평가 지표의 분류(회귀와 구분)

구분	설명
회귀	대부분 실제값과 예측값의 오차 평균값에 기반을 둔다. 예를 들어, 오차에 절댓값을 씌운 뒤 평균 오차를 구하거나 오차의 제곱 값에 루트를 씌운 뒤 평균 오차를 구하는 방법과 같이 기본적으로 예측 오차를 가지고 정규화 수준을 재가공하는 방법이 회귀의 성능 평가 지표 유형이다.
분류	실제 결과 데이터와 예측 결과 데이터가 얼마나 정확하고 오류가 적게 발생하는가에 기반을 둔다. 하지만 단순히 정확도만 가지고 판단했다가는 잘못된 평가 결과에 빠질 수 있다.

성능 평가 지표에는 정확도(Accuracy), 오차행렬(Confusion Matrix), 정밀도(Precision), 재현율(Recall), F1 Score 등이 있다. 각 성능 평가 지표에 대한 설명은 다음과 같다.

표 1-6 성능 평가 지표

구분	설명
정확도	전체 표본 중 정확히 분류된 표본의 수를 의미한다. 하지만 전체 표본이 불균형한 경우 제대로 파악할 수 없다는 문제점이 있다.
오차행렬	학습된 분류 모델이 예측을 수행하면서 얼마나 헷갈리는지에 대해서 보여주는 지표이다.
정밀도	모델이 정답이라고 예측한 것 중에서 실제로 정답인 수를 의미한다.
재현율	실제 정답 중에서 모델이 정답이라고 맞춘 수를 의미한다.
F1 Score	정밀도와 재현율의 조화평균을 의미한다.

1.3 빅데이터 분석과 머신러닝과의 관계

빅데이터 분석에서 데이터의 패턴을 파악하는 것은 매우 중요한 역할을 한다. 이때 머신러닝 기법을 이용하면 모델링된 데이터를 학습하여 매우 효율적으로 데이터의 패턴을 파악할 수 있다. 머신러닝의 데이터 모델링 알고리즘은 크게 지도학습, 비지도학습, 강화 학습으로 구분할 수 있다. 각 학습 데이터 모델링에 대하여 알아보자.

(1) 지도학습

지도학습 알고리즘을 통해 데이터 모델링을 할 때는 입력 데이터와 해당 데이터의 정답을 함께 입력하여 학습시킨다. 예를 들어, 강아지 사진 1억 만장을 입력 데이터로 주면서 이것은 강아지라는 정답 정보를 함께 입력한다. 이렇게 수많은 강아지 사진에서 알고리즘을 통해 패턴을 찾아내어 강아지의 특징을 파악하고 그 특징을 가진 것은 강아지라고 학습하게 되는데, 이러한 학습 데이터 모델링 방법을 지도학습을 통한 머신러닝이라고 한다.

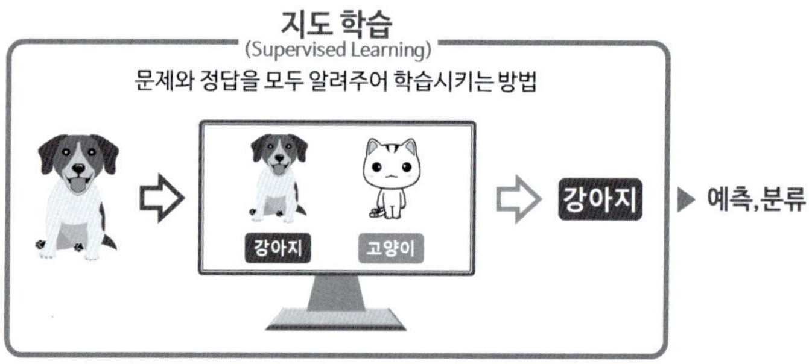

그림 1-3 지도학습

지도학습에 대한 예측 모델은 9장에서, 분류 모델은 11장에서 자세히 다루기로 한다.

(2) 비지도학습

비지도학습 알고리즘은 지도학습과는 달리 입력 데이터로 강아지 사진 1억 만장을 주면서 정답 정보를 제공하지 않는데, 수많은 강아지 사진에서 강아지의 특징을 스스로 학습하도록 하는 것이다. 즉, 데이터로부터 스스로 강아지의 패턴을 학습하여 결국 강아지를 인식하게 되는 것이 바로 비지도학습을 통한 머신러닝이다. 이 학습 데이터 모델링 방법은 데이터 속에 정확히 어떤 특징이 있는지 모를 때 사용하는 방법으로 처음에는 기대했던 결과를 얻지 못할 수도 있지만, 예상하지 못했던 인사이트를 도출할 수 있다.

그림 1-4 **비지도학습**

비지도학습에 대한 그룹화 모델은 10장에서 자세히 다루게 된다.

(3) 강화 학습

강화 학습 알고리즘은 행동 심리학에서 영감을 받아 발전하게 된 알고리즘으로 어떠한 환경 안에서 선택 가능한 행동들 중 보상을 최대화하는 행동 또는 행동 순서를 선택하는 방법이다. 에이전트는 자신의 현재 상태를 인지하고 행동을 하게 하면 환경은 긍정이든 부정이든 보상을 제공한다. 이러한 과정 속에서 상은 최대화, 벌은 최소화하기 위한 정책을 찾기 위한 학습 데이터 모델링 방법이다.

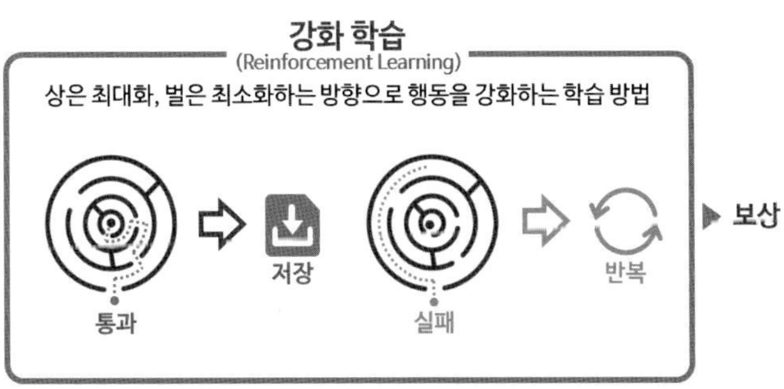

그림 1-5 **강화 학습**

(4) 기타

입력 데이터를 학습하여 예측 및 분류하는 학습 데이터 모델링을 머신러닝이라고 앞서 언급했다. 인간의 뇌 속 뉴런의 작용에서 영감을 얻어 구성한 인공신경망이 있는데, 인공신경망 또한 머신러닝의 한 분야이다. 인공신경망의 정확성을 높이기 위해 지속적인 연구가 이루어지면서 최적화 이론과 다양한 커널 함수를 활용하여 모델링 공식의 정확성을 높였다. 빅데이터 기술이 등장하면서 많은 데이터를 모델링에 사용할 수 있게 되어 정확성이 더욱 높아지게 되었다. 이때 인공신경망과 빅데이터를 결합한 것을 딥러닝이라고 한다. 딥러닝은 음성 인식, 이미지 인식, 구글 번역, 딥페이스, 이미지 검색 및 분석에 다양하게 활용되고 있다.

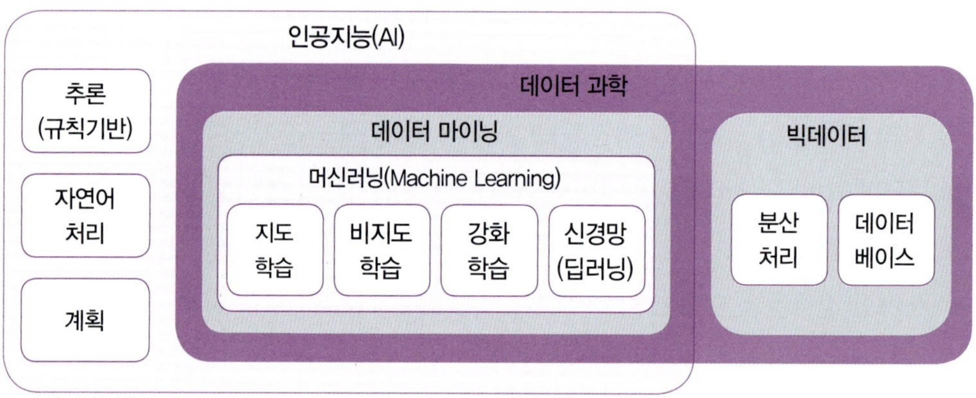

그림 1-6 인공지능의 분류

연습 문제

1 빅데이터 분석의 정의를 작성하시오.

2 빅데이터 분석을 위한 데이터의 특징을 작성하시오.

3 빅데이터 분석이 필요한 이유를 작성하시오.

4 빅데이터 분석 처리 과정을 작성하시오.

5 빅데이터 탐색과 분석에서 사용되는 파이썬 라이브러리에 대하여 작성하시오.

6 빅데이터 분석에서 머신러닝 데이터 모델링 알고리즘에 대하여 작성하시오.

PART

2 WHAT

빅데이터 분석에 필요한 파이썬 문법과 라이브러리

파이썬 핵심 문법

2

2.1 코랩 환경
2.2 변수
2.3 연산자
2.4 표준 입 · 출력
2.5 컬렉션 자료형
2.6 리스트 내포
2.7 선택문
2.8 반복문과 기타 제어문
2.9 함수

학습목표

- 코랩 환경에 대하여 이해하고 코랩에서 파이썬 코드를 실행할 수 있다.
- 변수, 연산자, 표준 입 · 출력 함수에 대하여 이해하고 사용할 수 있다.
- 컬렉션 자료형인 리스트, 튜플, 딕셔너리, 세트의 특징을 이해하고 사용할 수 있다.
- 리스트 내포를 이용하여 원하는 자료를 조회하거나 추출할 수 있다.
- 선택문, 반복문과 기타 제어문의 다양한 형태를 이해하고 제어문을 활용할 수 있다.
- 함수의 필요성을 이해하고 내장 함수, 사용자 정의 함수, 람다 함수를 활용할 수 있다.

CHAPTER

2 파이썬 핵심 문법

2.1 코랩 환경

코랩(Colab)은 구글에서 교육과 과학 연구를 목적으로 개발한 도구이다. 스마트폰으로 코랩에 접속하여 코드를 실행할 수 있고 코드 외에 텍스트도 작성할 수 있다. 파이썬 코드 실행은 구글 클라우드 가상 서버에서 이루어지고 파이썬이나 파이썬 패키지를 설치하지 않아도 사용할 수 있다. 코랩을 통해 진행 상황과 결과를 다른 사람들에게 편하게 공유할 수 있으며, 초보자들도 설치 과정의 어려움 없이 코드를 실행할 수 있다. 코랩에서 만든 파일은 구글 드라이브에 저장하여 불러올 수 있으며, 구글 드라이브 문서와 같이 링크로 접근하여 협업이 가능하다. 단, 구글 계정이 필요하고 인터넷에 연결되는 환경이어야 하며, 코드 실행 시 딜레이가 발생할 수 있다.

(1) 코랩 기본 사용법

코랩에서 제공하는 기능을 온전하게 이용하려면 크롬 브라우저에서 구글 계정으로 로그인한 후에 코랩 사이트에 방문하는 것이 좋다. 크롬 브라우저가 없다면 구글 홈페이지에서 크롬 브라우저를 검색 후 다운로드하여 설치하고, 구글 계정이 없다면 구글 홈페이지에서 회원 가입하여 계정을 생성한다.

1) 파일 생성 및 사용

코랩 사이트(https://colab.research.google.com/)에 방문하면 코랩에서 최근 작업한 파일 목록이 나타난다. 새로운 작업을 위해 화면 오른쪽 하단에 [새 노트]를 클릭한다. 또는 [취소] 버튼을 클릭한 후 나타나는 화면에서 [파일] → [새 노트]를 클릭해도 된다.

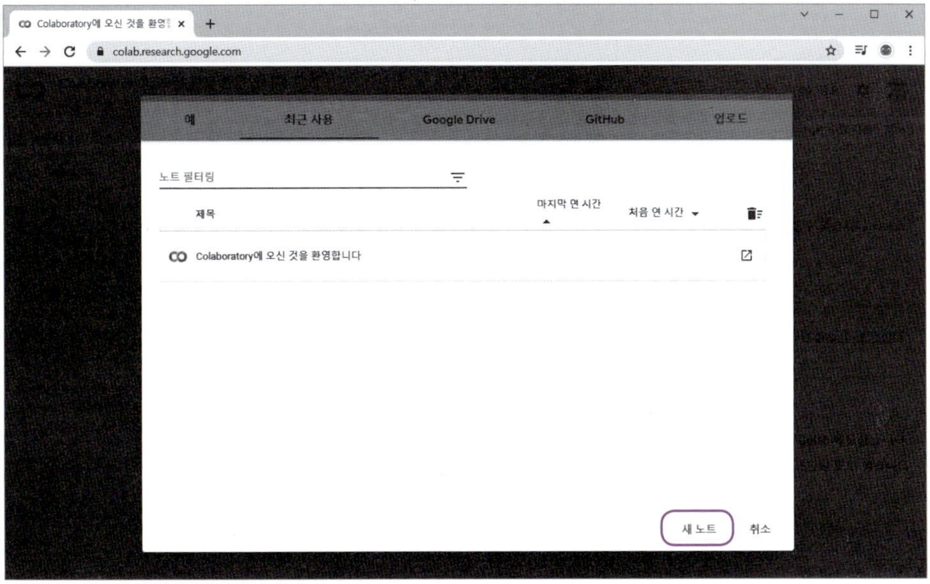

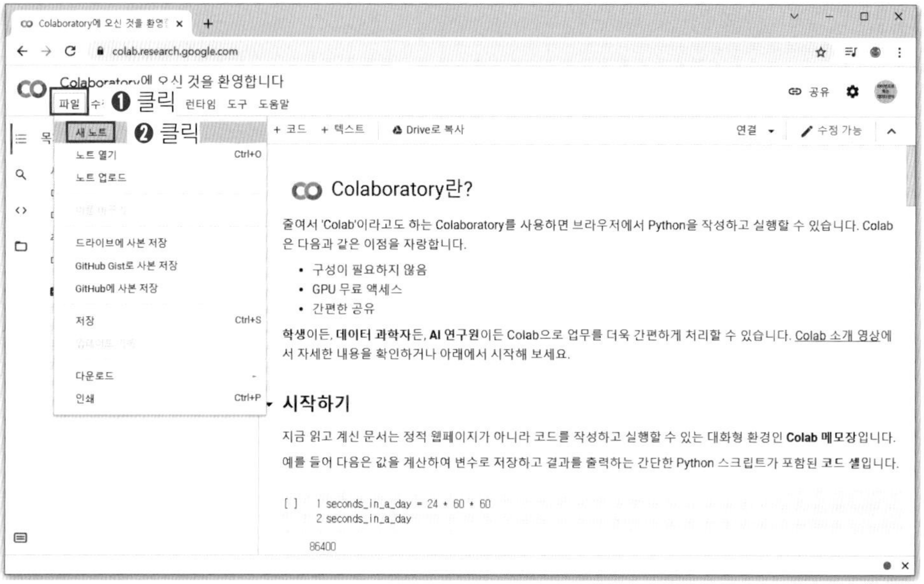

2) 파일 이름과 셀

새로운 파일을 생성하면 파일의 기본 이름은 Untitled0.ipynb가 되고 새로운 파일을 생성할 때마다 Untitled1, Untitled2, …와 같이 생성된다. 파일 이름은 Untitled0이므로 이 부분을 원하는 이름으로 변경한다.

코랩에서는 셀에 파이썬 실행 코드와 서식 있는 텍스트를 구분하여 입력할 수 있다. 코드 셀과 텍스트 셀은 메뉴 표시줄 아래 부분에 따로 구분되어 있다.

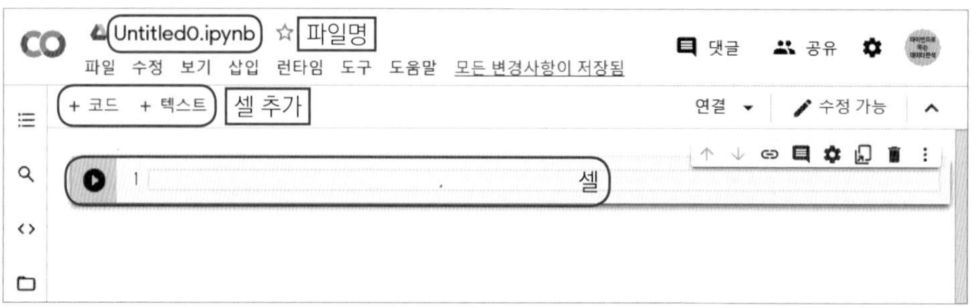

3) 파일 이름 변경과 텍스트 셀

파일 이름을 'Untitled0.ipynb'에서 '예제02-1.ipynb'로 변경하고 원래 있던 코드 셀에는 파이썬 코드를 입력한다. [텍스트 셀 추가] 버튼을 클릭하여 현재 선택된 셀 아래에 새로운 텍스트 셀이 추가되면 '2장 파이썬 핵심 문법'을 입력한다. 텍스트를 입력한 후에 다른 곳을 선택하면 텍스트 입력이 완료된다. 텍스트 셀을 클릭하여 커서가 보일 때 엔터(Enter) 키를 누르거나 더블클릭을 하면 수정할 수 있다. 텍스트 셀이 선택되면 위 부분에 도구모음이 나타나는데 가장 왼쪽에 보이는 제목 전환(тT)을 클릭하면 제목으로 표시된다. 클릭할 때마다 세 종류 크기의 제목이 번갈아가며 나타난다. 이외에도 텍스트에 다양한 서식을 설정할 수 있다. 코드 셀이나 텍스트 셀은 선택되면 오른쪽 상단에 셀 도구모음이 나타나는데, 위 또는 아래 방향 화살표를 클릭하여 셀들의 위치를 변경할 수 있고, 휴지통 모양을 클릭하여 코드 셀이나 텍스트 셀을 삭제할 수 있다.

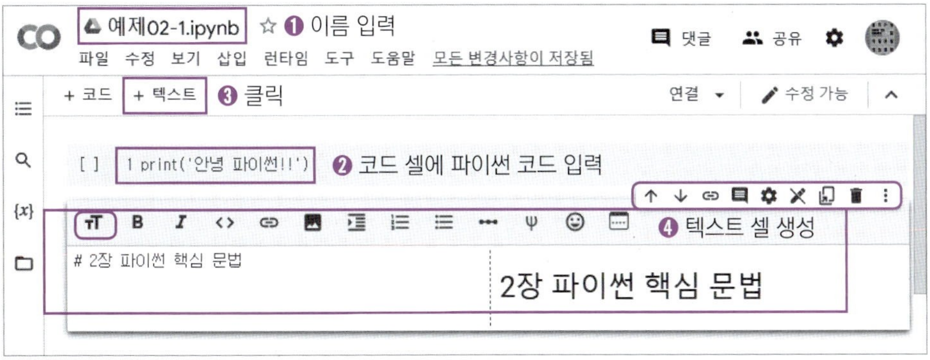

4) 코드 셀

다른 파이썬 개발 환경과 동일한 방식으로 코랩에서의 코드 셀에 코드를 입력한다. 코드를 실행할 때는 각 셀 앞에 있는 ▶을 클릭하거나 Ctrl+Enter를 누르면 셀 단위로 실행된다. Shift+Enter를 누르면 현재 선택된 셀을 실행한 후에 현재 셀 아래에 새로운 코드 셀이 추가된다. 코드가 실행된 후에는 셀 바로 아래 실행 결과가 출력되고 셀 앞에 실행번호가 표시된다. 코드 셀의 위아래 위치와 상관없이 이 실행번호가 코드의 실행 순서가 되기 때문에 프로그램 흐름상 실행되어야 하는 순서가 잘 맞도록 실행해야 한다.

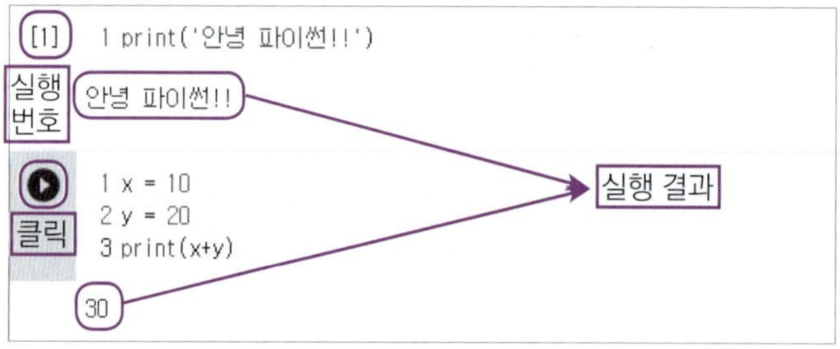

5) 런타임 기능

코랩에서 파이썬 코드를 실행하다 보면 실행 지연이 발생하거나 실행 순서가 엉켜 제대로 동작하지 않을 때가 있다. 이때는 [런타임] → [실행 중단]을 클릭하여 세션을 종료 후 [런타임 다시 시작]을 클릭하여 다시 동작시킨다.

6) 기타 기능

[도구] → [단축키]를 클릭하면 코랩에서 제공하는 다양한 단축키를 확인 및 설정할 수 있다.

코랩에서는 공유 기능을 통해 해당 파일의 내용을 다른 사람과 공유할 수 있다. 오른쪽 상단의 [공유] 버튼을 클릭하면 공유하고 싶은 사용자 및 그룹을 지정할 수 있다. [사용자 및 그룹과 공유] 대화상자가 나타나면 화면 왼쪽 하단에 [링크가 있는 모든 사용자로 변경]을 클릭한다. 클릭하면 [링크 보기] 대화상자가 새롭게 나타나는데, 공유 허용 범위를 뷰어, 댓글 작성자, 편집자 중에서 하나를 선택한다. 뷰어는 읽기만 허용한 공유, 댓글 작성자는 코드에 댓글을 남길 수 있는 권한으로 공유, 편집자는 코드까지 모두 수정할 수 있는 권한으로 공유한다.

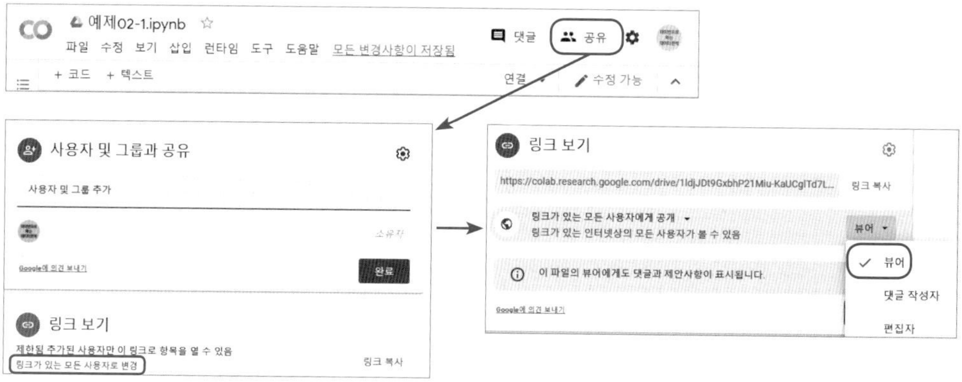

코랩에서 작성한 파일은 기본적으로 ipynb 형식의 파일이다. [파일] → [다운로드] → [.ipynb 다운로드]를 클릭하면 PC에 다운로드할 수 있다. 또한, 파이썬 IDLE 환경에서 열 수 있는 py 형식은 [파일] → [다운로드] → [.py 다운로드]를 클릭하여 다운로드한다.

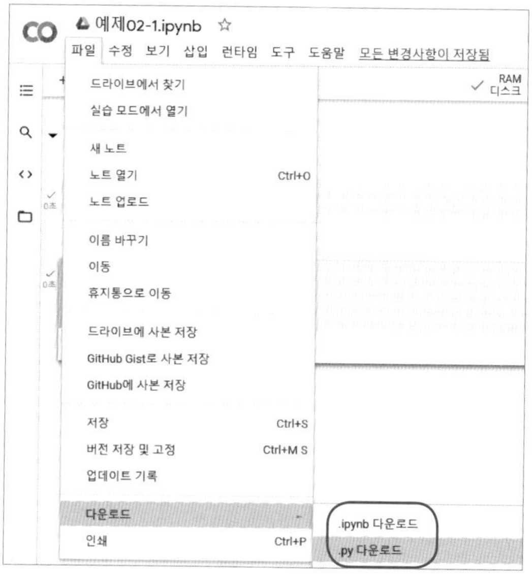

코랩에서 작성한 파일은 구글 드라이브에서도 확인할 수 있다. 구글 드라이브(https://drive.google.com/drive/u/0/my-drive)에 접속하면 [내 드라이브] 안에 [Colab Notebooks] 폴더가 생성되어 있고, [Colab Notebooks] 폴더 안에서 코랩에서 작성한 파일을 확인할 수 있다.

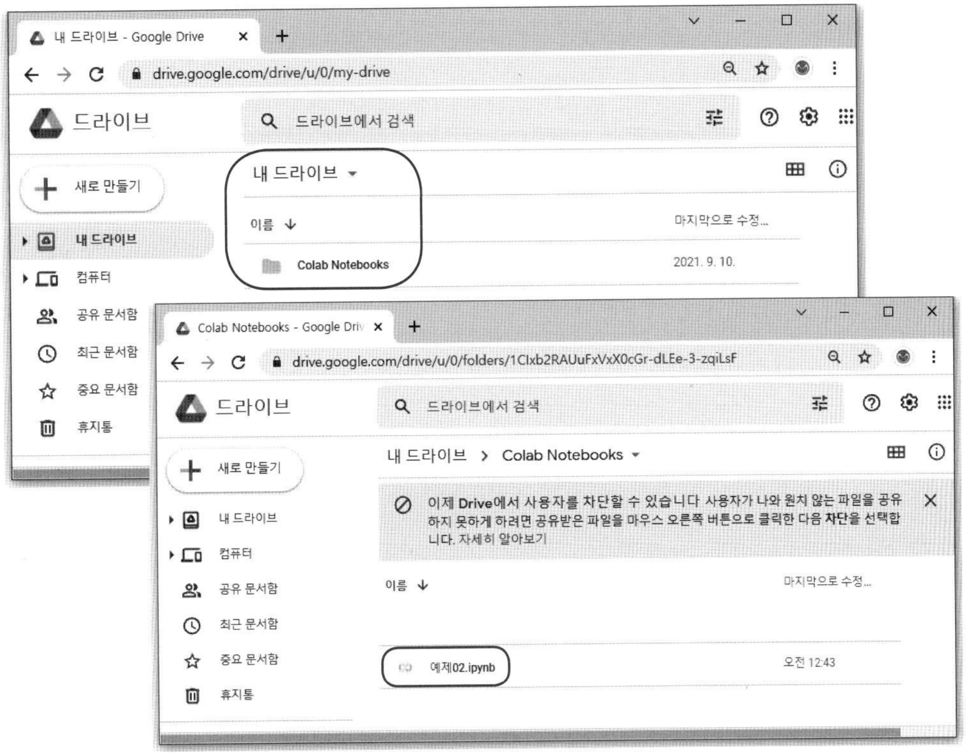

구글 드라이브에서 코랩 기반의 파일을 생성할 수 있는데, 빈 영역에 마우스 오른쪽 버튼을 클릭하면 단축 메뉴가 나타난다. 단축 메뉴에서 [더보기]로 마우스를 이동하여 나타나는 메뉴에서 [Google Colaboratory]를 클릭하면 새로운 코랩 기반의 파일이 생성되면서 작업 화면이 나타난다.

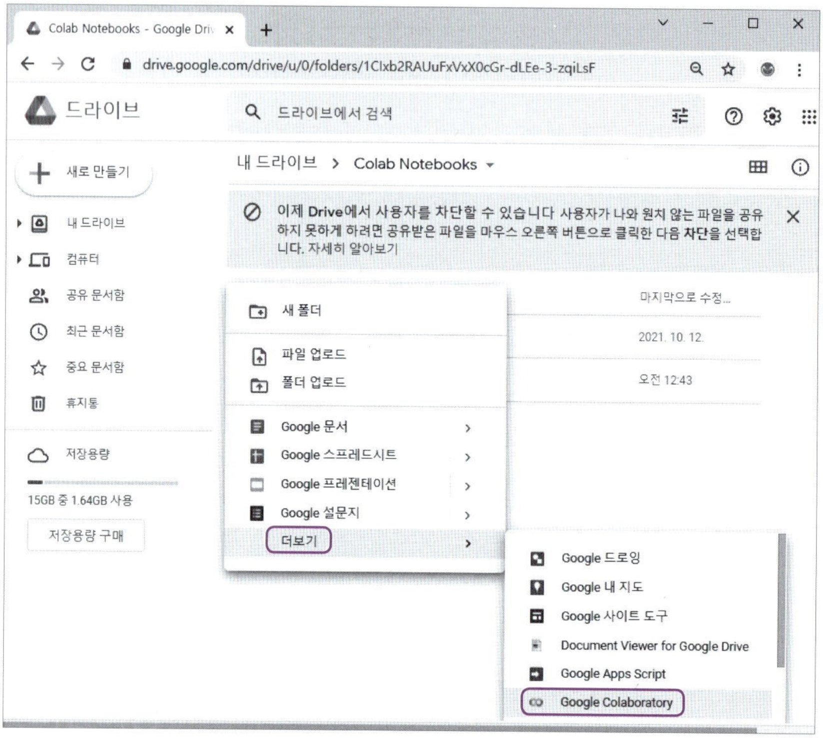

2.2 변수

(1) 변수의 개념

변수는 값을 저장하는 공간으로 값을 담아두는 그릇 또는 상자라고 생각할 수 있다. 변수는 컴퓨터 기억장치(메모리)에 만들어지며, 저장된 값은 프로그램 실행 중에 언제든지 꺼내서 다시 사용할 수 있고 필요에 따라 변수에 저장된 값은 바뀔 수도 있다.

(2) 변수의 특징

① 일시적으로 자료를 저장하는 공간이며, 변수에 저장된 값은 변할 수 있다.

② 변수에는 숫자, 문자열 등 모든 자료형을 저장할 수 있고, 다른 변수의 값도 저장할 수 있다.

③ 변수는 사용되기 전에 반드시 할당되어 있어야 한다.

변수 생성과 변수 사용

예 1	`a=100`
	`print(a)`
		예 2	`a=100`
			`a=200`
			`print(a)`

	`100`		`200`

예 3	`name='이순신'`
	`addr='서울시'`
	`print(name, addr)`
		예 4	`age=20`
			`age=age+5`
			`print('5년 후 나이', age)`

	`이순신 서울시`		`5년 후 나이 25`

Note

파이썬에서 값이 할당되지 않은 변수를 사용한다면 오류가 발생한다.

구조	변수 이름 = 값 할당(assignment) ← **name = 'Kim'** ↑ ↑ 변수 이름 값	- name은 변수명, ' ' 안에 있는 Kim은 데이터, 즉 값이라는 뜻이다. - 파이썬에서 변수에 문자열 데이터를 할당할 때는 따옴표(' ' 또는 " ") 안에 써야 한다.

(3) 변수 생성 및 규칙

모든 프로그래밍 언어에는 변수명을 작성하는 규칙이 있으며, 파이썬에서 변수를 만들고 값을 할당할 때 지켜야 할 규칙은 다음과 같다.

① **규칙 1**: 영문자, 숫자, 밑줄 문자(_)로 구성될 수 있으며, 첫 글자는 반드시 영문자/밑줄 문자(_)로 시작한다. 밑줄 문자(_)를 제외한 특수문자는 사용할 수 없다.

예 `value(O), _value(O), value1(O), 1value(X), value#(X)`

② **규칙** 2: 공백이 들어가면 안 된다.

예 `student_value(O), student value(X),`

③ **규칙** 3: 대문자와 소문자를 구별한다. Value와 value는 다른 변수이다.

④ **규칙** 4: 파이썬에서 다른 용도로 사용되는 예약어는 변수명으로 사용할 수 없다.

표 2-1 **변수명의 규칙**

유효한 변수명	유효하지 않은 변수명
age _count # 밑줄 문자로 시작 가능 value3 # 맨 처음이 아니면 숫자 포함 가능 stu_no # 밑줄 문자는 중간에 포함 가능	2name # 숫자로 시작할 수 없음 stu no # 공백을 포함할 수 없음 price@ # @ 특수문자 사용 안 됨 if # 예약어 안 됨

Note 파이썬의 주석 처리

- 한 줄 주석 처리: #
- 여러 줄 주석 처리: ''' ~ ''' / """ ~"""

Note 기본 자료형의 종류

자료형	의미	예시
int	integer, 정수	x=100
float	float, 부동 소수점	x=95.7
str	string, 문자열	x='Lee' x="Lee"
bool	boolean, 부울	x=True x=False

2.3 연산자

(1) 산술 연산자

파이썬에서 사용하는 기본적인 산술 연산자는 다음과 같다.

표 2-2 산술 연산자의 종류

연산자	의미	연산자	의미
+	더하기	-	빼기
*	곱하기	/	나누기
%	나머지	**	거듭제곱
//	몫		

산술 연산자: x=10, y=20일 때

```
x=10
y=20
print(x+y)
```

```
30
```

```
print(x-y)
```

```
-10
```

```
print(x*y)
```

```
200
```

```
x=10
y=20
print(x/y)
```

```
0.5
```

```
print(x%y)
```

```
10
```

```
print(x**2)
```

```
100
```

```
print(x//y)
```

```
0
```

(2) 대입 연산자

대입(할당, assignment) 연산자는 변수에 값을 할당하기 위하여 사용되는데, 기본적으로 =(등호)를 사용한다. 산술 연산자와 함께 사용하면 할당을 보다 간결하게 할 수 있다. +=, -=, *=, /=, %=, //= 등과 같은 연산자도 대입 연산자에 해당된다. 복합 대입 연산자는 코드를 간결하게 만드는 데 도움이 될 수도 있지만, 너무 많이 쓰다 보면 코드를 읽기가 어려워질 수도 있다.

표 2-3 **대입 및 복합 대입 연산자의 종류**

연산자	의미	예시
=	왼쪽 변수에 오른쪽 값을 할당	x=10
+=	왼쪽 변수에 오른쪽 값을 더하고 결과를 왼쪽 변수에 할당	x+=10 (x=x+10)
-=	왼쪽 변수에 오른쪽 값을 빼고 결과를 왼쪽 변수에 할당	x-=10 (x=x-10)
*=	왼쪽 변수에 오른쪽 값을 곱하고 결과를 왼쪽 변수에 할당	x*=10 (x=x*10)
/=	왼쪽 변수에 오른쪽 값을 나눈 결과를 왼쪽 변수에 할당	x/=10 (x=x/10)
%=	왼쪽 변수에 오른쪽 값을 나눈 나머지의 결과를 왼쪽 변수에 할당	x%=10 (x=x%10)
**=	왼쪽 변수에 오른쪽 값만큼 거듭제곱을 하고 결과를 왼쪽 변수에 할당	x**=2 (x=x**2)
//=	왼쪽 변수에서 오른쪽 값을 나눈 몫의 결과를 왼쪽 변수에 할당	x//=10 (x=x//10)

(3) 비교 연산자

비교 연산자(또는 관계 연산자)는 두 개 이상의 식 또는 변수의 비교를 위해 사용할 수 있으며, 결과는 참(True) 또는 거짓(False)이다. 단독으로 사용되는 경우보다는 주로 조건문과 반복문에서 사용된다. 파이썬에서 사용할 수 있는 비교 연산자는 다음과 같다.

표 2-4 **비교 연산자의 종류**

연산자	의미
==	값이 동일하다.
!=	값이 동일하지 않다.
>	왼쪽 값이 오른쪽 값보다 크다.
>=	왼쪽 값이 오른쪽 값보다 크거나 동일하다.
<	왼쪽 값이 오른쪽 값보다 작다.
<=	왼쪽 값이 오른쪽 값보다 작거나 동일하다.

(4) 논리 연산자

논리 연산자는 앞에서 살펴보았던 비교 연산이 많을 때 모든 비교 연산이 참(True)인지 하나만 참(True)인지를 확인할 때 주로 사용한다. 이 외에 참(True) 또는 거짓(False)을 반대로 만들어주는 논리 연산자도 있다. 논리 연산식의 결과도 참(True) 또는 거짓(False)이 된다. 논리 연산자의 종류는 다음과 같다.

표 2-5 **논리 연산자의 종류**

연산자	의미
and	논리 AND 연산. 둘 다 참일 때만 참
or	논리 OR 연산. 둘 중 하나만 참이여도 참
not	논리 NOT 연산. 논리 상태를 반전

(5) 문자열 연산자

파이썬에서는 문자열을 더하거나 곱할 수 있다. 다른 언어에서는 쉽게 찾아볼 수 없는 재미있는 기능으로, 우리 생각을 그대로 반영해 주는 파이썬만의 장점이라고 할 수 있다. 문자열을 더하거나 곱하는 방법에 대해 알아보자.

문자열 더하기: +	문자열 곱하기: *
start='파이썬' end='짱!' start+end	word='파이썬' word*5
'파이썬 짱!'	'파이썬 파이썬 파이썬 파이썬 파이썬'

Note

*는 산술 연산자의 숫자 곱하기와는 의미가 다르다. 위 소스 코드에서 word*5 문장은 word를 5번 반복하라는 뜻이다. 즉 문자열에서 * 연산자는 문자열 반복을 의미한다.

2.4 표준 입·출력

파이썬을 이용하여 자료를 입력받고 출력하려면 input() 함수와 print() 함수를 이용한다. input() 함수를 이용하여 자료를 입력받고 저장하는 방법과 입력받은 자료를 다양한 자료형으로 변환하여 저장하는 방법에 대하여 학습하고, print() 함수를 이용하여 출력하는 다양한 방법을 학습한다. 먼저 input() 함수를 이용하여 자료를 입력받는 방법에 대하여 살펴본다.

(1) 표준 입력

input() 함수 내에 안내할 문자열을 포함시켜 사용한다. 만약 아무런 안내 메시지 없이 커서가 깜박거린다면 사용자는 입력을 받으려는 대기 상태라고 이해하지 못하거나 오류가 발생했다고 오해할 수도 있다.

입력받은 자료를 저장하기 위해서는 변수를 이용해야 한다. 다음과 같이 input() 함수에 의해 입력받은 자료는 name이라는 변수에 저장한다. name 변수에 저장한 '이순신' 문자열은 print() 함수를 이용하여 출력 후 확인한다.

입력 자료 저장

```
name = input('이름 입력: ')
print(name)
```

실행 결과

```
이름 입력: 이순신
이순신
```

파이썬은 input() 함수에 의해 입력받은 모든 자료를 문자열로 저장한다. 문자열로 저장한다는 것은 숫자를 입력하더라도 문자열로 저장되어 원하는 연산이 이루어질 수 없음을 의미한다. 다음은 input() 함수 앞에 int() 형 변환 함수를 이용하여 정수형 숫자로 변환하여 변수 x와 y에 각각 저장 후 더하면 50이 출력되는 예이다. 만약 형 변환 없이 저장한 변수 x와 y를 그냥 더하면 '2030'이 출력된다.

정수형으로 입력된 자료

```
x = int(input('숫자1 입력: '))
y = int(input('숫자2 입력: '))
print(x+y)
```

실행 결과

```
숫자1 입력: 20
숫자2 입력: 30
50
```

입력받은 숫자가 실수라면 다음과 같이 float() 형 변환 함수를 이용하여 실수형의 숫자로 변환하여 저장한다.

실수형으로 입력된 자료

```
z = float(input('숫자 입력: '))
print(z)
```

실행 결과

```
숫자 입력: 7.5
7.5
```

(2) 표준 출력

파이썬을 이용하여 자료를 출력하려면 print() 함수를 이용한다. print() 함수를 이용하여 자료를 출력하면 내용 출력 후 자동으로 줄 바꿈이 발생한다. end 옵션을 이용하면 줄 바꿈을 제어할 수 있다. end 옵션 뒤 따옴표 안에 줄 바꿈을 대신할 문자를 입력하면 줄 바꿈 대신 따옴표 안의 문자가 출력된다. 따옴표 안에 공백을 입력하면 줄 바꿈 대신 공백이 출력된다. end 옵션을 이용하여 줄 바꿈을 제어하는 예는 다음과 같다.

줄 바꿈 출력

```
print('파이썬')
print('짱')
```

실행 결과

```
파이썬
짱
```

end 옵션을 이용한 줄 바꿈 제어

```
print('파이썬', end=' ')
print('짱')
```

실행 결과

```
파이썬 짱
```

1) 콤마(,)를 이용한 출력

파이썬은 크게 4가지 종류의 출력 형태가 있다. 콤마(,)로 구분하여 출력하는 형태, % 형식지정자를 이용하는 형태, format() 함수를 이용하는 형태, f-string 포맷팅을 이용하는 형태이다. 다음은 콤마(,)로 구분하여 출력하는 예이다.

콤마(,)로 구분하여 출력

```
name = input('이름 입력: ')
print('입력한 이름은', name)
```

실행 결과

```
이름 입력: 이순신
입력한 이름은 이순신
```

2) % 형식지정자를 이용한 출력

자료형을 지정하여 출력하는 % 형식지정자의 출력 형태는 내용과 % 형식지정자를 원하는 순서대로 따옴표 안에 작성한다. % 형식지정자에 대응하는 변수를 % 뒤에 순서대로 작성한다. 다음은 %s 형식지정자를 이용하여 출력하는 예이다.

%s 형식지정자를 이용하여 출력

```python
name = input('이름 입력: ')
print('입력한 이름은 %s' % name)
```

실행 결과

```
이름 입력: 이순신
입력한 이름은 이순신
```

% 형식지정자에 대응되는 변수가 한 개인 경우에는 괄호를 생략할 수 있지만, 두 개 이상인 경우에는 % 뒤에 괄호 안에 변수들을 작성해야 한다. 다음은 %d 형식지정자를 이용하여 출력하는 예이다. 2개 이상의 % 형식지정자를 사용할 때는 % 형식지정자와 변수는 순서대로 대응된다.

%d 형식지정자를 이용하여 출력

```python
x = int(input('숫자1 입력: '))
y = int(input('숫자2 입력: '))
print('%d + %d = %d' % (x, y, x+y))
```

실행 결과

```
숫자1 입력: 20
숫자2 입력: 30
20 + 30 = 50
```

다음은 %f 형식지정자를 이용하여 출력하는 예이다. %f 형식지정자는 소수점이 있는 숫자인 경우에 적용하는 % 형식지정자이다. 5/2의 결과 값이 2.500000으로 출력된 것을 확인할 수 있다. 소수점 이하 자리를 원하는 만큼 출력하려면 다음과 같이 %f를 %.2f로 수정하면 된다. 이는 소수점 이하 2자리까지만 출력하라는 의미이다.

%f 형식지정자를 이용하여 출력

```
x = int(input('숫자1 입력: '))
y = int(input(‘숫자2 입력: '))
print('%d / %d = %f' % (x, y, x/y))
```

실행 결과

```
숫자1 입력: 5
숫자2 입력: 2
5 / 2 = 2.500000
```

print() 함수의 % 형식지정자의 종류에는 %s, %d, %f 외에도 여러 가지가 있지만, 대표 형식지정만 잘 숙지하도록 한다.

3) format() 함수를 이용한 출력

format() 함수를 이용하여 출력하는 형태는 내용과 중괄호 {}를 원하는 순서대로 따옴표 안에 작성한다. 중괄호에 대응되는 변수는 점(.) 작성 후 format() 함수 안에 순서대로 작성한다. 다음은 format() 함수를 이용하여 출력하는 예이다. 중괄호와 format() 함수 안의 변수들을 순서대로 대응하여 출력한다. 중괄호 안의 번호는 대응하는 변수의 순서로써 인덱스라고 부르며, 0부터 시작한다.

format() 함수를 이용하여 출력

```
x = int(input('숫자1 입력: '))
y = int(input('숫자2 입력: '))
print('{0} * {1} = {2}'.format(x, y, x*y))
```

실행 결과

```
숫자1 입력: 7
숫자2 입력: 3
7 * 3 = 21
```

중괄호 순서대로 변수를 대응하여 출력할 때는 인덱스 생략이 가능하지만, 순서를 변경하여 출력할 때는 인덱스를 원하는 대로 올바르게 작성해야 한다. 또한 자료를 여러 번 반복하여 출력할 때는 반복하기 원하는 자료의 인덱스를 포함한 중괄호를 여러 번 반복하여 작성한다. 다음은 중괄호 순서를 원하는 대로 변경하고 자료를 반복하여 출력한 예이다.

중괄호 순서를 변경하고 자료를 반복하여 출력

```
print('{1} {1} 작은 {0}'.format('별', '반짝'))
```

실행 결과

```
반짝 반짝 작은 별
```

변경된 중괄호 순서와 반복하여 출력한 자료를 대응하여 살펴보면 다음과 같다.

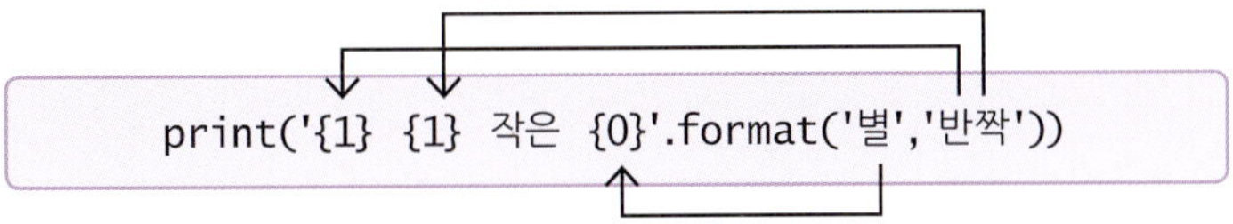

4) f-string 포맷팅을 이용한 출력

f-string 포맷팅 방법은 파이썬 3.6 버전부터 추가되었다. 문자열 맨 앞에 f를 붙이고 중괄호 안에 직접 변수명이나 출력하고 싶은 자료를 작성한다. 다음은 f-string 포맷팅을 이용하여 출력하는 예이다.

f-string 포맷팅을 이용하여 출력

```
x = int(input('숫자1 입력: '))
y = int(input('숫자2 입력: '))
print(f'{x} - {y} = {x-y}')
```

실행 결과

```
숫자1 입력: 30
숫자2 입력: 20
30 - 20 = 10
```

2.5 컬렉션 자료형

(1) 컬렉션 자료형 개념과 필요성

자료형이란 프로그래밍을 할 때 쓰이는 숫자, 문자열 등 자료 형태로 사용하는 모든 것을 의미한다. 프로그램의 기본이자 핵심 단위가 바로 자료형이다. 변수를 이용하여 자료를 저장할 때는 변수 하나에 값 하나만 저장되기 때문에 한 번에 여러 개의 값을 저장하거나 여러 가지 데이터들을 관계있는 그룹으로 관리하는 것에는 어려움이 있다. 이를 해결하기 위하여 리스트, 튜플, 딕셔너리, 세트라는 컬렉션 자료형을 지원한다. '컬렉션'이란? 여러 개의 값을 하나의 변수에 저장할 수 있다. 파이썬에서 제공하는 컬렉션 자료형의 종류는 다음과 같다.

표 2-6 컬렉션 자료형의 종류

컬렉션 자료형 종류	생성 방법	컬렉션 자료형 종류	생성 방법
리스트(list)	[ ]	딕셔너리(dictionary)	{키:값}
튜플(tuple)	( )	세트(set)	{ }

(2) 리스트(list)

가장 많이 쓰이는 리스트를 이용하면 오직 하나의 리스트 변수를 이용하여 여러 개의 자료를 효율적으로 저장하고 처리할 수 있다. 다음은 입력 받은 값을 리스트에 저장한 후 합계를 구하여 출력하는 예이다.

리스트 변수 사용

```
x = [0, 0, 0, 0]
x[0] = int(input('점수1: '))
x[1] = int(input('점수2: '))
x[2] = int(input('점수3: '))
x[3] = int(input('점수4: '))

hap=x[0]+x[1]+x[2]+x[3]

print('합계:', hap)
```

실행 결과

```
점수1: 10
점수2: 20
점수3: 30
점수4: 40
합계: 100
```

1) 리스트 문법

리스트 대괄호([]) 안에 서로 다른 자료형의 값을 콤마(,)로 구분해 하나 이상 저장할 수 있는 컬렉션 자료형이다. 대괄호([])에 넣는 자료를 요소(element)라고 부르며, 요소들은 순서를 가지고 있고 인덱스를 사용하여 참조할 수 있다.

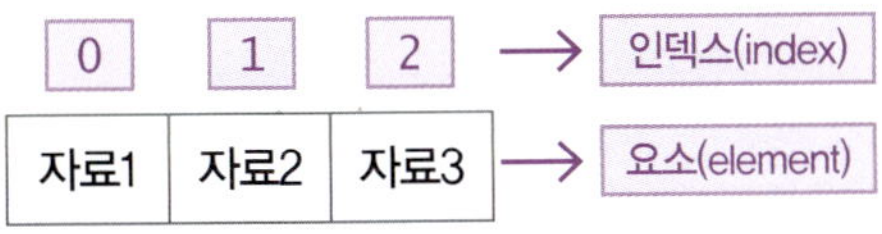

리스트 문법
리스트 명 = [값1, 값2, 값3, ...]

리스트의 요소는 보통의 경우 동일한 자료형으로 구성되는데, 서로 다른 자료형도 가능하며, 또 다른 리스트로 포함할 수 있다. 파이썬에서 제공하는 리스트는 여러 자료형을 섞어서 저장할 수 있다.

2) 리스트 인덱싱(Indexing) 및 슬라이싱(Slicing)

리스트도 문자열처럼 인덱싱과 슬라이싱이 가능하다. 인덱싱은 무엇인가를 '가리킨다'라는 의미이고 슬라이싱은 무엇인가를 '잘라낸다'라는 의미이다.

리스트의 첫 번째 요소 위치는 0에서 시작한다. 뒤에서부터 접근할 때는 역 인덱스로 표현하여 접근할 수 있다. [-1]로 작성하면 리스트의 마지막 요소를 반환한다. 이를 확장해서 [-2]는 뒤에서 두 번째 요소를, [-3]은 뒤에서 세 번째 요소를 반환한다.

리스트 인덱스 구조 및 사용하기

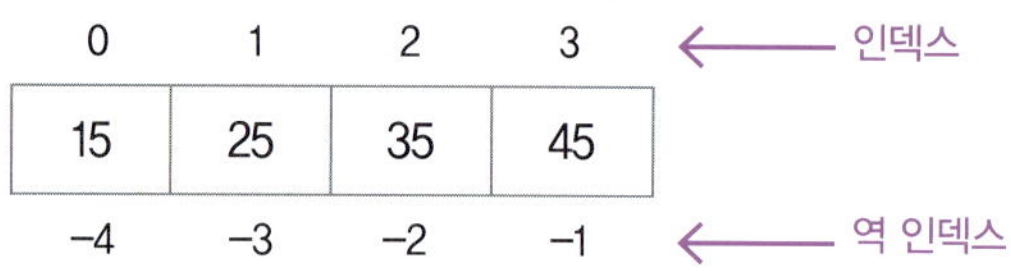


```
x = [15, 25, 35, 45]
print(x)
```

```
[15, 25, 35, 45]
```

```
x[0]+x[1]
```

```
40
```

```
x[0] # 리스트의 첫 번째 값을 가져온다.
```

```
15
```

```
x[-1] # 리스트의 마지막 값을 가져온다.
```

```
45
```

```
x[4]
```

```
---------------------------------------------------------------------------
IndexError                                Traceback (most recent call last)
<ipython-input-18-ed40d1f49c42> in <module>()
----> 1 x[4]

IndexError: list index out of range
```

슬라이싱은 리스트 안에서 범위를 지정하여 원하는 요소들을 선택하는 연산으로 리스트명[시작:끝]과 같은 형식을 사용하고 시작 요소부터 (끝-1) 인덱스에 있는 요소까지 선택한다.

리스트 슬라이싱 구조

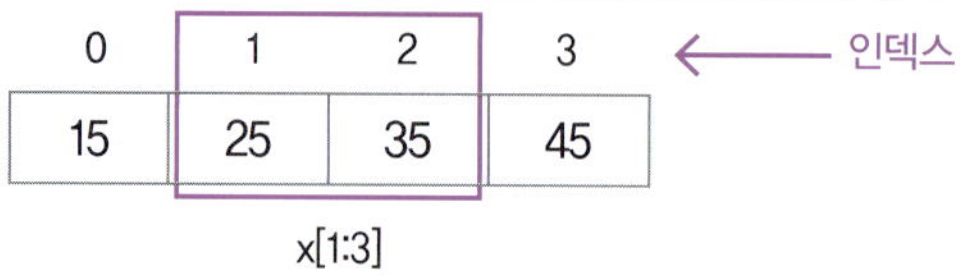

리스트 슬라이싱 사용하기

```
x = [10, 20, 30, [40, 50]]
x[0:2]
```

```
[10, 20]
```

```
x[1:]
```

```
[20, 30, [40, 50]]
```

```
x[:2]
```

```
[10, 20]
```

```
x[-1]
```

```
[40, 50]
```

```
x[3]
```

```
[40, 50]
```

```
x[3][0] # 이중 리스트 슬라이싱
```

```
40
```

```
x[3][1] # 이중 리스트 슬라이싱
```

```
50
```

3) 리스트 값 변경하기

리스트의 값을 변경하기 위해서는 인덱스를 사용해서 그 위치의 값을 변경하면 된다.

리스트 값 변경하기

```
a=[10, 20, 30]
print(a)
```

```
[10, 20, 30]
```

```
a[1:3]=[90, 100] # 연속된 범위의 값도 변경 가능하다.
print(a)
```

```
[100, 90, 100]
```

```
a[0]=100
print(a)
```

```
[100, 20, 30]
```

4) 리스트 제어 함수

리스트 변수 이름 뒤에 마침표(.)를 붙인 다음 함수 이름을 사용한다. 파이썬에서 제공하는 유용한 리스트 제어 함수는 다음과 같다.

표 2-7 리스트 제어 함수의 종류

함수	설명	사용법
append()	리스트에 요소를 마지막 위치에 새로 추가	리스트.append(값)
insert()	리스트의 해당 위치에 요소를 새로 삽입	리스트.insert(위치, 값)
sort()	오름차순 정렬 내림차순 정렬	리스트.sort() 리스트.sort(reverse=True)
reverse()	현재의 리스트를 그대로 거꾸로 뒤집기	리스트.reverse()
pop()	리스트 제일 뒤의 항목을 빼내고 빼낸 항목은 삭제	리스트.pop()
	제거할 위치에 있는 요소를 제거	리스트.pop(위치)
remove()	해당 요소를 찾아 삭제	리스트.remove(삭제할 값)
count()	해당 요소의 개수를 반환	리스트.count(찾을 값)
index()	리스트에 위치 값이 있으면 위치값을 반환	리스트.index(값)
len()	리스트 총 요소 개수를 반환	len(리스트)

(3) 튜플(tuple)

튜플은 한번 저장된 값은 수정할 수 없는 자료형으로 읽기 전용의 데이터를 저장할 때 유용하게 사용된다. 보통 튜플은 요소가 절대 변경되지 않고 유지되어야 할 때 사용하기 때문에 튜플을 만든 상태에서 요소를 변경하게 되면 오류가 발생하게 된다. 따라서 요소를 실수로 변경하는 상황을 방지할 수 있다.

1) 튜플의 문법

둥근 괄호 () 안에 서로 다른 자료형의 값을 콤마(,)로 구분해 하나 이상 저장할 수 있는 컬렉션 자료형이다. 0부터 시작하는 인덱스를 이용하여 접근할 수 있고 한 번 저장된 요소는 변경할 수 없다.

튜플 초기화

```
x = ()
print(x)
```

```
()
```

```
x = (1, 2, 3)
print(x)
```

```
(1, 2, 3)
```

```
x = tuple()
print(x)
```

```
()
```

```
x = 1, 2
print(x)
```

```
(1, 2)
```

```
x = tuple(range(10))
print(x)
```

```
(0, 1, 2, 3, 4, 5, 6, 7, 8, 9)
```

```
x = (10, 20, (30, 40))
print(x)
```

```
(10, 20, (30, 40))
```

```
x = ['월', '화', '수', '목', '금', '토', '일']
x = tuple(x)  # 리스트를 튜플로 자료형 변환
print(x)
```

```
('월', '화', '수', '목', '금', '토', '일')
```

튜플은 데이터를 변경할 수 없기 때문에 인덱스에 의한 변경도 불가능하고 리스트에서 사용했던 append() 함수 또한 당연히 튜플에서는 제공되지 않는다.

튜플 데이터 변경

```
x = (10, 20, 30)
x[0] = 100
```

```
---------------------------------------------------------------
TypeError                          Traceback (most recent call last)
<ipython-input-65-b48a500f82af> in <module>()
      1 x = (10,20,30)
----> 2 x[0]=100

TypeError: 'tuple' object does not support item assignment
```

```
x.append(40)
```

```
---------------------------------------------------------------------
AttributeError                        Traceback (most recent call last)
<ipython-input-66-b73c348d3c6d> in <module>()
----> 1 x.append(40)

AttributeError: 'tuple' object has no attribute 'append'
```

2) 튜플의 인덱싱 및 슬라이싱

튜플은 저장된 데이터를 변경할 수 없다는 점만 제외하면 리스트와 완전히 동일하다.

튜플 인덱싱과 슬라이싱	
x = (10, 20, 30, 40) x[0]	x[1:]
10	(20, 30, 40)
x[-1]	x[:2]
40	(10, 20)

(4) 딕셔너리(dictionary)

파이썬에서는 연관된 값을 묶어서 저장하는 용도로 딕셔너리라는 자료형을 제공한다. 딕셔너리는 순서가 없는 컬렉션 자료형으로 각각의 요소는 key:value 형태로 저장된다. 딕셔너리는 리스트나 튜플처럼 인덱스에 의해 해당 요소를 찾지 않으며, key를 통해 value를 얻는다.

1) 딕셔너리 문법

{ } 안에 키:값 형식의 항목을 콤마(,)로 구분해 하나 이상 저장할 수 있는 컬렉션 자료

형이다. 딕셔너리는 키를 먼저 지정하고 :(콜론)을 붙여서 값을 표현한다. 키와 값은 1:1 대응 관계이다.

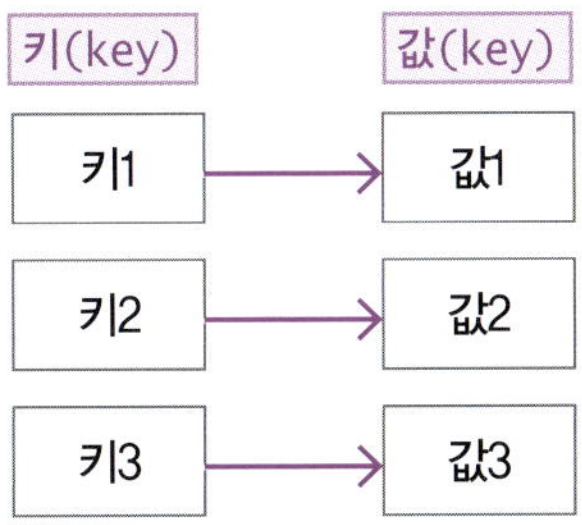

딕셔너리 문법
딕셔너리 명 = {key1:value1, key2:value2, key3:value3, ...}

빈 딕셔너리 생성 및 초기화

```python
x = {}
print(x)
```

```
{}
```

```python
x = dict()
print(x)
```

```
{}
```

```python
fruit={1:'수박', 2:'참외'}
print(fruit)
```

```
{1: '수박', 2: '참외'}
```

```python
menu={'김밥':3000, '라면':5000}
print(menu)
```

```
{'김밥': 3000, '라면': 5000}
```

2) 딕셔너리 요소에 접근하기

딕셔너리를 생성할 때는 중괄호를 사용하지만, 딕셔너리 요소에 접근할 때는 리스트처럼 딕셔너리 뒤에 대괄호[ ]를 입력하고 내부에 인덱스 대신 키를 입력한다. 키를 이용해 값을 읽어올 수 있으며, 요소를 추가할 때 동일키가 없으면 새로운 요소를 추가하고, 동일키가 있으면 저장된 요소를 변경한다.

딕셔너리 요소 접근

```
menu={'김밥':3000, '라면':5000}
menu['김밥']
```

```
3000
```

```
menu['라면']=5500
menu['라면']
```

```
5500
```

```
menu['라면']
```

```
5000
```

```
menu['어묵']=1500
print(menu)
```

```
{'김밥': 3000, '라면': 5500, '어묵': 1500}
```

```
menu['순대']
```

```
---------------------------------------------------------------------------
KeyError                                  Traceback (most recent call last)
<ipython-input-82-426a2e6cdc0a> in <module>()
----> 1 menu['순대']

KeyError: '순대'
```

3) 딕셔너리 제어 함수

딕셔너리 변수 이름 뒤에 마침표(.)를 붙인 다음 함수 이름을 사용한다. 파이썬에서 제공하는 유용한 딕셔너리 제어 함수는 다음과 같다.

표 2-8 **딕셔너리 제어 함수**

함수	설명	사용법
get()	항목 접근하기	딕셔너리.get(key)
pop()	항목 꺼내고 삭제하기	딕셔너리.pop(key)
del()	항목 삭제하기	del(딕셔너리[key])
items()	딕셔너리에 저장된 모든 키와 값 반환	딕셔너리.items()
keys()	딕셔너리에 저장된 모든 키 반환	딕셔너리.keys()
values()	딕셔너리에 저장된 모든 값 반환	딕셔너리.values()

(5) 세트(set)

세트는 집합에 관련된 것을 쉽게 처리하기 위해 만든 자료형으로 중복을 허용하지 않는 컬렉션 자료형이다. 세트 자료형은 순서가 없기 때문에 인덱싱으로 값을 얻을 수 없다.

1) 세트의 문법

{ } 안에 서로 다른 자료형의 값을 콤마(,)로 구분해 하나 이상 저장한다.

세트 초기화

```
x = {10, 20, 30}
print(x)
```

```
{10, 20, 30}
```

```
y = set([10, 20, 30])
print(y)
```

```
{10, 20, 30}
```

```
x = {10, 20, 30, 20}
print(x)
```

```
{10, 20, 30}
```

2) 세트 연산

세트 합집합, 교집합 차집합

```
x = {10, 20, 30}
y = {20, 40}
x & y              # 교집합
```

```
{20}
```

```
x.intersection(y)  # 교집합
```

```
{20}
```

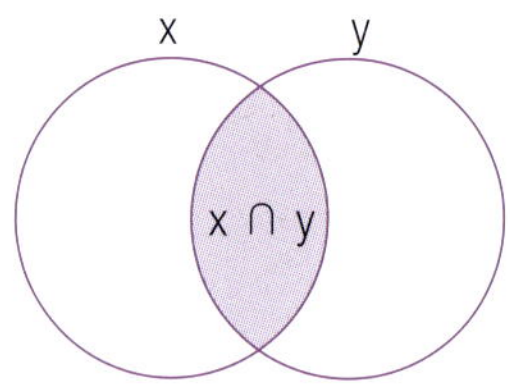


```
x | y              # 합집합
```

```
{20, 40, 10, 30}
```

```
x.union(y)         # 합집합
```

```
{20, 40, 10, 30}
```

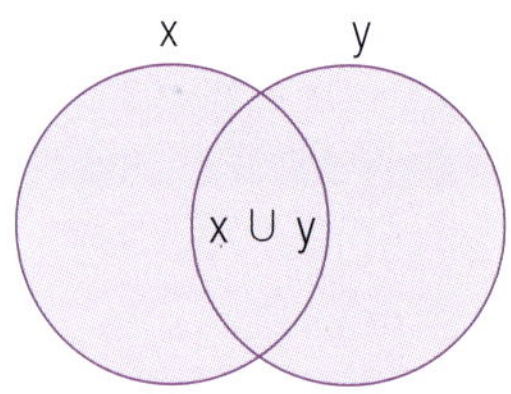


```
x - y              # 차집합
```

```
{10, 30}
```

```
x.difference(y)    # 차집합
```

```
{10, 30}
```

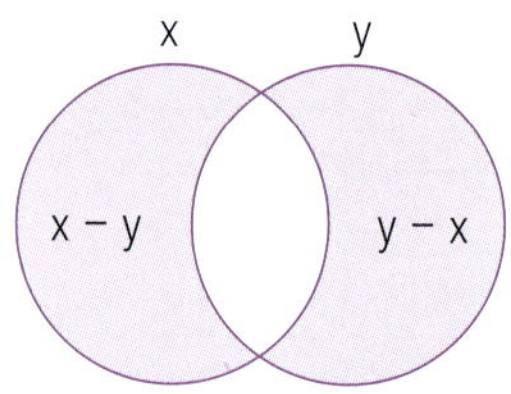

3) 세트 제어 함수

세트 변수 이름 뒤에 마침표(.)를 붙인 후 함수 이름을 사용한다. 세트 제어 함수는 다음과 같다.

표 2-9 세트 제어 함수의 종류

함수	설명	사용법
add()	값 1개 추가	세트.add(값)
update()	값 여러 개 추가	세트.update(값)
remove()	특정 값 삭제	세트.remove(값)

2.6 리스트 내포

리스트 내포(List Comprehension)는 원하는 자료들을 조회 또는 추출하여 리스트로 변환하는 표현식이다. 리스트 내포는 조건식을 이용하여 같은 연산을 전체 항목이나 일부 항목에 적용할 수 있다. 리스트 내포를 이용하여 항목들을 대문자나 소문자로 바꾸는 등의 작업을 처리할 수 있다.

(1) 리스트 내포 처리 과정

리스트 내포 처리 과정은 다음의 ① → ② → ③에서 ①로 이동하여 반복 수행한다. 더 이상 꺼내올 항목이 없으면 종료한다.

① 항목들에서 순차적으로 하나씩 꺼내온다.
② 조건식을 적용하여 해당 조건에 맞는 항목은 추출하고 조건에 맞지 않으면 무시한다.
③ 위에서 추출한 항목은 리스트에 추가한다.

1) 기본적인 리스트 내포 형식

가장 기본적인 리스트 내포 형식은 다음과 같다. 항목들에서 순차적으로 꺼내온 자료는 변수에 저장한 후 표현식에 적용하여 리스트에 추가한다.

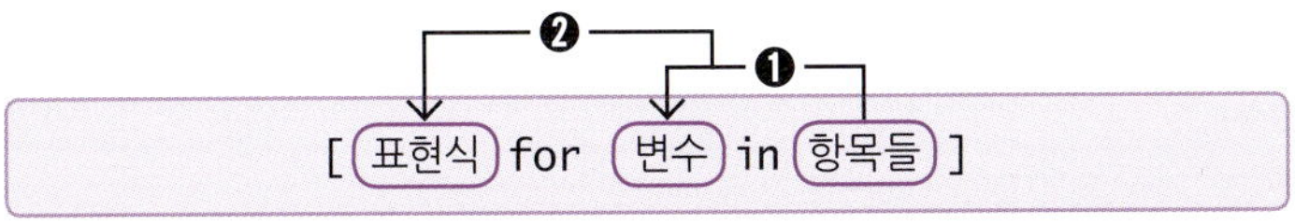

num = [-20, -10, 0, 10, 20] [x for x in num]	num = [-20, -10, 0, 10, 20] [x/5 for x in num]
[-20, -10, 0, 10, 20]	[-4.0, -2.0, 0.0, 2.0, 4.0]
num = [-20, -10, 0, 10, 20] [x+5 for x in num]	num = [-20, -10, 0, 10, 20] [x**2 for x in num]
[-15, -5, 5, 15, 25]	[400, 100, 0, 100, 400]

2) 조건 있는 리스트 내포 형식

조건 있는 리스트 내포 형식은 다음과 같다. 항목들에서 순차적으로 꺼내온 자료는 변수에 저장한 후 조건에 맞는 항목만 추출한 다음 표현식에 적용하여 리스트에 추가한다.

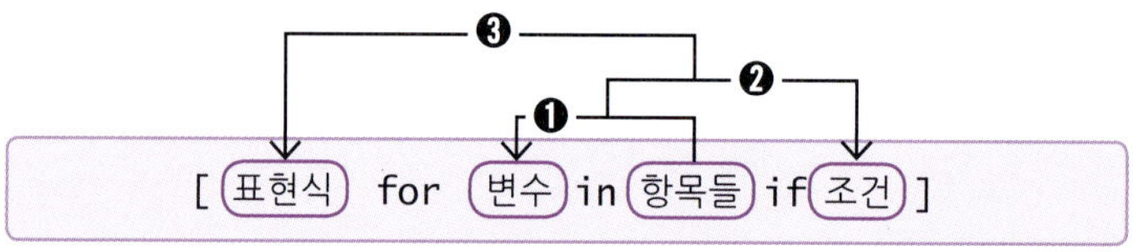

항목들에서 0의 값을 가져와 변수 x에 저장한 후 1/x 연산을 수행하게 되면 분모가 0이 되어 오류가 발생한다. 이때 조건 있는 리스트 내포 형식을 이용하여 0보다 큰 항목들만 1/x 연산을 수행하도록 할 수 있다.

```
num = [-20, -10, 0, 10, 20]
[1/x for x in num]
```

```
---------------------------------------------------------------------------
ZeroDivisionError                         Traceback (most recent call last)
<ipython-input-13-cf6c7b56bd33> in <module>()
      1 num=[-20,-10,0,10,20]
----> 2 [1/x for x in num]
<ipython-input-13-cf6c7b56bd33> in <listcomp>(.0)
      1 num=[-20,-10,0,10,20]
----> 2 [1/x for x in num]

ZeroDivisionError: division by zero
```

```
num = [-20, -10, 0, 10, 20]
[1/x for x in num if x>0]
```

```
[0.1, 0.05]
```

```
num = [-20, -10, 0, 10, 20]
[1/x for x in num if x!=0]
```

```
[-0.05, -0.1, 0.1, 0.05]
```

2.7 선택문

파이썬 문장은 제어문을 만나기 전에는 위에서 아래로 순차적으로 실행된다. 제어문은 조건식에 만족하는 동안 특정 구간을 한 번 또는 여러 번 반복하여 실행하도록 제어하는 문장이다. 파이썬의 제어문은 선택문과 반복문으로 나뉘는데, 선택문은 조건식이 만족하면 한 번 실행하고 만족하지 않으면 해당 구간을 건너뛰게 된다. 즉, 파이썬의 선택문은 `if` 문을 이용하여 조건식의 결과가 `True`인지, `False`인지에 따라 코드를 실행하거나 실행하지 않는 선택적 구조이다. 먼저 파이썬 선택문을 표현하기 위한 조건식에 대하여 학습하고 선택문의 다양한 형태를 학습한다. 먼저 파이썬 선택문의 종류와 규칙에 대하여 살펴본다.

(1) 파이썬 선택문의 개요

파이썬 선택문의 형태에는 `if`, `if~else`, `if~elif`, `if~elif~else`, `if~in~else` 등이 있다. 파이썬 선택문의 규칙은 다음과 같다.

① `if` 문의 조건식들은 논리 연산이 가능한 문장으로 참 · 거짓 판별이 가능하도록 작성해야 한다.
② `if` 문의 조건식 끝에는 항상 :(콜론)이 있어야 한다.
③ 실행 코드는 반드시 공백(스페이스바 또는 Tab)으로 들여쓰기(indent)를 하여 `if` 문에 포함되는(종속) 코드로 작성해야 한다.

(2) 조건식

선택문을 표현하기 위해 필요한 조건식은 비교 연산자와 논리 연산자를 이용하여 표현하는데, 조건식을 만족하면 `True`, 만족하지 않으면 `False`의 결과 값을 가지게 된다. 조건식의 예는 다음과 같다.

표 2-10 조건식의 예

조건식	설명
`total >= 100`	`total` 변수에 저장된 자료가 100 이상이면 만족하는 조건식
`start+end < 120`	`start` 변수와 `end` 변수를 더한 값이 120 미만이면 만족하는 조건식
`6 <= age < 60`	`age` 변수에 저장된 자료가 6 이상, 60 미만이면 만족하는 조건식
`num % 3 == 0`	`num` 변수에 저장된 자료를 3으로 나눈 나머지가 0이면 만족하는 조건식

조건식	설명
`first != second`	first 변수와 second 변수에 저장된 자료가 다르면 만족하는 조건식
`eng>=80 and math>=80`	eng 변수에 저장된 자료가 80 이상이고 math 변수에 저장된 자료가 80 이상이면 만족하는 조건식
`weather=='여름' or weather=='겨울'`	weather 변수에 저장된 자료가 '여름'이거나 weather 변수에 저장된 자료가 '겨울'이면 만족하는 조건식
`not(flag==0)`	flag 변수에 저장된 자료가 0이 아니면 만족하는 조건식

(3) if / if~else

파이썬 선택문의 가장 기본적인 if / if~else 문의 구조를 살펴보면 다음과 같다.

기본 문법

```
if 조건식:
(공백) 명령문1
        ⋮
if 문 다음 명령문
```

순서도

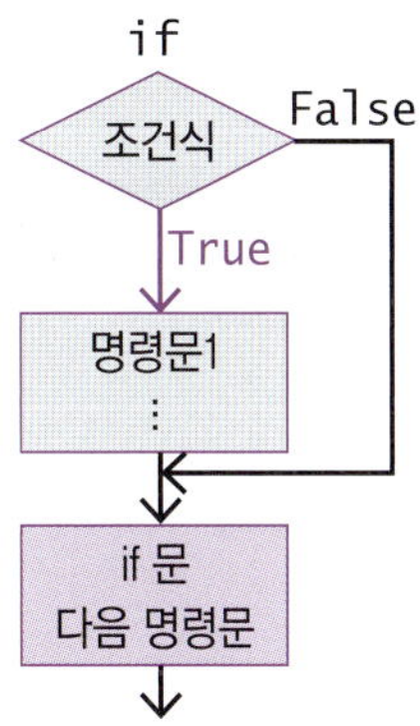

설명 if 문의 조건식 결과가 True라면 명령문1, … 을 실행하고, 조건식의 결과가 False라면 명령문1, … 을 건너뛰고 if 문 다음 명령문을 실행한다.

기본 문법

```
if 조건식:
(공백) 명령문1
        ⋮
else:
(공백) 명령문2
        ⋮
if 문 다음 명령문
```

순서도

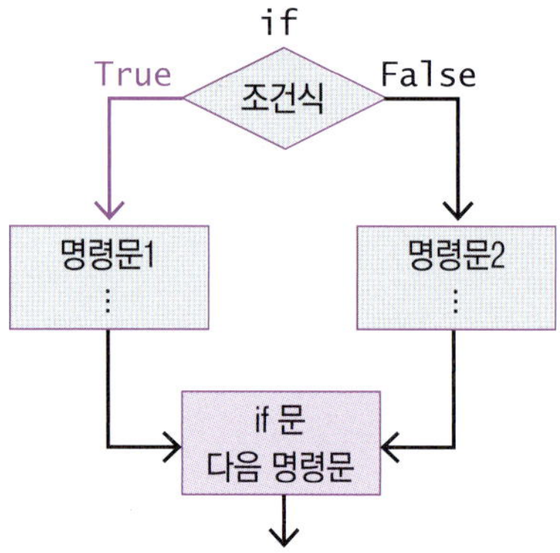

설명 if 문의 조건식 결과가 True라면 명령문1, … 을 실행하고 if 문 다음 명령문을 실행한다.
if 문의 조건식 결과가 False라면 명령문2, … 를 실행하고 if 문 다음 명령문을 실행한다.

(4) if~elif / if~elif~else

여러 조건식에 따라 다양한 처리를 수행하기 위한 파이썬 선택문의 if~elif / if~elif~else 문을 살펴보면 다음과 같다.

기본 문법

```
if 조건식1:
(공백) 명령문1
        ⋮
elif 조건식2:
(공백) 명령문2
        ⋮
if 문 다음 명령문
```

순서도

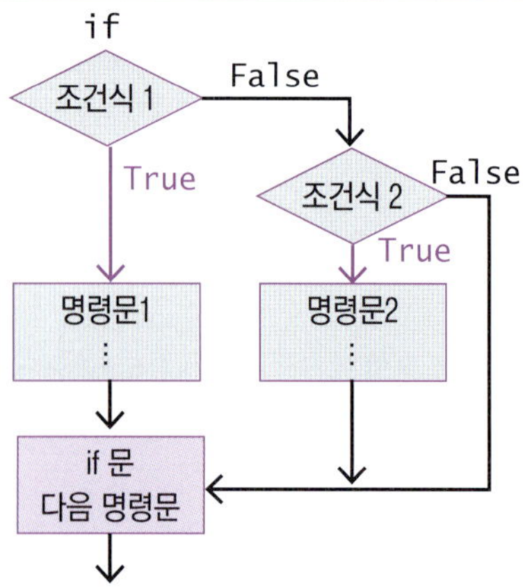

설명 if 문의 조건식1의 결과가 True라면 명령문1, … 을 실행하고, False라면 조건식2를 확인하여 결과가 True라면 명령문2, … 를 실행하고, False라면 건너뛰고 if 문 다음 명령문을 실행한다.

기본 문법

```
if 조건식1:
(공백) 명령문1
         ⋮
elif 조건식2:
(공백) 명령문2
         ⋮
else:
(공백) 명령문3
         ⋮
if 문 다음 명령문
```

순서도

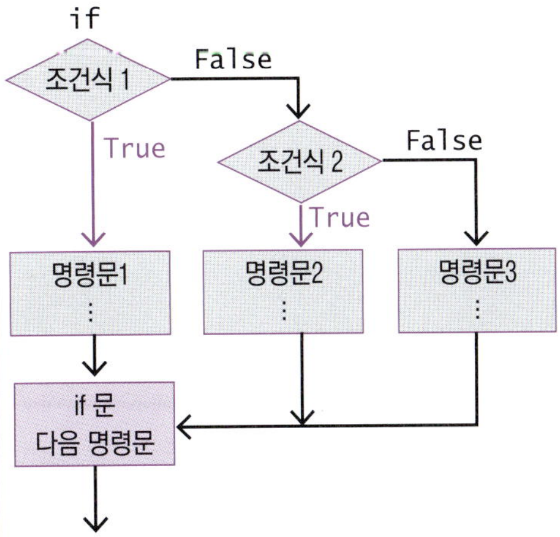

설명 if 문의 조건식1의 결과가 True라면 명령문1, … 을 실행하고, False라면 조건식2를 확인하여 결과가 True라면 명령문2, … 를 실행하고, False라면 명령문3, … 을 실행한 뒤 if 문 다음 명령문을 실행한다.

2.8 반복문과 기타 제어문

파이썬 반복문은 특정 문장을 여러 번 반복하여 실행하는 반복적 구조로서 파이썬 반복문은 범위의 횟수 동안 또는 조건식이 만족하는 동안 여러 번 반복하여 실행하는 제어문 문장이다. 파이썬 반복문의 종류에는 for 문과 while 문이 있다. for 문은 범위의 횟수 동안 특정 문장을 여러 번 반복하여 실행하는 반복문이고, while 문은 조건식의 결과가 True이면 특정 문장을 여러 번 반복 실행하다가 조건식이 False가 되면 반복을 종료하는 반복문이다.

먼저 파이썬 반복문인 for 문과 while 문부터 학습하고 기타 제어문인 break 문과 continue 문에 대해서도 학습한다.

(1) 파이썬 반복문 개요

파이썬 반복문 형태인 for 문과 while 문의 공통 및 각각의 규칙은 다음과 같다.

① for 문과 while 문의 조건식 끝에는 항상 :(콜론)이 있어야 한다.

② 실행 코드는 반드시 공백(스페이스바 또는 Tab)으로 들여쓰기(indent)를 하여 for 문과 while 문에 포함되는(종속) 코드로 작성해야 한다.

표 2-11 for, while 문의 규칙

for 문의 규칙	while 문의 규칙
1. 제어변수와 특정 범위를 활용하여 반복 실행한다. 2. 특정 범위는 range() 함수, 리스트, 문자열 등을 이용하여 지정한다.	1. 선택문처럼 조건식의 결과가 참 또는 거짓인지에 따라 특정 문장을 반복 실행하거나 실행하지 않는 조건적 반복 실행 구조이다. 2. while 문의 조건식들은 논리 연산이 가능한 문장, 즉 참 · 거짓 판별이 가능한 것이어야 한다.

(2) for 문

for 문은 range() 함수, 리스트, 문자열 등을 이용하여 특정 범위를 지정한다. range() 함수를 이용하는 경우, 시작 값부터 종료 값까지 증가 값만큼씩 증가시키면서 항목의 원소를 하나씩 꺼내와 제어변수에 저장한 뒤, for 문에 종속된 명령문들을 실행한다. 즉, for 문을 처음 실행하게 될 때 range() 함수의 시작 값을 가져와 제어변수에 저장한 뒤, for 문 안에 있는 명령문1, …을 실행한다. 이후 다시 for 문으로 돌아와 range() 함수의 시작 값에서 증가 값만큼 더한 값을 제어변수에 저장한 뒤, for 문 안에 있는 명령문1, …을 다시 실행한다. 이 과정을 반복하게 되는데 range() 함수의 종료 값까지 증가하게 되면 종료 값을 제어변수에 저장한 뒤, 마지막으로 for 문에 있는 명령문1, …을 실행하고 for 문을 종료한다.

예를 들어, `range()` 함수는 `range(0, 10, 1)`과 `range(0, 10)`과 `range(10)`은 모두 0부터 9까지 1씩 증가하며, 숫자를 하나씩 가져와 제어변수에 저장한다는 의미이다. 즉, 시작 값을 생략하면 0이 되고 증가 값을 생략하면 1이 된다. 하지만 종료 값은 생략할 수 없으며, 시작 값과 증가 값은 정수형이어야 하고 증가 값은 0이 될 수 없다. `for` 문의 기본 구조를 살펴보면 다음과 같다.

기본 문법

```
for 제어변수 in range( 시작값, 종료값+1, 증가값 ) :
(공백) 명령문1
        ⋮
for 문 다음 명령문
```

❶ ❷ ❸ 다음 항목

```
for 제어변수 in 리스트 :
(공백) 명령문1
        ⋮
for 문 다음 명령문
```

```
for 제어변수 in '문자열' :
(공백) 명령문1
        ⋮
for 문 다음 명령문
```

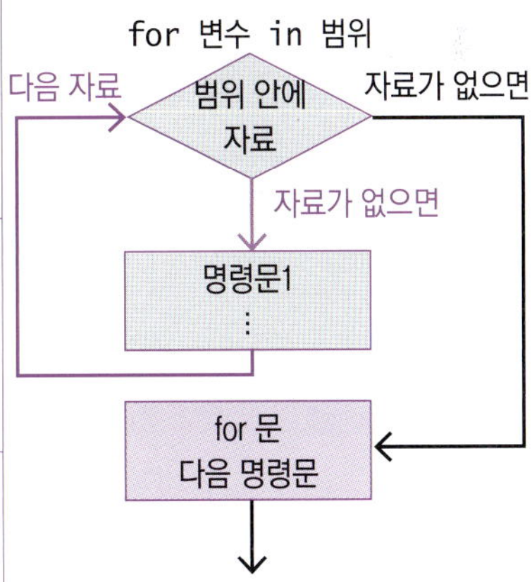

(3) while 문

`while` 문은 선택문처럼 조건식의 결과에 따라 실행 여부가 결정되는데, 선택문은 조건식의 결과가 참이면 실행하고 거짓이면 건너뛰는 과정을 한 번만 실행한다. 반면 `while` 문은 조건식의 결과가 참이면 종속된 특정 문장을 실행하고, 조건식을 다시 확인하여 결과가 참이면 다시 반복 실행, 거짓이면 종료한다. 즉, 조건 확인과 실행을 계속적으로 반복하는 조건적 반복 실행 구조이다. `while` 문의 기본 구조를 살펴보면 다음과 같다.

기본 문법

```
while 조건식:
(공백) 명령문1
          ⋮
while 문 다음 명령문
```

순서도

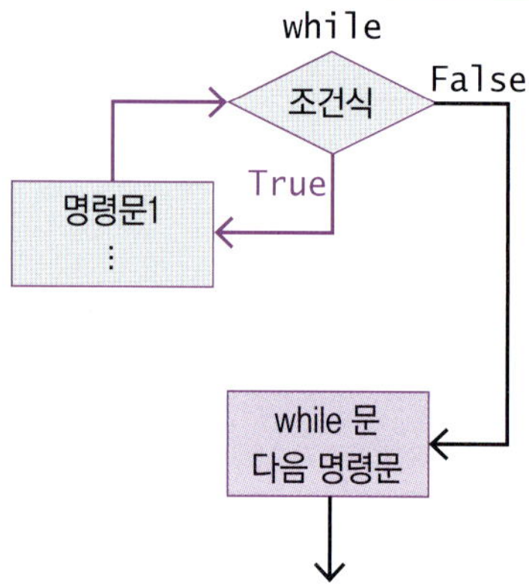

설명 while 문의 조건식 결과가 True라면 명령문1, … 을 실행하고, 이후 while 문의 조건식을 다시 확인하여 결과가 True라면 명령문1, … 을 실행하는 과정을 반복한다. 그러다가 조건식의 결과가 False가 되면 명령문1, … 을 건너뛰고 while 문 구조를 벗어나 while 문 다음의 명령문을 실행한다.

기본 문법

```
while 조건식:
(공백) 명령문1
          ⋮
else:
(공백) 명령문2
          ⋮
while 문 다음 명령문
```

순서도

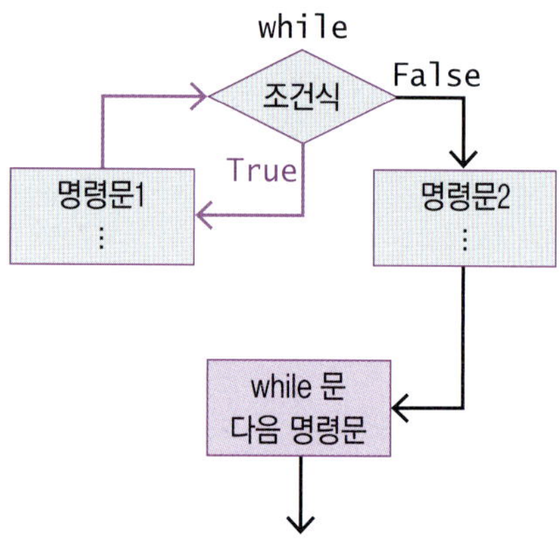

설명 while 문의 조건식 결과가 True라면 명령문1, … 을 실행하고, 이후 while 문의 조건식을 다시 확인하여 결과가 True라면 명령문1, … 을 실행하는 과정을 반복한다. 그러다가 조건식의 결과가 False가 되면 명령문2, … 를 실행하고 while 문 구조를 벗어나 while 문 다음의 명령문을 실행한다.

(4) 기타 제어문

for 문이나 while 문으로 반복 실행하다 보면 특정 상황이 발생했을 때 반복의 흐름을 바꿔야 할 필요가 발생한다. break 문을 만나게 되면 반복 구간을 더 이상 실행하지 않고 반복문을 강제 종료한다. continue 문을 만나게 되면 반복 구간의 남은 명령문을 실행하지 않고 반복문 처음으로 이동한다.

파이썬에는 기타 제어문으로 pass 문이 있는데, pass 문은 아무것도 실행하지 않는 문장이다. 반복문이나 임시 함수 작성 시 기본 틀만 표현하려고 내부에 당장 아무것도 작성하지 않으면 오류가 발생한다. 이럴 때 임시적으로 pass 문을 작성해 놓으면 오류 없이 기본 틀을 갖출 수 있다. 이후 실제 코드를 작성할 때 pass 문을 삭제한다. 다음은 pass 문의 사용 형태이다.

pass 사용 형태

```
while True:
    pass
```

```
for x in range(10):
    pass
```

2.9 함수

(1) 함수란?

프로그래밍과 관련하여 함수는 특정한 작업을 위해 서로 관련되어 있는 일련의 명령문이다. 함수를 정의할 때 이름을 지정하고 그 함수가 수행할 일을 위해 순서대로 명령문을 작성한다. 우리는 프로그래밍을 하면서 함수의 이름으로 함수를 호출할 수 있다.

함수를 사용하는 이유는 첫째, 중복된 코드를 별도로 분류하여 함수로 만들게 되면 코드의 양을 줄일 수 있고 이로 인해서 가독성이 좋아진다. 둘째, 간결해진 코드는 전체의 기능을 이해하기에 수월하다. 셋째, 프로그램의 흐름을 파악하기 쉽기 때문에 관리하기도 쉽다. 넷째, 중요한 기능만 함수로 정의해두면 이를 필요로 하는 프로그램은 물론 다른 프로그래머도 재사용이 가능하여 매우 효율적이다.

함수는 내장 함수와 사용자 정의 함수 두 가지로 나눌 수 있다. print() 함수는 변수나 상수를 출력하는 일을 한다. 그러나 우리는 print() 함수가 어떤 코드로 구성되어 있는지 정의한 적이 없다. 이처럼 프로그램에 이미 지정된 함수를 내장 함수라고 한다. 사용자 정의 함수는 사용자가 필요에 의해서 직접 정의하는 함수를 말한다.

(2) 내장 함수

파이썬은 함수를 정의할 필요 없이 사용할 수 있는 여러 가지 중요한 내장 함수를 제공한다. 내장 함수란 일반적인 문제를 해결하기 위해 필요한 함수를 작성하여 우리가 사용할 수 있도록 파이썬에 포함시켜 제공하는 함수를 말한다. 주요한 내장 함수는 다음과 같다.

1) 주요 내장 함수

표 2-12 주요 내장 함수의 종류

내장 함수	설명	사용법
abs()	숫자의 절댓값을 반환하는 함수	abs(값)
chr()	유니코드(unicode) 값을 입력받아 그 코드에 해당하는 문자를 출력하는 함수	chr(유니코드 값)
enumerate()	컬렉션 자료형을 입력받아 인덱스 값을 포함하는 enumerate 객체로 반환하는 함수	enumerate(컬렉션 자료형)
len()	값의 길이(요소의 전체 개수)를 반환하는 함수	len(반복 가능 객체)
list()	리스트로 만들어 반환하는 함수	list(반복 가능 객체)
max()	최댓값을 반환하는 함수	max(반복 가능 객체)
min()	최솟값을 반환하는 함수	min(반복 가능 객체)

내장 함수	설명	사용법
ord()	문자의 유니코드 값을 반환하는 함수	ord(문자)
pow()	제곱 값을 반환하는 함수	pow(값1, 값2)
round()	반올림하는 함수	round(값, [소수점 자리])
str()	문자열로 변환하여 반환하는 함수	str(값)
tuple()	튜플로 만들어 반환하는 함수	tuple(반복 가능 객체)
type()	자료형을 알려주는 함수	type(값)
zip()	동일한 개수로 이루어진 자료형을 묶어 주는 함수	zip(반복 가능 객체)

다음은 enumerate() 함수를 for 문과 함께 사용하여 인덱스와 해당 값을 출력한 예이다. for 문처럼 반복되는 구간에서 값이 어느 위치에 있는지 인덱스 값이 필요할 때 enumerate() 함수를 사용하면 매우 유용하다.

enumerate() 사용 예

```
for x, name in enumerate(['수박', '참외', '자두']):
    print(x, name)
```

```
0 수박
1 참외
2 자두
```

다음의 왼쪽은 zip() 함수를 for 문과 함께 사용하여 두 리스트의 원소에 차례로 접근하여 짝을 지어 튜플로 반환하여 출력한 예이다. for 문에서 인덱스를 이용하여 튜플로 만들 수도 있지만, zip() 함수를 사용하면 매우 유용하다. 오른쪽은 zip() 함수를 사용하여 두 리스트의 원소에 차례로 접근하여 짝을 지어 딕셔너리로 만든 예이다.

zip() 사용 예 1

```
num = [1, 2, 3]
char = ['A', 'B', 'C']
for item in zip(num, char):
    print(item)
```

```
(1, 'A')
(2, 'B')
(3, 'C')
```

zip() 사용 예 2

```
num = [1, 2, 3]
char = ['A', 'B', 'C']
dict(zip(num, char))
```

```
1: 'A', 2: 'B', 3: 'C'
```

2) 난수 생성 함수

랜덤 모듈은 난수를 생성하는 함수를 제공한다. 랜덤 함수는 0.0과 1.0 사이의 임의의 실수를 반환한다(0.0은 포함하지만, 1.0은 포함하지 않는다). 다음은 랜덤 모듈을 이용하여 난수를 생성한 예이다.

랜덤 모듈을 이용하여 난수를 생성하는 예

```
import random

for i in range(10):
    x = random.random()
    print(x)
```

```
0.11132867921152356
0.5950949227890241
0.04820265884996877
0.841003109276478
0.997914947094958
0.04842330803368111
0.7416295948208405
0.510535245390327
0.27447040171978143
0.028511805472785867
```

실수가 아니라 정수로 랜덤한 수를 생성하려면 `randint()` 함수를 사용한다. `randint()` 함수의 인자에 최솟값과 최댓값을 작성하여 범위 내의 정수를 반환한다(최솟값과 최댓값을 포함하여 정수를 생성한다).

randint() 사용 예

`import random` `random.randint(5, 10)`	`random.randint(5, 10)`
6	10

choice() 함수는 리스트의 원소 내에서 무작위로 원소를 선택하여 반환한다.

choice() 사용 예

`import random`
`num = [1, 2, 3]`
`random.choice(num)`
	`random.choice(num)`

1	3

(3) 사용자 정의 함수

파이썬에서 사용자 정의 함수를 선언할 때는 def라는 예약어를 사용한다. def는 '정의하다'라는 뜻으로 영어 단어 'define'의 앞 글자에서 딴 것이다.

함수 이름을 작성할 때에도 변수에서 이름을 정의했던 것과 같이 규칙을 따라야 한다.

- 알파벳, 숫자, 밑줄 문자(_)만 사용 가능
- 함수의 첫 글자는 반드시 알파벳 또는 밑줄 문자만 사용 가능
- 공백 사용 불가
- 예약어(print, def 등) 사용 불가

함수 이름 뒤에는 빈 괄호를 넣거나, 괄호 안에 인수를 입력받는 함수로 작성할 수 있다. 이때, 인수(argument)는 호출된 함수에 전달할 값이다. 매개변수(parameter)는

호출된 함수에서 전달받은 값을 임시로 할당하는 변수이다. 매개변수로부터 처리된 작업의 결과는 반환값(return value)이고 호출한 함수로 값이 반환된다. 이때 반환되는 값은 반드시 하나이다. 인수, 매개변수, 반환값은 항상 존재해야 하는 것은 아니다. 함수의 기본 구조는 다음과 같다.

함수의 기본 구조

```
def 함수 이름(매개변수1, 매개변수2, ...) :
    문장1
    ...
    return 반환값
```

두 개의 수를 입력받아 큰 수를 결정하는 함수를 만들어 보자. 제일 먼저, 함수명이 max1()인 함수를 정의한다. 함수에서는 num1 > num2이면 num1을 반환하고 그렇지 않으면 num2를 반환한다. 주 프로그램에서 x, y에 수를 입력받아 저장한 후, max1 함수를 호출할 때 x, y를 인수로 전달하고 반환받은 값을 출력한다.

두 개의 수를 입력받아 큰 수를 결정하는 함수의 예

```
def max1(num1, num2):
    if num1>num2:
        return num1
    else:
        return num2
x = int(input('정수1: '))
y = int(input('정수2: '))
print('큰 수:', max1(x, y))
```

실행 결과

```
정수1: 35
정수2: 25
큰 수: 35
```

(4) 람다(lambda) 함수

이름이 없는 익명 함수를 람다(lambda) 함수라고 한다. 람다 함수의 표현식은 식 형태로 되어 있어 람다 표현식(lambda expression)이라고 부른다. 특히, 람다 표현식은 함수를 간편하게 작성할 수 있어 다른 함수의 인수로 넣을 때 많이 사용한다.

1) 람다 표현식 작성

람다 표현식을 사용하기 전에 먼저 숫자를 받은 뒤 5를 더해서 반환하는 함수 plus_five를 만들어 보자. return x + 5로 매개변수 x에 5를 더한 값을 반환하는 간단한 함수이다.

```
def plus_five(x):
  return x + 5

plus_five(20)
```

실행 결과

```
25
```

람다 표현식은 다음과 같이 람다(lambda)에 매개변수를 지정하고 :(콜론) 뒤에 반환값으로 사용할 식을 지정한다.

람다 함수의 기본 구조

```
람다 매개변수들: 식
```

위의 plus_five 함수를 람다 표현식으로 작성하면 다음과 같다. 람다 표현식은 함수의 이름이 없기 때문에 함수를 호출할 수 없다. 때문에 람다 표현식을 익명 함수(anonymous function)라고 부른다.

람다 함수 사용 예 1

```
lambda x: x + 5
```

```
<function __main__.<lambda>>
```

람다로 만든 익명 함수를 호출하려면 다음과 같이 람다 표현식을 변수에 할당한다.

람다 함수 사용 예 2

```
plus_five = lambda x: x + 5
plus_five(20)
```

실행 결과

```
25
```

위의 람다 표현식을 살펴보면 lambda x: x + 5는 매개변수 x 하나를 받고 x에 5를 더해서 반환한다는 뜻이다. 즉, 매개변수, 연산자, 값 등을 조합한 식으로 반환값을 만드는 방식이다. 다음 그림과 같이 def로 만든 함수와 비교해 보면 쉽게 구분할 수 있다.

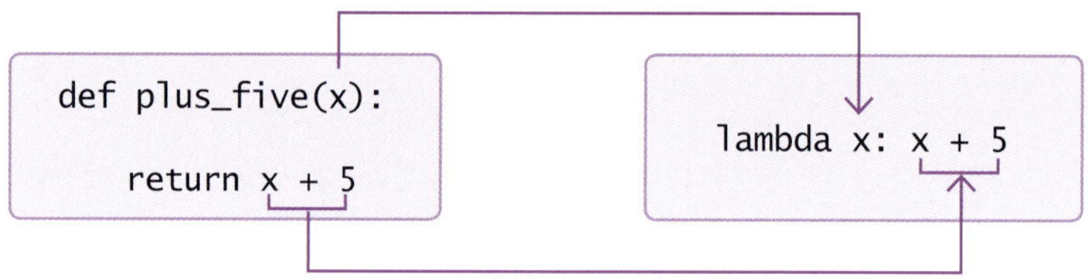

람다 표현식에서 주의할 점은 람다 표현식 안에서는 새 변수를 만들 수 없다는 점이다. 따라서 반환값 부분은 변수 없이 식 한 줄로 표현할 수 있어야 한다. 만약 변수가 필요한 코드라면 def로 함수를 작성하는 것이 좋다. 단, 람다 표현식 바깥에 있는 변수라면 사용할 수 있다.

2) 람다 표현식을 인수로 사용

람다 표현식을 사용하는 이유는 함수의 인수 부분에서 간단하게 함수를 만들기 위해서이다. 이런 방식으로 사용하는 대표적인 예가 map() 함수이다. 람다 표현식을 사용하기 전에 먼저 def로 함수를 만들어 map() 함수를 사용해 보자. 다음과 같이 숫자를 받은 뒤 5를 더해서 반환하는 함수 plus_five를 작성한다. 그리고 map() 함수에 plus_five 함수와 리스트 [15, 25, 35]를 넣는다. map() 함수의 결과는 리스트 함수를 사용하여 리스트로 변환해서 확인한다. plus_five 함수는 매개변수 x에 5를 더해서 반환하므로 리스트 [15, 25, 35]가 [20, 30, 40]으로 변경되었다.

map() 함수 사용 예

```
def plus_five(x):
  return x + 5

list(map(plus_five, [15, 25, 35]))
```

실행 결과

```
[20, 30, 40]
```

다음은 람다 표현식으로 함수를 만들어서 map() 함수에 넣은 예이다. plus_five 함수 대신 람다 표현식 lambda x: x + 5를 넣었다. 이처럼 람다 표현식은 함수를 다른 함수의 인수로 넣을 때 매우 편리하게 사용된다.

람다 표현식을 인수로 사용한 예

```
list(map(lambda x: x + 5, [15, 25, 35]))
```

실행 결과

```
[20, 30, 40]
```

연습 문제

1 사용자로부터 학교 이름, 본인 이름, 연락처를 변수에 저장하여 출력해 보시오.

- 변수명: 학교이름(univ), 학과(dept), 이름(name), 연락처(phone)

실행 결과

```
학교: 한국대
학과: 컴공
이름: 이순신
연락처: 010-1234-5678
```

2 카페 총 매출액과 순이익을 출력하는 프로그램을 작성하시오.

- 변수명: 아메리카노(ame), 카페라떼(cafelatte), 카푸치노(cappuccino), 총매출(total)
- 가격: ame=2000, cafelatte=3500, cappuccino=3500
- 하루 판매 수량은 각각 20개, 15개, 15개이며, 하루 재료비는 100,000원이다.

실행 결과

```
총매출: 145000
순이익: 45000
```

3 이름과 출생년도를 입력받아 한국 나이를 출력하는 프로그램을 작성하시오.

실행 결과

```
이름 입력: 이순신
출생년도 입력: 2002
이순신님의 한국 나이는 18살
```

4 다음의 파이썬 코드 실행 결과가 나오도록 밑줄을 채우시오.

```
spot = ['을지로', '가로수길', '홍대', '대학로']
select = spot____________
print(select)
```

실행 결과

```
['홍대', '대학로']
```

5 다음과 같은 실행 결과가 나오도록 밑줄에 알맞은 함수를 작성하시오.

```
person = {100:'이순신', 200:'강감찬', 300:'김유신'}
list(person.__________)
[100, 200, 300]
list(person.__________)
['이순신', '강감찬', '김유신']
list(person.__________)
[(100, '이순신'), (200, '강감찬'), (300, '김유신')]
person.__________(200)
'강감찬'
__________(person[100])
print(person)
{200: '강감찬', 300: '김유신'}
```

6 다음은 채팅 앱에 친구를 등록하고 이름으로 검색한 후 연락처를 출력하는 프로그램이다. 다음 실행 결과와 같이 출력되도록 빈칸에 알맞은 코드를 완성하시오.

조건

- 딕셔너리 자료구조를 사용하여 친구의 이름과 연락처를 저장한다(임의대로).
- 딕셔너리에서 전체 친구의 이름만 검색하여 리스트로 변환한 후 출력한다.
- 찾는 친구가 있으면 연락처를 출력하고 없으면 오류 메시지를 출력한다.
- 찾는 친구의 이름은 사용자로부터 입력받아 처리한다.

```
addr=

addr['이순신']='010-1111-1234'
addr['강감찬']='010-2222-1234'
addr['김유신']='010-3333-1234'
addr['안중근']='010-4444-1234'
addr['유관순']='010-5555-1234'

```

실행 1

```
['이순신', '강감찬', '김유신', '안중근', '유관순']

찾는 이름: 김유신
010-3333-1234
```

실행 2

```
찾는 이름: 세종대왕
없는 이름
```

7 다음과 같이 동아리 A, B에 학생들이 가입되어 있다. 실행 결과를 참고하여 문제를 해결하시오.

```
clubA = {'김유신', '이순신', '강감찬'}
clubB = {'이순신', '계백', '최영'}
```

조건

1) 세트 자료구조를 사용한다.
2) 동아리에 가입한 학생들의 모든 명단을 clubC에 저장한 후에 출력하시오.
3) A, B 동아리에 둘 다 가입한 학생의 명단을 출력하시오.
4) A 동아리에서 B 동아리에 가입한 학생들의 명단을 제외하고 출력하시오.
5) B 동아리에서 A 동아리에 가입한 학생들의 명단을 제외하고 출력하시오.
6) A 동아리에 '이황' 회원이 새로 가입하였다.
7) B 동아리의 '계백' 회원이 탈퇴하였다.
8) A, B 동아리의 회원들을 각각 출력하시오.

실행 결과

```
{'강감찬', '최영', '김유신', '계백', '이순신'}
{'이순신'}
{'강감찬', '김유신'}
{'계백', '최영'}
{'강감찬', '김유신', ‘이순신', '이황'}
{'이순신', '최영'}
A 동아리: {'강감찬', '이황', '이순신', '김유신'}
B 동아리: {'최영', '이순신'}
```

8 다음 밑줄에 알맞은 파이썬 코드를 작성하시오.

- 문자열 길이가 3인 문자열들만 리스트 형태로 출력되도록 리스트 내포를 사용할 것

```
food=['사과', '바나나', '초콜렛', '디저트', '멜론', '샤인머스캣']
result= ______________________________
print(result)
```

실행 결과

```
['바나나', '초콜렛', '디저트']
```

9 월을 입력받아 계절을 출력하는 프로그램을 작성하시오.

- 3~5월은 봄, 6~8월은 여름, 9~11월은 가을, 12~2월은 겨울

	실행 1 월 입력: 11 11월은 가을
	실행 2 월 입력: 4 4월은 봄

10 두 번의 점수를 입력받아 합격 및 불합격 여부를 출력하는 프로그램을 작성하시오.

- `input()` 함수를 이용하여 점수 1과 점수 2를 입력받고 조건(평균 70점 이상, 각 점수당 50점 이상(과락은 50점 미만))이 맞으면 합격, 그렇지 않으면 불합격 결과 출력

	실행 1 점수 1 입력: 90 점수 2 입력: 70 합격
	실행 2 점수 1 입력: 49 점수 2 입력: 100 불합격

11 컴퓨터가 생각한 1~20 사이의 숫자를 맞히는 게임 프로그램을 작성하시오.

- 1~20 사이의 정수 중에서 랜덤하게 생성한 정수를 맞힐 때까지 무한 반복한다.
- 단, 0을 입력하면 정답을 맞히지 못해도 무한 반복을 종료한다.

실행 결과

```
<<컴퓨터가 생각한 1~20 숫자 맞히기
>>
숫자 입력(종료 0): 15
더 작은 숫자 입력!
숫자 입력(종료 0): 10
더 작은 숫자 입력!
숫자 입력(종료 0): 5
더 작은 숫자 입력!
숫자 입력(종료 0): 2
정답!!
```

12 타자 연습 게임 프로그램을 작성하시오.

- 타자 연습 단어들은 리스트로 초기화하고, 엔터를 눌러 시작하면 리스트의 단어들 중에서 랜덤하게 출력한다. 단, 0을 입력할 때까지 무한 반복한다.

실행 결과

```
타자 게임 시작(엔터 입
력)
문제 1(종료 0): 목소리
목소리
맞음!!
문제 2(종료 0): 기다림
의 기다림
틀림! 다시!
문제 3(종료 0): 기다림
의 기다림의
맞음!!
문제 4(종료 0): 소중해
0
```

13 다음 파이썬 코드의 결과를 예측해 보시오.

```
x = 5
print('안녕')

def print_lyrics():
    print('잘 지냈지? 조금은 어색해')
    print('반가움에 멍해졌죠')

print('알아')
print_lyrics()
x = x + 3
print(x)
```

실행 결과

14 사이렌오더를 통해 음료를 예약하는 프로그램을 완전히 작성하시오.

- 메뉴는 아메리카노 2,500원, 카페라떼 3,000원, 카푸치노 3,000원이다.
- 메뉴 번호를 입력하면 해당 메뉴와 가격을 출력해주는 부분을 함수로 작성한다.

```
def price(menue):



menue=int(input('메뉴선택(1:아메리카노/2:카페라떼/3:카푸치노) '))
price(menue)
```

실행 1

```
메뉴선택(1:아메리카노/2:카페라떼/3:카푸치노) 1
아메리카노 2500원
```

실행 2

```
메뉴선택(1:아메리카노/2:카페라떼/3:카푸치노) 2
카페라떼 3000원
```

15 다음 빈칸에 알맞은 파이썬 코드를 작성하시오.

– 확장자가 .jpg, .png인 이미지 파일만 출력되도록 람다 표현식을 사용할 것

```
files = ['color', 'love.png', 'sky.jpg', 'cloud.xlsx', 'report.hwp']

print(________________________________________)
```

실행 결과

```
['love.png', 'sky.jpg']
```

판다스 라이브러리의 개요

3

3.1 판다스 데이터의 구조 이해

3.2 데이터프레임 객체 생성하기

3.3 데이터 확인하기

3.4 데이터 선택하기

3.5 데이터 가공 및 그룹핑

3.6 결측 데이터 처리하기

학습목표

- 판다스 데이터 구조를 이해한다.
- 판다스 객체를 생성하고 처리하는 방법을 익힌다.
- 데이터를 확인하고 선택하는 다양한 방법을 익힌다.
- 데이터를 가공하고 그룹핑하는 방법을 익힌다.
- 결측 데이터를 처리하는 다양한 방법을 익힌다.

CHAPTER

3 판다스 라이브러리의 개요

3.1 판다스 데이터의 구조 이해

판다스(pandas)는 데이터 분석을 위해 널리 사용되는 파이썬 라이브러리 패키지로 여러 형태의 데이터들을 분석하고 정리하는 데 유용하게 사용할 수 있다. 판다스는 효과적인 데이터 분석을 위한 고수준의 자료구조와 데이터 분석 도구를 제공한다. 판다스의 시리즈(Series)는 1차원 데이터를 다루는 데 효과적인 자료구조이며, 데이터프레임(DataFrame)은 행과 열로 구성된 2차원 데이터를 다루는 데 효과적인 자료구조이다. 모든 자료구조는 인덱스(Index)를 가지고 있으며, 판다스의 인덱스는 리스트에서 사용하는 순서를 나타내는 숫자 인덱스와 사전형에서 사용하는 키 인덱스를 모두 포함하고 있다.

판다스를 사용하기 위해서는 다음의 명령문을 통해 패키지를 설치해야 한다. 구글 코랩과 같은 온라인 편집기는 이미 판다스가 설치되어 있기 때문에 불러와서 사용할 수 있다.

```
pip install pandas
```

판다스 모듈을 사용하기 위해서는 다음과 같은 코드로 pandas를 import하여 사용할 수 있다.

```
import pandas as pd
```

(1) 시리즈

시리즈는 1차원의 데이터를 다룬다. 1차원 리스트와 유사하지만, 리스트와의 큰 차이점은 인덱스의 이름을 부여할 수 있다는 점이다.

```
0    jang
1    yang
2      oh
```

그림 3-1 시리즈 구조

(2) 데이터프레임

데이터프레임은 데이터를 다룰 때 가장 많이 사용하는 데이터 형태로 여러 개의 칼럼(Column)으로 구성된 2차원 형태(표 형태)의 자료구조이며, 세 가지 주요 구성 요소는 데이터, 행(rows) 및 열(columns)이다. 즉, 데이터는 행과 열의 표 형식으로 정렬된다.

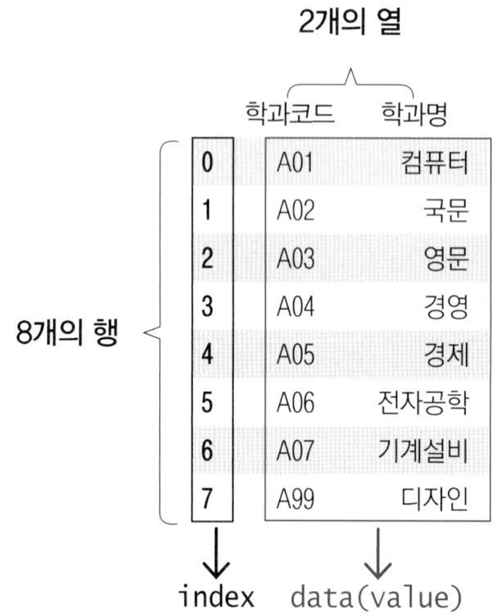

그림 3-2 **데이터프레임 구조**

① **열**: 속성을 표현하며, 칼럼(Column) 또는 변수(Variable)라고도 부른다.

② **행**: 각 개별 데이터를 표현하며, 로우(Row) 또는 케이스(Case)라고도 부른다.

③ **인덱스**: 각 개별 데이터를 특정할 수 있는 고유의 값으로 행을 구분해준다. 인덱스를 별도로 지정하지 않으면 정수(기본값 : 0부터 시작)로 지정된다.

3.2 데이터프레임 객체 생성하기

데이터프레임은 데이터를 직접 입력해서 생성할 수도 있고 다양한 형식의 외부 데이터를 불러와서 생성할 수도 있다. 데이터를 분석할 때 데이터를 직접 입력해서 분석하는 것보다 외부 데이터를 불러와서 분석하는 경우가 더 많다. 데이터를 관리할 때 가장 많이 사용되는 CSV 파일과 엑셀 파일을 불러와서 데이터프레임을 생성하는 방법을 익힌다.

(1) 데이터프레임 직접 생성하기

데이터프레임을 생성할 때는 판다스의 DataFrame()을 이용한다. 변수명은 문자 형태로 입력하고 변수에 넣는 값은 리스트 또는 튜플 형태로 입력한다.

딕셔너리로 생성하기

```
import pandas as pd
df=pd.DataFrame('name':['jang', 'yang',
'oh'], 'dept':['com', 'eng', 'math'],
'score':[100, 90, 95])
df
```

실행 결과

	name	dept	score
0	jang	com	100
1	yang	eng	90
2	oh	math	95

데이터프레임의 변수 이름은 관례적으로 'DataFrame'의 약자인 df로 한다.

(2) 외부 데이터 이용하기

코랩에서 수집한 데이터로 데이터를 분석하기 위해서는 데이터 파일(XLSX, CSV)들을 구글 드라이브에 업로드하고 연결해야 한다.

1) 구글 코랩에서 파일 업로드하기

① 왼쪽 폴더 모양의 [파일] 아이콘을 클릭한다. 파일 화면이 열리면 [드라이브 마운트] 아이콘을 클릭한다.

그림 3-3 **구글 드라이브 액세스**

② 구글 드라이브 연동으로 [MyDrive] 폴더에서 마우스 오른쪽 버튼을 클릭하여 메뉴가 나타나면 [업로드] 메뉴를 선택한다. 열기 대화상자가 나타나면 불러올 엑셀 파일(code.xlsx)과 CSV 파일(exam.csv)을 선택하여 업로드한다.

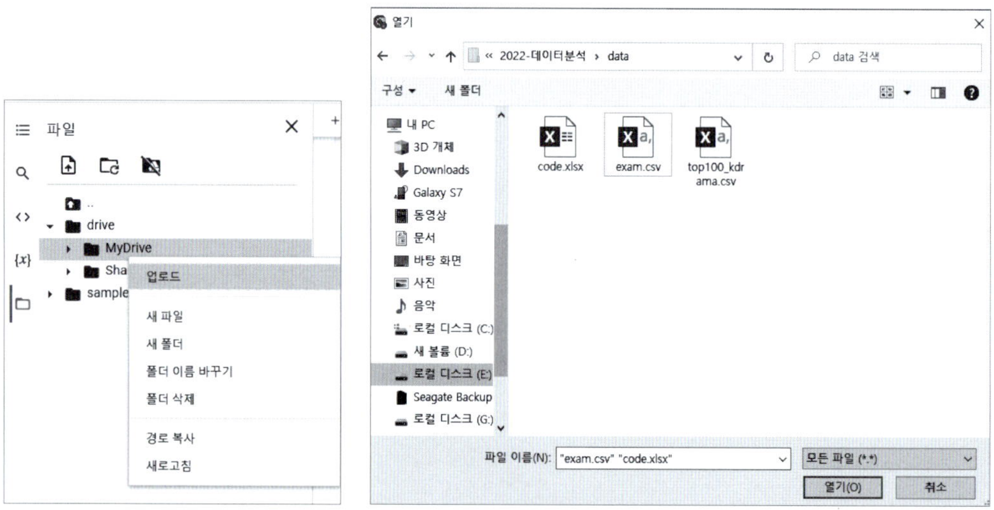

그림 3-4 **데이터 파일 업로드**

2) CSV 파일 불러오기

CSV 파일은 대부분의 데이터 분석 프로그램에서 많이 사용하는 파일로 판다스가 제공하는 read_csv()를 이용하여 CSV 파일을 데이터프레임으로 불러올 수 있다. 데이터 분석을 위해 데이터프레임을 생성하는 가장 일반적인 방법이다.

CSV 파일 불러오기

```
df = pd.read_csv('/content/drive/MyDrive/exam.csv')
df
```

실행 결과

	id	nclass	math	english	science
0	1	1	50	98	50
1	2	1	60	97	60
2	3	1	45	86	78
3	4	1	30	98	58
4	5	2	25	80	65
5	6	2	50	89	98
6	7	2	80	90	45
7	8	2	90	78	25

(… 생략 …)

CSV 파일의 칼럼 명이 한글일 경우 encoding 속성을 다음과 같이 지정하면 된다.

pd.read_csv('파일명', endcoding='euc-kr')

pd.read_csv('파일명', endcoding='cp949')

3) 엑셀 파일 불러오기

엑셀 파일은 판다스가 제공하는 read_excel()를 이용하여 엑셀 파일을 데이터프레임으로 불러올 수 있다.

엑셀 파일 불러오기

```
df=pd.read_excel('/content/drive/MyDrive/code.xlsx')
df
```

실행 결과

	학과코드	학과명
0	A01	컴퓨터
1	A02	국문
2	A03	영문
3	A04	경영
4	A05	경제
5	A06	전자공학

(… 생략 …)

3.3 데이터 확인하기

데이터 분석 시 가장 먼저 하는 일은 데이터의 전반적인 구조를 파악하는 것이다. 판다스에는 데이터 분석에 유용한 함수와 속성이 미리 정의되어 있는데 데이터를 확인할 때 자주 사용하는 명령어는 아래와 같다.

표 3-1 자주 사용하는 명령어

명령어(함수 또는 속성)	설명
info()	데이터 변수 속성 확인
head()	앞부분 n행 확인(기본값 n=5)
tail()	뒷부분 n행 확인(기본값 n=5)
describe()	숫자형 데이터의 통계치를 계산해서 확인
shape	데이터의 행, 열의 크기 확인
index	데이터프레임의 인덱스 확인
columns	데이터프레임의 칼럼 명 확인

명령어(함수 또는 속성)	설명
dtypes	데이터프레임 자료형 확인
sort_values()	데이터를 크기순으로 정렬하여 확인
value_counts()	데이터 빈도수 확인
unique()	칼럼의 고윳값 확인

(1) 데이터프레임 만들기

[준비] 파일: music.csv]

판다스의 read_csv()을 사용하여 'music.csv' 파일을 읽어와 데이터프레임 변수 df에 저장한다.

데이터프레임 생성하기

```
import pandas as pd
filename='/content/drive/MyDrive/music.csv'
df=pd.read_csv(filename)
df
```

실행 결과

	title	singer	personnel	sortation	release_date	agency	genre	type
0	좋은날	아이유	1	솔로	2010-12-09	카카오엔터테인먼트	발라드	EP
1	내가제일잘나가	2NE1	4	그룹	2011-06-24	YG엔터테인먼트	댄스	싱글
2	강남스타일	싸이	1	솔로	2012-07-15	YG엔터테인먼트	힙합	정규
3	첫사랑니	f(x)	5	그룹	2013-07-29	SM엔터테인먼트	댄스	정규
4	위아래	EXID	4	그룹	2014-08-27	바나나컬쳐	댄스	싱글
5	Ah-Choo	러블리즈	8	그룹	2015-10-01	울림엔터테인먼트	댄스	EP
6	피땀눈물	방탄소년단	7	그룹	2016-10-10	빅히트뮤직	R&B	정규
7	시간을달려서	여자친구	6	그룹	2016-01-25	쏘스뮤직	댄스	EP
8	빨간맛	레드벨벳	5	그룹	2017-07-09	SM엔터테인먼트	댄스	EP
9	에너제틱	워너원	11	그룹	2017-08-07	YMC엔터테인먼트, 스톤뮤직엔터테인먼트	댄스	EP
10	뚜두뚜두	블랙핑크	4	그룹	2018-06-15	YG엔터테인먼트	댄스	EP
11	달라달라	있지	5	그룹	2019-02-12	JYP엔터테인먼트	댄스	싱글
12	Dynamite	방탄소년단	7	그룹	2020-08-21	빅히트뮤직	댄스	싱글

표 3-2 데이터의 설명

변수명	설명
title	제목
singer	가수
personnel	인원수
sortation	구분
release_date	발매일
agency	기획사
genre	장르
type	유형

(2) 변수 속성 파악하기

info() 함수는 데이터에 포함된 변수(칼럼)들의 속성을 출력한다. 데이터프레임을 구성하는 행과 열의 크기, 칼럼 명, 칼럼을 구성하는 값의 자료형들을 출력한다.

변수 속성 확인하기

```
df.info()
```

실행 결과

```
❶ <class 'pandas.core.frame.DataFrame'>
❷ RangeIndex: 13 entries, 0 to 12
❸ Data columns (total 8 columns):
❹  #   Column        Non-Null Count  Dtype
    ---  ------        --------------  -----
    0   title         13 non-null     object
    1   singer        13 non-null     object
    2   personnel     13 non-null     int64
    3   sortation     13 non-null     object
    4   release_date  13 non-null     object
    5   agency        13 non-null     object
    6   genre         13 non-null     object
    7   type          13 non-null     object
   dtypes: int64(1), object(7)
   memory usage: 960.0+ bytes
```

① 판다스로 만든 데이터프레임이라는 것을 확인할 수 있다.

② df가 13행으로 되어 있고 인덱스가 0부터 12까지라는 것을 확인할 수 있다.

③ df가 변수 8개로 구성된다는 것을 확인할 수 있다.

④ 데이터프레임에 포함된 변수들의 속성을 확인할 수 있다. 변수 순서, 칼럼 이름, 변수에 포함된 값의 개수(non-null), 데이터 타입을 확인할 수 있다.

(3) 데이터 앞부분/뒷부분 확인하기

데이터를 잘 불러왔는지 확인하기 위해 앞부분과 마지막 부분을 확인한다. head() 함수는 불러온 데이터의 상위 5개의 행을 출력한다. 비슷하게 tail()의 경우 하위 5개의 행을 출력한다. 괄호(()) 안에 원하는 숫자를 넣으면 그 숫자만큼 행을 출력한다.

상위 5행 확인하기

```
df.head() # 앞에서부터 5행까지 출력
```

실행 결과

	title	singer	personnel	sortation	release_date	agency	genre	type
0	좋은날	아이유	1	솔로	2010-12-09	카카오엔터테인먼트	발라드	EP
1	내가제일잘나가	2NE1	4	그룹	2011-06-24	YG엔터테인먼트	댄스	싱글
2	강남스타일	싸이	1	솔로	2012-07-15	YG엔터테인먼트	힙합	정규
3	첫사랑니	f(x)	5	그룹	2013-07-29	SM엔터테인먼트	댄스	정규
4	위아래	EXID	4	그룹	2014-08-27	바나나컬쳐	댄스	싱글

상위 n행 확인하기

```
df.head(10) # 앞에서부터 10행까지 출력
```

실행 결과

	title	singer	personnel	sortation	release_date	agency	genre	type
0	좋은날	아이유	1	솔로	2010-12-09	카카오엔터테인먼트	발라드	EP
1	내가제일잘나가	2NE1	4	그룹	2011-06-24	YG엔터테인먼트	댄스	싱글
2	강남스타일	싸이	1	솔로	2012-07-15	YG엔터테인먼트	힙합	정규
3	첫사랑니	f(x)	5	그룹	2013-07-29	SM엔터테인먼트	댄스	정규
4	위아래	EXID	4	그룹	2014-08-27	바나나컬쳐	댄스	싱글
5	Ah-Choo	러블리즈	8	그룹	2015-10-01	울림엔터테인먼트	댄스	EP
6	피땀눈물	방탄소년단	7	그룹	2016-10-10	빅히트뮤직	R&B	정규
7	시간을달려서	여자친구	6	그룹	2016-01-25	쏘스뮤직	댄스	EP
8	빨간맛	레드벨벳	5	그룹	2017-07-09	SM엔터테인먼트	댄스	EP
9	에너제틱	워너원	11	그룹	2017-08-07	YMC엔터테인먼트, 스톤뮤직엔터테인먼트	댄스	EP

하위 5행 확인하기

```
df.tail() # 뒤에서부터 5행까지 출력
```

실행 결과

	title	singer	personnel	sortation	release_date	agency	genre	type
8	빨간맛	레드벨벳	5	그룹	2017-07-09	SM엔터테인먼트	댄스	EP
9	에너제틱	워너원	11	그룹	2017-08-07	YMC엔터테인먼트, 스톤뮤직엔터테인먼트	댄스	EP
10	뚜두뚜두	블랙핑크	4	그룹	2018-06-15	YG엔터테인먼트	댄스	EP
11	달라달라	있지	5	그룹	2019-02-12	JYP엔터테인먼트	댄스	싱글
12	Dynamite	방탄소년단	7	그룹	2020-08-21	빅히트뮤직	댄스	싱글

(4) 데이터 요약 통계량 출력하기

describe() 함수는 기본값으로 수치형 데이터(Numeric data)의 칼럼별 요약 통계량을 출력한다. 또한 mean(), max(), median() 등 개별 함수를 사용하여 통계량을 계산할 수도 있다.

표 3-3 요약 통계량의 의미

출력	설명
count	데이터 개수
mean	평균
std	표준편차
min	최소값
25%	1사분위수: 하위 25%
50%	2사분위수: 하위 50%
75%	3사분위수: 하위 75%
max	최대값

요약 통계량 확인하기: 수치형 칼럼

```
df.describe()
```

실행 결과

	personnel
count	13.000000
mean	5.230769
std	2.712743
min	1.000000
25%	4.000000
50%	5.000000
75%	7.000000
max	11.000000

personnel(인원수) 칼럼의 데이터의 개수는 13, 평균 인원수는 5.23명, 최소 인원수는 1명, 최대 인원수는 11명이며, 인원수는 5명(50%)을 중심으로 4~7명 사이(25%, 75%)에 밀집되어 있음을 알 수 있다.

요약 통계량 확인하기: 문자열 칼럼

```
df.describe(include='object')
```

실행 결과

	title	singer	sortation	release_date	agency	genre	type
count	13	13	13	13	13	13	13
unique	13	12	2	13	9	4	3
top	좋은날	방탄소년단	그룹	2010-12-09	YG엔터테인먼트	댄스	EP
freq	1	2	11	1	3	10	6

문자열 데이터(Object data)의 경우 count(총 데이터의 수), unique(중복 없이 나오는 고유한 데이터 값), top(최빈값의 항목), freq(최빈값의 빈도, 즉 top의 개수)를 출력한다. 모든 칼럼의 요약 통계량을 출력하려면 'describe(include='all')'을 입력하면 된다.

(5) 데이터 행/열 크기 확인하기

shape 속성을 이용하면 데이터프레임의 크기(행, 열)를 확인할 수 있다.

(행, 열) 크기 확인하기

```
df.shape
```

실행 결과

```
(13, 8)
```

데이터프레임은 13행, 8열로 구성되어 있음을 알 수 있다.

(6) 데이터 인덱스/칼럼 명 확인하기

인덱스와 열의 레이블(칼럼 이름)을 출력하려면 index와 columns 속성을 사용한다.

인덱스 출력

```
df.index
```

실행 결과

```
RangeIndex(start=0, stop=13, step=1
```

데이터프레임의 인덱스를 반환한다. 인덱스를 따로 지정하지 않으면 0부터 시작하는 인덱스가 부여된다.

칼럼 출력

```
df.columns
```

실행 결과

```
Index(['title', 'singer', 'personnel', 'sortation', 'release_date', 'agency',
       'genre', 'type'],
      dtype='object')
```

columns 속성을 이용하면 해당 데이터프레임을 구성하는 칼럼 명을 확인할 수 있으며, 칼럼 명을 변경할 때도 유용하게 사용된다.

(7) 데이터 타입 확인하기

dtypes 속성을 이용하면 데이터프레임 각 칼럼의 데이터 타입을 확인할 수 있다.

표 3-4 판다스 주요 데이터의 타입

타입	설명
int64	정수형
float64	실수형
bool	부울형
datetime64	날짜 표현
object	문자열 또는 복합형
catagory	카테고리형

데이터 타입 출력

```
df.dtypes
```

실행 결과

```
title           object
singer          object
personnel        int64
sortation       object
release_date    object
agency          object
genre           object
type            object
dtype: object
```

personnel(인원수) 칼럼은 정수형, 그 외 칼럼은 문자열임을 알 수 있다. 파이썬에서는 문자열을 string이라고 하지만, 판다스는 object라고 한다.

(8) 데이터 정렬하기

sort_values() 함수를 사용해서 데이터 크기순으로 정렬할 수 있다.

함수 형식

```
DataFrame.sort_values(by=['정렬변수1', '정렬변수2',], ascending=False,
inplace=True)
```

- by=[ ] : by=을 사용하지 않아도 된다.
- inplace=True: 정렬 결과가 동일한 데이터프레임 이름으로 저장된다.
- ascending=True: 디폴트이므로 오름차순 정렬이면 사용하지 않아도 된다. 단지 내림차순이면 ascending=False를 사용한다.

발매일(release_date) 칼럼의 값의 크기에 따라 오름차순 정렬

```
df.sort_values('release_date')
```

실행 결과

	title	singer	personnel	sortation	release_date	agency	genre	type
0	좋은날	아이유	1	솔로	2010-12-09	카카오엔터테인먼트	발라드	EP
1	내가제일잘나가	2NE1	4	그룹	2011-06-24	YG엔터테인먼트	댄스	싱글
2	강남스타일	싸이	1	솔로	2012-07-15	YG엔터테인먼트	힙합	정규
3	첫사랑니	f(x)	5	그룹	2013-07-29	SM엔터테인먼트	댄스	정규
4	위아래	EXID	4	그룹	2014-08-27	바나나컬쳐	댄스	싱글
5	Ah-Choo	러블리즈	8	그룹	2015-10-01	울림엔터테인먼트	댄스	EP
7	시간을달려서	여자친구	6	그룹	2016-01-25	쏘스뮤직	댄스	EP
6	피땀눈물	방탄소년단	7	그룹	2016-10-10	빅히트뮤직	R&B	정규
8	빨간맛	레드벨벳	5	그룹	2017-07-09	SM엔터테인먼트	댄스	EP
9	에너제틱	워너원	11	그룹	2017-08-07	YMC엔터테인먼트, 스톤뮤직엔터테인먼트	댄스	EP
10	뚜두뚜두	블랙핑크	4	그룹	2018-06-15	YG엔터테인먼트	댄스	EP
11	달라달라	있지	5	그룹	2019-02-12	JYP엔터테인먼트	댄스	싱글
12	Dynamite	방탄소년단	7	그룹	2020-08-21	빅히트뮤직	댄스	싱글

발매일이 가장 빠른 날짜는 '2010-12-09'로 '아이유'가 발매했으며, 가장 최근에 발매한 날짜는 '2020-08-21'로 '방탄소년단'임을 알 수 있다.

인원수(personnel) 칼럼의 값의 크기에 따라 내림차순 정렬

```
df.sort_values('personnel', ascending=False).head()
```

실행 결과

	title	singer	personnel	sortation	release_date	agency	genre	type
9	에너제틱	워너원	11	그룹	2017-08-07	YMC엔터테인먼트, 스톤뮤직엔터테인먼트	댄스	EP
5	Ah-Choo	러블리즈	8	그룹	2015-10-01	울림엔터테인먼트	댄스	EP
6	피땀눈물	방탄소년단	7	그룹	2016-10-10	빅히트뮤직	R&B	정규
12	Dynamite	방탄소년단	7	그룹	2020-08-21	빅히트뮤직	댄스	싱글
7	시간을달려서	여자친구	6	그룹	2016-01-25	쏘스뮤직	댄스	EP

높은 값부터 낮은 값으로 내림차순 정렬하려면 ascending=False를 입력하면 된다. 가수별로 인원수가 가장 많았던 그룹은 '워너원', '러블리즈', '방탄소년단' 순이었음을 알 수 있다.

인원수(personnel), 가수 명(singer) 오름차순 정렬

```
df.sort_values(['personnel', 'singer']).head()
```

실행 결과

	title	singer	personnel	sortation	release_date	agency	genre	type
2	강남스타일	싸이	1	솔로	2012-07-15	YG엔터테인먼트	힙합	정규
0	좋은날	아이유	1	솔로	2010-12-09	카카오엔터테인먼트	발라드	EP
1	내가제일잘나가	2NE1	4	그룹	2011-06-24	YG엔터테인먼트	댄스	싱글
4	위아래	EXID	4	그룹	2014-08-27	바나나컬쳐	댄스	싱글
10	뚜두뚜두	블랙핑크	4	그룹	2018-06-15	YG엔터테인먼트	댄스	EP

정렬 기준으로 여러 칼럼을 지정하려면 []를 이용해 칼럼 명을 나열하면 된다. 인원수(personnel)를 오름차순으로 정렬한 다음 각 인원수에서 가수 명(singer)을 오름차순으로 정렬해서 출력된다. 만약 칼럼별로 정렬 순서를 다르게 지정하려

면 ascending=[True, False]를 이용해 값을 입력하면 된다. True일 경우 오름차순, False일 경우 내림차순으로 정렬된다.

(9) 데이터 빈도수 구하기

value_counts() 함수를 이용해서 칼럼의 unique value들의 빈도수를 출력한다.

기획사별(agency) 빈도수 출력하기

```
cnt=df['agency'].value_counts()
pd.DataFrame(cnt)
```

실행 결과

	agency
YG엔터테인먼트	3
SM엔터테인먼트	2
빅히트뮤직	2
카카오엔터테인먼트	1
바나나컬쳐	1
울림엔터테인먼트	1
쏘스뮤직	1
YMC엔터테인먼트, 스톤뮤직엔터테인먼트	1
JYP엔터테인먼트	1

기획사(agency)별로 빈도수를 구한 결과 'YG엔터테인먼트', 'SM엔터테인먼트', '빅히트뮤직' 순으로 높았다. value_count() 함수의 출력 기본값은 내림차순 정렬이다. 오름차순으로 정렬하기 위해서는 ascending=True를 입력하면 된다.

(10) 데이터 고윳값 구하기

unique() 함수를 이용해서 칼럼의 고윳값(unique value)을 출력한다. 특정 칼럼의 데이터가 무엇으로 구성되어 있는지 보고 싶을 때 사용한다.

칼럼의 고윳값 출력하기

```
df['agency'].unique()
```

실행 결과

```
array(['카카오엔터테인먼트', 'YG엔터테인먼트', 'SM엔터테인먼트', '바나나컬쳐', '울림엔터테인먼트', '빅히트뮤직',
      '쏘스뮤직', 'YMC엔터테인먼트, 스톤뮤직엔터테인먼트', 'JYP엔터테인먼트'], dtype=object)
```

3.4 데이터 선택하기

데이터프레임으로부터 행과 열의 데이터를 선택하는 다양한 방법을 알아본다.

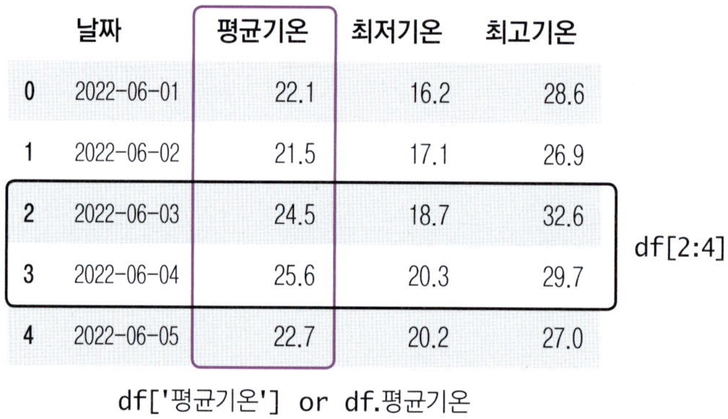

그림 3-5 **데이터 선택하기**

[준비 파일: weather.xlsx]

(1) 칼럼(열) 선택하기

칼럼(열)을 선택하려면 데이터프레임 명 뒤에 []를 입력하고 [] 안에 칼럼 명을 입력하면 된다. 또는 데이터프레임 뒤에 점(.)을 입력하고 칼럼 명을 입력하여 코드를 간결하게 작성할 수도 있다. df['칼럼 명']은 df.칼럼 명과 결과는 같다.

엑셀 파일을 불러와서 데이터프레임 생성하기

```
import pandas as pd
filename='/content/drive/MyDrive/weather.xlsx'
df=pd.read_excel(filename)
df.head()
```

실행 결과

	날짜	평균기온	최저기온	최고기온
0	2022-06-01	22.1	16.2	28.6
1	2022-06-02	21.5	17.1	26.9
2	2022-06-03	24.5	18.7	32.6
3	2022-06-04	25.6	20.3	29.7
4	2022-06-05	22.7	20.2	27.0

단일 칼럼 선택하기

```
df['평균기온'] # df.평균기온
```

실행 결과

```
0     22.1
1     21.5
2     24.5
3     25.6
4     22.7
…
26    26.8
27    26.9
28    25.1
29    22.3
Name: 평균기온, dtype: float64
```

여러 칼럼을 동시에 선택하기 위해서는 []를 이용해 칼럼 명을 나열하면 된다.

모든 행의 여러 칼럼 선택하기: [] 이용

```
df[['최저기온','최고기온']]
```

실행 결과

	최저기온	최고기온
0	16.2	28.6
1	17.1	26.9
2	18.7	32.6
3	20.3	29.7
4	20.2	27.0
5	16.7	24.5

(…생략…)

모든 행의 여러 칼럼 선택하기: loc[] 이용

```
df.loc[:,['날짜','최고기온']]
```

실행 결과

	날짜	최고기온
0	2022-06-01	28.6
1	2022-06-02	26.9
2	2022-06-03	32.6
3	2022-06-04	29.7
4	2022-06-05	27.0
5	2022-06-06	24.5

(…생략…)

특정 행의 여러 칼럼 선택하기: loc[] 이용

```
df.loc[0:3, ['날짜', '최고기온']]
```

실행 결과

	날짜	최고기온
0	2022-06-01	28.6
1	2022-06-02	26.9
2	2022-06-03	32.6
3	2022-06-04	29.7

인덱스 번호가 있는 데이터프레임은 인덱스 번호로 행을 추출할 수 있다. 연속된 행을 추출할 때는 슬라이싱을 이용하고 여러 행을 추출하려면 []를 이용해 인덱스를 나열하면 된다. 인덱스 번호로 행은 추출할 수 있지만, 열은 추출할 수 없다.

(2) 레이블이나 조건 표현으로 선택하는 방법: loc[]

인덱스 지정 후 칼럼 선택하기: loc[] 이용

```
df.index=df['날짜']
# 특정 날짜에 해당하는 칼럼 선택하기
df.loc['2022-06-05', ['최저기온', '최고기온']]
```

실행 결과

```
최저기온    20.2
최고기온    27.0
Name: 2022-06-05 00:00:00, dtype: object
```

날짜 칼럼을 인덱스로 지정한 후 해당 날짜(인덱스)에 칼럼(들)을 추출할 수 있다. 인덱스 문자열이 있는 데이터프레임은 인덱스 번호로 행을 추출할 수는 없다.

조건을 충족하는 행 선택하기: loc[] 이용

```
df.loc[df['평균기온']>=25]
```

실행 결과

날짜	날짜	평균기온	최저기온	최고기온
2022-06-04	2022-06-04	25.6	20.3	29.7
2022-06-20	2022-06-20	25.2	22.0	29.0
2022-06-21	2022-06-21	26.5	21.2	32.6
2022-06-22	2022-06-22	25.9	21.9	31.0
2022-06-25	2022-06-25	26.0	21.5	30.5
2022-06-26	2022-06-26	26.5	24.8	28.1
2022-06-27	2022-06-27	26.8	25.4	28.1
2022-06-28	2022-06-28	26.9	25.7	27.9
2022-06-29	2022-06-29	25.1	24.4	26.1

df.loc[]에 조건식을 입력해 조건을 만족하는 행을 추출할 수 있다. 조건이 2개 이상인 경우에는 ()로 묶고 논리연산자(&, |, ~)를 사용한다.

조건을 충족하는 행에서 칼럼 선택하기: loc[] 이용

```
df.loc[df['평균기온']>=25, ['최저기온', '최고기온']]
```

실행 결과

날짜	최저기온	최고기온
2022-06-04	20.3	29.7
2022-06-20	22.0	29.0
2022-06-21	21.2	32.6
2022-06-22	21.9	31.0
2022-06-25	21.5	30.5
2022-06-26	24.8	28.1
2022-06-27	25.4	28.1
2022-06-28	25.7	27.9
2022-06-29	24.4	26.1

df.loc[]에 쉼표(,)를 활용하여 조건을 충족하는 행에서 열을 추출할 수도 있다. 쉼표 (,) 앞에는 추출할 행의 조건식을, 뒤에는 칼럼 명을 입력하면 된다.

Note

loc[]는 location의 **약어로 데이터프레임의 행 또는 칼럼의 label이나 boolean array로 인덱싱하는 방법이다.** 즉, 사람이 읽을 수 있는 레벨 값으로 특정 값들을 골라오는 방법이다. **iloc[]는 컴퓨터가 읽기 좋은 방법으로, 데이터가 있는 숫자로 데이터가 있는 위치에 접근하는 방법이다.** iloc는 integer-location의 약어로, 데이터프레임의 행이나 칼럼 순서를 나타내는 정수로 특정 값을 추출해오는 방법이다. loc와는 달리 조건문을 사용하지 못한다.

df.iloc[행 인덱스, 열 인덱스]

- iloc 사용 예: 하나의 행과 칼럼(열) 선택하기

```
# 행
df.iloc[0]  # 데이터의 첫 번째 행만 선택
df.iloc[1]  # 두 번째 행만 선택
df.iloc[-1] # 마지막 행만 선택
# 열
df.iloc[:,0]  # 모든 행 첫 번째 열만 선택
df.iloc[:,1]  # 모든 행 두 번째 열만 선택
df.iloc[:,-1] # 모든 행 마지막 열만 선택
```

- iloc 사용 예: 여러 행과 칼럼(열) 선택하기

```
df.iloc[0:5] # 첫 5개 행만 선택
df.iloc[:, 0:2] # 첫 2개 열만 선택
df.iloc[[0,3], [0,5]] # 1st, 4th 행과 + 1st 6th 열만 선택
df.iloc[0:5, 5:8] # 첫 5개 행과 5th, 6th, 7th 열만 선택
```

(3) 불 인덱싱

[]와 논리연산자를 이용하면 각 행이 조건에 맞는지 True, False로 확인할 수 있으며,

여러 조건을 동시에 충족하는 행을 추출하려면 and 연산자(&)를, 여러 조건 중 하나 이상 충족하는 행을 추출하려면 or 연산자(|)를 이용해 조건식을 나열하며, 각 조건식은 괄호(())로 묶어주어야 한다.

조건에 맞는 데이터 선택: [] 이용

```
w=df['최고기온']>=30
df[w]
```

실행 결과

	날짜	평균기온	최저기온	최고기온
날짜				
2022-06-03	2022-06-03	24.5	18.7	32.6
2022-06-11	2022-06-11	24.6	17.7	32.7
2022-06-12	2022-06-12	24.6	18.9	31.5
2022-06-21	2022-06-21	26.5	21.2	32.6
2022-06-22	2022-06-22	25.9	21.9	31.0
2022-06-25	2022-06-25	26.0	21.5	30.5

최고기온이 30℃ 이상인 모든 데이터를 추출한 결과로 6월 한 달 동안 최고기온이 30℃ 이상인 날은 총 6일이었음을 알 수 있다.

조건에 맞는 행에서 특정 칼럼 선택: [] 이용

```
w=df['최고기온']>=30
df[w][['최저기온','최고기온']]
```

실행 결과

	최저기온	최고기온
날짜		
2022-06-03	18.7	32.6
2022-06-11	17.7	32.7
2022-06-12	18.9	31.5
2022-06-21	21.2	32.6
2022-06-22	21.9	31.0
2022-06-25	21.5	30.5

행을 추출하는 코드 뒤에 []를 이용해 칼럼 명을 입력하면 조건에 만족하는 행에서 원하는 칼럼을 선택할 수 있다. 여러 칼럼을 추출하려면 []를 이용해 칼럼 명을 나열하면 된다.

조건에 맞는 데이터 선택: [] 이용

```
# 최고로 더웠던 날의 모든 정보를 출력하시오.
w=df['최고기온']==df['최고기온'].max()
df[w]
```

실행 결과

	날짜	평균기온	최저기온	최고기온
날짜				
2022-06-11	2022-06-11	24.6	17.7	32.7

6월 한 달 동안 최고로 더웠던 날의 정보는 6월 11일이었고 최고기온은 32.7℃ 임을 알 수 있다.

조건에 맞는 데이터 선택: [] 이용

```
# 일교차가 10℃ 이상인 데이터를 출력하시오.
w=df['최고기온']-df['최저기온']>=10
df[w]
```

실행 결과

	날짜	평균기온	최저기온	최고기온
날짜				
2022-06-01	2022-06-01	22.1	16.2	28.6
2022-06-03	2022-06-03	24.5	18.7	32.6
2022-06-07	2022-06-07	20.6	15.1	25.1
2022-06-11	2022-06-11	24.6	17.7	32.7
2022-06-12	2022-06-12	24.6	18.9	31.5
2022-06-17	2022-06-17	22.5	16.5	28.1
2022-06-21	2022-06-21	26.5	21.2	32.6

Note

특정 조건에 맞는 데이터 추출 방법은 다음과 같이 다양한 방법이 있다.

```
df.query('평균기온>=25')
df[df['평균기온']>=25]
df.loc[df['평균기온']>=25]
```

3.5 데이터 가공 및 그룹핑

(1) 칼럼 삭제

데이터 분석에 필요 없는 publishing_company(발매사), lyricist(작사가), composer(작곡가)를 삭제한다.

함수 설명

```
DataFrame.drop(labels=None, axis=0, index=None, columns=None,
level=None, inplace=False, errors='raise')
```

매개변수	설명
labels	삭제할 레이블 명과 axis를 지정한다.
axis	0: index/1: columns labels 인수를 사용할 경우 지정할 축
index	인덱스 명을 입력해서 바로 삭제할 수 있다.
columns	칼럼 명을 입력해서 바로 삭제할 수 있다.
level	멀티인덱스의 경우 레벨을 지정해서 진행할 수 있다.
inplace	원본을 변경할지 여부로 True일 경우 원본이 변경된다.
errors	삭제할 레이블을 찾지 못할 경우 오류를 띄울지 여부, ignore할 경우 존재하는 레이블만 삭제된다.

[준비 파일: music.xlsx]

엑셀 파일을 불러와서 데이터프레임을 생성한 후, 불필요한 칼럼들을 삭제하고 확인해보자.

엑셀 파일 불러오기

```
import pandas as pd
filename='/content/drive/MyDrive/music.xlsx'
df=pd.read_excel(filename)
df
```

실행 결과

	title	singer	sex	personnel	sortation	release_date	publishing_company	agency	genre	type	lyricist	composer
0	좋은날	아이유	여	1	솔로	2010-12-09	카카오엔터테인먼트	카카오엔터테인먼트	발라드	EP	김이나	이민수
1	내가제일잘나가	2NE1	여	4	그룹	2011-06-24	YG PLUS	YG엔터테인먼트	댄스	싱글	TEDDY	TEDDY
2	강남스타일	싸이	남	1	솔로	2012-07-15	YG PLUS	YG엔터테인먼트	힙합	정규	싸이	싸이,유건형
3	첫사랑니	f(x)	여	5	그룹	2013-07-29	Dreamus	SM엔터테인먼트	댄스	정규	전간디	Erik Lewander, Sten Iggy Strange Dahl, Ylva An...
4	위아래	EXID	여	4	그룹	2014-08-27	Sony Music	바나나컬쳐	댄스	싱글	신사동 호랭이, BEOMxNANG, LE(EXID)	신사동 호랭이, BEOMxNANG, LE(EXID)

여러 칼럼 삭제하기

```
df.drop(['publishing_company', 'lyricist', 'composer'], axis=1, inplace=True)
df.columns
```

실행 결과

```
Index(['title', 'singer', 'sex', 'personnel', 'sortation', 'release_dat
       'agency', 'genre', 'type'],
      dtype='object')
```

drop 메서드는 데이터프레임에서 열을 삭제하는 메서드로 pop 메서드와는 다르게 데이터프레임 원본이 변경되지 않는다. inplace 옵션은 원본을 변경할지 여부를 설정하며, True일 경우 원본이 변경된다. axis의 기본값이 axis=0으로 행이 삭제되므로 칼럼을 삭제하기 위해서는 axis=1을 반드시 사용해야 한다.

(2) 칼럼 이름 변경

DataFrame.columns=['새이름1', '새이름2', ...]
- 전체 변수 이름을 재설정한다.
- 변수명을 차례로 재설정한다. 변수가 많은 경우 적절하지 않다.

DataFrame.rename(columns={'기존이름':'새이름'}, inplace=True)
- 원하는 변수 이름만 수정할 수 있다.
- 딕셔너리 구조로 정의한다. 즉, 이전 열 이름을 키로 지정하고 새 이름을 값으로 지정한다.

모든 칼럼 이름 변경 후 확인하기

```
df.columns=['제목', '이름', '성별', '인원수', '구분', '발매일', '기획사',
'장르', '유형']
df.head()
```

실행 결과

	제목	이름	성별	인원수	구분	발매일	기획사	장르	유형
0	좋은날	아이유	여	1	솔로	2010-12-09	카카오엔터테인먼트	발라드	EP
1	내가제일잘나가	2NE1	여	4	그룹	2011-06-24	YG엔터테인먼트	댄스	싱글
2	강남스타일	싸이	남	1	솔로	2012-07-15	YG엔터테인먼트	힙합	정규
3	첫사랑니	f(x)	여	5	그룹	2013-07-29	SM엔터테인먼트	댄스	정규
4	위아래	EXID	여	4	그룹	2014-08-27	바나나컬쳐	댄스	싱글

(3) 칼럼 생성

데이터형 확인하기

```
df.dtypes
```

실행 결과

```
제목              object
이름              object
성별              object
인원수             int64
구분              object
발매일    datetime64[ns]
기획사            object
장르              object
유형              object
dtype: object
```

새로운 칼럼 생성하기: 년도, 월, 일

```
df['년도']=df['발매일'].dt.year
df['월']=df['발매일'].dt.month
df['일']=df['발매일'].dt.day
df.head()
```

실행 결과

	제목	이름	성별	인원수	구분	발매일	기획사	장르	유형	년도	월	일
0	좋은날	아이유	여	1	솔로	2010-12-09	카카오엔터테인먼트	발라드	EP	2010	12	9
1	내가제일잘나가	2NE1	여	4	그룹	2011-06-24	YG엔터테인먼트	댄스	싱글	2011	6	24
2	강남스타일	싸이	남	1	솔로	2012-07-15	YG엔터테인먼트	힙합	정규	2012	7	15
3	첫사랑니	f(x)	여	5	그룹	2013-07-29	SM엔터테인먼트	댄스	정규	2013	7	29
4	위아래	EXID	여	4	그룹	2014-08-27	바나나컬쳐	댄스	싱글	2014	8	27

만약 발매일 칼럼이 날짜형이 아닐 경우 astype() 또는 to_datetime() 함수를 이용하여 데이터형을 날짜형으로 변환해야 한다.

(4) 데이터 그룹핑

데이터 그룹핑은 데이터를 특정한 값에 기반해서 묶는 기능으로 groupby() 함수를 사용하여 통계량을 요약할 수 있다. 통계량에 관련된 함수에는 mean(평균), std(표준편차), var(분산), max(최대값), min(최소값), mode(최빈값) 등이 있다.

한 열을 기준으로 그룹화하기: 장르별 인원수 출력하기

```
newdata=df.groupby('장르').count()
pd.DataFrame(newdata['인원수'])
```

실행 결과

장르	인원수
R&B	1
댄스	10
발라드	1
힙합	1

groubby() 함수를 사용해서 '장르' 열을 기준으로 그룹화하고 count() 함수를 적용한다. 댄스 장르가 가장 인원수가 많다는 것을 알 수 있다.

여러 열을 기준으로 그룹화하기: 구분, 장르별 인원수 합계 출력하기

```
newdata=df.groupby(['구분','장르']).sum()
pd.DataFrame(newdata['인원수'])
```

실행 결과

구분	장르	인원수
그룹	R&B	7
	댄스	59
솔로	발라드	1
	힙합	1

여러 열을 그룹으로 묶어서 계층적인 인덱스를 구성한다. 그리고 sum() 함수를 사용해서 인덱스별 합을 구한다.

3.6 결측 데이터 처리하기

판다스는 누락된 데이터를 표시할 때 NaN(Not a Number)으로 표기하며, 연산에는 포함되지 않는다. 이번에는 데이터프레임에서 누락된 데이터를 확인하고 처리하는 다양한 방법에 대해 다룬다.

Note 데이터 설명

타이타닉 데이터는 데이터 사이언스나 머신러닝 분야의 데이터 분석 경연 사이트인 캐글(Kaggle)에서 입문자용으로 가장 많이 사용하는 예제이다. 가장 많이 사용되는 데이터이므로 다양한 사람들이 여러 방법과 관점에서 데이터를 분석하고 있으므로 이 데이터를 가지고 공부해보면 데이터 분석의 전반적인 과정을 습득하는 데 도움이 된다. 타이타닉호 침몰 사건 당시의 사망자와 생존자를 구분하는 요인 분석을 통해 승객들의 생존 여부를 예측해본다.

Note 데이터 정보

데이터의 이해를 돕기 위해 포함된 타이타닉 데이터셋에 포함된 12개의 변수에 대하여 간략하게 설명한다.

표 3-5 타이타닉(Titanic) 정보에 관한 데이터 파일

변수명	변수 설명
PassengerId	승객 번호
Survived	생존 여부: 0=사망, 1=생존
Pclass	객실 등급: 1=등급, 2=등급, 3=등급
Name	승객 이름
Sex	성별
Age	나이
SibSp	함께 탑승한 형제와 배우자의 수
Parch	함께 탑승한 부모, 아이의 수
Ticket	티켓 번호
Fare	탑승 요금
Cabin	객실 번호
Embarked	탑승 항구: C = Cherbourg/Q = Queenstown/S = Southampton

[준비] 파일: train.csv

(1) 결측 데이터 확인

데이터 불러오기

```
import pandas as pd
filename='/content/drive/MyDrive/train.csv'
df=pd.read_csv(filename)
df.head()
```

실행 결과

	PassengerId	Survived	Pclass	Name	Sex	Age	SibSp	Parch	Ticket	Fare	Cabin	Embarked
0	1	0	3	Braund, Mr. Owen Harris	male	22.0	1	0	A/5 21171	7.2500	NaN	S
1	2	1	1	Cumings, Mrs. John Bradley (Florence Briggs Th...	female	38.0	1	0	PC 17599	71.2833	C85	C
2	3	1	3	Heikkinen, Miss. Laina	female	26.0	0	0	STON/O2. 3101282	7.9250	NaN	S
3	4	1	1	Futrelle, Mrs. Jacques Heath (Lily May Peel)	female	35.0	1	0	113803	53.1000	C123	S
4	5	0	3	Allen, Mr. William Henry	male	35.0	0	0	373450	8.0500	NaN	S

결측 데이터 확인: 탑승항구(Embarked) 결측 데이터

```
df[df['Embarked'].isna()]
```

실행 결과

	PassengerId	Survived	Pclass	Name	Sex	Age	SibSp	Parch	Ticket	Fare	Cabin	Embarked
61	62	1	1	Icard, Miss. Amelie	female	38.0	0	0	113572	80.0	B28	NaN
829	830	1	1	Stone, Mrs. George Nelson (Martha Evelyn)	female	62.0	0	0	113572	80.0	B28	NaN

탑승항구 칼럼 데이터가 누락된 행의 개수는 2임을 확인할 수 있다.

칼럼별 결측 데이터 개수 확인

```
df.isnull().sum()
# df.isna().sum()
```

실행 결과

```
PassengerId      0
Survived         0
Pclass           0
Name             0
Sex              0
Age            177
SibSp            0
Parch            0
Ticket           0
Fare             0
Cabin          687
Embarked         2
dtype: int64
```

실행 결과 Age, Cabin, Embarked 칼럼에 결측 데이터가 존재함을 확인할 수 있다. isnull() 함수는 결측 데이터이면 True 값을 반환하고 유효한 데이터가 존재하면 False를 반환한다. isnull() 함수와 isna() 함수의 결과는 동일하다. notnull() 함수는 유효한 데이터가 존재하면 True를 반환하고 결측 데이터면 False를 반환한다.

(2) 결측 데이터 삭제하기

결측 데이터를 다루는 가장 간단한 방법은 결측 데이터를 가진 행이나 열을 삭제하는 것이다. 판다스에서 dropna() 함수를 이용하여 삭제할 수 있다.

함수 설명

```
DataFrame.dropna(axis, how, thresh, subset, inplace)
```

표 3-6 제목

매개변수	설명
axis	- 축을 행 또는 열로 결정한다. - 0 또는 'index'이면 누락된 값이 포함된 행을 삭제한다. - 1 또는 'columns'이면 누락된 값이 포함된 열을 삭제한다. - 기본적으로 값은 0이다.
how	- any는 null 값이 있는 경우 행 또는 열을 삭제한다. - all은 모든 값이 누락된 경우 행 또는 열을 삭제한다. - 기본적으로 any로 설정한다.
inplace	True로 설정하면 호출자 DataFrame을 변경하는 부울 값으로 기본적으로 값은 False이다.

결측데이터가 포함된 칼럼 삭제

```
df.drop('Cabin', axis=1, inplace=True)
df.columns
```

실행 결과

```
Index(['PassengerId', 'Survived', 'Pclass', 'Name', 'Sex', 'Age', 'SibSp',
       'Parch', 'Ticket', 'Fare', 'Embarked'],
      dtype='object')
```

객실 번호(Cabin) 칼럼은 결측 데이터가 너무 많아서 데이터 분석에 유의미한 영향을 끼치지 않는다고 판단해서 칼럼 전체를 삭제한다.

(3) 결측 데이터 최빈값으로 대체하기

탑승항구는 2개의 결측치가 있으므로 어느 값으로 채워도 문제는 없다고 판단되어 최빈값으로 대체한다.

최빈값 찾기

```
df['Embarked'].mode()
```

실행 결과

```
0    S
dtype: object
```

탑승항구(Embarked)의 최빈값은 S(Southampton)임을 알 수 있다.

최빈값으로 대체하기

```
df['Embarked'].fillna(df['Embarked'].mode()[0], inplace=True)
df.isnull().sum()
```

실행 결과

```
PassengerId      0
Survived         0
Pclass           0
Name             0
Sex              0
Age            177
SibSp            0
Parch            0
Ticket           0
Fare             0
Embarked         0
dtype: int64
```

최빈값(mode)으로 채울 때에는 반드시 0번째 index를 지정하여 값을 추출한 후 채워야 한다.

(4) 결측 데이터 평균값으로 대체하기

나이는 결측치가 많고 생존 여부와 상관이 있을 것으로 판단되어 결측 데이터를 평균으로 대체한다.

평균값으로 대체하기

```
avg=df['Age'].mean()
df['Age']=df['Age'].fillna(avg)
df.isnull().sum()
```

실행 결과

```
PassengerId    0
Survived       0
Pclass         0
Name           0
Sex            0
Age            0
SibSp          0
Parch          0
Ticket         0
Fare           0
Embarked       0
dtype: int64
```

df['Age'].fillna(avg, inplace=True) 명령어 실행 결과도 같다.

연습 문제

1 다음은 데이터프레임을 직접 생성하고 칼럼 명을 변경하는 코드이다. 빈칸에 가장 알맞은 코드를 완성하시오.

1) 다음의 데이터프레임을 생성하고 df 변수에 할당한다.
2) 칼럼 명을 아래와 같이 변경한다.

```
import pandas as pd
df=pd.DataFrame(________________________,
                ________________________,
                ________________________)
df
```

```
________________
df
```

실행 결과

	food	price	rating
0	버거킹	5000	5.0
1	맥도날드	4500	4.5
2	롯데리아	4000	4.3

실행 결과

	장소	가격	평점
0	버거킹	5000	5.0
1	맥도날드	4500	4.5
2	롯데리아	4000	4.3

[데이터프레임명: tips]

2 다음 tips 데이터는 미국 레스토랑의 매출과 웨이터에게 지불한 팁을 나타내는 데이터이다. 아래의 코드와 실행 결과를 참고하여 다음 문제를 차례대로 해결해보자.

```
import pandas as pd
import seaborn as sns
tips = sns.load_dataset('tips')
tips.head()
```

실행 결과

	total_bill	tip	sex	smoker	day	time	size
0	16.99	1.01	Female	No	Sun	Dinner	2
1	10.34	1.66	Male	No	Sun	Dinner	3
2	21.01	3.50	Male	No	Sun	Dinner	3
3	23.68	3.31	Male	No	Sun	Dinner	2
4	24.59	3.61	Female	No	Sun	Dinner	4

2-1 다음은 전체 데이터 중 '팁이 7달러 이상'인 데이터를 추출하는 코드이다. 빈칸에 가장 알맞은 코드를 완성하시오.

```
tips[______________]
```

실행 결과

	total_bill	tip	sex	smoker	day	time	size
23	39.42	7.58	Male	No	Sat	Dinner	4
170	50.81	10.00	Male	Yes	Sat	Dinner	3
212	48.33	9.00	Male	No	Sat	Dinner	4

2-2 다음은 '여성 손님이면서 비흡연자'인 데이터를 추출하는 코드이다. 빈칸에 가장 알맞은 코드를 완성하시오.

```
conditions= ____________________________________
tips[conditions].head()
```

실행 결과

	total_bill	tip	sex	smoker	day	time	size	total
67	3.07	1.00	Female	Yes	Sat	Dinner	1	4.07
72	26.86	3.14	Female	Yes	Sat	Dinner	2	30.00
73	25.28	5.00	Female	Yes	Sat	Dinner	2	30.28
92	5.75	1.00	Female	Yes	Fri	Dinner	2	6.75
93	16.32	4.30	Female	Yes	Fri	Dinner	2	20.62

2-3 다음은 '팁을 가장 많이 지불한 고객'에 대한 데이터를 추출하는 코드이다. 빈칸에 가장 알맞은 코드를 완성하시오.

```
tips[________________________________]
```

실행 결과

	total_bill	tip	sex	smoker	day	time	size
170	50.81	10.0	Male	Yes	Sat	Dinner	3

팁을 가장 많이 지불한 고객은 남성 고객이었으며 토요일 저녁 식사를 한 총금액은 50.81 달러였음을 알 수 있다.

2-4 다음은 `total_bill`과 `tip`에 대한 내림차순 정렬을 한 결과 상위 10개만 출력하는 코드이다. 빈칸에 가장 알맞은 코드를 완성하시오.

```
tips.[________________________________________]
```

실행 결과

	total_bill	tip	sex	smoker	day	time	size
170	50.81	10.00	Male	Yes	Sat	Dinner	3
212	48.33	9.00	Male	No	Sat	Dinner	4
59	48.27	6.73	Male	No	Sat	Dinner	4
156	48.17	5.00	Male	No	Sun	Dinner	6
182	45.35	3.50	Male	Yes	Sun	Dinner	3
102	44.30	2.50	Female	Yes	Sat	Dinner	3
197	43.11	5.00	Female	Yes	Thur	Lunch	4
142	41.19	5.00	Male	No	Thur	Lunch	5
184	40.55	3.00	Male	Yes	Sun	Dinner	2
95	40.17	4.73	Male	Yes	Fri	Dinner	4

2-5 다음은 size를 기준으로는 내림차순, tip을 기준으로는 오름차순 정렬한 결과 상위 10개의 데이터만 출력하는 코드이다. 빈칸에 가장 알맞은 코드를 완성하시오.

```
tips.________________________________________
```

실행 결과

	total_bill	tip	sex	smoker	day	time	size
125	29.80	4.20	Female	No	Thur	Lunch	6
143	27.05	5.00	Female	No	Thur	Lunch	6
156	48.17	5.00	Male	No	Sun	Dinner	6
141	34.30	6.70	Male	No	Thur	Lunch	6
187	30.46	2.00	Male	Yes	Sun	Dinner	5
216	28.15	3.00	Male	Yes	Sat	Dinner	5
142	41.19	5.00	Male	No	Thur	Lunch	5
185	20.69	5.00	Male	No	Sun	Dinner	5
155	29.85	5.14	Female	No	Sun	Dinner	5
153	24.55	2.00	Male	No	Sun	Dinner	4

2-6 다음은 total_bill과 tip의 합계인 total 칼럼을 생성하는 코드이다. 빈칸에 가장 알맞은 코드를 완성하시오.

```
tips['total']= ____________________________
tips
```

실행 결과

	total_bill	tip	sex	smoker	day	time	size	total
0	16.99	1.01	Female	No	Sun	Dinner	2	18.00
1	10.34	1.66	Male	No	Sun	Dinner	3	12.00
2	21.01	3.50	Male	No	Sun	Dinner	3	24.51
3	23.68	3.31	Male	No	Sun	Dinner	2	26.99
4	24.59	3.61	Female	No	Sun	Dinner	4	28.20
...	...	...	...	...	...	...	...	...
239	29.03	5.92	Male	No	Sat	Dinner	3	34.95
240	27.18	2.00	Female	Yes	Sat	Dinner	2	29.18
241	22.67	2.00	Male	Yes	Sat	Dinner	2	24.67
242	17.82	1.75	Male	No	Sat	Dinner	2	19.57
243	18.78	3.00	Female	No	Thur	Dinner	2	21.78

244 rows × 8 columns

2-7 다음은 day별 tip의 평균을 출력하는 코드이다. 빈칸에 가장 알맞은 코드를 완성하시오.

```
pd.DataFrame(______________________________)
```

실행 결과

	tip
day	
Thur	2.771452
Fri	2.734737
Sat	2.993103
Sun	3.255132

실행 결과 일요일에 팁 평균이 가장 높았음을 알 수 있다.

3 문제 2의 `tip` 데이터셋을 이용하여 아래의 문제를 차례대로 해결해보시오.

1) `tips` 데이터셋 중 day가 금요일(`Fri`), 토요일(Sat)만 필터링한다.
2) `tip`이 평균보다 많게 낸 데이터만 필터링한다.
3) 칼럼은 `total_bill`, `tip`, `time`, `total`만 출력한다.
4) `total`이 높은 상위 10개 행만 출력한다.

```
# 1) 코드
# 2) 코드
# 3) 코드
# 4) 코드
```

실행 결과 1

	total_bill	tip	sex	smoker	day	time	size	total
19	20.65	3.35	Male	No	Sat	Dinner	3	24.00
20	17.92	4.08	Male	No	Sat	Dinner	2	22.00
21	20.29	2.75	Female	No	Sat	Dinner	2	23.04
22	15.77	2.23	Female	No	Sat	Dinner	2	18.00
23	39.42	7.58	Male	No	Sat	Dinner	4	47.00
...	...	...	...	...	...	...	...	...
238	35.83	4.67	Female	No	Sat	Dinner	3	40.50
239	29.03	5.92	Male	No	Sat	Dinner	3	34.95
240	27.18	2.00	Female	Yes	Sat	Dinner	2	29.18
241	22.67	2.00	Male	Yes	Sat	Dinner	2	24.67
242	17.82	1.75	Male	No	Sat	Dinner	2	19.57

106 rows × 8 columns

실행 결과 2

	total_bill	tip	sex	smoker	day	time	size	total
2	21.01	3.50	Male	No	Sun	Dinner	3	24.51
3	23.68	3.31	Male	No	Sun	Dinner	2	26.99
4	24.59	3.61	Female	No	Sun	Dinner	4	28.20
5	25.29	4.71	Male	No	Sun	Dinner	4	30.00
7	26.88	3.12	Male	No	Sun	Dinner	4	30.00
...	...	...	...	...	...	...	...	...
232	11.61	3.39	Male	No	Sat	Dinner	2	15.00
234	15.53	3.00	Male	Yes	Sat	Dinner	2	18.53
238	35.83	4.67	Female	No	Sat	Dinner	3	40.50
239	29.03	5.92	Male	No	Sat	Dinner	3	34.95
243	18.78	3.00	Female	No	Thur	Dinner	2	21.78

121 rows × 8 columns

실행 결과 3

	total_bill	tip	time	total
0	16.99	1.01	Dinner	18.00
1	10.34	1.66	Dinner	12.00
2	21.01	3.50	Dinner	24.51
3	23.68	3.31	Dinner	26.99
4	24.59	3.61	Dinner	28.20
...	...	...	...	...
239	29.03	5.92	Dinner	34.95
240	27.18	2.00	Dinner	29.18
241	22.67	2.00	Dinner	24.67
242	17.82	1.75	Dinner	19.57
243	18.78	3.00	Dinner	21.78

244 rows × 4 columns

실행 결과 4

	total_bill	tip	sex	smoker	day	time	size	total
170	50.81	10.00	Male	Yes	Sat	Dinner	3	60.81
212	48.33	9.00	Male	No	Sat	Dinner	4	57.33
59	48.27	6.73	Male	No	Sat	Dinner	4	55.00
156	48.17	5.00	Male	No	Sun	Dinner	6	53.17
182	45.35	3.50	Male	Yes	Sun	Dinner	3	48.85
197	43.11	5.00	Female	Yes	Thur	Lunch	4	48.11
23	39.42	7.58	Male	No	Sat	Dinner	4	47.00
102	44.30	2.50	Female	Yes	Sat	Dinner	3	46.80
142	41.19	5.00	Male	No	Thur	Lunch	5	46.19
95	40.17	4.73	Male	Yes	Fri	Dinner	4	44.90

4 시각화 라이브러리 I

4.1 데이터 시각화의 이해
4.2 맷플롯립 라이브러리

학습목표

- 데이터 시각화의 필요성을 이해하고 사용할 수 있다.
- 데이터 시각화에 효율적인 맷플롯립 라이브러리를 이해하고 사용할 수 있다.

CHAPTER

4 시각화 라이브러리 I

4.1 데이터 시각화의 이해

데이터 자체 또는 데이터 분석 결과를 눈으로만 보고 특징이나 의미를 파악하기는 쉽지 않다. 데이터 시각화를 이용하면 데이터 분석 결과의 의미를 효과적으로 전달하기 수월해진다. 데이터 시각화를 통해 데이터 특징을 파악하거나 인사이트를 도출하는 사례는 많다. 4장에서는 이러한 데이터 시각화의 특징을 살펴보고 맷플롯립(Matplotlib) 라이브러리를 이용한 다양한 데이터 시각화의 방법에 대하여 학습한다.

(1) 데이터 시각화의 장점

데이터 분석 기반의 가치 창출을 위해서는 데이터 분석의 시각화가 핵심이다. 데이터 분석 기술은 데이터 수집, 가공, 분석 기법을 활용해야 하고, 데이터 시각화는 데이터 분석 결과를 스토리텔링하여 시각적으로 표현해야 한다. 최근에는 데이터 시각화가 보편화되면서 고급 기술이 아니더라도 데이터를 활용하여 인사이트를 발견하고 스토리텔링을 할 수 있게 되었다. 이러한 데이터 시각화의 장점은 다음과 같다.

1) 많은 데이터를 시각적으로 요약

몇 개의 모니터로도 한 눈에 보기 어려운 많은 양의 데이터는 그 특징을 파악하기 어렵다. 데이터 시각화로 많은 양의 데이터를 도형, 선, 색 등의 시각적 요소들을 활용 및 요약하여 표현할 수 있다. 보건, 금융, 교통 등의 데이터가 발생하는 대부분 분야에서 데이터 시각화를 통해 현상을 파악하고 예측할 수 있게 되어 데이터 시각화는 더욱 더 중요해졌다.

그림 4-1 데이터 시각화 유형의 예

데이터 시각화의 유형에는 선, 막대, 원 등 셀 수 없이 많은 시각화 유형이 있다. 시각화 유형은 어떤 데이터를 어떻게 표현할 것인지에 따라 구분할 수 있다. 그래프에 활용되는 도형의 종류, 크기, 위치, 색 등으로 데이터의 크기를 비교하거나 분포를 파악하여 데이터의 의미를 해석하게 된다.

2) 시각을 통한 데이터 인사이트 도출

그래프에서 시각화 요소인 도형의 형태, 크기, 위치, 색 정보 등으로 시각적 패턴을 찾는다. 선 그래프에서는 선의 높낮이로 데이터의 변화 추세를 파악하고 다른 값들과 구별되는 이상치가 있는지 등을 파악한다. 막대 그래프, 원 그래프 등 다른 시각화 그래프들도 대부분 시각화 요소의 시각적 패턴으로 데이터의 의미를 파악하게 된다.

데이터 시각화에서 주의할 점은 데이터 인사이트의 정확한 전달을 위해 시각화 그래프를 잘 선택해야 한다는 것이다. 데이터 인사이트에 적합한 그래프를 선택하고 해석에 오류가 발생하지 않도록 그래프를 작성해야 한다. 즉, 그래프를 선택할 때는 데이터 시각화의 목적을 명확히 해야 한다.

데이터 시각화의 기본적인 목적은 데이터의 크기를 비교하는 것이다. 데이터를 비교하여 시각화하는 그래프에는 누적 막대, 그룹 막대, 선, 영역 그래프 등이 있다. 구성의 비중을 보는 그래프에는 파이, 100% 누적 막대, 폭포 그래프 등이 있다. 구성 비중 그래프는 항목이 많은 경우 비교가 어렵기 때문에 비교 항목이 4~5개 정도일 때 적합하다. 데이터 분포를 확인하는 그래프에는 산점도, 히스토그램 등이 있다. 데이터 관계를 보기 위한 그래프에는 산점도, 버블 그래프 등이 있다.

3) 더 정확한 데이터 분석 결과 도출

데이터 시각화는 데이터 분석 결과를 전달하기 위한 목적으로도 사용된다. 즉, 데이터 분석에서 시각화는 데이터의 정확한 이해를 돕고, 쉽고 빠른 데이터 인사이트 발견을 위해 필수 요소인 것이다. 이 외에도 시각화는 더욱더 정확한 분석을 위한 데이터 탐색 방법으로의 중요한 역할을 한다.

(2) 데이터 시각화의 활용 사례

데이터 시각화는 대부분 분야에서 활용할 수 있다. 다양한 분야에서 활용되는 데이터 시각화의 사례는 다음과 같다.

1) 시각화 대시보드를 통한 공동의 데이터 활용

데이터 시각화는 데이터 인사이트를 전달 및 공유할 때 효과적이다. 보고서, 프레젠테이션 등에 삽입되는 시각화 그래프는 전달하고자 하는 메시지를 효과적으로 전달할 수 있다.

시각화 대시보드는 데이터 시각화를 공유하는 방식 중의 하나로 시각화 그래프와 표 등으로 구성된 하나의 보드이다. 데이터 시각화 대시보드를 이용하면 주요한 데이터 지표를 모니터링하고 탐색할 때 유용하다. 대부분의 데이터 시각화 대시보드는 데이터 조회 기간을 선택하거나 특정 기준으로 데이터를 조회할 수 있는 필터와 같은 상호작용 기능을 이용하여 복잡한 데이터 분석 기술 없이도 편리하게 데이터를 조회하고 탐색할 수 있다.

데이터 시각화 대시보드는 전문 데이터 분석가가 아니더라도 기업 및 조직에서 개인마다 서로 다른 관점에서 쉽게 데이터를 활용하여 데이터를 탐색할 수 있기 때문에 다양한 인사이트를 도출할 수 있다. 이와 같은 이유로 거시적 관점에서 중요 의사결정의 근거로 활용되어 새로운 기회 도출 및 가치 창출에 큰 역할을 한다.

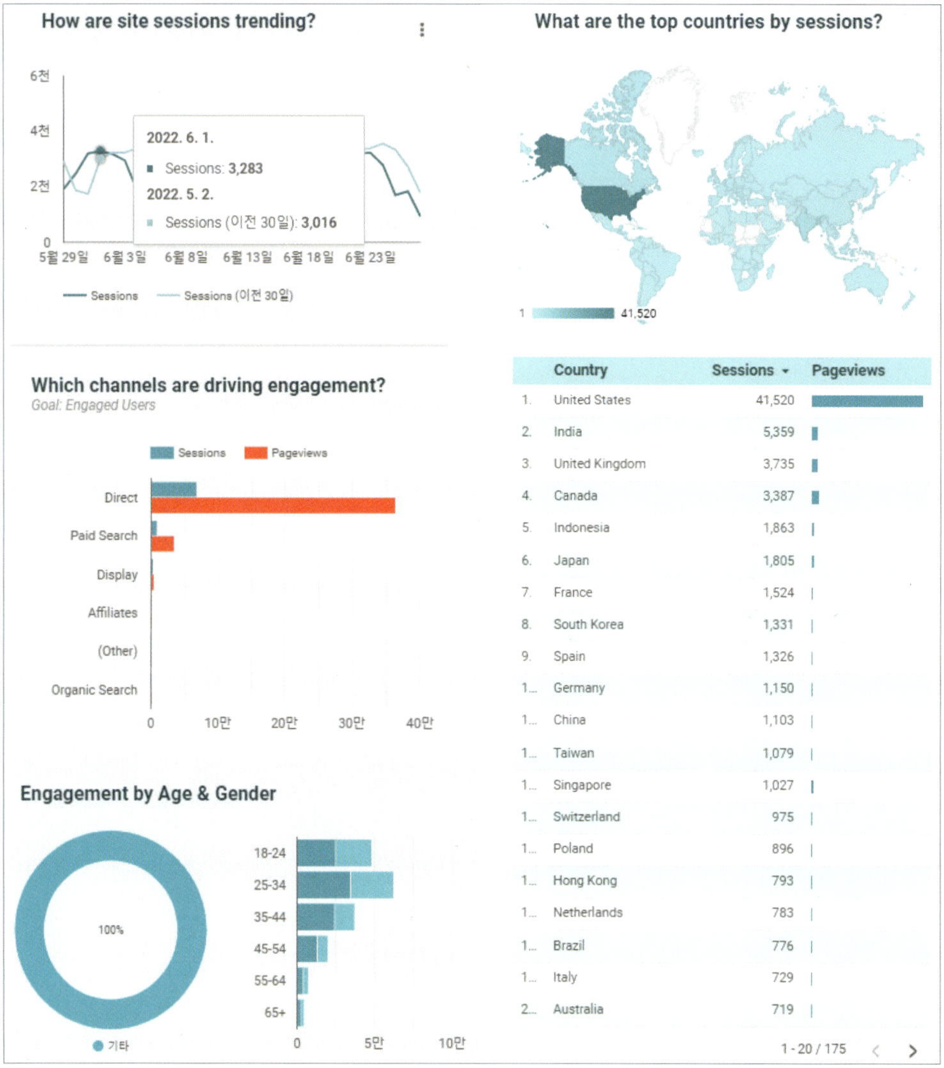

그림 4-2 데이터 시각화 대시보드의 예

2) 다양한 분야에서의 시각화 활용

공공데이터 포털 시각화 서비스와 지자체별 공공데이터를 개방하는 다수의 사이트에서도 공공 및 민간의 데이터 시각화를 활용하고 있다. 다양한 산업 분야의 여러 기업도 각자 보유한 데이터의 활용도를 높이거나 의사결정 목적의 데이터 시각화 대시보드를 구축 및 활용하기 위해 데이터 시각화를 적극적으로 도입하고 있다.

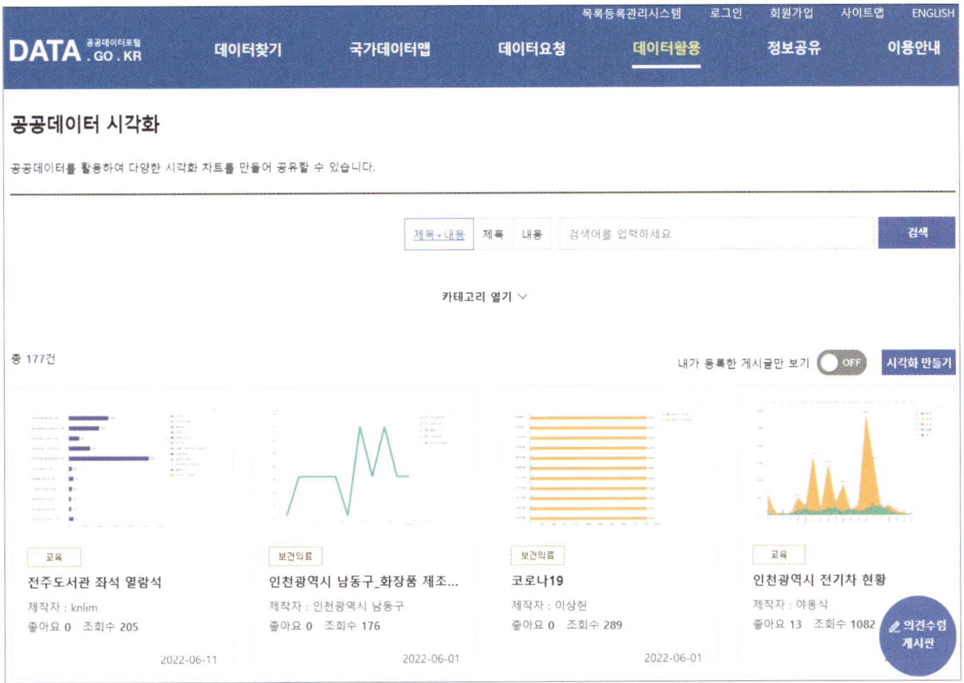

그림 4-3 공공데이터 포털의 시각화 화면의 예

금융권 분야에서도 수익 창출을 위해 데이터 분석 기술로 고객을 분석하는 사례가 증가하고 있다. 즉, 데이터 분석을 통해 고객의 행동을 예측하여 더 나은 고객 서비스와 마케팅에 활용하고 있다. 인공지능 분야에서도 복잡한 인공지능 학습 결과를 시각적으로 보여줄 때 데이터 시각화를 활용한다. 언론 분야에서도 데이터를 기반으로 스토리텔링 기사를 보도할 때 시각화 그래프를 이용하고 있다. 새로운 사실을 보도하는 데이터 저널리즘을 실현할 때도 단순히 수치를 활용하는 것에서 데이터 분석을 통해 찾아낸 것으로 데이터 시각화를 적극 활용하고 있다.

(3) 파이썬으로 하는 데이터 시각화

파이썬으로 데이터 시각화를 할 때는 시각화 관련 기능을 모아 놓은 시각화 라이브러리를 사용한다. 시각화 라이브러리에는 특징이 다른 다양한 종류의 라이브러리들이 있는데, 다음은 대표적인 파이썬 시각화 라이브러리의 종류 및 특징이다.

1) 시각화 라이브러리

각 라이브러리마다 특징이 다르므로 데이터 분석 목적에 따라 선택적으로 사용한다.

표 4-1 대표적인 시각화 라이브러리

라이브러리 명	특징
맷플롯립(Matplotlib)	파이썬에서 가장 많이 사용하며, 데이터를 그래프나 플롯으로 시각화하는 라이브러리이다. 판다스의 데이터프레임을 바로 시각화할 때도 내부적으로 맷플롯립을 사용한다. 맷플롯립은 데이터 분석 이전의 데이터 이해를 위한 시각화 또는 데이터 분석 이후의 결과를 시각화하기 위해 사용된다.
시본(Seaborn)	맷플롯립을 기반으로 색 테마, 그래프 기능 등을 추가해주는 라이브러리이다. 맷플롯립과 함께 사용하며, 히트맵, 카운트플롯 등을 제공한다.
플로틀리(Plotly)	상호작용의 그래프를 그려주는 라이브러리이다. R, 스칼라, 파이썬, 자바스크립트, 매트랩 등에서 사용할 수 있다. 사용이 쉽고 세련된 도구이며, 온라인과 오프라인 버전이 따로 존재한다.
보케(Bekeh)	맷플롯립의 대화형 버전으로 다양한 기능을 제공하고 디자인이 훌륭하며, 플롯(축)들 간의 링크가 가능하다. 반면, 시본과 비교하여 문법이 복잡하다는 단점이 있다.
폴리움(Folium)	지도 데이터를 이용하여 위치 정보를 시각화하는 라이브러리이다. 자바스크립트 기반으로 상호작용의 그래프를 그릴 수 있다.

2) 시각화 단계

판다스 시리즈와 데이터프레임에는 `plot()`이라는 시각화 함수가 내장되어 있다. `plot()`도 맷플롯립을 임포트(`import`)해서 사용해야 한다. 일반적인 시각화 단계를 정리하면 다음과 같다.

① **1단계**: 시각화 라이브러리 불러오기

② **2단계**: x축, y축에 표시할 데이터 정하기

③ **3단계**: `plot()`에 데이터 입력하기

④ **4단계**: 그래프 보여주기

기본적인 시각화 문법

```
import matplotlib.pyplot as plt        # 1단계
xdata = [3, 5, 7, 9]          # 2단계
ydata = [2, 4, 6, 8]
plt.plot(xdata, ydata)        # 3단계
plt.show()                    # 4단계
```

실행 결과

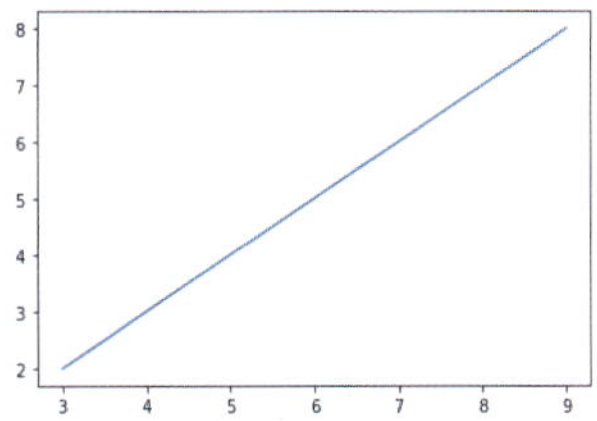

4.2 맷플롯립 라이브러리

맷플롯립(matplotlib) 라이브러리는 그래프를 그릴 때 가장 많이 사용하는 파이썬 라이브러리 중 하나이다. 맷플롯립 라이브러리를 활용하면 다양한 유형의 그래프를 쉽고 간편하게 그릴 수 있다(https://matplotlib.org/). 시각화할 때의 데이터는 리스트나 딕셔너리 자료형도 가능하지만, 데이터프레임을 이용하면 그래프에 표현이 더 쉽기 때문에 데이터프레임을 많이 이용한다.

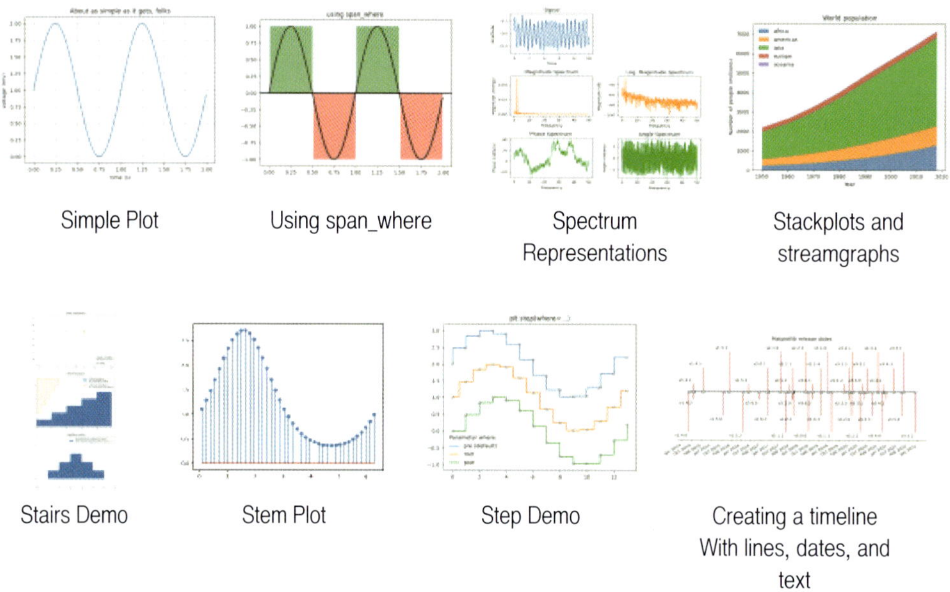

그림 4-4 맷플롯립 시각화의 예

(1) 시각화 옵션

그래프를 표현하다 보면 그래프 제목, x축 및 y축 이름 등의 추가 옵션을 지정할 때가 많다. 대표 시각화 옵션들은 다음과 같다.

1) 제목

그래프의 제목은 `title()`로 표현한다. 제목은 기본적으로 영어로 표현하는데, 한글로 표현하려면 별도의 설정을 해야 한다. 한글 폰트 설정은 12장에서 자세히 다루기로 한다.

기본적인 시각화 문법

```
import matplotlib.pyplot as plt
plt.title('Line Graph')
xdata = [3, 5, 7, 9]
ydata = [2, 4, 6, 8]
plt.plot(xdata, ydata)
plt.show()
```

실행 결과

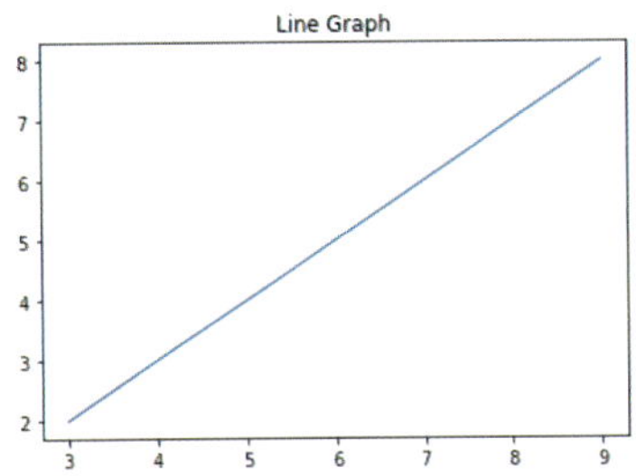

2) 범례

그래프 범례는 두 개 이상의 데이터를 표현할 때 사용한다. 범례 추가는 plot()을 활용하여 표현하는데, plot()의 label 속성값에 원하는 문자열을 작성하고 그래프를 그리기 전에 legend()를 실행한다.

범례 지정

```
import matplotlib.pyplot as plt
plt.title('Legend properties')
data1 = [1, 3, 5, 7]
data2 = [9, 7, 5, 3]
plt.plot(data1, label='Salary')
plt.plot(data2, label='Prices')
plt.legend()
plt.show()
```

실행 결과

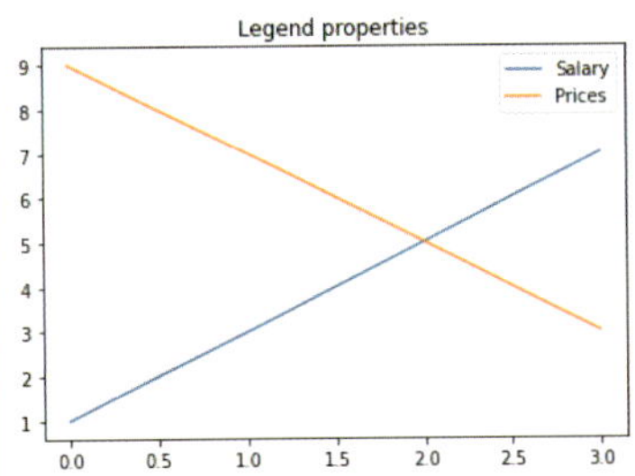

3) 색상

그래프 색상은 plot()에 color 속성을 추가하여 표현한다.

색상 지정

```
import matplotlib.pyplot as plt
plt.title('Color properties')
xdata = [3, 5, 7, 9]
ydata = [1, 3, 5, 7]
plt.plot(xdata, ydata, color='green')
plt.show()
```

실행 결과

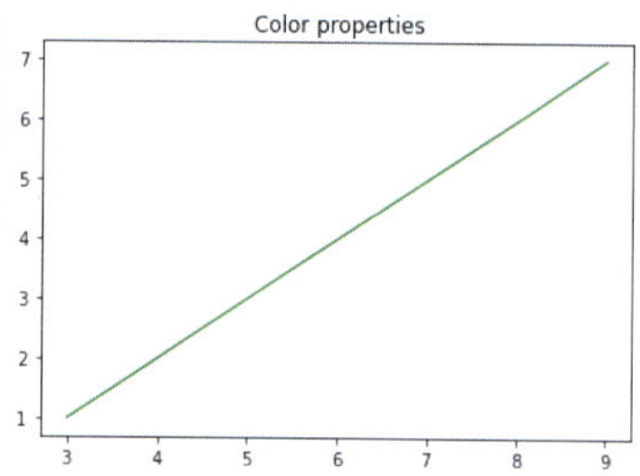

4) x축 및 y축 이름

x축 이름은 xlabel()을 사용하고 y축 이름은 ylabel()을 사용하여 표현한다.

x축 및 y축 이름 지정

```
import matplotlib.pyplot as plt
plt.title('Axis name properties')
xdata = [3, 5, 7, 9]
ydata = [1, 3, 5, 7]
plt.plot(xdata, ydata)
plt.xlabel('X value')
plt.ylabel('Y value')
plt.show()
```

실행 결과

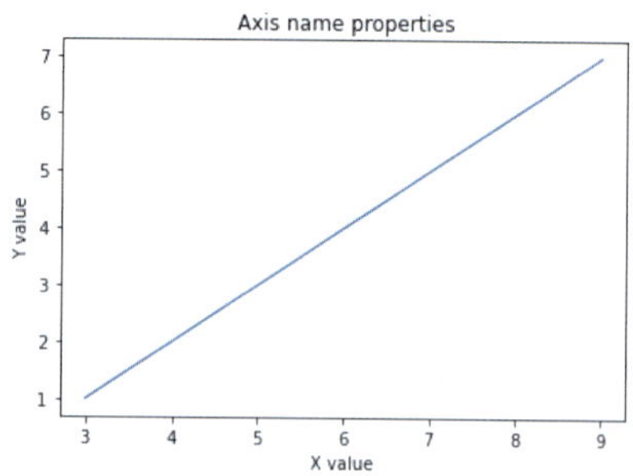

5) 그래프 선 모양

그래프 선 모양은 plot()의 linestyle 속성을 이용하여 표현한다. linestyle 속성으로 실선은 ‘-’, 파선은 ‘--’, 점쇄선은 ‘-.’, 점선은 ‘:’ 기호로 지정한다.

그래프 선 모양 지정

```
import matplotlib.pyplot as plt
plt.title('Line shape properties')
data1 = [1, 3, 5, 7]
data2 = [9, 7, 5, 3]
plt.plot(data1, color='b', label='dashed', linestyle='--')
plt.plot(data2, color='r', label='dotted', linestyle=':')
plt.legend()
plt.show()
```

실행 결과

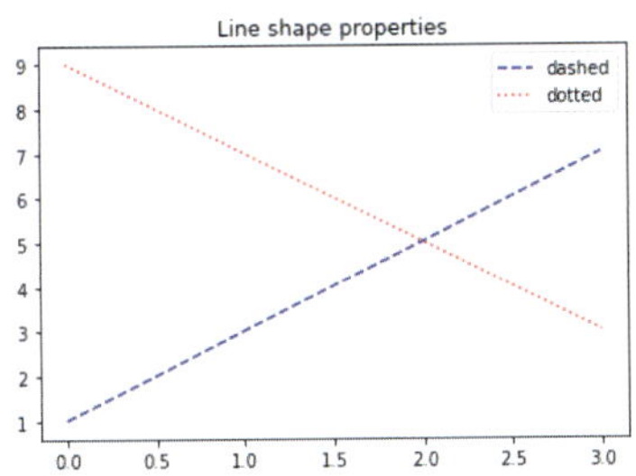

6) 그림 범위 지정

plot()를 사용하여 그래프를 표현하다 보면 몇몇 점들은 그림의 범위 경계선에 있어서 잘 보이지 않을 때가 있다. xlim()와 ylim()를 사용하여 그림의 범위를 수동으로 지정할 수 있다. xlim()에 x축의 최솟값과 최댓값을 지정하고 ylim()에 y축의 최솟값과 최댓값을 지정한다. plot()의 marker 속성을 지정하면 선에 점 모양을 다양하게 변경할 수 있다.

그림 범위 지정

```
import matplotlib.pyplot as plt
plt.title('X, Y range properties')
xdata = [15, 25, 35, 45]
ydata = [2, 4, 6, 8]
plt.plot(xdata, ydata, color='b', linestyle='--', marker='o', markersize='7')
plt.xlim(10,50)
plt.ylim(0,10)
plt.show()
```

실행 결과

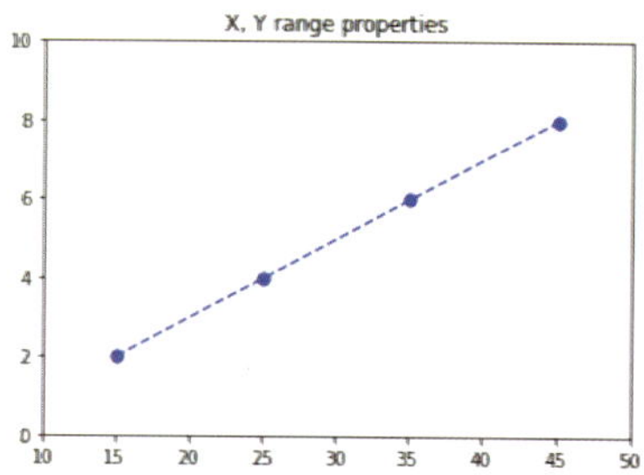

Note 주요 마커 및 색상 속성

마커 속성	마커 의미
+	더하기
,	쉼표
.	점
o	원형
v	역삼각형
^	삼각형
s	사각형

색상 속성	색상 의미
b	파랑색
g	녹색
r	빨강색
c	청록색
m	마젠타색
y	노랑색
k	검정색
w	흰색

7) 내장 시각화 옵션

판다스를 이용하면 시각화 라이브러리를 임포트하지 않아도 내장 그래프 도구를 이용하여 기본적인 시각화를 할 수 있다. plot()의 kind 속성을 지정하면 다양한 종류의 그래프를 표현할 수 있다. 그래프 속성값은 다음과 같다.

표 4-2 그래프 속성값

속성값	그래프	속성값	그래프
line	선 그래프	kde	커널 밀도 그래프
bar	수직 막대 그래프	area	면적 그래프
barh	수평 막대 그래프	pie	파이 그래프
hist	히스토그램	scatter	산점도 그래프
box	상자수염 그래프	hexbin	고밀도 산점도 그래프

```
import pandas as pd
my_score = [[60, 90, 95], [65, 85, 90], [80, 75, 100], [95, 90, 85],
[85, 80, 65]]
subject = ['1st', '2nd', '3rd']
df = pd.DataFrame(my_score, columns=subject)
```

```
df.plot(kind='line')
```

실행 결과

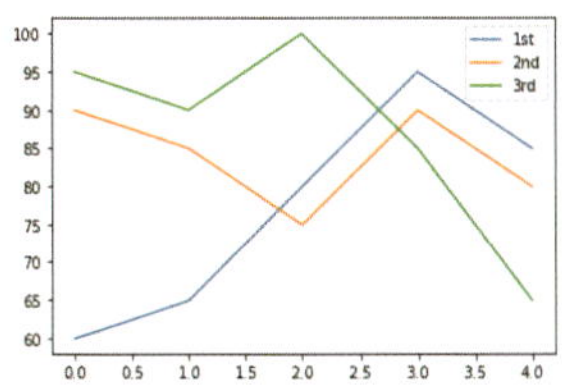


```
df.plot(kind='box')
```

실행 결과

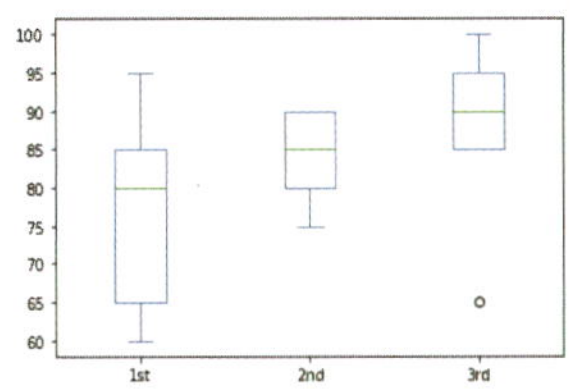


```
df.plot(kind='kde')
```

실행 결과

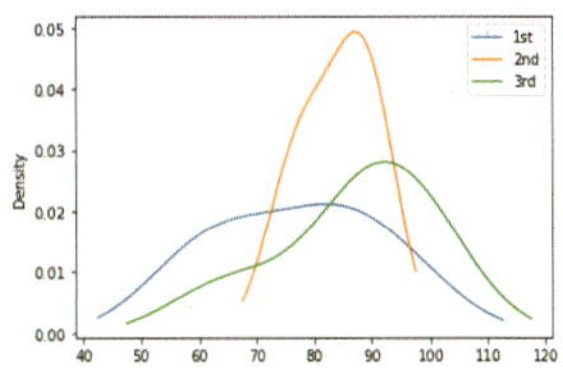

(2) 선 그래프

데이터가 연속적으로 변할 때는 선 그래프가 가장 적당하다. 일반적으로 선 그래프는 데이터가 시간에 따라 연속적으로 변화하는 양을 관찰할 때 주로 사용한다. 예를 들어, 시간에 따른 교통량, 온도 변화량, 수출액 변화량 등을 시각화할 때 사용한다. 선 그래프는 수량을 점으로 표시하면서 선으로 이어 그리기 때문에 증가와 감소 상태를 쉽게 확인할 수 있다.

선 그래프는 `plot()`에 x축, y축 데이터를 선택하여 그린다. x축에 시간을 지정하여 시간 변화량을 나타내는 시계열 데이터를 표현하는 그래프에도 많이 사용한다.

1) 데이터셋 정보

에어코리아(https://www.airkorea.or.kr/)에서 다운로드한 '04_data1.xlsx'에는 2015년부터 2020년까지의 연도별, 시도별 미세먼지 등급별 일수가 나타나 있다. 미세먼지가 0~30이면 좋음, 31~80이면 보통, 81~150이면 나쁨, 151 이상이면 매우 나쁨으로 등급을 구분하여 각 등급에 해당하는 날이 며칠이나 되는지 알 수 있는 일수 데이터이다. 이를 이용하여 선 그래프를 표현하려고 한다. 선 그래프 표현을 위해 필요한 엑셀 데이터는 코랩에 먼저 업로드해 둔다.

2) 데이터 필드 이해

데이터셋의 변수는 총 25개이고 각 변수는 다음과 같은 특징을 가지고 있다.

표 4-3 데이터셋 변수의 특징

변수명	미세먼지 등급	설명
area		전국 시도별 지역명(19개 지역)
2015_good	좋음 (0~30μg/m^3)	2015년도
2016_good		2016년도
2017_good		2017년도
2018_good		2018년도
2019_good		2019년도
2020_good		2020년도

변수명	미세먼지 등급	설명
2015_common	보통 (31~80µg/m³)	2015년도
2016_common		2016년도
2017_common		2017년도
2018_common		2018년도
2019_common		2019년도
2020_common		2020년도
2015_bad	나쁨 (81~150µg/m³)	2015년도
2016_bad		2016년도
2017_bad		2017년도
2018_bad		2018년도
2019_bad		2019년도
2020_bad		2020년도
2015_verybad	매우 나쁨 (151~ µg/m³)	2015년도
2016_verybad		2016년도
2017_verybad		2017년도
2018_verybad		2018년도
2019_verybad		2019년도
2020_verybad		2020년도

3) 데이터를 읽어와서 선 그래프 그리기

1행과 2행에서 판다스와 맷플롯립 라이브러리를 임포트한다. 4행에서는 판다스의 read_excel()을 사용하여 '04_data1.xlsx' 엑셀 파일을 읽어와 데이터프레임 변수 data에 저장하고, 5행에서는 상단 5개의 데이터만 확인한다.

엑셀 데이터의 파일을 읽어와서 확인하기

```
import pandas as pd
import matplotlib.pyplot as plt

data = pd.read_excel('04_data1.xlsx', index_col='area')
data.head()
```

실행 결과

	2015_good	2016_good	2017_good	2018_good	2019_good	2020_good	2015_common	2016_common	2017_common	2018_common	...
area											
Nationwide	72.0	54	84	135	117	171	267.0	297	265	209	...
Metropolitan	72.0	45	77	126	109	150	259.0	290	260	217	...
Seoul	97.0	65	113	140	139	168	243.0	277	230	204	...
Busan	102.0	89	86	136	163	208	242.0	259	269	212	...
Daegu	90.0	103	111	155	148	176	248.0	246	244	196	...

5 rows × 24 columns

'2020년 미세먼지 좋음' 일수 데이터만 가져와 data2020_good에 저장한다.

'2020년 미세먼지 좋음' 엑셀 파일 읽어오기

```
data2020_good = data['2020_good']
```

1행에서 그래프 크기를 지정하고 2행에서 원형 마커를 지정한다. 3행과 4행에서는 x축 및 y축 이름을 지정한다. 5행에서 그래프 제목을 지정하고 6행에서 격차 표시를 활성시킨 후 7행에서 그래프를 출력한다.

'2020년 미세먼지 좋음' 선 그래프

```
plt.figure(figsize=(20,4))
plt.plot(data2020_good, color='b', marker='o')
plt.xlabel('Area')
plt.ylabel('Micrometer')
plt.title('2020 Fine Dust(pm10) Good Line Graph')
plt.grid()
plt.show()
```

실행 결과

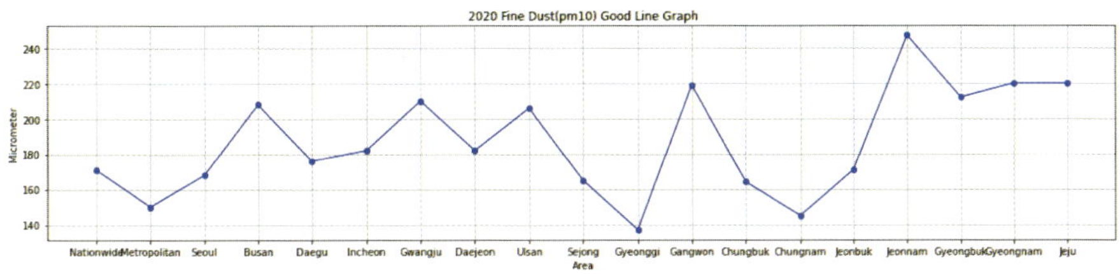

앞에서 연도별, 시도별 미세먼지 등급별 일수 엑셀 파일을 읽어와 데이터프레임 변수 data에 저장했는데, 3행에서 5행까지 for 문을 이용하여 data에서 2015년 미세먼지 좋음 일수 데이터를 가져와 chartdata에 저장하고 마커 및 이름을 지정하는 과정을 2020년까지 반복한다. 이런 과정을 통해 다중 선 그래프를 그린다.

'2015~2020년 미세먼지 좋음' 선 그래프

```
plt.figure(figsize=(20, 4))

for year in range(2015, 2021):
  year = str(year)+'_good'
  chartdata = data[year]
  plt.plot(chartdata, marker='o', label=year)

plt.xlabel('Area')
plt.ylabel('Micrometer')
plt.title('2015~2020 Fine Dust(pm10) Good Line Graph')
plt.legend()
plt.grid()
plt.show()
```

실행 결과

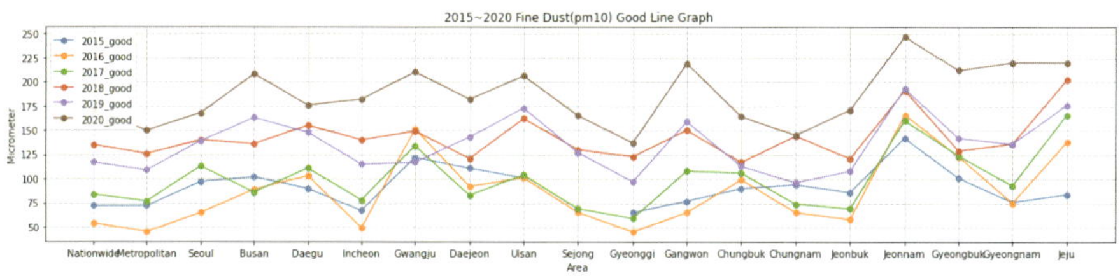

(3) 막대 그래프

집단별 차이를 표현할 때는 막대 그래프가 적당하다. 시간에 따른 변화를 표현할 때는 선 그래프가 좋지만, 크고 작음의 차이를 한눈에 파악할 때는 막대 그래프를 많이 사용한다. 예를 들어, 수량의 많고 적음 비교, 변화된 양에 대한 연별, 월별, 일별 통계 등의 비교, 우리 반 학생들이 좋아하는 가수와 인기 투표수 등을 시각화할 때 유용하게 사용된다. 가독성 면에서 막대 그래프는 일반적으로 항목의 개수가 적으면 가로 막대가 좋고 항목이 많으면 세로 막대가 보기 편하다. 막대 그래프는 bar()에 x축, y축 데이터를 지정하여 그린다.

1) 세로 막대 그래프 그리기

여기서부터 실습하게 된다면 엑셀 데이터를 코랩에 먼저 업로드한 후 실습을 진행해야 한다. 1행과 2행에서 판다스와 맷플롯립 라이브러리를 임포트한다. 4행에서는 판다스의 read_excel을 사용하여 '04_data1.xlsx' 엑셀 파일을 읽어와 데이터프레임 변수 data에 저장한다. data에는 2015년부터 2020년까지의 연도별, 시도별 미세먼지 등급별 일수 데이터가 있는데, 5행에서 2015년 미세먼지 매우 나쁨 데이터만 가져와 data2015_verybad에 저장한다.

7행에서 그래프 크기를 지정하고 8행에서는 bar()로 x축 데이터에 data2015_verybad의 인덱스를, y축 데이터에 data2015_verybad를 지정한다. 9행과 10행에서는 x축 및 y축 이름을 지정한다. 11행에서는 그래프 제목을 지정하고 12행에서 격자 표시를 활성시킨 후 13행에서 그래프를 출력한다.

'2015년 미세먼지 매우 나쁨' 세로 막대 그래프

```
1   import pandas as pd
2   import matplotlib.pyplot as plt
3
4   data = pd.read_excel('04_data1.xlsx', index_col='area')
5   data2015_verybad = data['2015_verybad']
6
7   plt.figure(figsize=(20,4))
8   plt.bar(data2015_verybad.index, data2015_verybad, color='g')
9   plt.xlabel('Area')
10  plt.ylabel('Micrometer')
11  plt.title('2015 Fine Dust(pm10) Very Bad Bar Graph')
12  plt.grid()
13  plt.show()
```

실행 결과

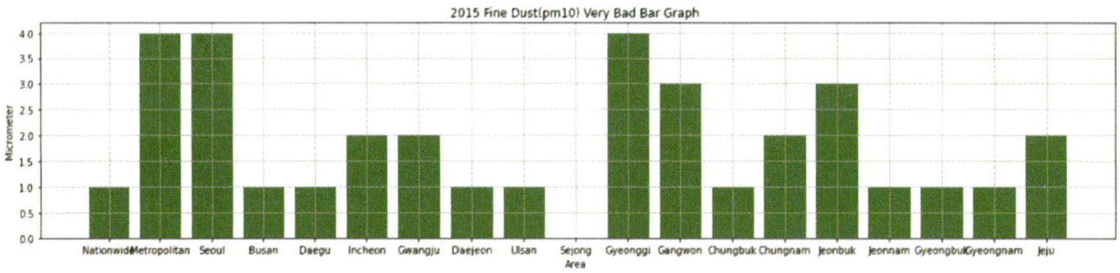

2) 그룹 세로 막대 그래프 그리기

앞에서 엑셀 데이터를 읽어와 데이터프레임 변수 data에 저장했는데, 6행에서는 data에서 서울, 부산, 대구, 인천, 광주, 대전, 울산 지역의 2015~2020년 미세먼지 좋음 데이터만 추출하여 data6에 저장한다. 7행에서 11행까지 for 문을 이용하여 data6에서 2015년 데이터를 가져와 chartdata에 저장하고 두께 0.15의 막대 그래프를 지정하는 과정을 2020년까지 반복한다. 이때 index를 이용하여 막대 그래프가 출력되는 위치를 0.15씩 이동한다. 이런 과정을 통해 그룹 막대 그래프가 그려진다. 15행에서는 x축 눈금을 가운데로 지정하기 위해 막대 그래프를 0.15씩 오른쪽으로 이동했던 마지막 위치에서 0.53을 빼주고, x축 눈금 이름을 지정한다.

'2015~2020년 미세먼지 좋음' 그룹 세로 막대 그래프

```
import numpy as np
index = np.arange(7)

plt.figure(figsize=(20, 4))

data6 = data.loc['Seoul':'Ulsan', '2015_good':'2020_good']
for year in range(2015, 2021):
  year = str(year)+'_good'
  chartdata = data4[year]
  plt.bar(index, chartdata, width=0.15, label=year)
  index = index + 0.15

plt.xlabel('Area')
plt.ylabel('Micrometer')
plt.xticks(index-0.53, ['Seoul', 'Busan', 'Daegu', 'Incheon',
'Gwangju', 'Daejeon', 'Ulsan'])
plt.title('2015~2020 Fine Dust(pm10) Good Group Bar Graph')
plt.legend()
plt.show()
```

실행 결과

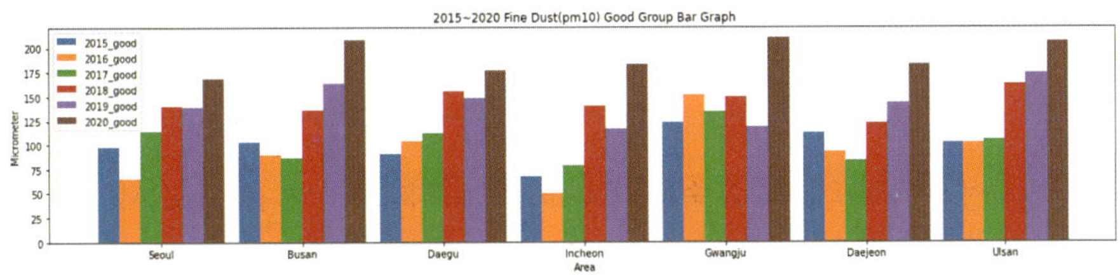

3) 그룹 누적 가로 막대 그래프 그리기

누적 막대 그래프를 그리는 것은 기존 막대 그래프 위에 막대 그래프를 하나 더 그리는 방식이다. 이를 위해 index의 위치를 변경하지 않는다. 가로 방향으로 바꾸는 것은 bar() 대신 barh()를 사용하면 된다. 막대 그래프를 가로 방향으로 변경했으므로

x축 및 y축 이름, x축 및 y축 눈금도 가로 방향에 맞게 변경한다.

'2017~2020년 미세먼지 보통' 그룹 누적 가로 막대 그래프

```
import numpy as np
index = np.arange(7)

plt.figure(figsize=(10, 4))

data6 = data.loc['Seoul':'Ulsan', '2017_common':'2020_common']
for year in range(2017, 2021):
  year = str(year)+'_common'
  chartdata = data6[year]
  plt.barh(index, chartdata, label=year)

plt.xlim(120, 310)
plt.ylabel('Area')
plt.xlabel('Micrometer')
plt.yticks(index, ['Seoul', 'Busan', 'Daegu', 'Incheon', 'Gwangju',
'Daejeon', 'Ulsan'])
plt.title('2017~2020 Fine Dust(pm10) Common Group Barh Graph')
plt.legend()
plt.show()
```

실행 결과

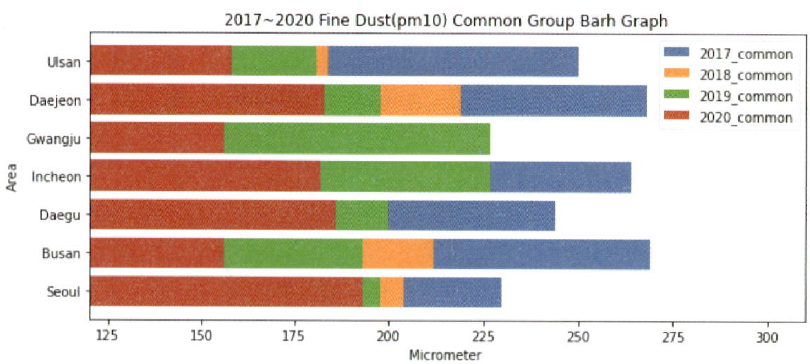

(4) 산점도 그래프

서로 다른 두 연속형 변수 사이의 관계를 나타내며, 연속형 변수의 상관성을 확인할 때 산점도 그래프를 사용한다. 예를 들어, 성별과 소득에 대한 상호 관련성 파악 등에 유용하게 사용되는데, 두 변수 간의 상관관계를 개략적으로 파악할 수 있기 때문이다. 산점도에 표시되는 각 점들은 자료의 관측값을 의미하고, 각 점의 위치는 관측값이 가지는 x축, y축 변수의 값으로 결정된다.

1) 산점도 그래프 그리기

캐글(https://www.kaggle.com/)에서 다운로드한 아이리스 붓꽃 데이터 '04_data2.csv'를 이용하여 산점도 그래프를 표현하려고 한다. 산점도 그래프 표현을 위해 필요한 엑셀 데이터는 코랩에 먼저 업로드해 둔다.

1행과 2행에서 판다스와 맷플롯립 라이브러리를 임포트한다. 3행에서는 판다스의 read_csv를 사용하여 '04_data2.csv' 엑셀 파일을 읽어와 데이터프레임 변수 data에 저장한다.

'아이리스 붓꽃' 엑셀 파일 읽어오기

```
1 import pandas as pd
2 import matplotlib.pyplot as plt
3 data = pd.read_csv('04_data2.csv')
```

1행에서는 아이리스 붓꽃의 꽃잎 길이만 가져와 PetalLength에 저장하고 2행에서는 꽃잎 너비만 가져와 PetalWidth에 저장한다.

4행에서 그래프 크기를 지정하고 5행에서는 scatter()로 x축 데이터에 PetalLength, y축 데이터에 PetalWidth를 지정한다. 7행과 8행에서는 x축 및 y축 이름을 지정한다. 9행에서 그래프 제목을 지정하고 10행에서 격차 표시를 활성시킨 후 11행에서 그래프를 출력한다.

'아이리스 붓꽃' 산점도 그래프

```
PetalLength = data['PetalLength']
PetalWidth = data['PetalWidth']

plt.figure(figsize=(10, 4))
plt.scatter(PetalLength, PetalWidth)

plt.xlabel('Petal Length')
plt.ylabel('Petal Width')
plt.title('Iris Petal Scatter Graph')
plt.grid()
plt.show()
```

실행 결과

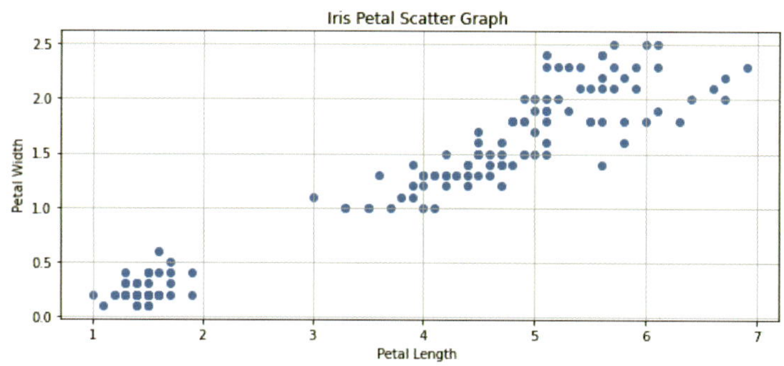

2) 그룹 산점도 그래프 그리기

누적 산점도 그래프를 그리는 것은 기존 산점도 그래프 위에 산점도 그래프를 하나 더 그리는 형식이다.

앞에서 아이리스 붓꽃 엑셀 데이터를 읽어와 데이터프레임 변수 data에 저장했다. 다음 코드의 1~5행에서는 data에서 PetalLength, PetalWidth, SepalLength,

SepalWidth 데이터를 가져와 각각의 변수에 저장한다.

7행에서 그래프 크기를 지정하고, 8~9행에서 scatter()로 x축 데이터와 y축 데이터를 지정하고 점 색상과 점 테두리 색상을 지정한다. 11행과 12행에서는 x축 및 y축 이름을 지정한다. 13행에서 그래프 제목을 지정하고, 14행에서는 범례를 지정하고, 15행에서 격차를 표시하고, 16행에서는 그래프를 출력한다.

'아이리스 붓꽃' 그룹 산점도 그래프

```
1  PetalLength = data['PetalLength']
2  PetalWidth = data['PetalWidth']
3
4  SepalLength = data['SepalLength']
5  SepalWidth = data['SepalWidth']
6
7  plt.figure(figsize=(10, 4))
8  plt.scatter(PetalLength, PetalWidth, color='r', edgecolor='w',
   label='PetalLength * PetalWidth')
9  plt.scatter(SepalLength, SepalWidth, color='b', edgecolor='w',
   label='SepalLength * SepalWidth')
10
11 plt.xlabel('Length')
12 plt.ylabel('Width')
13 plt.title('Iris Petal Group Scatter Graph')
14 plt.legend()
15 plt.grid()
16 plt.show()
```

실행 결과

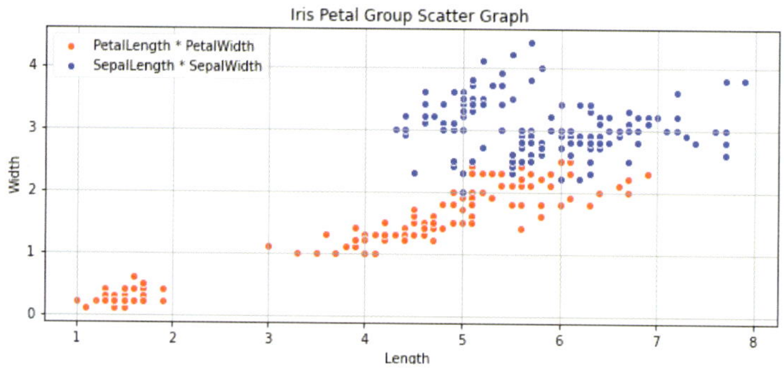

(5) 히스토그램

변수가 하나인 데이터의 빈도수를 막대 모양으로 나타낼 때 히스토그램이 적당하다. 통계분석에서 도수분포표와 히스토그램은 가장 많이 사용되는 도구이고 데이터의 분석 및 분포를 파악하는 역할을 한다. x축에는 계급, y축에는 해당 도수 및 비율(개수)을 지정한다. 계급은 변수의 구간을 의미하는데, 서로 겹치지 않아야 하고 계급(막대)들과는 서로 붙어 있어야 한다.

1) 히스토그램 그리기

앞에서 아이리스 붓꽃 엑셀 데이터를 읽어와 데이터프레임 변수 `data`에 저장했다. 다음 코드의 1행에서는 `data`에서 세토사(`data.Species=='setosa'`) 품종의 꽃잎 길이 데이터만 가져와 `setosa`에 저장한다.
3행에서 그래프 크기를 지정하고, 4행에서는 `hist()`로 `setosa` 데이터의 꽃잎 길이를 지정하고 계급 개수 8개 등의 속성을 지정한다. 6행과 7행에서는 x축 및 y축의 이름을 지정한다. 8행에서 그래프의 제목을 지정하고, 9행에서는 범례를 지정하고, 10행에서는 격차를 표시하고, 11행에서는 그래프를 출력한다.

'아이리스 붓꽃' 히스토그램

```
setosa = data.loc[data.Species=='setosa', ['Species', 'PetalLength']]

plt.figure(figsize=(10, 6))
plt.hist(setosa['PetalLength'], bins=8, label='Petal Length')

plt.xlabel('Petal')
plt.ylabel('Length')
plt.title('Iris Setosa Petal Histogram')
plt.legend()
plt.grid()
plt.show()
```

실행 결과

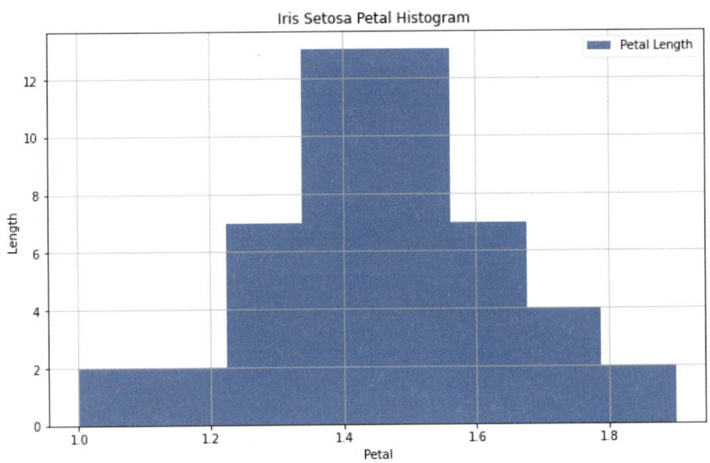

2) 그룹 히스토그램 그리기

그룹 히스토그램을 그리는 것은 기존 히스토그램 위에 히스토그램을 하나 더 그리는 형식이다.

앞에서 아이리스 붓꽃 엑셀 데이터를 읽어와 데이터프레임 변수 data에 저장했다. 다음 코드의 1행에서는 data에서 버시칼라(data.Species=='versicolor') 품종의 꽃잎 길이 데이터만 가져와 versicolor_PetalLength에 저장하고, 2행에서는 data에서 버지니카(data.Species=='virginica') 품종의 꽃잎 길이 데이터만 가져와 virginica_PetalLength에 저장한다.

4행에서 그래프 크기를 지정하고, 5행과 6행에서 hist()로 versicolor_PetalLength 및 virginica_PetalLength 데이터의 꽃잎 길이를 지정하고 계급 개수 5개 등의 속성을 지정한다. 8행과 9행에서는 x축 및 y축 이름을 지정한다. 10행에서는 그래프 제목을 지정하고, 11행에서는 범례를 지정하고, 12행에서는 격차를 표시하고, 13행에서는 그래프를 출력한다.

'아이리스 붓꽃' 그룹 히스토그램

```
1  versicolor_PetalLength = data.loc[data.Species=='versicolor',
   ['Species','PetalLength']]
2  virginica_PetalLength = data.loc[data.Species=='virginica', ['Species',
   'PetalLength']]
3
4  plt.figure(figsize=(10,6))
5  plt.hist(versicolor_PetalLength['PetalLength'], bins=5, alpha=0.5,
   label='versicolor')
6  plt.hist(virginica_PetalLength['PetalLength'], bins=5, alpha=0.5,
   label='virginica')
7
8  plt.xlabel('Petal')
9  plt.ylabel('Length')
10 plt.title('Iris Petal Group Histogram')
11 plt.legend()
12 plt.grid()
13 plt.show()
```

실행 결과

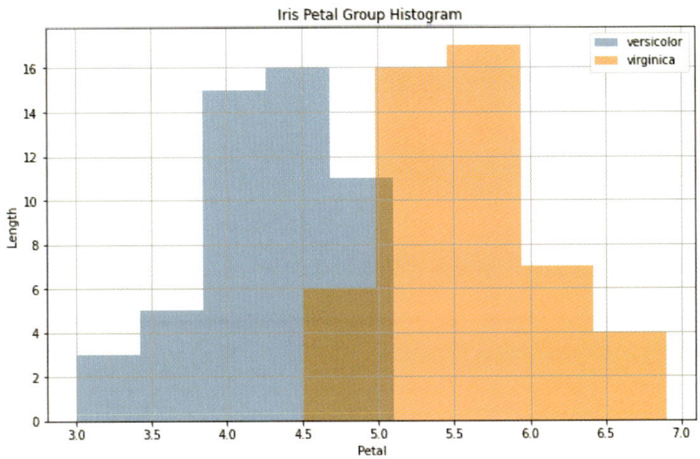

(6) 상자수염(Box Plot) 그래프

데이터 분포를 시각화하여 탐색하는 방법으로 상자수염 그래프가 있다. 사람의 나이는 200세, 키는 3m 등으로 표현할 수는 있지만, 현실적으로 불가능한 값들이다. 이를 이상치, 극단치라고 하는데, 이상치는 효과적인 데이터 분석을 위해 제거해야 한다. 이상치를 제거하기 위해 값의 정상 범위를 정하는 방법이 있다. 나이의 경우 0세에서 120세까지를 정상 범위로 정한다면 121세는 이상치로 보는 것이다. 또 다른 방법으로 통계적인 기법을 사용할 수 있는데, 정규분포에서 상 · 하위 0.2% 밖의 데이터를 극단적인 값으로 가정하여 제거하는 것이다.

다음 그림은 상자수염 그래프의 예로 25%(제1사분위)에서 75%(제3사분위) 사이의 범위는 상자 몸통에 해당되고 근접값들은 수염으로 꼬리에 해당된다. 위와 아래에 있는 점은 정상보다 많거나 적은 값으로 최댓값을 넘거나 최솟값보다 적은 경우에 해당되는 이상치로 바깥 영역(아웃라이어)이 된다.

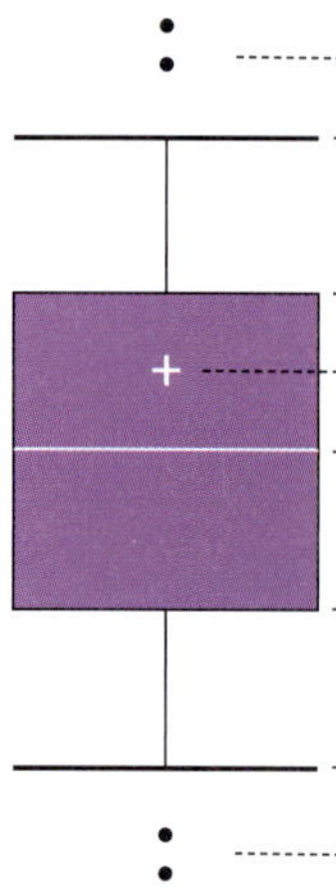

그림 4-5 상자수염 예

1) 상자수염 그래프 그리기

다음 코드의 1행과 2행에서는 앞에서 저장한 아이리스 붓꽃 엑셀 데이터를 저장한 변수 `data`에서 `SepalLength`, `SepalWidth` 데이터를 가져와 각각의 변수에 저장한다. 4행에서는 그래프 크기를 지정한다. 5행에서는 `boxplot()`으로 `SepalLength`과 `SepalWidth` 데이터를 지정하고 x축 눈금 이름을 지정한다. 7행과 8행에서는 x축 및 y축 이름을 지정한다. 9행에서 그래프 제목을 지정하고 10행에서는 그래프를 출력한다.

'아이리스 붓꽃' 상자수염 그래프

```
1  SepalLength = data['SepalLength']
2  SepalWidth = data['SepalWidth']
3
4  plt.figure(figsize=(8, 5))
5  plt.boxplot([SepalLength, SepalWidth], labels=['Sepal Length',
   'Sepal Width'])
6
7  plt.xlabel('Sepal')
8  plt.ylabel('Value')
9  plt.title('Iris Sepal Box Plot')
10 plt.show()
```

실행 결과

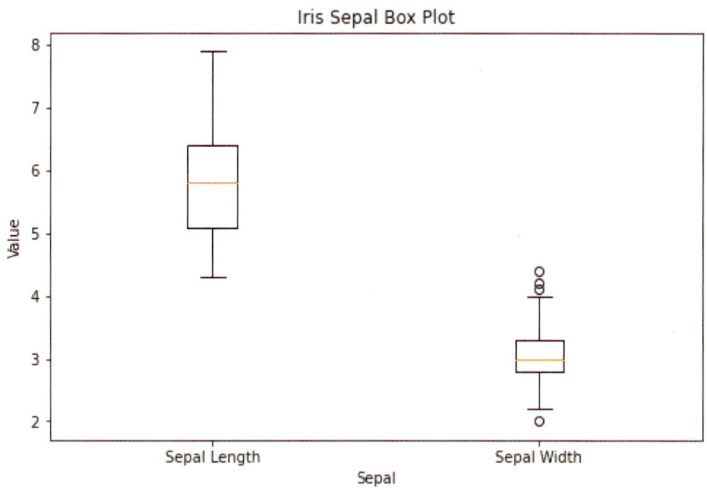

2) 가로 상자수염 그래프 그리기

앞에서 저장한 SepalLength과 SepalWidth 데이터로 가로 상자수염 그래프를 그리기 위해서는 2행의 boxplot()에 vert 속성을 False로 지정한다. 바뀐 가로 방향에 맞게 4행과 5행에서 x축과 y축 이름을 바꿔준다.

'아이리스 붓꽃' 가로 상자수염 그래프

```
plt.figure(figsize=(8, 5))
plt.boxplot([SepalLength, SepalWidth], labels=['Sepal Length',
'Sepal Width'], vert=False)

plt.ylabel('Sepal')
plt.xlabel('Value')
plt.title('Iris Sepal Horizontal Box Plot')
plt.show()
```

실행 결과

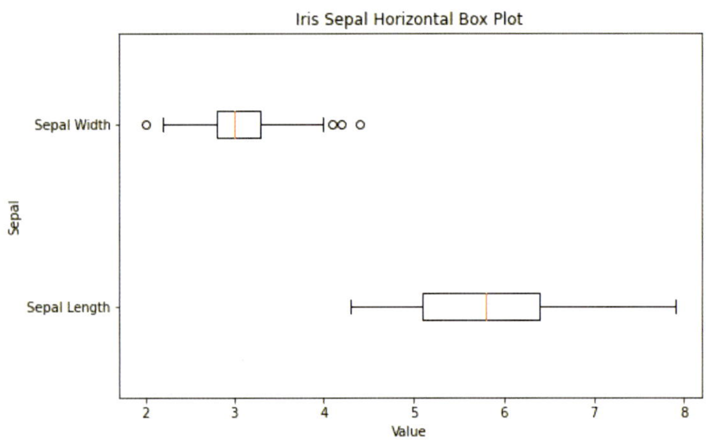

연습 문제

1 데이터 시각화의 필요성에 대하여 작성하시오.

2 시각화 라이브러리 종류를 나열하고 차이점을 작성하시오.

3 시각화하는 과정을 단계별로 작성하시오.

4 아이리스 붓꽃 데이터를 이용하여 다음 선 그래프와 같이 출력되도록 빈칸에 알맞은 코드를 완성하시오.

```
import numpy as np
import pandas as pd
import matplotlib.pyplot as plt

data = pd.read_csv('04_data2.csv')
PetalLength = data['PetalLength']
PetalWidth = data['PetalWidth']
SepalLength = data['SepalLength']
SepalWidth = data['SepalWidth']

plt.figure(figsize=(15, 4))
[                                        ]




plt.xlabel('Iris')
plt.ylabel('Value')
plt.title('Iris Line Graph')
plt.grid()
plt.show()
```

실행 결과

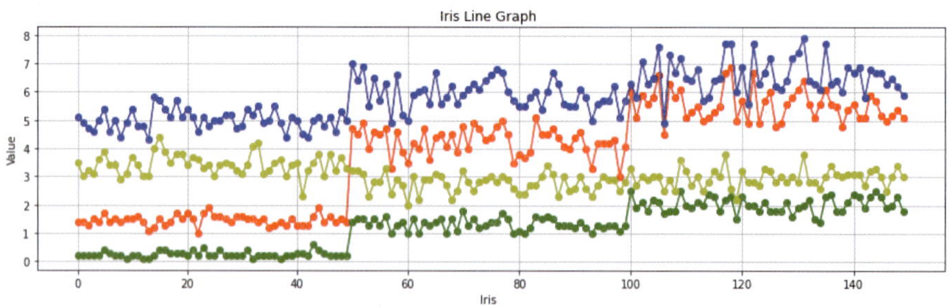

5 아이리스 붓꽃 데이터를 이용하여 다음 막대 그래프와 같이 출력되도록 빈칸에 알맞은 코드를 완성하시오.

```
import numpy as np
import pandas as pd
import matplotlib.pyplot as plt

data = pd.read_csv('04_data2.csv')
PetalLength = data['PetalLength'].mean()
PetalWidth = data['PetalWidth'].mean()
SepalLength = data['SepalLength'].mean()
SepalWidth = data['SepalWidth'].mean()

plt.figure(figsize=(10, 5))




plt.xlabel('Iris')
plt.ylabel('Value')
plt.title('Iris Bar Graph')
plt.grid()
plt.show()
```

실행 결과

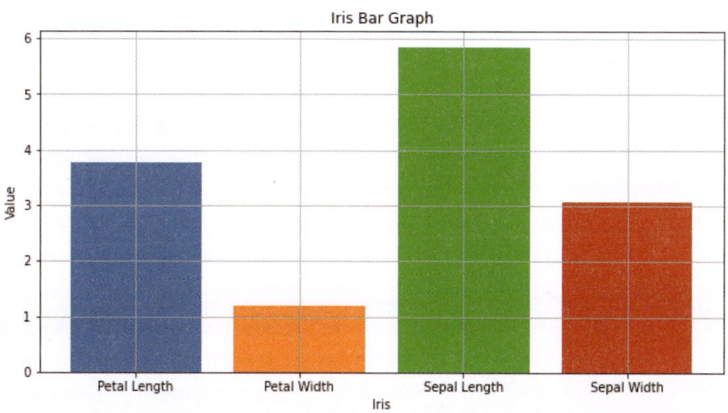

6 아이리스 붓꽃 데이터를 이용하여 다음 산점도 그래프와 같이 출력되도록 빈칸에 알맞은 코드를 완성하시오.

```
import numpy as np
import pandas as pd
import matplotlib.pyplot as plt

data = pd.read_csv('04_data2.csv')
SepalLength = data['SepalLength']
SepalWidth = data['SepalWidth']

plt.figure(figsize=(10, 4))



plt.xlabel('Sepal Length')
plt.ylabel('Sepal Width')
plt.title('Iris Sepal Scatter Graph')
plt.grid()
plt.show()
```

실행 결과

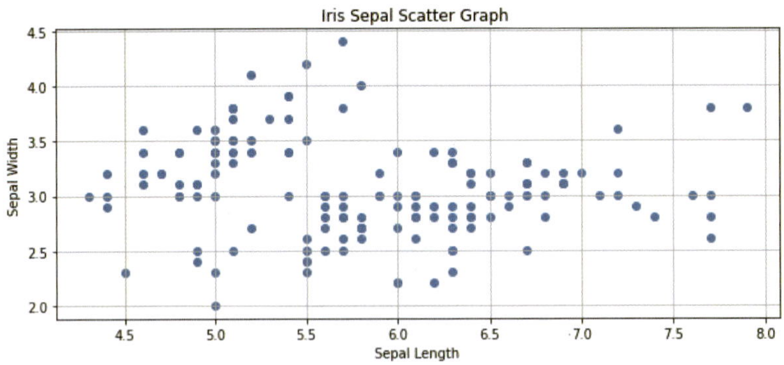

7 아이리스 붓꽃 데이터를 이용하여 다음 히스토그램과 같이 출력되도록 빈칸에 알맞은 코드를 완성하시오.

```
import pandas as pd
import matplotlib.pyplot as plt
data = pd.read_csv('04_data2.csv')

virginica = data.loc[data.Species=='virginica', ['Species', 'SepalLength']]

plt.figure(figsize=(10, 6))



plt.xlabel('Sepal')
plt.ylabel('Length')
plt.title('Iris Virginica Sepal Histogram')
plt.legend()
plt.grid()
plt.show()
```

실행 결과

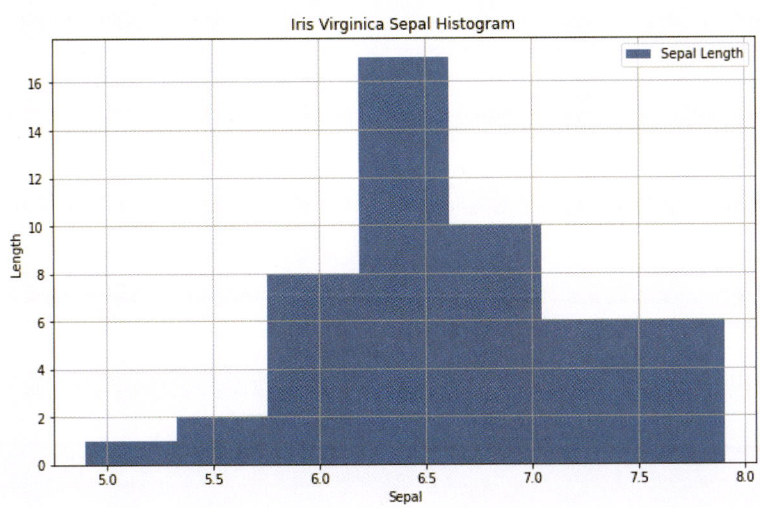

8 미세먼지 등급별 일수 데이터 또는 아이리스 붓꽃 데이터를 이용하여 히스토그램, 상자수염 그래프를 작성하시오.

```
import pandas as pd
import matplotlib.pyplot as plt
data = pd.read_csv('04_data2.csv')

PetalLength = data['PetalLength']
PetalWidth = data['PetalWidth']

plt.figure(figsize=(8, 5))



plt.xlabel('Petal')
plt.ylabel('Value')
plt.title('Iris Petal Box Plot')
plt.show()
```

실행 결과

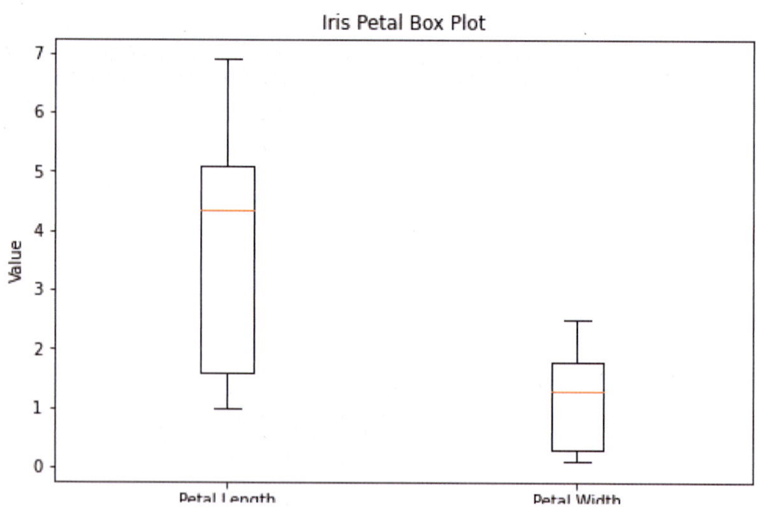

시각화 라이브러리 II

5

5.1 시본 라이브러리의 개요
5.2 시본 라이브러리

학습목표

- 시본(Seaborn) 라이브러리에 대하여 이해하고 특징 및 단계를 설명할 수 있다.
- 맷플롯립(Matplotlib) 라이브러리로 표현한 그래프에 시본(Seaborn) 라이브러리를 활용하여 손쉽게 입체적이고 실용적인 그래프로 표현할 수 있다.

CHAPTER

5 시각화 라이브러리 II

5.1 시본 라이브러리의 개요

시본(Seaborn) 라이브러리는 맷플롯립을 기반으로 다양한 테마와 통계용 그래프 등의 동적인 기능을 추가한 시각화 라이브러리이다(http://seaborn.pydata.org/index.html). 시본 라이브러리는 맷플롯립과 다르게 통계와 관련된 그래프를 제공하기 때문에 데이터프레임으로 다양한 통계 지표를 낼 수 있으며, 데이터 분석에 활발히 사용되고 있다.

시본 라이브러리는 맷플롯립 라이브러리에 없는 히트맵, 카운트플롯 등 다양한 종류의 그래프를 지원하는데, 시본 라이브러리 공식 문서의 갤러리를 보면 지원하는 다양한 종류의 그래프의 예를 다음과 같이 확인할 수 있다.

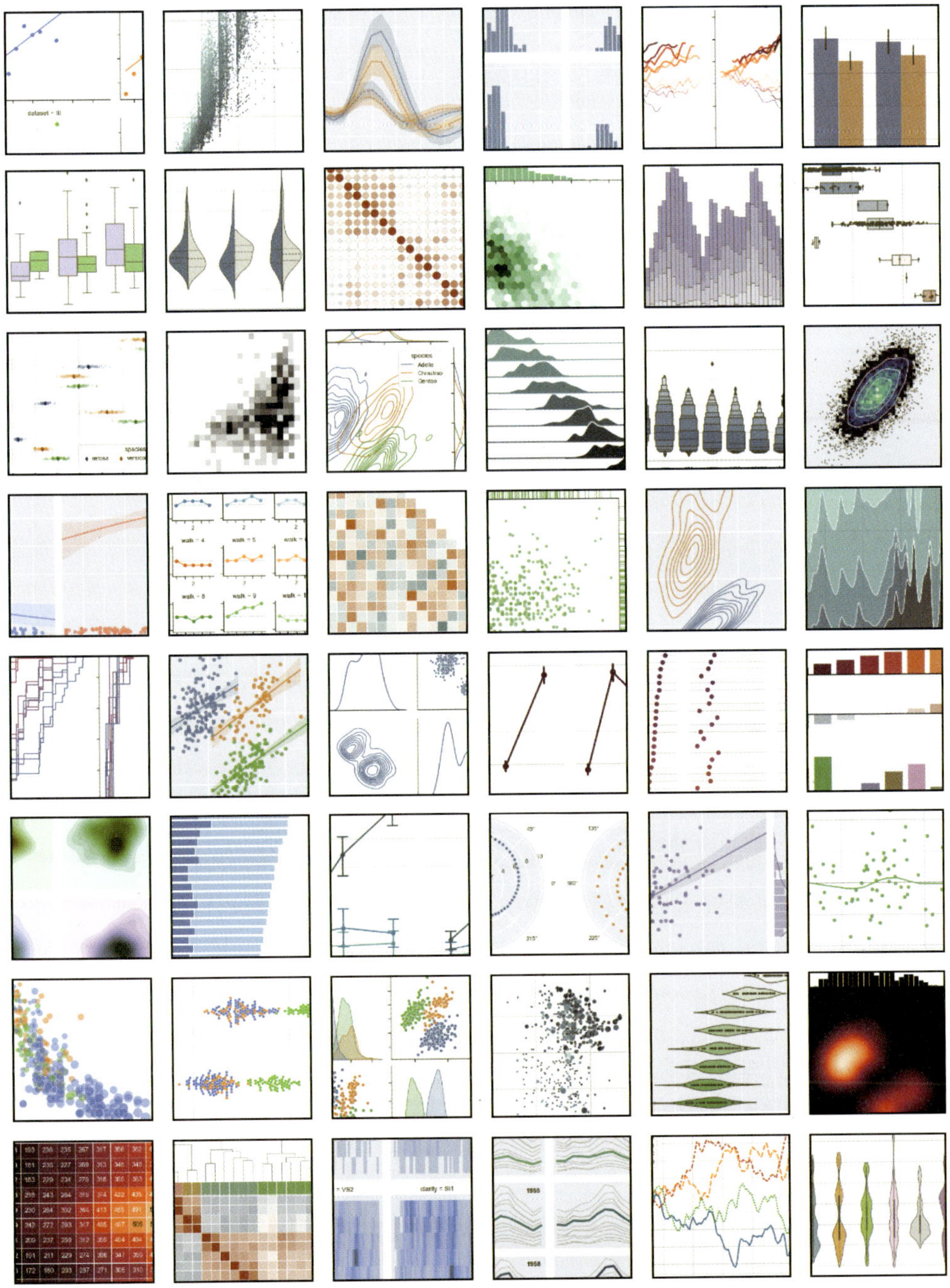

그림 5-1 데이터 시각화 유형의 예

앞의 그래프들은 크게 관계형, 분포형, 카테고리형의 세 가지 범주로 분류할 수 있다. 분류에 나열되지 않은 그래프들도 있으나 세 가지 범주로 분류한 플롯을 정리하면 다음과 같다.

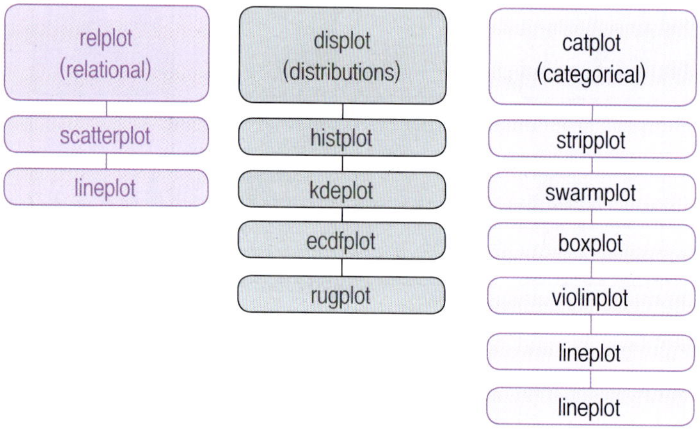

그림 5-2 시본 라이브러리 플롯의 분류

실제 분석에서는 맷플롯립과 시본 라이브러리 두 가지를 함께 사용한다. 시본 라이브러리를 사용할 때 주의할 점은 시본이 맷플롯립에 의존적이기 때문에 맷플롯립 라이브러리도 반드시 함께 임포트해야 한다는 것이다. 시본 라이브러리의 주요 특징 및 시각화 단계는 다음과 같다.

표 5-1 시본 라이브러리의 특징 및 단계

시본의 주요 특징	시본 시각화 단계
- 뛰어난 시각화 효과 - 간결한 구문 제공 - 판다스 데이터프레임에 최적화 - 쉬운 데이터프레임 집계 및 그래프 요약	- 데이터 준비 - 배경 설정 - 시각화 - 개별 그래프 상세 설정

시본 라이브러리는 기본적으로 맷플롯립보다 제공하는 색상이 더 많기 때문에 색 표현력이 좋다. 맷플롯립으로 그래프를 표현하더라도 시본의 set() 함수를 미리 선언해 주면 자동으로 시본 팔레트로 출력된다. 시본은 deep, muted, pastel, bright, dark, colorblind의 6개 기본 팔레트를 제공하고 있다.

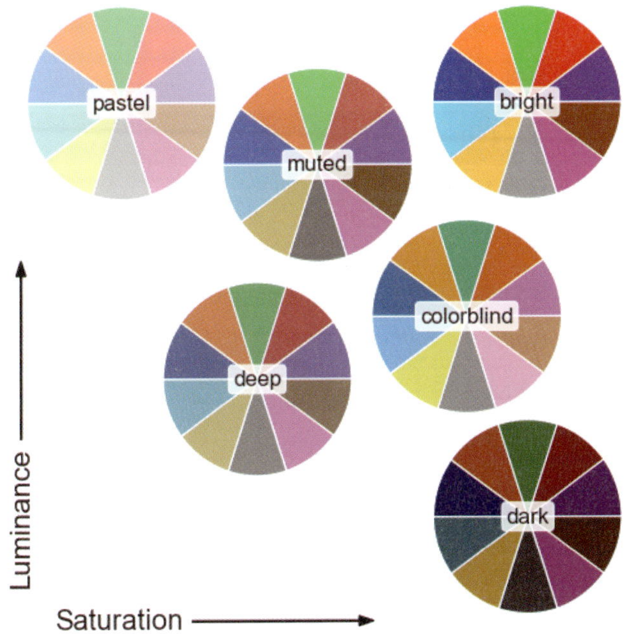

그림 5-3 시본 라이브러리의 기본 팔레트

5.2 시본 라이브러리

(1) 데이터 시각화 준비하기

1) 라이브러리 및 데이터 읽어오기

공공데이터포털(https://www.data.go.kr/)에서 2020년 국민건강보험공단 건강검진 정보를 다운로드한다. 다운로드한 파일에서 일부 데이터를 저장한 '05_data1.xlsx' 엑셀 파일을 읽어와 시본 라이브러리를 이용하여 동적인 시각화를 표현하려고 한다. 시본 라이브러리를 이용한 그래프 표현을 위해 엑셀 파일은 코랩에 먼저 업로드해 둔다.

데이터셋의 변수는 총 18개이고 각 변수는 다음과 같은 특징을 가지고 있다.

표 5-2 데이터셋 변수의 특징

변수 명	데이터 형	설명
no	int64	가입자 일련번호
city_code	int64	시도 코드
gender	int64	성별 코드(남자: 1, 여자: 2)
age_code	int64	연령대 코드(5세 단위)
height	int64	신장(5cm 단위)
weight	int64	몸무게(5kg 단위)
waist	float64	허리둘레
systolic	int64	수축기 혈압
diastolic	int64	이완기 혈압
blood_sugar	int64	식전혈당(공복혈당)
cholesterol	int64	총콜레스테롤
triglycerides	int64	트리글리세라이드
HDL	float64	HDL 콜레스테롤
LDL	int64	LDL 콜레스테롤
hemoglobin	float64	혈색소
serum	float64	혈청크레아티닌
smoking	int64	흡연 상태(비흡연: 1, 흡연 끊음: 2, 흡연: 3)
drinking	int64	음주 여부(비음주: 0, 음주: 1)

1~4행에서는 판다스, 넘파이, 맷플롯립, 시본 라이브러리를 임포트한다. 6행에서는 read_excel을 사용하여 2020년 건강검진 일부 데이터인 '05_data1.xlsx' 엑셀 파일을 읽어와 데이터프레임 변수 data에 저장한다.

라이브러리 임포트 및 '2020년 건강검진' 엑셀 파일 읽어오기

```
1  import pandas as pd
2  import numpy as np
3  import matplotlib.pyplot as plt
4  import seaborn as sns
5
6  data = pd.read_excel('05_data1.xlsx')
```

2) 데이터 전처리

다음은 성별, 음주 여부, 흡연 상태에 대하여 숫자로 저장되어 있는 정보를 데이터 분석의 가독력을 높이기 위하여 'M', 'F', 'Non-drinking', 'Drinking', 'Non-smoking', 'Quit-Smoking', 'Smoking'의 문자열로 변경하여 데이터 전처리하는 과정이다.

1행에서 데이터프레임 변수 data에 저장되어 있는 성별, 키, 몸무게, 허리둘레, 음주 여부, 흡연 상태 데이터를 가져와 data6에 저장한다. 2행과 3행에서 성별 데이터를 'M'과 'F'로 변경하고, 4행과 5행에서 음주 여부 데이터를 'Non-drinking'과 'Drinking'으로 변경한 다음, 6~8행에서 흡연 상태 데이터를 'Non-smoking', 'Quit-Smoking', 'Smoking'으로 변경한다.

'2020년 건강검진' 정보에서 성별, 음주 여부, 흡연 상태 데이터 전처리

```
data6 = data.loc[:,['gender', 'height', 'weight', 'waist', 'drinking', 'smoking']]
data6.loc[data6['gender']==1,['gender']]='M'
data6.loc[data6['gender']==2,['gender']]='F'
data6.loc[data6['drinking']==0,['drinking']]='Non-drinking'
data6.loc[data6['drinking']==1,['drinking']]='Drinking'
data6.loc[data6['smoking']==1,['smoking']]='Non-smoking'
data6.loc[data6['smoking']==2,['smoking']]='Quit-smoking'
data6.loc[data6['smoking']==3,['smoking']]='Smoking'
```

(2) 시본 막대 그래프

시본에서 사용하는 막대 그래프는 barplot() 함수로 속성 3개를 지정하여 범주별 그룹을 쉽게 표현할 수 있다. 시본 막대 그래프는 기본적으로 오차 막대가 표시되는데, 오차 막대를 그리는 범위를 신뢰구간이라고 한다. 오차 막대 신뢰구간을 표준편차로 하고 싶다면 ci 속성을 "sd"(ci="sd")로 지정한다.

데이터 분석은 대부분 평균을 보지만, 데이터에 극단치가 많을 때 중앙값을 확인하거나 범주형 데이터인 경우 그룹별 개수를 계산할 수 있다. estimator 속성을 지정하여 원하는 그룹의 집계를 쉽고 간편하게 할 수 있다.

1) 데이터 준비하기

1행의 data6에서 성별, 음주 여부의 그룹별 개수(인원)를 구하여 drinking에 저장하고 2행에서는 data6에서 성별, 흡연 상태의 그룹별 개수(인원)를 구하여 smoking에 저장한다. 1행과 2행에서 구한 음주 여부와 흡연 상태에 대한 그룹별 개수(인원)의 시리즈를 3행과 4행에서 각각 데이터프레임으로 변경한다. 5행과 6행에서는 음주 여부와 흡연 상태의 그룹화된 인덱스를 reset_index() 함수를 이용하여 초기화한다.

음주 여부 및 흡연 상태 데이터 준비하기

```
drinking = data6.groupby(['gender', 'drinking'])['drinking'].count()
smoking = data6.groupby(['gender', 'smoking'])['smoking'].count()
drinking = drinking.to_frame(name='count')
smoking = smoking.to_frame(name='count')
drinking = drinking.reset_index()
smoking = smoking.reset_index()
```

2) 기본 막대 그래프 그리기

1행에서는 그래프 크기 지정과 함께 **figure()** 함수로 그림 객체를 생성하고 2행에서 그래프 제목을 지정한다. 3행과 4행에서는 x축 눈금 개수를 배열로 생성하여 **index1**과 **index2**에 저장한다. 6행에서 **add_subplot()** 함수를 이용하여 2행 1열의 서브플롯 중 첫 번째 서브플롯을 생성한다. 7~10행에서는 첫 번째 서브플롯에 그려질 음주 여부 데이터 개수(인원)를 **bar()** 함수를 이용하여 지정하고, 첫 번째 그래프의 제목을 지정하고, y축 이름과 x축 눈금 이름을 지정한다.

12행에서 **add_subplot()** 함수를 이용하여 2행 1열의 서브플롯 중 두 번째 서브플롯을 생성한다. 13~16행에서는 두 번째 서브플롯에 그려질 흡연 상태 데이터 개수(인원)를 **bar()** 함수를 이용하여 지정하고, 두 번째 그래프의 제목을 지정하고, y축 이름과 x축 눈금 이름을 지정하며, 17행에서는 그래프를 출력한다.

성별 음주 여부 및 흡연 상태 막대 그래프

```
1 fig = plt.figure(figsize=(12,10))
2 fig.suptitle('2020 Health Check Drinking & Smoking Type Bar Graph',
  fontweight='bold')
3 index1 = np.arange(4)
4 index2 = np.arange(6)
5
6 fig.add_subplot(2, 1, 1)
```

```
plt.bar(index1, drinking['count'])
plt.title('Drinking Type')
plt.ylabel('Count')
plt.xticks(index1, ['Non-drinking(M)', 'Drinking(M)', 'Non-drinking(F)',
'Drinking(F)'])

fig.add_subplot(2, 1, 2)
plt.bar(index2, smoking['count'])
plt.title('Smoking Type')
plt.ylabel('Count')
plt.xticks(index2, ['Non-smoking(M)', 'Quit-smoking(M)',
'Smoking(M)', 'Non-smoking(F)', 'Quit-smoking(F)', 'Smoking(F)'])
plt.show()
```

실행 결과

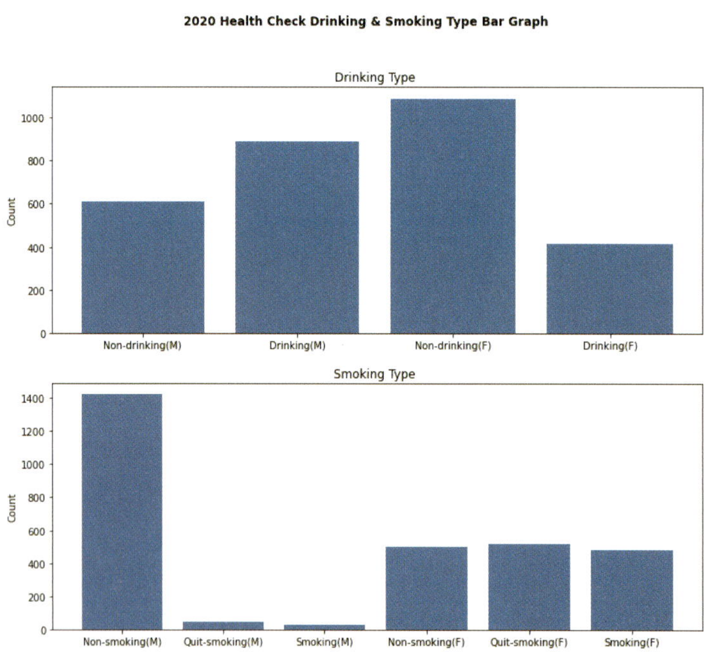

Note

add_subplot() 함수: add_subplot() 함수의 인자를 통해 서브플롯 개수를 조정한다. add_subplot(2, 1, 1)은 2×1(행×열)의 서브플롯을 생성한다는 의미이고, 세 번째 인자 1은 생성된 두 개의 서브플롯 중 첫 번째 서브플롯을 의미한다. 마찬가지로 (2, 1, 2)는 2×1 서브플롯에서 두 번째 서브플롯을 의미한다.

3) 시본 막대 그래프 그리기

1행에서는 그래프 크기 지정과 함께 figure() 함수로 그림 객체를 생성하고, 3행과 4행에서는 add_subplot() 함수를 이용하여 2행 1열의 서브플롯 중 첫 번째 서브플롯과 두 번째 서브플롯을 생성한다. 5행에서 barplot() 함수로 x축 데이터에 성별, y축 데이터에 음주 여부 개수(인원), hue 속성에는 성별 음주 여부 그룹별 데이터를 지정하여 첫 번째 서브플롯에 배치한다. 6행에서는 barplot() 함수로 x축 데이터에 성별, y축 데이터에 흡연 상태 개수(인원), hue 속성에는 성별 흡연 상태 그룹별 데이터를 지정하여 두 번째 서브플롯에 배치한다. 만약 가로 시본 막대 그래프를 원한다면 x축과 y축을 바꿔 지정한다.

8행에서는 그래프 제목을 지정하고 9행과 10행에서는 첫 번째 서브플롯과 두 번째 서브플롯의 제목을 지정하며, 12행에서는 그래프를 출력한다.

성별 음주 여부 및 흡연 상태 시본 막대 그래프

```
1  fig = plt.figure(figsize=(12, 12))
2
3  area1 = fig.add_subplot(2, 1, 1)
4  area2 = fig.add_subplot(2, 1, 2)
5  ax1=sns.barplot(x='gender', y='count', hue='drinking', data=drinking,
   ax=area1)
6  ax2=sns.barplot(x='gender', y='count', hue='smoking', data=smoking,
   ax=area2)
7
```

```
fig.suptitle('2020 Health Check Drinking & Smoking Type Seaborn
Bar Graph', fontweight='bold')
area1.set_title('Drinking Type')
area2.set_title('Smoking Type')

plt.show()
```

실행 결과

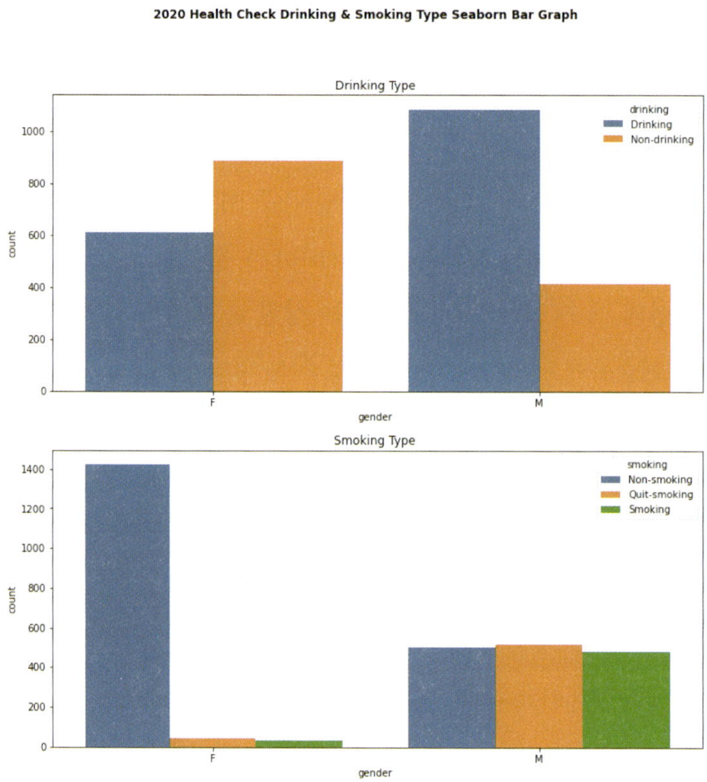

(3) 시본 산점도 그래프

시본 산점도 그래프는 스트립 플롯(Strip Plot) 그래프, 스웜 플롯(Swarm Plot) 그래프 등이 있다. 맷플롯립의 산점도 그래프처럼 모든 데이터를 점으로 표현하는데, 맷플롯립의 산점도보다 범주에 따른 각 분포의 실제 데이터나 전체 형상 등을 보여준다는 장점이 있다.

1) 데이터 준비하기

data6에서 남성 및 여성의 성별, 키, 몸무게, 허리둘레, 음주 여부, 흡연 상태 데이터를 가져와 maledata와 femaledata에 각각 저장한다.

남성 및 여성의 성별, 키, 몸무게, 허리둘레, 음주 여부, 흡연 상태 데이터 가져오기

```
maledata=data6.loc[data6.gender=='M', ['gender', 'height', 'weight', 'waist', 'drinking', 'smoking']]
femaledata=data6.loc[data6.gender=='F', ['gender', 'height', 'weight', 'waist', 'drinking', 'smoking']]
```

2) 시본 스트립 플롯 그래프 그리기

스트립 플롯 그래프는 데이터 분포를 요약하여 간략히 띠 형태로 보여주는 그래프이다. 일반적으로 작은 데이터를 다루는 용도로 사용되는데, 큰 데이터를 다룰 때는 주로 히스토그램 등을 많이 사용한다.

1행에서 그래프 크기를 지정하고 2행에서는 그래프 제목을 지정한다. 4행과 5행에서는 stripplot() 함수로 maledata와 femaledata의 키 데이터를 x축에, 몸무게 데이터를 y축에 각각 지정하고 7행에서는 그래프를 출력한다.

남성과 여성의 키 및 몸무게 시본 스트립 플롯 그래프

```
1 plt.figure(figsize=(10, 5))
2 plt.title('Seaborn Strip Plot Graph')
3
4 sns.stripplot(x='height', y='weight', data=maledata)
5 sns.stripplot(x='height', y='weight', data=femaledata)
6 plt.show()
```

실행 결과

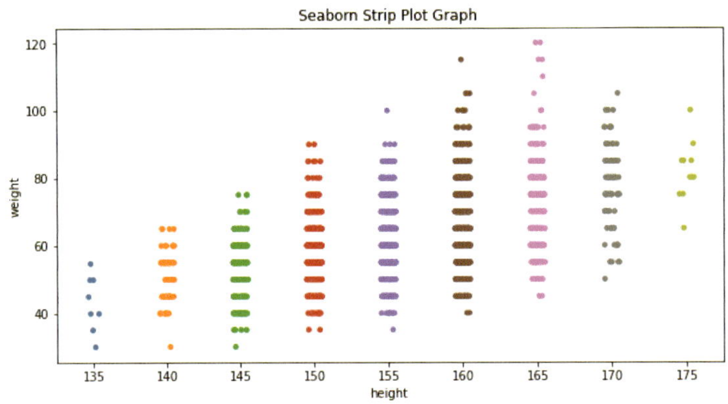

Note

`stripplot()` 함수: 데이터 개수가 1이고 변수의 종류가 연속적이거나 범주형인 데이터에 대하여 간단히 요약한 그래프이다. 상자수염 또는 바이올린 그래프를 보충하는 그래프로 많이 사용된다.

3) 시본 스트립 플롯 그래프의 팔레트 속성으로 색상 지정하기

1행에서 그래프 크기를 지정하고 2행에서는 그래프 제목을 지정한다. 4행과 5행에서는 `stripplot()` 함수로 `maledata`와 `femaledata`의 키 데이터를 x축에, 몸무게 데이터를 y축에, 성별을 hue 속성에, 팔레트 색상 'dark'와 'Set1'을 `palette` 속성에 각각 지정한 후 6행에서는 그래프를 출력한다.

남성과 여성의 키 및 몸무게 시본 스트립 플롯 그래프: 색상 팔레트 지정

```
plt.figure(figsize=(10, 5))
plt.title('Seaborn Strip Plot Graph - Color Palette')

sns.stripplot(x='height', y='weight', data=maledata, hue='gender',
palette='dark')
sns.stripplot(x='height', y='weight', data=femaledata, hue='gender',
palette='Set1')
plt.show()
```

실행 결과

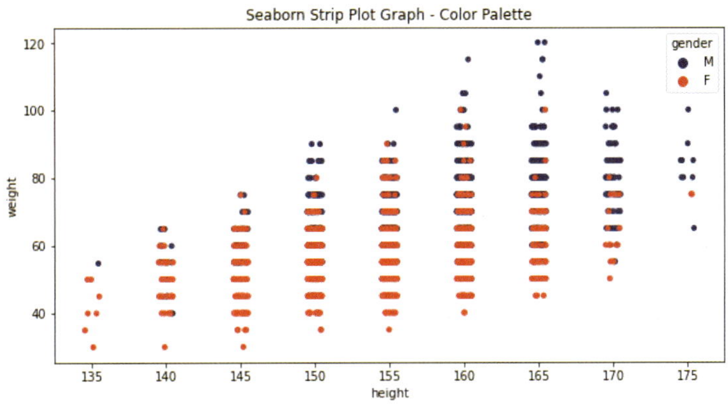

Note

시본의 색상 표현: 다음 사이트에 방문하면 그래프에 색상을 사용하는 원칙과 6개의 기본 팔레트 외에도 다양한 색상 팔레트를 확인할 수 있다.
https://seaborn.pydata.org/tutorial/color_palettes.html#palette-tutorial

4) 시본 스웜 플롯 그래프 그리기

스웜 플롯 그래프는 스트립 플롯 그래프와 유사하지만, 스웜 플롯 그래프에서는 점들이 보정되기 때문에 서로 겹쳐지지 않는다. 이러한 기능은 값의 분포를 표현할 때는 좋지만, 큰 수 관찰 값의 양을 어림잡을 때는 좋지 않다.

스웜 플롯 그래프로 표현하기 위해 앞에서 준비한 남성 데이터 maledata와 여성 데이터 femaledata에서 100개씩만 가져와 maledata100과 femaledata100에 각각 저장한다.

남성 및 여성 데이터 100개 가져오기

```
maledata100 = maledata.head(100)
femaledata100 = femaledata.head(100)
```

1행에서 그래프 크기를 지정하고 2행에서는 그래프 제목을 지정한다. 4행과 5행에서는 swarmplot() 함수로 maledata100과 femaledata100의 키 데이터를 x축에, 몸무게 데이터를 y축에, 성별을 hue 속성에 각각 지정한 후 6행에서는 그래프를 출력한다.

남성과 여성의 키 및 몸무게 시본 스웜 플롯 그래프

```
1 plt.figure(figsize=(10, 5))
2 plt.title('Seaborn Swarm Plot Graph')
3
4 sns.swarmplot(x='height', y='weight', data=maledata100, hue='gender',
  palette='dark')
5 sns.swarmplot(x='height', y='weight', data=femaledata100, hue='gender',
  palette='Set1')
6 plt.show()
```

실행 결과

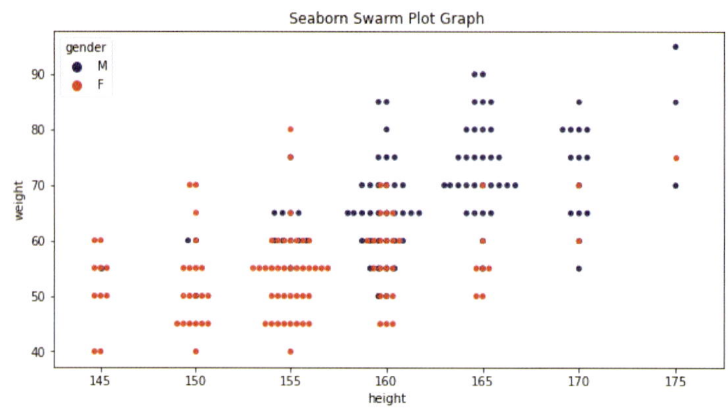

(4) 시본 히스토그램

시본에서 사용하는 히스토그램은 histplot() 함수로 데이터의 빈도수를 막대 모양으로 나타낼 때 많이 사용하는데, histplot() 함수는 데이터 분포와 밀도를 확인할 수 있어 hist() 함수보다 많이 사용한다. 시본에서는 histplot()과 distplot() 함수를 이용하여 히스토그램을 표현할 수 있는데, distplot() 함수는 향후 버전에서 사라질 예정이기 때문에 histplot()의 사용을 권장한다.

1) 시본 히스토그램 그리기

1행에서 그래프 크기를 지정하고, 2행과 3행에서 histplot() 함수로 maledata와 femaledata의 몸무게를 지정하며, 계급 개수 20개, 투명도 0.5 등의 속성도 각각 지정한다. 5행에서 xlim() 함수로 x축의 최솟값과 최댓값을, 6행과 7행에서는 x축 및 y축 이름을 지정한다. 8행에서는 그래프 제목을 지정하고, 9행에서는 범례를 지정하며, 10행에서는 격차를 표시하고, 11행에서는 그래프를 출력한다.

남성과 여성의 몸무게 히스토그램

```
1  plt.figure(figsize=(10, 6))
2  sns.histplot(maledata['weight'], bins=8, alpha=0.5, label='Male')
3  sns.histplot(femaledata['weight'], bins=8, alpha=0.5, label='Female',
   color='r')
4
5  plt.xlim(20, 130)
6  plt.xlabel('weight')
7  plt.ylabel('count')
8  plt.title('Weight Seaborn Histogram')
9  plt.legend()
10 plt.grid()
11 plt.show()
```

실행 결과

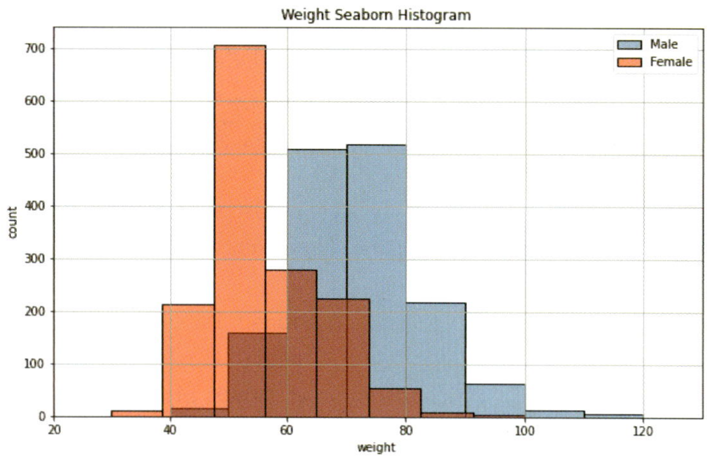

2) 시본 히스토그램의 커널 밀도 추정(KDE) 속성 지정하기

1행에서 그래프 크기를 지정하고, 2행과 3행에서 `histplot()` 함수로 `maledata`와 `femaledata`의 몸무게를 지정하며, 계급 개수 20개, 투명도 0.5, kde(커널 밀도 추정) 활성 등의 속성도 각각 지정한다. kde 속성을 `True`로 활성시키면 히스토그램보다 부드러운 형태의 분포 곡선을 추가로 보여준다. 5행에서 `xlim()` 함수로 x축의 최솟값과 최댓값을 지정한다. 6행과 7행에서는 x축 및 y축 이름을 지정한다. 8행에서는 그래프 제목을 지정하고, 9행에서는 범례를 지정하며, 10행에서는 격차를 표시하고, 11행에서는 그래프를 출력한다.

남성과 여성의 허리둘레 히스토그램: 커널 밀도 추정(KDE) 속성 지정

```
plt.figure(figsize=(10, 6))
sns.histplot(maledata['waist'], bins=7, alpha=0.5, label='Male', kde= True)
sns.histplot(femaledata['waist'], bins=7, alpha=0.5, label='Female',
color='r', kde=True)

plt.xlim(40, 130)
plt.xlabel('waist')
plt.ylabel('count')
plt.title('Waist Seaborn Histogram - KDE(Kernel Density Estimator)')
plt.legend()
plt.grid()
plt.show()
```

실행 결과

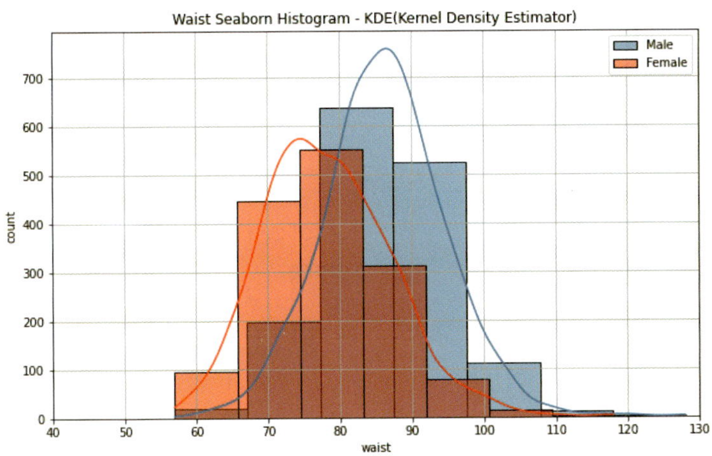

(5) 시본 상자수염(Box Plot) 그래프

시본 상자수염 그래프는 hue 속성으로 매우 쉽게 비교 상자수염 그래프를 그릴 수 있다. 데이터프레임 데이터를 이용할 때는 시본 상자수염 그래프를 많이 사용한다.

1) 시본 상자수염 그래프 그리기

1행에서 그래프 크기를 지정하고 2행에서는 그래프 제목을 지정한다. 4행에서는 boxplot() 함수로 data6의 음주 여부 데이터를 x축에, 몸무게 데이터를 y축에, 성별을 hue 속성에 지정한다. 5행에서는 ylim() 함수로 y축의 최솟값과 최댓값을 지정하고 6행에서는 그래프를 출력한다.

음주 여부와 몸무게 상자수염 그래프

```
1 plt.figure(figsize=(10, 6))
2 plt.title('Drinking & Weight Seaborn Box Plot Graph')
3
4 sns.boxplot(x='drinking', y='weight', hue='gender', data=data6)
5 plt.ylim(30, 100)
6 plt.show()
```

실행 결과

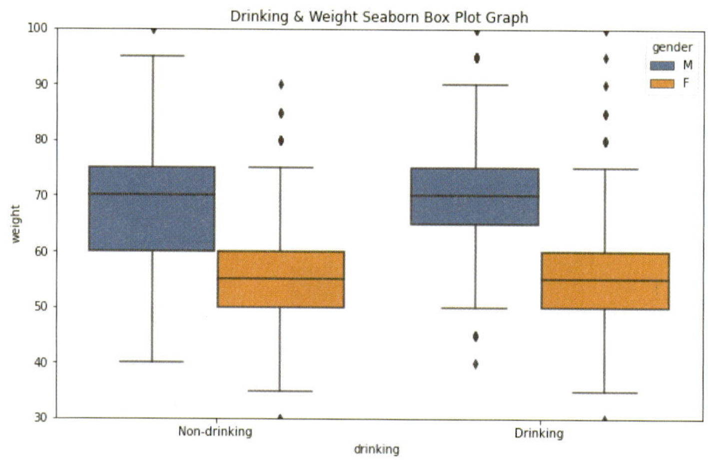

2) 시본 가로 상자수염 그래프 그리기

1행에서 그래프 크기를 지정하고 2행에서는 그래프 제목을 지정한다. 4행에서는 boxplot() 함수로 data6의 몸무게 데이터를 x축에, 흡연 상태 데이터를 y축에, 성별을 hue 속성에, orient 속성에 가로 방향을 지정한다. 5행에서는 xlim() 함수로 x축의 최솟값과 최댓값을 지정하고 6행에서는 그래프를 출력한다.

흡연 상태와 몸무게 가로 상자수염 그래프

```
1 plt.figure(figsize=(10, 10))
2 plt.title('Smoking & Weight Seaborn Box Plot Graph - Horizontal')
3
4 sns.boxplot(x='weight', y='smoking', hue='gender', data=data6, orient='h')
5 plt.xlim(30, 100)
6 plt.show()
```

실행 결과

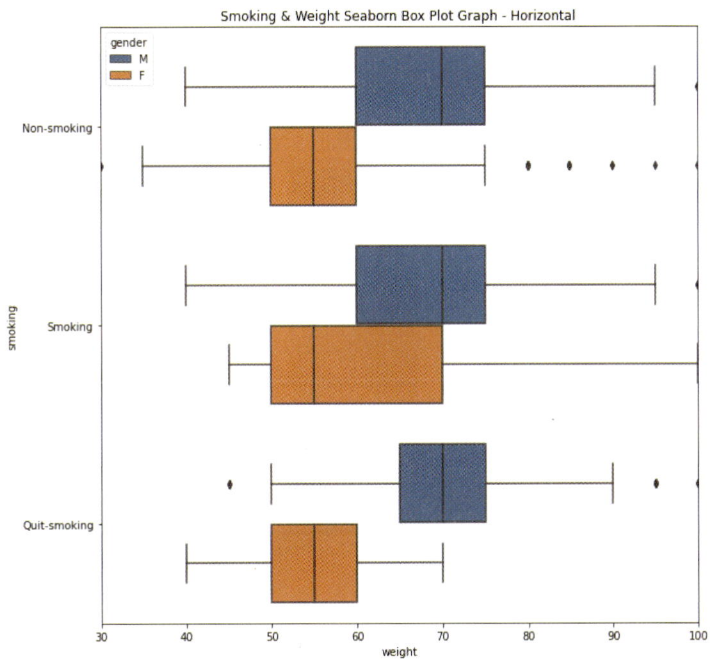

(6) 카운트 플롯(Count Plot) 그래프

카운트 플롯 그래프는 범주형 데이터에 대하여 항목별 개수를 세어 막대 그래프로 표현한다. 카운트 플롯 그래프를 이용하여 각 범주별로 데이터가 얼마나 있는지 표현할 수 있으며, 해당 열을 구성하는 값들을 구분하여 보여준다.

1) 카운트 플롯 그래프 그리기

1행에서 그래프 크기를 지정하고 2행에서는 그래프 제목을 지정한다. 3행에서는 countplot() 함수로 data6의 음주 여부 데이터를 x축에 지정하고 성별을 hue 속성에 지정한다.

성별 음주 여부 카운트 플롯 그래프

```
1 plt.figure(figsize=(10, 6))
2 plt.title('Drinking Count Plot Graph')
3 sns.countplot(x='drinking', hue='gender', data=data6)
```

실행 결과

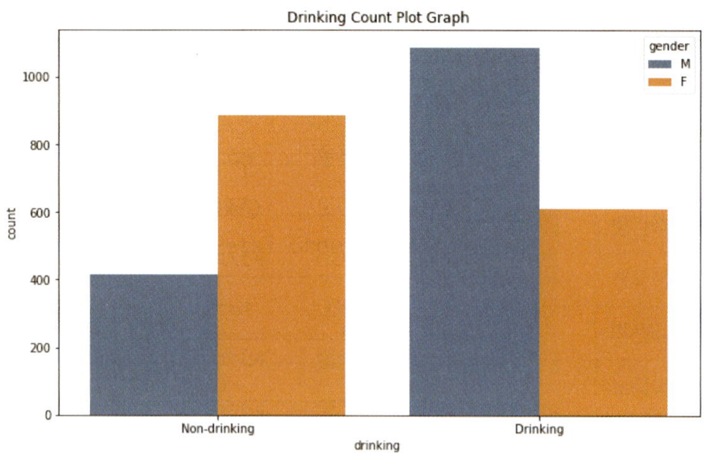

2) 가로 카운트 플롯 그래프 그리기

1행에서 그래프 크기를 지정하고 2행에서는 그래프 제목을 지정한다. 3행에서는 countplot() 함수로 data6의 흡연 상태 데이터를 x축 대신 y축으로 가로 막대에, 성별을 hue 속성에, 막대 출력 순서를 order 속성에 지정한다.

성별 흡연 상태 가로 카운트 플롯 그래프

```
1 plt.figure(figsize=(10, 8))
2 plt.title('Smoking Count Plot Graph - Horizontal')
3 sns.countplot(y='smoking', hue='gender', data=data6, order=['Smoking',
  'Quit-smoking', 'Non-smoking'])
```

실행 결과

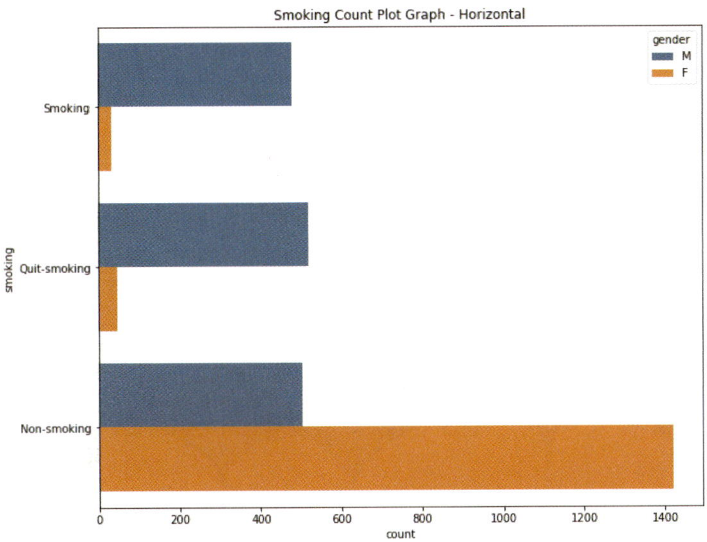

(7) 바이올린 플롯(Violin Plot) 그래프

바이올린 플롯 그래프는 바이올린처럼 생겼다고 붙여진 이름이다. 상자수염 그래프와 달리 커널 밀도 추정치를 이용하여 그래프를 그리며, 분포에 대한 결과를 보일 때

효과적이지만, 작은 샘플 크기로 보여주는 경우 분석에 오해의 소지가 있을 수 있다.

1) 바이올린 플롯 그래프 그리기

1행에서 그래프 크기를 지정하고 2행에서는 그래프 제목을 지정한다. 3행에서는 violinplot() 함수로 data6 데이터 중에서 몸무게가 120 미만인 성별 데이터를 x축에, 몸무게 데이터를 y축에, 음주 여부를 hue 속성에 지정한다.

성별 몸무게를 음주 여부로 분리하여 그린 바이올린 플롯 그래프

```
1  plt.figure(figsize=(10, 6))
2  plt.title('Gender Weight Violin Plot Graph - Drinking category')
3  sns.violinplot(x='gender', y='weight', hue='drinking', data=data6
   [data6.weight<120])
```

실행 결과

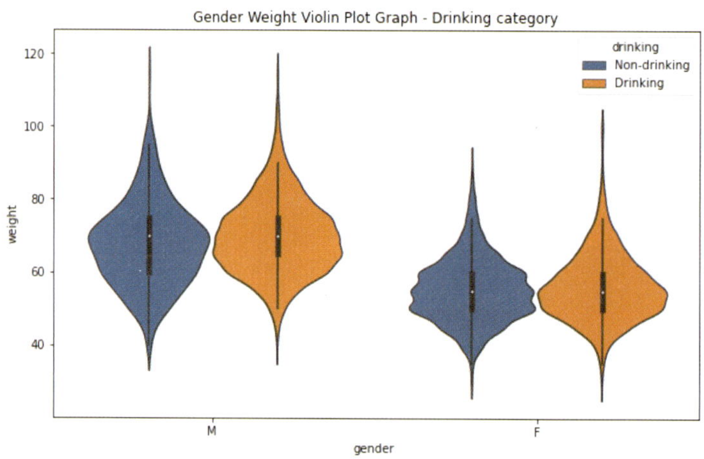

2) 가로 바이올린 플롯 그래프 그리기

1행에서 그래프 크기를 지정하고 2행에서는 그래프 제목을 지정한다. 3행에서는 violinplot() 함수로 data6 데이터 중에서 허리둘레가 150 미만인 성별 데이터를 x

축 대신 y축으로 가로 형태를 지정하고, 허리둘레 데이터를 x축에, 음주여부를 hue 속성에 지정한다.

성별 허리둘레를 음주 여부로 분리하여 그린 가로 바이올린 플롯 그래프

```
plt.figure(figsize=(7, 8))
plt.title('Gender Waist Violin Plot Graph - Drinking category')
sns.violinplot(y='gender', x='waist', hue='drinking', data=data6
[data6.waist<150])
```

실행 결과

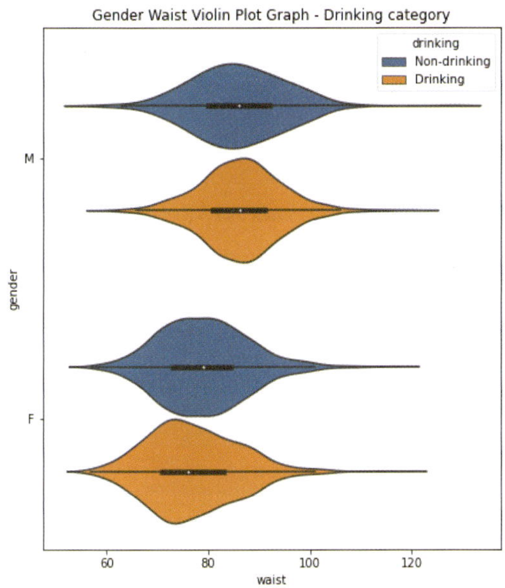

(8) 시본 히트맵(Heat Map) 그래프

데이터가 2차원이고 모든 값이 범주형 값이면 히트맵 그래프로 표현하기 좋다. 히트맵은 색상으로 표현된 행렬 정보를 이용하여 사각형의 그래프를 그리며, 두 개의 범주형 값에 의한 실수값의 변화를 확인할 수 있다. 색상으로 표현할 수 있는 다양한 정보를 일정한 이미지 위에 열 분포 형태의 시각적 그래픽으로 출력하는 것이 특징이다. corr() 함수로 상관관계 정도를 수치로 나타낸 계수를 구하여 히트맵 그래프로 표현하는데, 상관계수는 1에 가까울수록 상관관계가 높다는 것을 의미하고 −1에 가까울수록 상관관계가 낮다는 것을 의미하지만, 인과관계를 의미하는 것은 아니다.

1) 데이터 준비하기

1행에서 데이터프레임 변수 data에서 성별, 음주 여부, 흡연 상태 데이터를 가져와 data3에 저장한다. 2행에서는 데이터프레임 변수 data에서 성별, 몸무게, 허리둘레, 음주 여부, 흡연 상태, 콜레스테롤, HDL, LDL 데이터를 가져와 data8에 저장한다.

데이터 준비하기

```
1  data3 = data.loc[:, ['gender', 'drinking', 'smoking']]
2  data8 = data.loc[:, ['gender', 'weight', 'waist', 'drinking',
   'smoking', 'cholesterol', 'HDL', 'LDL']]
```

2) 3×3 히트맵 그래프 그리기

1행에서 그래프 크기를, 2행에서는 그래프 제목을 지정한다. 4행에서는 corr() 함수로 data3 데이터의 상관계수를 구하여 correlation_data3에 저장한다. 5행에서는 heatmap() 함수의 annot 속성을 True로 활성시켜 correlation_data3의 상관계수 수치를 표시하고 cmap 속성에 색상을 지정한다.

3×3 히트맵 그래프

```
plt.figure(figsize=(10, 6))
plt.title('3x3Heat Map Graph')

correlation_data3 = data3.corr()
sns.heatmap(correlation_data3, annot=True, cmap='YlGnBu')
```

실행 결과

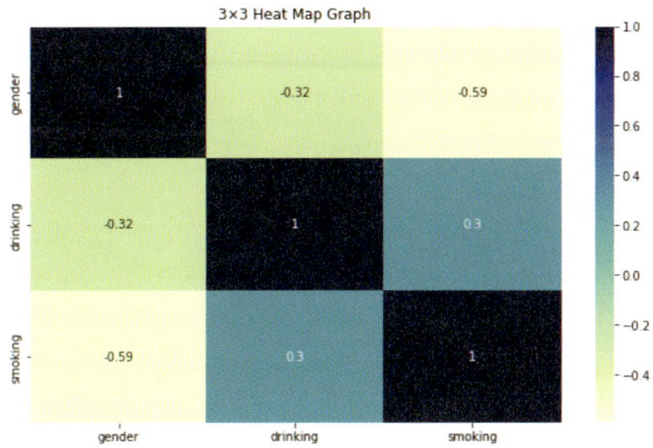

3) 8×8 히트맵 그래프 그리기

1행에서 그래프 크기를, 2행에서는 그래프 제목을 지정한다. 4행에서 corr() 함수로 data8 데이터의 상관계수를 구하여 correlation_data8에 저장한다. 5행에서는 triu() 함수로 correlation_data8에서 보이지 않기 원하는 오른쪽 상단 영역을 지정하여 upp_mat에 저장한다. 7행에서는 heatmap() 함수의 annot 속성을 True로 활성시켜 correlation_data8의 상관계수 수치를 표시하고, cmap 속성에 색상, mask 속성에 마스크 영역 upp_mat를 지정한다.

8×8 히트맵 그래프

```
plt.figure(figsize=(13, 10))
plt.title('8×8Heat Map Graph')

correlation_data8= data8.corr()
upp_mat = np.triu(correlation_data8)

sns.heatmap(correlation_data8, annot=True, cmap='RdYlGn', mask=upp_mat)
```

실행 결과

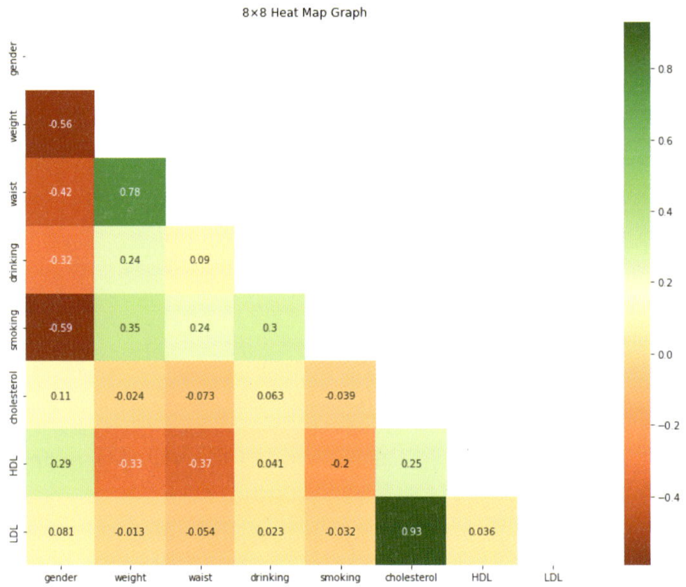

Note

- `triu()` 함수: 히트맵 그래프에서 1로 표시된 대각선을 중심으로 오른쪽 상단의 삼각형 영역을 보이지 않도록 한다.
- `tril()` 함수: 히트맵 그래프에서 1로 표시된 대각선을 중심으로 왼쪽 하단의 삼각형 영역을 보이지 않도록 한다.

(9) 다중 플롯 그리드 그래프

다중 플롯 그리드 그래프는 다양한 범주의 값을 가지는 데이터에 대하여 다양한 형태의 그래프를 다차원 그리드로 시각화하기에 좋은 방법이다. 다중 플롯 그리드 그래프로 패싯 그리드(Facet Grid), 페어 플롯(Pair Plot), 조인 플롯(Join Plot) 그래프 등이 있다. 다중 플롯 그리드 그래프를 이용하면 시각화에 대한 제어력을 높이고 간단한 코드로 다양한 그래프를 한 번에 표현할 수 있다.

1) 패싯 그리드(Facet Grid) 그래프

패싯 그리드 그래프는 어떠한 조건에 따라 그래프를 각각 확인해 보고 싶을 때 사용한다. 행과 열 방향으로 서로 다른 조건을 적용하여 여러 개의 서브플롯을 만들고 각 서브플롯에 적용할 그래프 종류를 map() 함수를 이용하여 그리드 객체에 전달한다.

① 열 기준으로 나눈 패싯 그리드 그래프 그리기

1행에서 FacetGrid() 함수로 data6의 음주 여부 데이터를 열 기준으로 나눌 속성에 지정하고, height 속성에 높이를 지정하며, aspect 속성에 세로 대비 가로 비율을 지정한다. 2행에서는 map() 함수로 서브플롯에 그릴 히스토그램 histplot() 함수를 지정하고, 서브플롯 데이터에 허리둘레 데이터를 지정하며, 계급 개수 10개, 색상, kde(커널 밀도 추정) 활성을 지정한다.

열 기준으로 나눈 패싯 그리드 그래프

```
1 fg = sns.FacetGrid(data6, col='drinking', height=5, aspect=1.3)
2 fg.map(sns.histplot, 'waist', bins=10, color='g', kde=True)
```

실행 결과

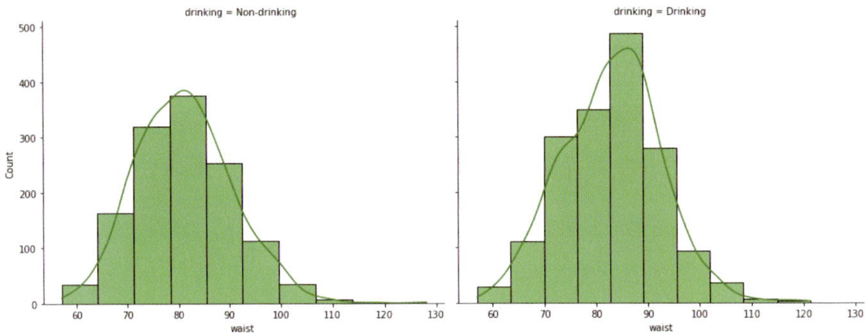

② 행과 열 기준으로 나눈 패싯 그리드 그래프 그리기

1행에서 FacetGrid() 함수로 data6의 성별 데이터를 행 기준으로 나눌 속성에 지정하고, 음주 여부 데이터를 열 기준으로 나눌 속성에 지정하며, height 속성에 높이를, aspect 속성에 세로 대비 가로 비율을 지정한다. 2행에서는 map() 함수로 서브플롯에 그릴 히스토그램 histplot() 함수를 지정하고, 서브플롯 데이터에 허리둘레 데이터, 계급 개수 10개, 색상, kde(커널 밀도 추정) 활성을 지정한다.

행과 열 기준으로 나눈 패싯 그리드 그래프

```
1  fg = sns.FacetGrid(data6, row='gender', col='drinking', height=4.5,
   aspect=1.5)
2  fg.map(sns.histplot, 'waist', bins=10, color='deeppink', kde=True)
```

실행 결과

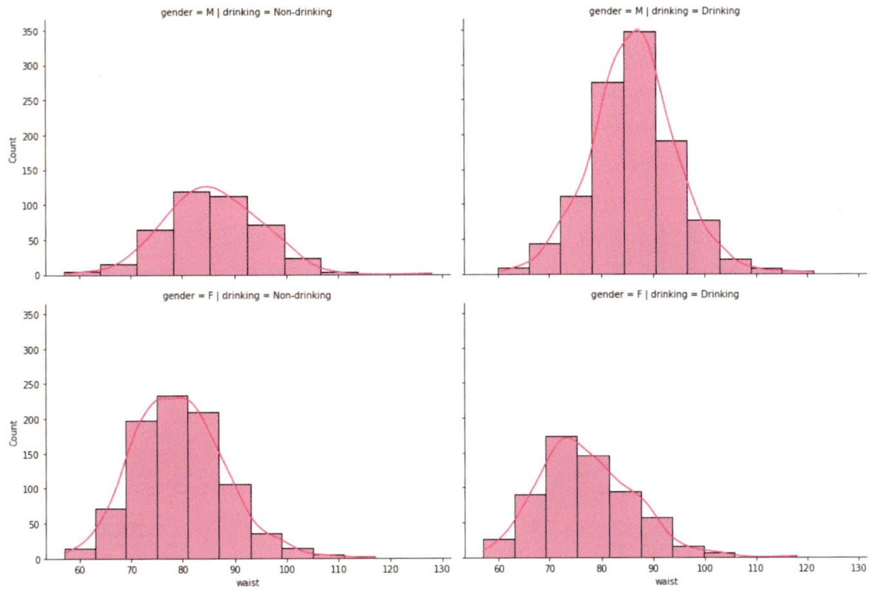

2) 페어 플롯(Pair Plot) 그래프

3차원 이상의 다차원 실수형 데이터를 시각화할 때 페어 플롯 그래프가 적당하다. 페어 플롯 그래프는 데이터에서 각각 2개 열(컬럼) 간의 관계를 그래프로 표현한다. 그리드 형태로 각 데이터 열 조합은 산점도 그래프로 표현하고 동일한 데이터가 만나는 대각선 영역은 히스토그램으로 표현한다. 페어 플롯 그래프의 열(컬럼)에는 숫자형 데이터만 가능하다. 다양한 기능이나 세부적인 설정을 원할 때는 PairGrid() 함수를 이용한다.

① 페어 플롯 그래프 그리기

pairplot() 함수로 data6 데이터를 지정하고, height 속성에 높이, aspect 속성에 세로 대비 가로 비율을 지정한다. data6에 숫자형 데이터가 아닌 열(컬럼)은 페어 플롯 그래프에 나타나지 않는다.

페어 플롯 그래프

```
pp = sns.pairplot(data6, height=3.3, aspect=1.3)
```

실행 결과

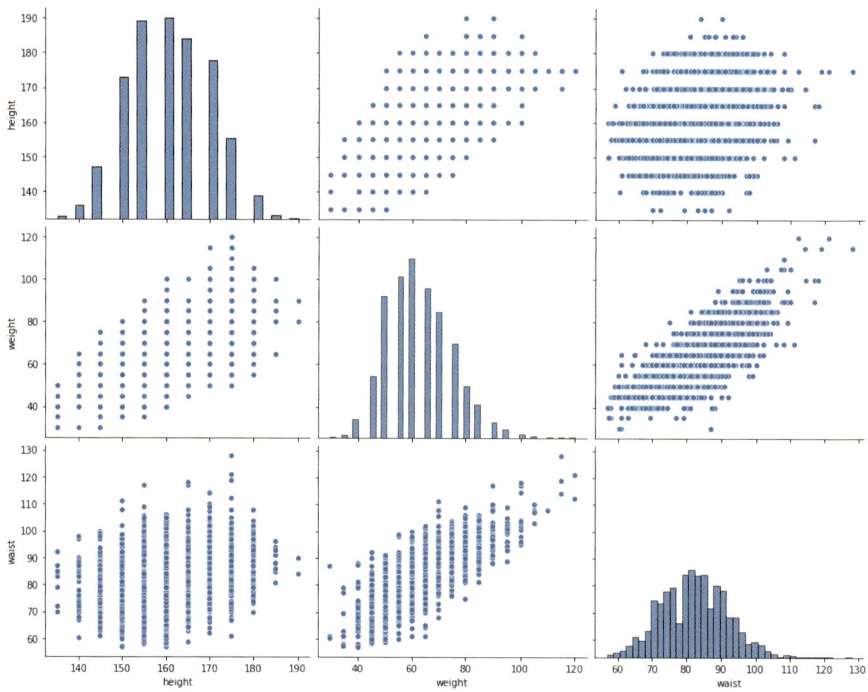

② PairGrid() 함수로 페어 플롯 그래프 그리기

1행에서 페어 플롯 그래프에 적용할 색상을 선언한다. 2행에서는 `PairGrid()` 함수로 `data6` 데이터를 지정하고, `hue` 속성에 성별 데이터, 색상 팔레트 속성에 1행에서 선언한 색상, `height` 속성에 높이, `aspect` 속성에 세로 대비 가로 비율을 지정한다. 3행에서는 `map_diag()` 함수로 대각선에 그릴 히스토그램 및 계급 개수 10개를 지정한다. 4행에서는 `map_offdiag()` 함수로 대각선 외에 그릴 커널밀도추정(KDE) 플롯 그래프를 지정한다. 5행에서는 범례를 지정한다. data6에 숫자형 데이터가 아닌 열(컬럼)은 페어 플롯 그래프에 나타나지 않는다.

PairGrid() 함수로 그린 페어 플롯 그래프

```
1 color = ['#00994C', '#FF007F']
2 pp = sns.PairGrid(data6, hue='gender', palette=color, height=3.3,
  aspect=1.3)
3 pp.map_diag(sns.histplot, bins=10)
4 pp.map_offdiag(sns.kdeplot)
5 pp.add_legend()
```

실행 결과

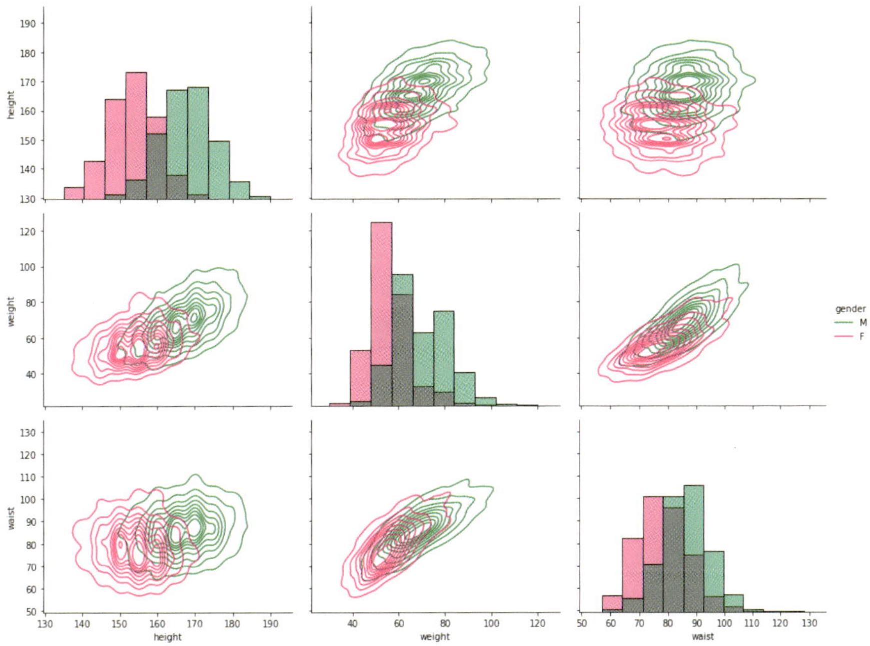

연습 문제

1 시본 라이브러리의 특징 및 단계에 대하여 작성하시오.

2 시본 라이브러리 그래프의 종류를 세 가지 범주로 분류하여 작성하시오.

3 2020년 건강검진 데이터의 성별과 흡연 상태 정보를 이용하여 다음 카운트 플롯 그래프와 같이 출력되도록 빈칸에 알맞은 코드를 완성하시오.

```
import numpy as np
import pandas as pd
import matplotlib.pyplot as plt
import seaborn as sns

data = pd.read_excel('05_data1.xlsx')
data6 = data.loc[:, ['gender', 'height', 'weight', 'waist', 'drinking', 'smoking']]
data6.loc[data6['gender']==1,['gender']]='Male'
data6.loc[data6['gender']==2,['gender']]='Female'
data6.loc[data6['smoking']==1,['smoking']]='Non-smoking'
data6.loc[data6['smoking']==2,['smoking']]='Quit-smoking'
data6.loc[data6['smoking']==3,['smoking']]='Smoking'
smoking = data6.groupby(['gender','smoking'])['smoking'].count()
smoking = smoking.to_frame(name='count')
smoking = smoking.reset_index()

plt.figure(figsize=(10, 6))
plt.title('Smoking Count Plot Graph')

plt.show()
```

실행 결과

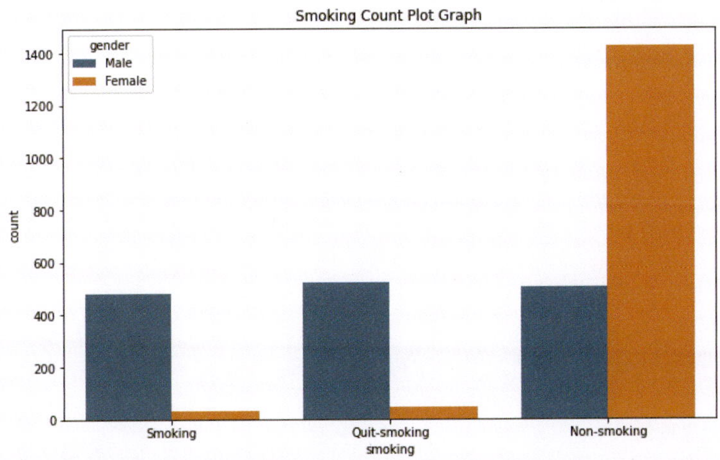

4 2020년 건강검진 데이터의 성별과 음주 여부 정보를 이용하여 다음 가로 카운트 플롯 그래프와 같이 출력되도록 빈칸에 알맞은 코드를 완성하시오.

```
import numpy as np
import pandas as pd
import matplotlib.pyplot as plt
import seaborn as sns

data = pd.read_excel('05_data1.xlsx')
data6 = data.loc[:, ['gender', 'height', 'weight', 'waist', 'drinking', 'smoking']]
data6.loc[data6['gender']==1,['gender']]='Male'
data6.loc[data6['gender']==2,['gender']]='Female'
data6.loc[data6['drinking']==0,['drinking']]='Non-drinking'
data6.loc[data6['drinking']==1,['drinking']]='Drinking'

drinking = data6.groupby(['gender', 'drinking'])['drinking'].count()
drinking = drinking.to_frame(name='count')
drinking = drinking.reset_index()

plt.figure(figsize=(10, 6))
plt.title('Drinking Count Plot Graph - Horizontal')

plt.show()
```

실행 결과

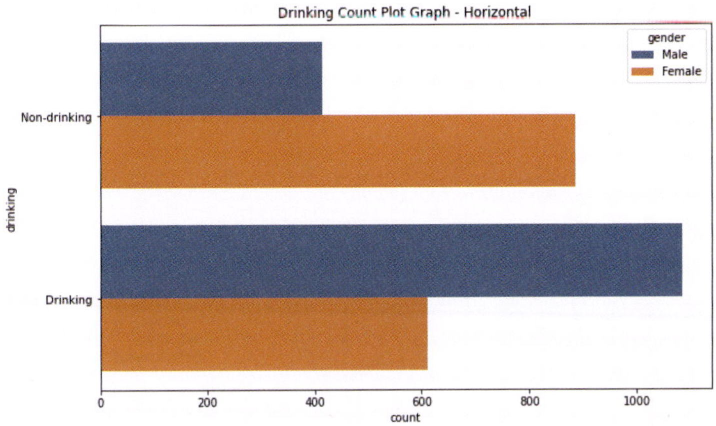

5 2020년 건강검진 데이터의 음주 여부와 허리둘레 정보를 이용하여 다음 시본 상자수염 그래프와 같이 출력되도록 빈칸에 알맞은 코드를 완성하시오.

```
import numpy as np
import pandas as pd
import matplotlib.pyplot as plt
import seaborn as sns

data = pd.read_excel('05_data1.xlsx')
data6 = data.loc[:,['gender', 'height', 'weight', 'waist', 'drinking',
'smoking']]
data6.loc[data6['gender']==1,['gender']]='Male'
data6.loc[data6['gender']==2,['gender']]='Female'
data6.loc[data6['drinking']==0,['drinking']]='Non-drinking'
data6.loc[data6['drinking']==1,['drinking']]='Drinking'

drinking = data6.groupby(['gender', 'drinking'])['drinking'].count()
drinking = drinking.to_frame(name='count')
drinking = drinking.reset_index()
```

```python

plt.figure(figsize=(10, 6))
plt.title('Drinking & Waist Seaborn Box Plot Graph')

plt.ylim(60, 115)
plt.show()
```

실행 결과

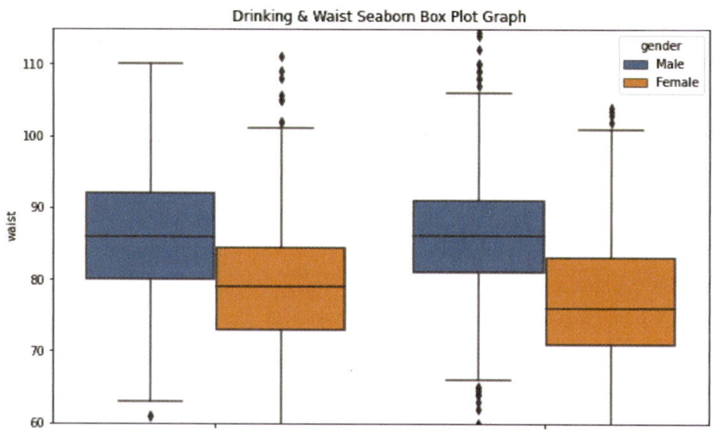

6 2020년 건강검진 데이터의 성별, 몸무게를 흡연상태로 분리하여 다음 바이올린 플롯 그래프와 같이 출력되도록 빈칸에 알맞은 코드를 완성하시오(단, 몸무게는 120 미만).

```python
import numpy as np
import pandas as pd
import matplotlib.pyplot as plt
import seaborn as sns

data = pd.read_excel('05_data1.xlsx')
data6 = data.loc[:,['gender', 'height', 'weight', 'waist', 'drinking',
'smoking']]
data6.loc[data6['gender']==1,['gender']]='Male'
```

```
data6.loc[data6['gender']==2,['gender']]='Female'
data6.loc[data6['smoking']==1,['smoking']]='Non-smoking'
data6.loc[data6['smoking']==2,['smoking']]='Quit-smoking'
data6.loc[data6['smoking']==3,['smoking']]='Smoking'

smoking = data6.groupby(['gender', 'smoking'])['smoking'].count()
smoking = smoking.to_frame(name='count')
smoking = smoking.reset_index()

plt.figure(figsize=(12, 6))
plt.title('Violin Plot Graph')
[                                        ]
```

실행 결과

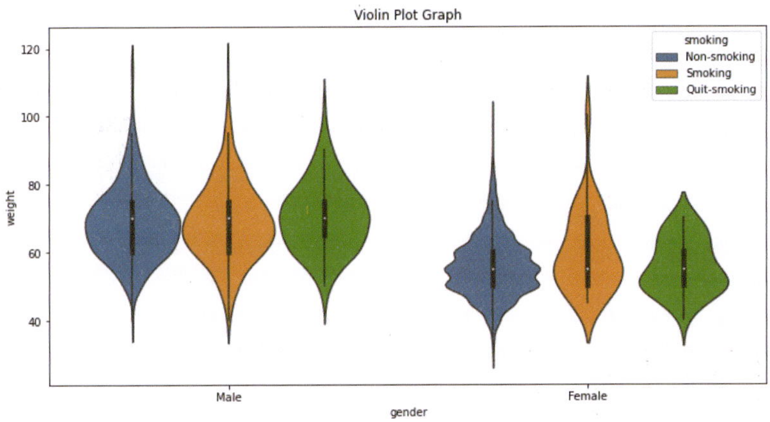

7 2020년 건강검진 데이터를 이용하여 다음 히트맵 그래프와 같이 출력되도록 빈칸에 알맞은 코드를 완성하시오.

```
import numpy as np
import pandas as pd
import matplotlib.pyplot as plt
import seaborn as sns

data = pd.read_excel('05_data1.xlsx')
data6 = data.loc[:,['gender', 'height', 'weight', 'waist', 'drinking',
'smoking']]

plt.figure(figsize=(12, 8))
plt.title('Heat Map Graph')

correlation_data6 = data6.corr()
upp_mat = np.triu(correlation_data6)

plt.show()
```

실행 결과

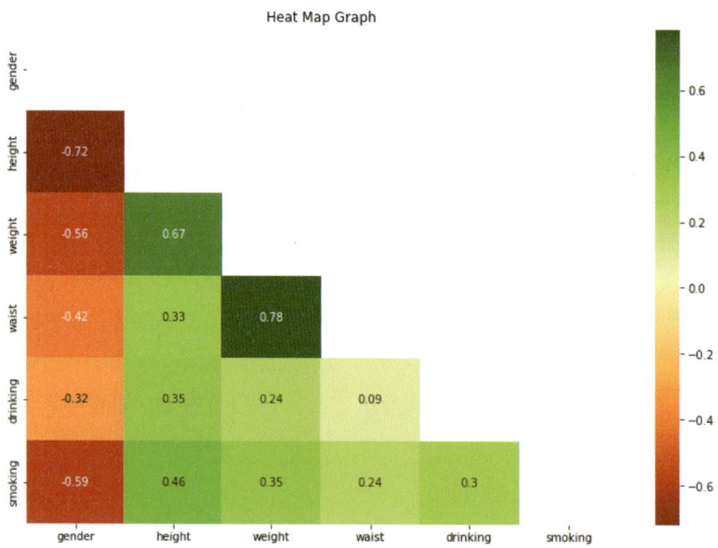

8 2020년 건강검진 데이터를 이용하여 다음 페어 플롯 그래프와 같이 출력되도록 빈칸에 알맞은 코드를 완성하시오(단, 대각선은 히스토그램, 나머지는 산점도 그래프).

```
import numpy as np
import pandas as pd
import matplotlib.pyplot as plt
import seaborn as sns

data3 = data.loc[:, ['gender', 'height', 'weight', 'waist']]
data3.loc[data3['gender']==1, ['gender']]='Male'
data3.loc[data3['gender']==2, ['gender']]='Female'

color = ['#00994C', '#FF007F']
pp = sns.PairGrid(data3, hue='gender', palette=color, height=3.3, aspect=1.3)
[                                        ]

pp.add_legend()
```

실행 결과

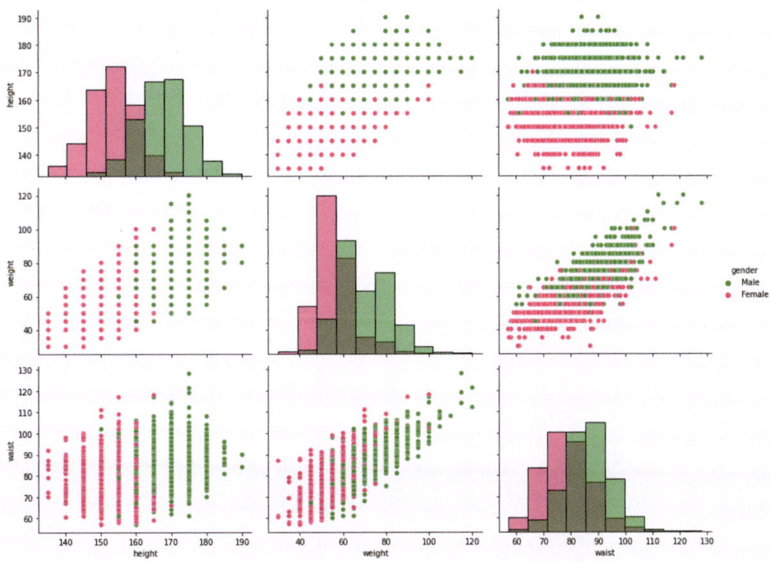

빅데이터 분석 관련 라이브러리 종합 실습

6

6.1 한국 드라마 TOP 100 데이터 분석하기

학습목표

- 판다스로 데이터를 처리하는 과정을 익힌다.
- 판다스 라이브러리를 활용하여 드라마 데이터셋을 분석할 수 있다.
- 맷플롯립 라이브러리를 활용하여 데이터를 시각화할 수 있다.
- 시본 라이브러리를 활용하여 데이터를 시각화할 수 있다.

CHAPTER

6 빅데이터 분석 관련 라이브러리 종합 실습

최근 몇 년간 전 세계적으로 OTT(Over The Top) 서비스를 통해 제공되는 수많은 콘텐츠 중 K-드라마, 영화에 대한 관심이 더욱 높아지고 있는 추세이다. 드라마 관련 사이트에서 제공하는 데이터셋을 활용하여 각각의 데이터들이 어떤 의미를 가지고 있는지 분석해보도록 한다.

Note

OTT 서비스란 인터넷을 통해 방송 프로그램 · 영화 · 교육 등 각종 미디어 콘텐츠를 제공하는 서비스를 말한다. OTT는 Over-The-Top의 줄임말로 Over-The-X는 '기존의 범위를 넘어서'라는 뜻이 있다.

6.1 한국 드라마 TOP 100 데이터 분석하기

1) 데이터셋 정보

MyDramaList.com 웹 사이트는 아시아 드라마 및 영화 팬을 제공하는 커뮤니티 기반 프로젝트이다. 웹 사이트에서 팬들은 '자신만의 드라마 시청 목록을 만들고, 드라마와 영화를 평가하며, 리뷰를 작성'하며, 더 많은 매력적인 활동을 할 수 있다. 이 데이터셋은 웹 사이트에서 사용자가 부여한 한국 드라마 평점 상위 100위를 매긴다. 본 장에서는 캐글에서 제공하는 데이터셋을 활용하여 데이터를 불러와서 분석하는 방법을 학습한다.

2) 데이터필드 이해

데이터셋의 변수는 총 14개이고 각 변수는 다음과 같은 특징을 가지고 있다.

표 6-1 드라마 데이터 설명

변수명	데이터 형	설명
Name	문자열	한국 드라마 이름
Year of release	정수형	드라마 개봉연도
Aired Date	문자열	방영일 시작~종료
Aired On	문자열	요일에 방영
Number of Episode	정수형	에피소드 수
Network	문자열	방영 중인 드라마 네트워크
Duration	문자열	에피소드의 길이
Content Rating	문자열	콘텐츠 등급
Synopsis	문자열	줄거리
Cast	문자열	출연자(드라마 속 배우)
Genre	문자열	드라마가 수록된 장르
Tags	문자열	드라마가 수록된 태그
Rank	문자열	웹 사이트에서의 순위
Rating	실수형	웹 사이트 사용자가 10점 만점으로 평가

(1) 데이터 확인하기

[준비 파일: top100_kdrama.csv]

1) 데이터 읽어와서 확인하기

판다스를 사용해 파일을 읽어와서 데이터프레임 변수 drama에 저장한 후 head 메서드로 데이터의 상단 부분을 확인한다.

'드라마' 파일 읽어오기

```
import pandas as pd
drama=pd.read_csv('top100_kdrama.csv')
drama.head()
```

실행 결과

	Name	Year of release	Aired Date	Aired On	Number of Episode	Network	Duration	Content Rating	Synopsis	Cast	Genre	Tags	Rank	Rating
0	Move to Heaven	2021	May 14, 2021	Friday	10	Netflix	52 min.	18+ Restricted (violence & profanity)	Geu Roo is a young autistic man. He works for ...	Lee Je Hoon, Tang Jun Sang, Hong Seung Hee, Ju...	Life, Drama, Family	Autism, Uncle-Nephew Relationship, Death, Sava...	#1	9.2
1	Hospital Playlist	2020	Mar 12, 2020 - May 28, 2020	Thursday	12	Netflix, tvN	1 hr. 30 min.	15+ - Teens 15 or older	The stories of people going through their days...	Jo Jung Suk, Yoo Yeon Seok, Jung Kyung Ho, Kim...	Friendship, Romance, Life, Medical	Strong Friendship, Multiple Mains, Best Friend...	#2	9.1
2	Flower of Evil	2020	Jul 29, 2020 - Sep 23, 2020	Wednesday, Thursday	16	tvN	1 hr. 10 min.	15+ - Teens 15 or older	Although Baek Hee Sung is hiding a dark secret...	Lee Joon Gi, Moon Chae Won, Jang Hee Jin, Seo ...	Thriller, Romance, Crime, Melodrama	Married Couple, Deception, Suspense, Family Se...	#3	9.1
3	Hospital Playlist 2	2021	Jun 17, 2021 - Sep 16, 2021	Thursday	12	Netflix, tvN	1 hr. 40 min.	15+ - Teens 15 or older	Everyday is extraordinary for five doctors and...	Jo Jung Suk, Yoo Yeon Seok, Jung Kyung Ho, Kim...	Friendship, Romance, Life, Medical	Workplace, Strong Friendship, Best Friends, Mu...	#4	9.1
4	My Mister	2018	Mar 21, 2018 - May 17, 2018	Wednesday, Thursday	16	tvN	1 hr. 17 min.	15+ - Teens 15 or older	Park Dong Hoon is a middle-aged engineer who i...	Lee Sun Kyun, IU, Park Ho San, Song Sae Byuk, ...	Psychological, Life, Drama, Family	Age Gap, Nice Male Lead, Strong Female Lead, H...	#5	9.1

2) 데이터 기본 정보 출력하기

① 데이터의 전체적인 구조를 확인한다.

② 실행 결과를 보면 현재 모든 열에 100개의 유효한 값(non-null)이 존재함을 알 수 있으며, Dtype 부분의 'object', 'int64', 'float64'를 통해 문자열 형과 정수형, 실수형으로 구성되어 있음을 알 수 있다.

데이터 기본 정보 출력하기

```
drama.info()
```

실행 결과

```
<class 'pandas.core.frame.DataFrame'>
RangeIndex: 100 entries, 0 to 99
Data columns (total 14 columns):
 #   Column             Non-Null Count  Dtype
---  ------             --------------  -----
 0   Name               100 non-null    object
 1   Year of release    100 non-null    int64
 2   Aired Date         100 non-null    object
 3   Aired On           100 non-null    object
 4   Number of Episode  100 non-null    int64
 5   Network            100 non-null    object
 6   Duration           100 non-null    object
 7   Content Rating     100 non-null    object
 8   Synopsis           100 non-null    object
 9   Cast               100 non-null    object
 10  Genre              100 non-null    object
 11  Tags               100 non-null    object
 12  Rank               100 non-null    object
 13  Rating             100 non-null    float64
dtypes: float64(1), int64(2), object(11)
memory usage: 11.1+ KB
```

3) 데이터 기초 통계량 확인

① 데이터프레임 전체의 요약 정보를 확인한다.

② count: 칼럼별 총 데이터의 수

③ mean/std: 칼럼별 데이터의 평균/표준편차

④ min/max: 칼럼별 데이터 최솟값/최댓값

⑤ 25%/50%/75%: 백분위수의 각 지점으로 분포를 반영해 평균을 보완하는 목적으로 사용

데이터 기초 통계량 출력하기

```
drama.describe()
```

실행 결과

	Year of release	Number of Episode	Rating
count	100.000000	100.000000	100.000000
mean	2017.970000	19.070000	8.723000
std	2.869044	12.378096	0.174573
min	2003.000000	6.000000	8.500000
25%	2017.000000	16.000000	8.600000
50%	2019.000000	16.000000	8.700000
75%	2020.000000	20.000000	8.800000
max	2021.000000	100.000000	9.200000

평가(Rating)의 최솟값은 10점 만점에 8.7점, 최댓값은 9.2점이고 드라마 개봉 연도(Year of release)는 2003년부터 2021년까지의 데이터임을 알 수 있다.

특정 칼럼의 요약 정보 확인

```
drama['Rating'].describe()
```

실행 결과

```
count    100.000000
mean       8.723000
std        0.174573
min        8.500000
25%        8.600000
50%        8.700000
75%        8.800000
max        9.200000
Name: Rating, dtype: float64
```

여러 칼럼의 요약 정보 확인

```
drama[['Year of release', 'Rating']]
```

실행 결과

	Year of release	Rating
0	2021	9.2
1	2020	9.1
2	2020	9.1
3	2021	9.1
4	2018	9.1
...	...	...
95	2019	8.5
96	2019	8.5
97	2019	8.5
98	2017	8.5
99	2017	8.5

100 rows × 2 columns

4) 데이터의 정렬

드라마 개봉 연도(Year of release) 기준으로 오름차순한 결과를 확인한다.

개봉 연도(Year of release) 기준 오름차순 정렬하기

```
d=drama.sort_values('Year of release')
d.head(5)
```

실행 결과

	Name	Year of release	Aired Date	Aired On	Number of Episode	Network	Duration	Content Rating	Synopsis	Cast	Genre	Tags	Rank	Rating
64	Jewel in the Palace	2003	Sep 15, 2003 - Mar 23, 2004	Monday, Tuesday	54	MBC	1 hr. 5 min.	13+ - Teens 13 or older	About 500 years ago during the time of Chosun ...	Lee Young Ae, Ji Jin Hee, Hong Ri Na, Im Ho, Y...	Food, Historical, Romance, Medical	Cooking, Strong Female Lead, Royal Rules And E...	#65	8.6
62	The Bridal Mask	2012	May 30, 2012 - Sep 6, 2012	Wednesday, Thursday	28	KBS2	1 hr. 5 min.	15+ - Teens 15 or older	Lee Kang To is an ambitious and callous Korean...	Joo Won, Jin Se Yeon, Park Ki Woong, Han Chae ...	Action, Historical, Romance, Political	Japanese Colonial Rule, Hidden Identity, Reven...	#63	8.6
88	Reply 1997	2012	Jul 24, 2012 - Sep 18, 2012	Tuesday	16	tvN	60 min.	15+ - Teens 15 or older	Set in the 1990's, the drama centers around a ...	Jung Eun Ji, Seo In Guk, Hoya, Shin So Yool, E...	Comedy, Romance, Life, Family	Childhood Friends, High School, 1990s, Strong ...	#89	8.5
80	The Master's Sun	2013	Aug 7, 2013 - Oct 3, 2013	Wednesday, Thursday	17	SBS	1 hr. 2 min.	15+ - Teens 15 or older	Joo Joong Won is the stingy and greedy CEO of ...	Gong Hyo Jin, So Ji Sub, Seo In Guk, Kim Yoo R...	Horror, Comedy, Romance, Supernatural	Ghost, Eccentric Female Lead, Rich Male Lead, ...	#81	8.6
74	Cruel City	2013	May 27, 2013 - Jul 30, 2013	Monday, Tuesday	20	jTBC	60 min.	15+ - Teens 15 or older	Portrays the cruel life of the drug cartels an...	Jung Kyung Ho, Nam Gyu Ri, Lee Jae Yoon, Son C...	Action, Thriller, Romance, Crime	Badass Male Lead, Gang, Bromance, Strong Femal...	#75	8.6

개봉 연도가 빠른 순서는 2003년, 2012년, 2013년 순이었다. 2004~2011년 사이의 데이터가 순위 안에 포함되지 않음을 알 수 있다.

에피소드 수(Number of Episode) 기준 내림차순 정렬하기

```
d=drama.sort_values('Number of Episode', ascending=False)
d.head(5)
```

실행 결과

	Name	Year of release	Aired Date	Aired On	Number of Episode	Network	Duration	Content Rating	Synopsis	Cast	Genre	Tags	Rank	Rating
81	Once Again	2020	Mar 28, 2020 - Sep 13, 2020	Saturday, Sunday	100	KBS2	35 min.	15+ - Teens 15 or older	"Once Again" is the story of the eventful Song...	Chun Ho Jin, Cha Hwa Yun, Lee Jung Eun, Oh Dae...	Comedy, Romance, Drama, Family	Divorce, Family Relationship, Multiple Couples...	#82	8.6
64	Jewel in the Palace	2003	Sep 15, 2003 - Mar 23, 2004	Monday, Tuesday	54	MBC	1 hr. 5 min.	13+ - Teens 13 or older	About 500 years ago during the time of Chosun ...	Lee Young Ae, Ji Jin Hee, Hong Ri Na, Im Ho, Y...	Food, Historical, Romance, Medical	Cooking, Strong Female Lead, Royal Rules And E...	#65	8.6
65	My Father is Strange	2017	Mar 4, 2017 - Aug 27, 2017	Saturday, Sunday	52	KBS2	1 hr. 6 min.	15+ - Teens 15 or older	This drama is about a family that lives on the...	Kim Yeong Cheol, Kim Hae Sook, Ryu Soo Young, ...	Comedy, Romance, Drama, Family	Family Secret, Sisterhood, Eccentric Female Le...	#66	8.6
71	Empress Ki	2013	Oct 28, 2013 - Apr 29, 2014	Monday, Tuesday	51	MBC	1 hr. 5 min.	15+ - Teens 15 or older	Genghis Khan built an empire that spanned vast...	Ha Ji Won, Ji Chang Wook, Joo Jin Mo, Baek Jin...	Historical, Romance, Melodrama, Political	Smart Female Lead, Strong Female Lead, Power S...	#72	8.6
32	Six Flying Dragons	2015	Oct 5, 2015 - Mar 22, 2016	Monday, Tuesday	50	SBS	60 min.	15+ - Teens 15 or older	A fiction historical drama about the ambition,...	Yoo Ah In, Kim Myung Min, Shin Se Kyung, Byun ...	Action, Historical, Drama, Political	Revolution, Power Struggle, Political Intrigue...	#33	8.8

에피소드가 가장 많았던 드라마는 〈Once Again〉이었다.

5) 데이터의 빈도수

드라마 개봉 연도(Year of release) 기준으로 데이터 빈도수를 확인한다.

드라마 개봉 연도(Year of release)별 개수

```
count=drama['Year of release'].value_counts()
count
pd.DataFrame(count)
```

실행 결과

	Year of release
2021	19
2020	17
2017	16
2019	15
2018	10
2016	8
2013	5
2014	4
2015	3
2012	2
2003	1

드라마 방영 개수가 가장 많았던 연도는 2021년, 가장 적었던 연도는 2003년이었다.

드라마 평점(Rating)별 개수

```
count=drama['Rating'].value_counts(ascending=True)
count
pd.DataFrame(count)
```

실행 결과

	Rating
9.2	1
9.1	5
8.9	5
9.0	9
8.5	15
8.8	16
8.7	24
8.6	25

네트워크(Network)별 개수

```
count=drama['Network'].value_counts()
pd.DataFrame(count)
```

실행 결과

	Network
tvN	19
SBS	17
Netflix, tvN	16
KBS2	10
MBC	9
jTBC	8
Netflix	7
OCN	7
Netflix, SBS	2
jTBC, Netflix	2
Netflix, OCN	1
jTBC, Viki	1
KBS2, Netflix	1

'Network' 칼럼의 경우 어떤 네트워크를 통해 드라마가 방영되는지를 나타내고 있으므로 몇 가지 네트워크가 겹쳐서 나타나고 있음을 확인할 수 있다.

(2) 데이터 선택하기

1) 특정 칼럼 선택

추출할 열 이름을 리스트 목록에 저장한 다음 []에 전달하면 데이터프레임에서 여러 열을 선택할 수 있다.

드라마 이름과 평점 선택하기

```
drama[['Name', 'Rating']]
# drama.loc[:, ['Name', 'Rating']]
# drama.iloc[:,[0,-1]]
```

실행 결과

	Name	Rating
0	Move to Heaven	9.2
1	Hospital Playlist	9.1
2	Flower of Evil	9.1
3	Hospital Playlist 2	9.1
4	My Mister	9.1
...	...	...
95	Vagabond	8.5
96	Doctor John	8.5
97	When the Camellia Blooms	8.5
98	Because This Is My First Life	8.5
99	Fight For My Way	8.5

100 rows × 2 columns

열 이름을 사용하여 열을 선택하려는 경우 loc(), 열 인덱스를 사용하여 추출하려면 iloc()를 사용할 수 있다.

2) 특정 조건에 맞는 데이터 선택

조건에 맞는 데이터 선택: 에피소드가 가장 많은 드라마

```
d=drama['Number of Episode']==drama['Number of Episode'].max()
drama[d]
```

실행 결과

	Name	Year of release	Aired Date	Aired On	Number of Episode	Network	Duration	Content Rating	Synopsis	Cast	Genre	Tags	Rank	Rating
81	Once Again	2020	Mar 28, 2020 - Sep 13, 2020	Saturday, Sunday	100	KBS2	35 min.	15+ - Teens 15 or older	"Once Again" is the story of the eventful Song...	Chun Ho Jin, Cha Hwa Yun, Lee Jung Eun, Oh Dae...	Comedy, Romance, Drama, Family	Divorce, Family Relationship, Multiple Couples...	#82	8.6

조건에 맞는 데이터 선택: 에피소드가 가장 적은 드라마

```
d=drama['Number of Episode']==drama['Number of Episode'].min()
drama[d]['Name']
```

실행 결과

```
16                      Kingdom
23                         D.P.
24                      Kingdom
45    Arthdal Chronicles Part 2
47    Arthdal Chronicles Part 3
92    Arthdal Chronicles Part 1
Name: Name, dtype: object
```

에피소드가 가장 많은 드라마와 가장 적은 드라마 정보를 출력한 결과 가장 많은 에피소드를 기록한 드라마는 〈Once Again〉이며, 가장 적은 에피소드를 가진 드라마는 6개임을 알 수 있다.

조건에 맞는 데이터 선택: 방영 중인 드라마 네트워크(Network)가 'Netflix'인 드라마

```
d=drama['Network'].str.contains('Netflix')
drama[d].head()
```

실행 결과

	Name	Year of release	Aired Date	Aired On	Number of Episode	Network	Duration	Content Rating	Synopsis	Cast	Genre	Tags	Rank	Rating
0	Move to Heaven	2021	May 14, 2021	Friday	10	Netflix	52 min.	18+ Restricted (violence & profanity)	Geu Roo is a young autistic man. He works for ...	Lee Je Hoon, Tang Jun Sang, Hong Seung Hee, Ju...	Life, Drama, Family	Autism, Uncle-Nephew Relationship, Death, Sava...	#1	9.2
1	Hospital Playlist	2020	Mar 12, 2020 - May 28, 2020	Thursday	12	Netflix, tvN	1 hr. 30 min.	15+ - Teens 15 or older	The stories of people going through their days...	Jo Jung Suk, Yoo Yeon Seok, Jung Kyung Ho, Kim...	Friendship, Romance, Life, Medical	Strong Friendship, Multiple Mains, Best Friend...	#2	9.1
3	Hospital Playlist 2	2021	Jun 17, 2021 - Sep 16, 2021	Thursday	12	Netflix, tvN	1 hr. 40 min.	15+ - Teens 15 or older	Everyday is extraordinary for five doctors and...	Jo Jung Suk, Yoo Yeon Seok, Jung Kyung Ho, Kim...	Friendship, Romance, Life, Medical	Workplace, Strong Friendship, Best Friends, Mu...	#4	9.1
5	Prison Playbook	2017	Nov 22, 2017 - Jan 18, 2018	Wednesday, Thursday	16	Netflix, tvN	1 hr. 32 min.	15+ - Teens 15 or older	Kim Je Hyuk, a famous baseball player, is arre...	Park Hae Soo, Jung Kyung Ho, Krystal Jung, Im ...	Comedy, Crime, Life, Drama	Prison, Bromance, Wrongfully Accused, Life Les...	#6	9.1
7	It's Okay to Not Be Okay	2020	Jun 20, 2020 - Aug 9, 2020	Saturday, Sunday	16	Netflix, tvN	1 hr. 15 min.	15+ - Teens 15 or older	Moon Gang Tae is a community health worker at ...	Kim Soo Hyun, Seo Yea Ji, Oh Jung Se, Park Gyu...	Psychological, Comedy, Romance, Drama	Sibling Relationship, Melodrama, Mental Health...	#8	9.0

조건에 맞는 데이터 선택: 'Netflix' 또는 'tvN'에서 방영되는 드라마 검색

```
d=drama['Network'].str.contains('Netflix | tvN')
drama[d].head()
```

실행 결과

	Name	Year of release	Aired Date	Aired On	Number of Episode	Network	Duration	Content Rating	Synopsis	Cast	Genre	Tags	Rank	Rating
0	Move to Heaven	2021	May 14, 2021	Friday	10	Netflix	52 min.	18+ Restricted (violence & profanity)	Geu Roo is a young autistic man. He works for ...	Lee Je Hoon, Tang Jun Sang, Hong Seung Hee, Ju...	Life, Drama, Family	Autism, Uncle-Nephew Relationship, Death, Sava...	#1	9.2
1	Hospital Playlist	2020	Mar 12, 2020 - May 28, 2020	Thursday	12	Netflix, tvN	1 hr. 30 min.	15+ - Teens 15 or older	The stories of people going through their days...	Jo Jung Suk, Yoo Yeon Seok, Jung Kyung Ho, Kim...	Friendship, Romance, Life, Medical	Strong Friendship, Multiple Mains, Best Friend...	#2	9.1
3	Hospital Playlist 2	2021	Jun 17, 2021 - Sep 16, 2021	Thursday	12	Netflix, tvN	1 hr. 40 min.	15+ - Teens 15 or older	Everyday is extraordinary for five doctors and...	Jo Jung Suk, Yoo Yeon Seok, Jung Kyung Ho, Kim...	Friendship, Romance, Life, Medical	Workplace, Strong Friendship, Best Friends, Mu...	#4	9.1
5	Prison Playbook	2017	Nov 22, 2017 - Jan 18, 2018	Wednesday, Thursday	16	Netflix, tvN	1 hr. 32 min.	15+ - Teens 15 or older	Kim Je Hyuk, a famous baseball player, is arre...	Park Hae Soo, Jung Kyung Ho, Krystal Jung, Im ...	Comedy, Crime, Life, Drama	Prison, Bromance, Wrongfully Accused, Life Les...	#6	9.1
7	It's Okay to Not Be Okay	2020	Jun 20, 2020 - Aug 9, 2020	Saturday, Sunday	16	Netflix, tvN	1 hr. 15 min.	15+ - Teens 15 or older	Moon Gang Tae is a community health worker at ...	Kim Soo Hyun, Seo Yea Ji, Oh Jung Se, Park Gyu...	Psychological, Comedy, Romance, Drama	Sibling Relationship, Melodrama, Mental Health...	#8	9.0

조건에 맞는 데이터 선택: 'Netflix'와 'tvN'에서 둘 다 방영되는 드라마 검색

```
target=['Netflix', 'tvN']
d=drama['Network'].map(lambda x: all(string in x for string in target))
drama[d].head()
```

실행 결과

	Name	Year of release	Aired Date	Aired On	Number of Episode	Network	Duration	Content Rating	Synopsis	Cast	Genre	Tags	Rank	Rating
1	Hospital Playlist	2020	Mar 12, 2020 - May 28, 2020	Thursday	12	Netflix, tvN	1 hr. 30 min.	15+ - Teens 15 or older	The stories of people going through their days...	Jo Jung Suk, Yoo Yeon Seok, Jung Kyung Ho, Kim...	Friendship, Romance, Life, Medical	Strong Friendship, Multiple Mains, Best Friend...	#2	9.1
3	Hospital Playlist 2	2021	Jun 17, 2021 - Sep 16, 2021	Thursday	12	Netflix, tvN	1 hr. 40 min.	15+ - Teens 15 or older	Everyday is extraordinary for five doctors and...	Jo Jung Suk, Yoo Yeon Seok, Jung Kyung Ho, Kim...	Friendship, Romance, Life, Medical	Workplace, Strong Friendship, Best Friends, Mu...	#4	9.1
5	Prison Playbook	2017	Nov 22, 2017 - Jan 18, 2018	Wednesday, Thursday	16	Netflix, tvN	1 hr. 32 min.	15+ - Teens 15 or older	Kim Je Hyuk, a famous baseball player, is arre...	Park Hae Soo, Jung Kyung Ho, Krystal Jung, Im ...	Comedy, Crime, Life, Drama	Prison, Bromance, Wrongfully Accused, Life Les...	#6	9.1
7	It's Okay to Not Be Okay	2020	Jun 20, 2020 - Aug 9, 2020	Saturday, Sunday	16	Netflix, tvN	1 hr. 15 min.	15+ - Teens 15 or older	Moon Gang Tae is a community health worker at ...	Kim Soo Hyun, Seo Yea Ji, Oh Jung Se, Park Gyu...	Psychological, Comedy, Romance, Drama	Sibling Relationship, Melodrama, Mental Health...	#8	9.0
11	Navillera	2021	Mar 22, 2021 - Apr 27, 2021	Monday, Tuesday	12	Netflix, tvN	1 hr. 5 min.	15+ - Teens 15 or older	A 70-year-old with a dream and a 23-year-old w...	Park In Hwan, Song Kang, Na Moon Hee, Hong Seu...	Friendship, Life, Drama, Family	Ballet, Dream, Life Lesson, Old-Young Generati...	#12	9.0

특정 문자열을 포함하는 데이터를 선택하기 위해 `str.contains` 메서드를 이용하여 특정 문자를 포함하는지를 알 수 있다. 두 단어 이상의 포함 여부는 OR 연산과 AND 연산을 사용하여 특정 문자열이 포함된 데이터를 추출할 수 있다.

조건에 맞는 데이터 선택: 드라마 개봉 연도가 2015~2020년인 데이터

```
d=(drama['Year of release']>=2015) & (drama['Year of release']<=2020)
drama[d].head()
```

실행 결과

	Name	Year of release	Aired Date	Aired On	Number of Episode	Network	Duration	Content Rating	Synopsis	Cast	Genre	Tags	Rank	Rating
1	Hospital Playlist	2020	Mar 12, 2020 - May 28, 2020	Thursday	12	Netflix, tvN	1 hr. 30 min.	15+ - Teens 15 or older	The stories of people going through their days...	Jo Jung Suk, Yoo Yeon Seok, Jung Kyung Ho, Kim...	Friendship, Romance, Life, Medical	Strong Friendship, Multiple Mains, Best Friend...	#2	9.1
2	Flower of Evil	2020	Jul 29, 2020 - Sep 23, 2020	Wednesday, Thursday	16	tvN	1 hr. 10 min.	15+ - Teens 15 or older	Although Baek Hee Sung is hiding a dark secret...	Lee Joon Gi, Moon Chae Won, Jang Hee Jin, Seo ...	Thriller, Romance, Crime, Melodrama	Married Couple, Deception, Suspense, Family Se...	#3	9.1
4	My Mister	2018	Mar 21, 2018 - May 17, 2018	Wednesday, Thursday	16	tvN	1 hr. 17 min.	15+ - Teens 15 or older	Park Dong Hoon is a middle-aged engineer who i...	Lee Sun Kyun, IU, Park Ho San, Song Sae Byuk, ...	Psychological, Life, Drama, Family	Age Gap, Nice Male Lead, Strong Female Lead, H...	#5	9.1
5	Prison Playbook	2017	Nov 22, 2017 - Jan 18, 2018	Wednesday, Thursday	16	Netflix, tvN	1 hr. 32 min.	15+ - Teens 15 or older	Kim Je Hyuk, a famous baseball player, is arre...	Park Hae Soo, Jung Kyung Ho, Krystal Jung, Im ...	Comedy, Crime, Life, Drama	Prison, Bromance, Wrongfully Accused, Life Les...	#6	9.1
6	Reply 1988	2015	Nov 6, 2015 - Jan 16, 2016	Friday, Saturday	20	tvN	1 hr. 40 min.	15+ - Teens 15 or older	Five childhood friends, who all live in the sa...	Lee Hye Ri, Go Kyung Pyo, Ryu Joon Yeol, Park ...	Comedy, Romance, Youth, Family	Neighbors, Slice Of Life, Childhood Friends, M...	#7	9.0

조건이 2개 이상인 경우에는 괄호(())로 묶는다. |는 or 연산자, &는 and 연산자, ~은 not 연산자이다.

(3) 데이터 가공 및 그룹핑

1) 특정 칼럼 삭제

데이터 분석에 필요 없는 방영일(Aired Date), 에피소드 길이(Duration), 줄거리(Synopsis), 출연자(Cast), 태그(Tags) 칼럼을 삭제하고 새로운 데이터프레임(newdrama)을 생성한 후 칼럼을 확인한다.

여러 칼럼 삭제하기

```
col=['Aired Date', 'Duration', 'Synopsis', 'Cast', 'Tags']
newdrama=drama.drop(col, axis=1)
newdrama.columns
```

실행 결과

```
Index(['Name', 'Year of release', 'Aired On', 'Number of Episode', 'Network',
       'Content Rating', 'Genre', 'Rank', 'Rating'],
      dtype='object')
```

2) 칼럼 이름 변경

영문 칼럼명을 한글 칼럼명으로 변경하기

```
newdrama.columns=['이름', '개봉년도', '요일', '에피소드수', '네트워크',
'등급', '장르', '순위', '평점']
newdrama.columns
```

실행 결과

```
Index(['이름', '개봉년도', '요일', '에피소드수', '네트워크', '등급', '장르', '순위', '평점'], dtype='object')
```

3) 칼럼 생성하기

특정 칼럼의 문자열 단어 개수를 확인한 후 새로운 칼럼을 생성한다.

새로운 칼럼 생성하기: 장르 개수

```
newdrama['장르개수']=newdrama['장르'].str.count(',')+1
newdrama.head()
```

실행 결과

	이름	개봉년도	요일	에피소드수	네트워크	등급	장르	순위	평점	장르개수
0	Move to Heaven	2021	Friday	10	Netflix	18+ Restricted (violence & profanity)	Life, Drama, Family	#1	9.2	3
1	Hospital Playlist	2020	Thursday	12	Netflix, tvN	15+ - Teens 15 or older	Friendship, Romance, Life, Medical	#2	9.1	4
2	Flower of Evil	2020	Wednesday, Thursday	16	tvN	15+ - Teens 15 or older	Thriller, Romance, Crime, Melodrama	#3	9.1	4
3	Hospital Playlist 2	2021	Thursday	12	Netflix, tvN	15+ - Teens 15 or older	Friendship, Romance, Life, Medical	#4	9.1	4
4	My Mister	2018	Wednesday, Thursday	16	tvN	15+ - Teens 15 or older	Psychological, Life, Drama, Family	#5	9.1	4

새로운 칼럼 생성하기: 네트워크 개수

```
newdrama['네트워크개수']=newdrama['네트워크'].str.count(',')+1
newdrama.head()
```

실행 결과

	이름	개봉년도	요일	에피소드수	네트워크	등급	장르	순위	평점	장르개수	네트워크개수
0	Move to Heaven	2021	Friday	10	Netflix	18+ Restricted (violence & profanity)	Life, Drama, Family	#1	9.2	3	1
1	Hospital Playlist	2020	Thursday	12	Netflix, tvN	15+ - Teens 15 or older	Friendship, Romance, Life, Medical	#2	9.1	4	2
2	Flower of Evil	2020	Wednesday, Thursday	16	tvN	15+ - Teens 15 or older	Thriller, Romance, Crime, Melodrama	#3	9.1	4	1
3	Hospital Playlist 2	2021	Thursday	12	Netflix, tvN	15+ - Teens 15 or older	Friendship, Romance, Life, Medical	#4	9.1	4	2
4	My Mister	2018	Wednesday, Thursday	16	tvN	15+ - Teens 15 or older	Psychological, Life, Drama, Family	#5	9.1	4	1

4) 칼럼 기준으로 그룹화하기

groupby() 함수를 사용하여 통계량을 요약할 수 있다.

한 열을 기준으로 그룹화하기: 개봉 연도별 평점의 평균

```
d=newdrama.groupby('개봉년도')['평점'].mean()
pd.DataFrame(d)
```

실행 결과

개봉년도	평점
2003	8.600000
2012	8.550000
2013	8.580000
2014	8.700000
2015	8.833333
2016	8.750000
2017	8.662500
2018	8.790000
2019	8.646667
2020	8.752941
2021	8.810526

한 열을 기준으로 그룹화하기: 개봉 연도별 드라마 개수

```
d=newdrama.groupby('개봉년도')['이름'].count()
pd.DataFrame(d)
```

실행 결과

	이름
개봉년도	
2003	1
2012	2
2013	5
2014	4
2015	3
2016	8
2017	16
2018	10
2019	15
2020	17
2021	19

여러 열을 기준으로 그룹화하기: 개봉 연도, 평점별 드라마 개수

```
d=newdrama.groupby(['개봉년도', '평점'])['이름'].count()
pd.DataFrame(d).head(10)
```

실행 결과

		이름
개봉년도	평점	
2003	8.6	1
2012	8.5	1
	8.6	1
2013	8.5	1
	8.6	4
2014	8.6	2
	8.7	1
	8.9	1
2015	8.7	1
	8.8	1

(4) 데이터 시각화

1) 선 그래프 그리기

선 그래프: 개봉 연도별 평점의 평균에 대한 시각화

```
import matplotlib.pyplot as plt
import numpy as np
data=newdrama.groupby('개봉년도')['평점'].mean()
plt.figure(figsize=(16,10))
plt.plot(data, color='r', marker='o')
plt.xticks(np.arange(2003,2022))
plt.xlabel('개봉년도')
plt.ylabel('평점의 평균')
plt.grid()
plt.show()
```

실행 결과

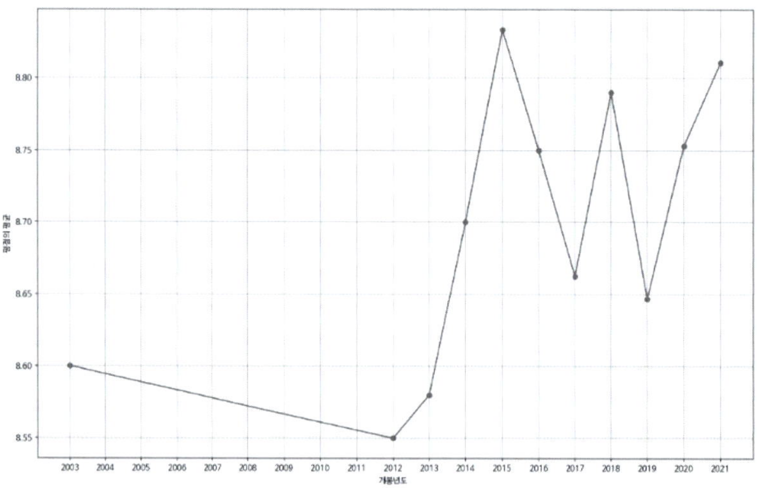

실행 결과를 보면 개봉 연도별 평점의 평균은 2012년도가 가장 낮았으며, 2015년도가 가장 높았음을 알 수 있다.

2) 막대 그래프 그리기

막대 그래프: 개봉 연도별 장르 개수 TOP 5 시각화

```
import pandas as pd
import matplotlib.pyplot as plt
top5=newdrama['개봉년도'].value_counts().head(5)
plt.figure(figsize=(16, 10))
plt.bar(top5.index, top5, color='g')
plt.xlabel('개봉년도')
plt.ylabel('장르개수')
plt.title('개봉년도별 장르개수 TOP5')
plt.grid()
plt.show()
```

실행 결과

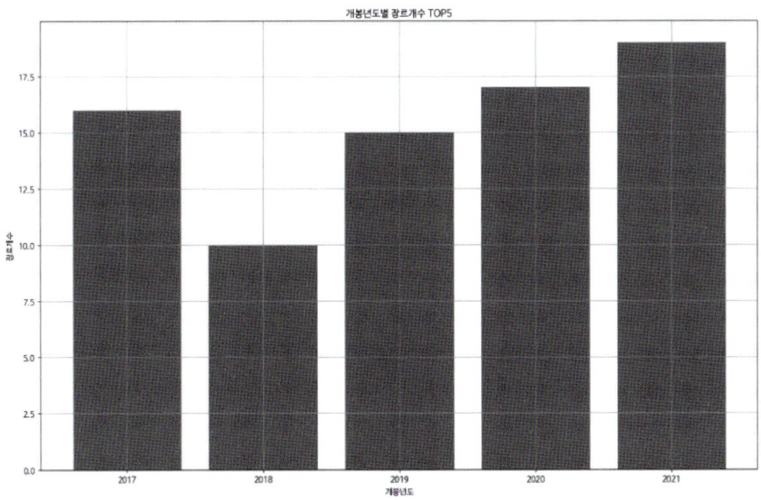

실행 결과를 보면 개봉 연도별 TOP 5 장르 개수는 2018년도가 10개로 가장 낮았으며, 2021년도가 가장 높았음을 알 수 있다.

3) 선 그래프와 막대 그래프 그리기 1

선 그래프와 막대 그래프: 개봉 연도별 드라마 수 시각화

```
import numpy as np
import pandas as pd
import matplotlib.pyplot as plt
year_Count=newdrama.groupby('개봉년도').size()
plt.figure(figsize=(16, 10))
plt.plot(year_Count, color='r', marker='o')
plt.bar(year_Count.index, year_Count, color='g')
plt.xticks(np.arange(2003, 2022))
plt.xlabel('Year of release')
plt.ylabel('Count')
plt.grid()
plt.show()
```

실행 결과

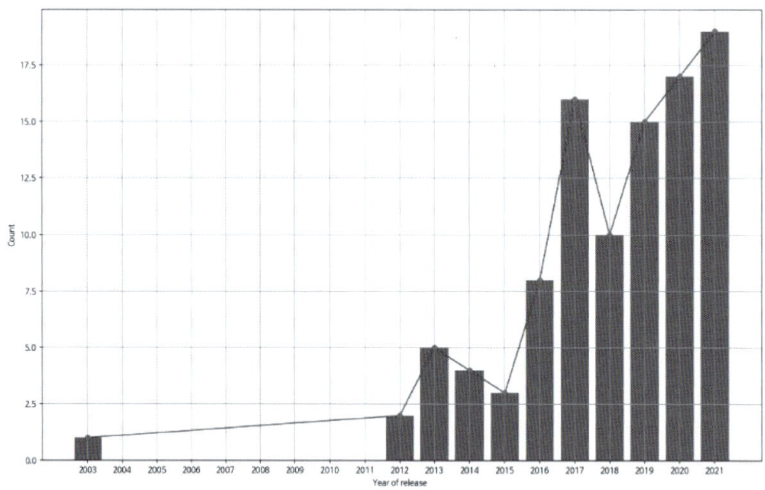

실행 결과를 보면 2021년에 출시된 드라마가 가장 많은 비중을 차지하고 있음을 확인할 수 있다.

4) 선 그래프와 막대 그래프 그리기 2

장르별 빈도수 구하기

```
from collections import Counter
newdrama['장르'] = newdrama['장르'].str.strip()
genre_list = list()
for genres in newdrama['장르'].to_list():
    genres = genres.split(", ")
    for gen in genres:
        genre_list.append(gen)
genre_df = pd.DataFrame.from_dict(Counter(genre_list),
orient = 'index').rename(columns = 0:'Count')
genre_df.sort_values('Count', ascending = False, inplace = True)
genre_df.head()
```

실행 결과

	Count
Drama	52
Romance	49
Comedy	36
Mystery	33
Thriller	33

선 그래프와 막대 그래프: 장르별 드라마 수 시각화

```
plt.figure(figsize=(25, 10))
plt.plot(genre_df, color='r', marker='o')
plt.bar(genre_df.index, genre_df.Count)
plt.title('장르별 드라마 개수')
plt.xlabel('Genre')
plt.ylabel('Count')
plt.show()
```

실행 결과

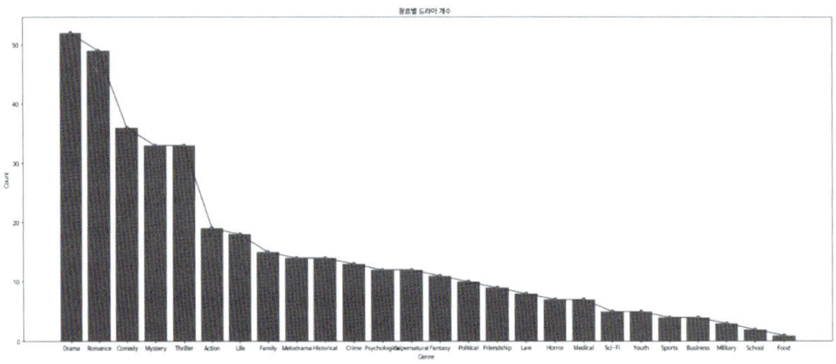

실행 결과를 장르로 구분해보면 드라마, 로맨스, 코미디 순으로 높은 빈도를 보인다.

연습 문제

[준비 파일: top100_kdrama.csv] [데이터프레임 명: kdrama]

1 다음은 데이터를 불러온 다음 'tvN' 방영드라마를 검색하고 상위 5행을 출력하는 코드이다. 빈칸에 가장 알맞은 코드를 완성하시오.

```
import pandas as pd
kdrama=pd.read_csv('top100_kdrama.csv')
tvN=________________________________________
kdrama[tvN].head(5)[['Name', 'Network']]
```

실행 결과

	Name	Network
1	Hospital Playlist	Netflix, tvN
2	Flower of Evil	tvN
3	Hospital Playlist 2	Netflix, tvN
4	My Mister	tvN
5	Prison Playbook	Netflix, tvN

2 드라마 평가 점수의 최대와 최솟값을 구하고 가장 높은 점수를 받은 드라마의 이름과 평가 점수를 출력하는 코드를 완성하시오.

```
kdrama['Rating'].max(), kdrama['Rating'].min()
________________________________________________________
kdrama[d]
```

실행 결과

```
(9.2, 8.5)
```

	Name	Rating
0	Move to Heaven	9.2

드라마 평가 점수의 최대와 최소를 구해보니 각각 9.2점과 8.5점임을 알 수 있다. 가장 높은 점수인 9.2점을 받은 드라마는 'Move to Heaven'이었다.

3-1 다음은 드라마에 참여한 작품이 많은 배우들을 출력하는 코드이다. 빈칸에 가장 알맞은 코드를 완성하시오

```
cast_list = list()

for casts in kdrama['Cast'].to_list():




cast_df = pd.DataFrame.from_dict(Counter(cast_list), orient = 'index').rename(columns = 0:'Appearance')
________________________________________
cast_df.head()
```

실행 결과

	Appearance
Lee Joon Hyuk	6
Jung Kyung Ho	5
Kim Ji Won	5
Song Joong Ki	5
Ji Sung	4

실행 결과를 보면 Top 100 순위권에 든 한국 드라마 중 이준혁, 정경호, 김지원, 송중기, 지성이 참여한 작품이 많다는 것을 확인할 수 있다.

3-2 문제 3-1의 완성된 코드를 이용하여 다음과 같이 배우별 드라마 수 TOP 5에 대한 막대 그래프를 완성하는 코드를 작성하시오.

```
top5_df=cast_df.head()
plt.figure(figsize=(25, 10))
______________________________________________
plt.title('Actors and actresses in the drama TOP5')
______________________________
______________________________
plt.show()
```

실행 결과

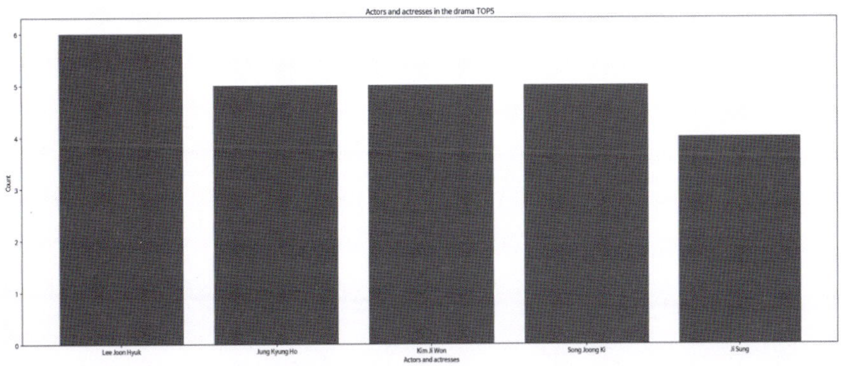

4-1 content rating은 대한민국의 영상물 등급 제도를 말한다. 등급(`Rating`)별 드라마 빈도수를 출력하고 선 그래프로 시각화하시오.

```
rating=______________________________
rating
```

실행 결과

```
15+ - Teens 15 or older              88
18+ Restricted (violence & profanity)  10
13+ - Teens 13 or older               2
Name: 등급, dtype: int64
```

만 15세 이상 관람가 등급에 해당하는 드라마가 88개로 가장 많이 차지하고 있음을 확인할 수 있다.

4-2 문제 4-1의 완성된 코드를 이용하여 다음과 같이 배우별 드라마 수 TOP 5에 대한 선 그래프와 막대 그래프를 완성하는 코드를 작성하시오.

```
plt.figure(figsize=(16, 10))


plt.xlabel('등급별')
plt.ylabel('개수')
plt.title('등급별 개수')
plt.grid()
plt.show()
```

실행 결과

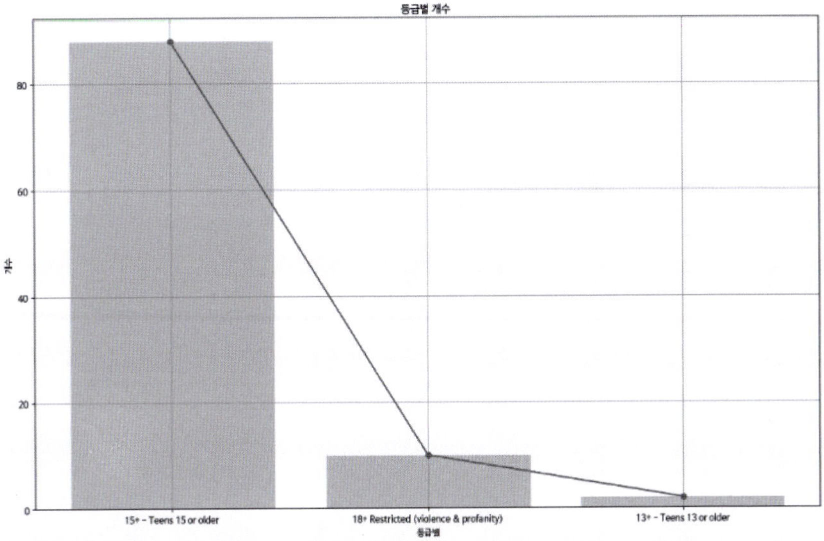
등급별 개수
개수
80
60
40
20
0
15+ - Teens 15 or older
18+ Restricted (violence & profanity)
13+ - Teens 13 or older
등급별

PART

3 HOW

머신러닝을 이용한 빅데이터 분석 실습

데이터 다듬기 7

7.1 머신러닝 단계
7.2 탐색적 데이터 분석
7.3 전처리 방법
7.4 제로콜라와 기온 속성 간에는 관련이 있을까?
7.5 데이터 탐색과 전처리 실습

학습목표

- 머신러닝 단계에서 전처리가 필요한 이유를 설명할 수 있다.
- 전처리 과정에 필요한 작업이 무엇인지 알고, 데이터를 가공할 수 있다.

CHAPTER

7 데이터 다듬기

7.1 머신러닝 단계

머신러닝은 수많은 데이터를 학습하여 스스로 데이터 간의 규칙을 발견하고 발견한 규칙을 새로운 입력 데이터에 적용하여 분류하거나 예측하는 기술이다. 다음의 예를 살펴보자. 기온과 아이스크림 데이터가 주어질 때 컴퓨터는 아이스크림 데이터의 특성과 규칙을 학습하여 기온 데이터로 아이스크림 양을 예측할 수 있다. 예측하는 방법은 데이터를 학습하여 y=ax+b라는 회귀모델에서 a와 b를 스스로 찾은 후, 새로운 기온 데이터를 입력했을 때 아이스크림 양을 예측하는 것이다.

표 7-1 기온과 아이스크림 데이터

기온(℃)	26	39	38	34	31	33
아이스크림(개수)	20	30	29	26	24	25

머신러닝은 1장에서 언급한 내용과 같이 데이터를 어떻게 학습하느냐에 따라 크게 3가지로 구분한다. 지도학습은 데이터와 정답을 함께 제공하는 학습 방법이고, 비지도학습은 정답이 없는 데이터를 제공하는 학습 방법이며, 강화학습은 여러 번의 시행착오로 얻은 행동에 대한 보상이 최대가 되도록 강화시키는 학습 방법이다. 지도학습

과 비지도학습은 어디에 사용할 수 있을까? 지도학습은 집값을 예측하거나, 암의 발생 유무를 예측하는 데 사용할 수 있다. 비지도학습은 소비 취향이 비슷한 사람들을 그룹화하는 데 사용할 수 있다.

표 7-2 머신러닝의 종류

지도학습	비지도학습	강화학습
- 정답이 있는 데이터 - 데이터의 분류/예측	- 정답이 없는 데이터 - 데이터의 숨겨진 규칙 및 관계를 분석하여 군집화	- 데이터 필요 없음 - 행동에 따른 보상 학습

머신러닝으로 빅데이터를 분석하는 과정은 5단계로 진행한다. 데이터 수집 단계, 데이터 탐색 및 전처리 단계, 중요한 특성을 추출하는 단계, 머신러닝 단계, 모델의 정확도 검증 단계이다.

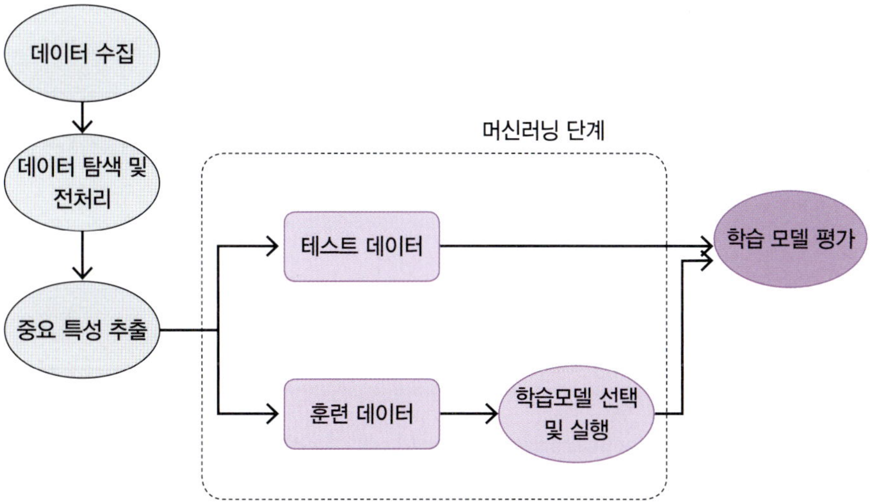

그림 7-1 머신러닝으로 빅데이터 분석하기

이번 장에서는 수집한 데이터를 머신러닝에 적합하게 다듬는 과정인 데이터 탐색과 전처리에 대해 학습하고자 한다.

7.2 탐색적 데이터 분석

수집한 데이터는 곧바로 분석하기는 어렵기에 탐색적 데이터 분석을 통해 결측치 처리, 이상치 제거, 표준화, 데이터형의 변환, 차원 축소와 같은 작업을 수행해야 한다. 이와 같은 작업을 탐색적 데이터 분석이라 한다. 머신러닝의 데이터 탐색 및 전처리 단계에 탐색적 데이터 분석을 사용한다. 탐색적 분석의 시작점은 개별 속성의 값을 관찰하는 것이다. 이를 위해 원본 데이터를 관찰하거나 다양한 요약 통계값을 확인하고 적절한 시각화를 사용한다.

(1) 원본 데이터 관찰

원본 데이터를 관찰하는 방법은 데이터 파일을 읽어서 데이터를 구성하는 항목의 수, 속성 목록, null 값, 속성별 데이터 형을 확인한다. 또한, 데이터의 head와 tail, 속성별 범위 등도 확인한다. 판다스의 info()를 통해 전체 데이터의 항목수와 속성 목록 및 데이터 형을 확인할 수 있으며, isnull()을 사용하여 null 값이 있는지도 확인할 수 있다.

데이터 정보 확인하기

```
import pandas as pd
import numpy as np
df = pd.DataFrame(np.random.randn(8, 3), columns=['C1', 'C2', 'C3'])
df.loc[2, 'C2'] = np.nan
df.loc[3, 'C2'] = np.nan
df.info()
```

실행 결과

```
<class 'pandas.core.frame.DataFrame'>
RangeIndex: 8 entries, 0 to 7
Data columns (total 3 columns):
 #   Column  Non-Null Count  Dtype
---  ------  --------------  -----
 0   C1      8 non-null      float64
 1   C2      6 non-null      float64
 2   C3      8 non-null      float64
dtypes: float64(3)
memory usage: 320.0 bytes
```

데이터 결측치 확인하기

```
import pandas as pd
import numpy as np
df = pd.DataFrame(np.random.randn(8, 3), columns=['C1', 'C2', 'C3'])
df.loc[2, 'C2'] = np.nan
df.loc[3, 'C2'] = np.nan
df.isnull().sum()
```

실행 결과

```
C1    0
C2    2
C3    0
dtype: int64
```

(2) 요약통계값 확인

요약통계값은 기술통계 기법을 의미한다. 기술통계 기법을 통해 수집한 데이터에서 대표성을 지닌 값이 무엇인지, 어떤 값에 집중되어 있는지를 확인할 수 있다.

1) 수치 데이터 요약 통계

판다스에서 기본 값으로 describe()를 통해 수치 데이터에 대한 평균, 표준편차, 중간값, 사분위수, 최댓값, 최솟값을 확인할 수 있다.

표 7-3 수치 데이터 요약 통계

수치 데이터 요약 통계: pandas.describe()	
count	데이터의 개수
mean	평균
std	표준편차
min	최솟값
max	최댓값

수치 데이터 요약 통계 확인

```
import pandas as pd
import numpy as np
data = {'학번' : range(2000, 2010), '성적' : [85, 95, 75, 70, 100, 100, 95, 85, 80, 85], '전공':['컴퓨터공학', '컴퓨터공학', '화학공학', '기계공학', '전자공학', '수학교육', '건축공학', '항공시스템공학', '컴퓨터공학', np.nan]}
df=pd.DataFrame(data)
df=df.astype({'학번':object}) # 학번을 문자열로 변환
df.describe()
```

실행 결과

```
        성적
count   10.000000
mean    87.000000
std     10.327956
min     70.000000
25%     81.250000
50%     85.000000
75%     95.000000
max     100.000000
```

2) 문자열 데이터 요약 통계

판다스에서 문자열로 구성된 속성은 describe(include='object')를 통해 수치 데이터의 개수, 고유한 데이터의 값, 가장 빈도수가 많은 데이터의 개수, 빈도수가 가장 높은 데이터의 빈도수를 확인할 수 있다.

표 7-4 문자열 데이터 요약 통계

문자열 데이터 요약 통계: pandas.describe(include='object')	
count	데이터의 개수
unique	고유 데이터의 값
top	가장 많이 출현한 데이터의 개수
freq	가장 많이 출현한 데이터의 빈도수

문자열 데이터 요약 통계 확인

```
import pandas as pd
import numpy as np
data = {'학번' : range(2000, 2010), '성적' : [85, 95, 75, 70, 100, 100, 95, 85, 80, 85], '전공':['컴퓨터공학', '컴퓨터공학', '화학공학', '기계공학', '전자공학', '수학교육', '건축공학', '항공시스템공학', '컴퓨터공학', np.nan]}
df=pd.DataFrame(data)
df=df.astype({'학번':object}) # 학번을 문자열로 변환
df.describe(include='object')
```

실행 결과

```
        학번    전공
count   10     9
unique  10     7
top     2000   컴퓨터공학
freq    1      3
```

(3) 시각화

4장과 5장에서 다룬 matplotlib 또는 시본 라이브러리를 통해 데이터를 시각화하여 나타낼 수 있다.

1) 데이터 분포 확인

히스토그램을 사용하면 한 개 변수에 대한 빈도 분포를 나타내므로 한눈에 알아보기 쉽게 나타낼 수 있다.

히스토그램으로 데이터 분포 확인 예

```
# import pandas as pd
# import numpy as np
# data = '학번' : range(2000, 2010), '성적' : [85, 95, 75, 70, 100, 100, 95, 85, 80, 85], '전공':['컴퓨터공학', '컴퓨터공학', '화학공학', '기계공학', '전자공학', '수학교육', '건축공학', '항공시스템공학', '컴퓨터공학', np.nan]
# df=df.astype('학번':object) # 학번을 문자열로 변환
# df=pd.DataFrame(data)
df.hist(figsize=(20, 10), grid=False, layout=(2, 4), bins = 30)
```

실행 결과

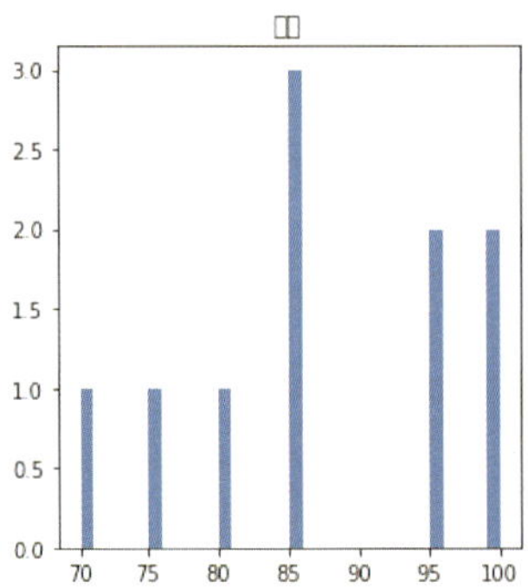

2) 이상치 확인

데이터를 히스토그램, 산점도(Scatteroplot), 박스플롯으로 시각화하면 쉽게 이상치를 탐지할 수 있다.

박스플롯으로 이상치 확인하기

```
import pandas as pd
import numpy as np
import matplotlib.pyplot as plt
import seaborn as sns

df = pd.DataFrame(np.random.randn(20, 3), columns=['C1', 'C2', 'C3'])
df.loc[1, 'C1']=11
df.loc[3, 'C3']=-10
plt.boxplot([df['C1'], df['C3']])

```

실행 결과

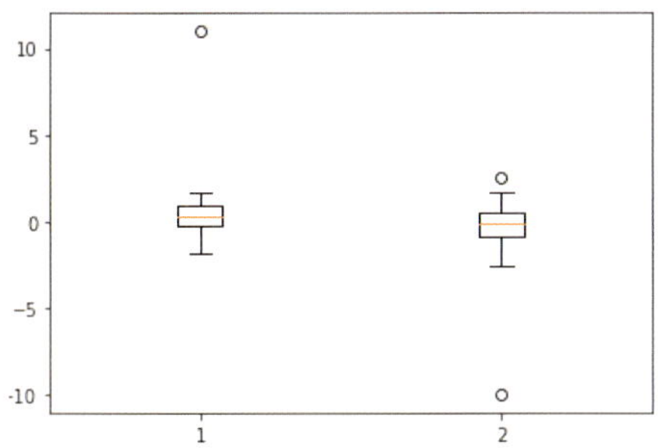

이상치는 대부분 데이터의 범위에서 벗어나 극단적으로 크거나 작은 값을 의미한다. 박스플롯에서 최대값과 최소값을 벗어난 값을 이상치라고 판단한다. 박스플롯으로 시각화한 결과를 보면 (1, 10), (2, −10), (2, 3)이 이상치라는 것을 확인할 수 있다.

산점도(scatterplot)로 이상치 확인하기

```
import pandas as pd
import numpy as np
import matplotlib.pyplot as plt
import seaborn as sns

df = pd.DataFrame(np.random.randn(20, 3), columns=['C1', 'C2', 'C3'])
df.loc[1, 'C1']=11
df.loc[3, 'C3']=-10
plt.scatter(x = df['C1'], y = df['C3'])
plt.grid(True)
```

실행 결과

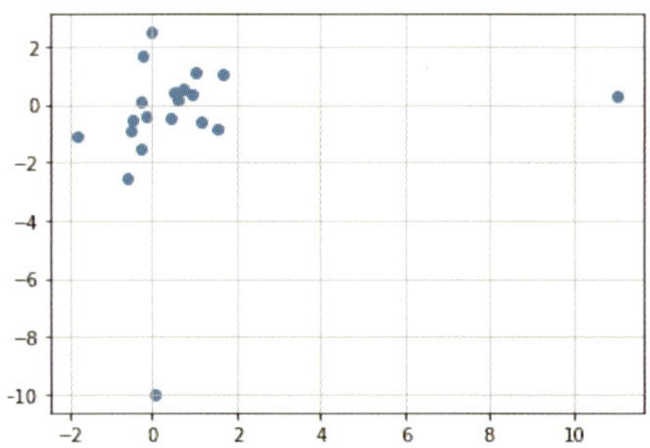

산점도에서는 대부분의 데이터가 분포되어 있는 영역에서 벗어난 것이 이상치이다.

3) 상관관계 확인

히트맵으로 상관관계함수(corr())를 이용하여 변수 간의 상관관계가 높은 것을 찾아낼 수 있다. 상관관계를 사용하면 주요 특성을 파악하는 데 쉽다.

히트맵을 이용하여 상관관계 확인

```
import pandas as pd
import numpy as np
import matplotlib.pyplot as plt
import seaborn as sns

df = pd.DataFrame(np.random.randn(20, 3), columns=['C1', 'C2', 'C3'])
df.loc[1, 'C1']=11
df.loc[3, 'C3']=-10
sns.heatmap(df.corr(), annot=True)

```

실행 결과

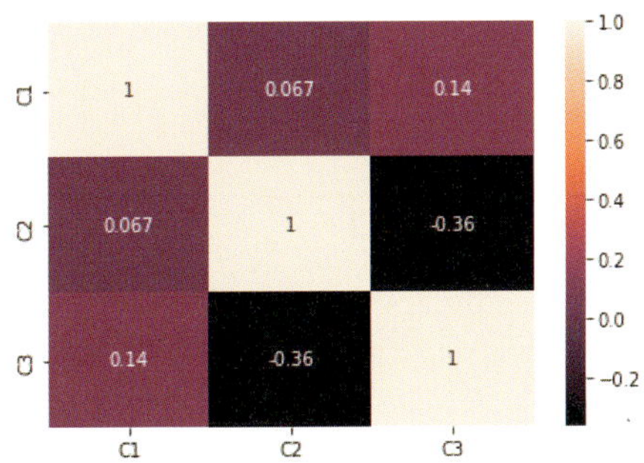

상관계수는 두 변수 사이의 관련성 정도를 나타내는 값으로 |1|에 가까울수록 높은 상관관계를 의미한다.

표 7-5 상관계수의 의미

절대값	의미
0.9~1	매우 높은 상관관계
0.7~0.9	높은 상관관계
0.4~0.7	다소 높은 상관관계
0.2~0.4	낮은 상관관계

앞에서 히트맵으로 표현한 상관계수를 보면 C2와 C3는 다소 높은 음의 상관관계를 가지고 있음을 알 수 있다.

Note

측정치(scale value)는 '한 대상의 어떤 속성의 크기(magnitude)'이다. 척도란 우리가 일반적으로 설문지에서 사용하는 리커트척도(Likert Scale)처럼 측정을 위해 사용하는 도구를 말한다. 이러한 척도는 일반적으로 명목척도, 서열척도, 간격척도, 비율척도로 구분한다.
명목척도와 서열척도는 빈도수를 정량화할 수 있어서 범주형 데이터라고 한다. 간격척도와 비율척도는 사칙연산이 가능하므로 평균과 편차를 계산하여 다양한 통계 방법을 적용할 수 있어서 연속형 데이터라 한다.

① 명목척도

속성을 숫자로 식별하기 위한 목적으로 사용하기 때문에 숫자의 크기는 의미가 없다(예: 서울시 1, 세종시 2). 범주형 자료이기 때문에 사칙연산, 함수 적용이 어렵다.

② 서열척도

명목척도의 특성을 가지고 있으면서 크기 순서대로 서열화가 가능하다. 서열 간의 간격이 다르기 때문에 '순서'만을 의미한다(예: 1등, 2등…). 명목척도와 마찬가지로 범주형 자료이기 때문에 사칙연산, 함수 적용이 어렵다.

③ 간격척도

서열척도의 특성을 가지고 서로의 간격이 같아 고정된 측정 단위로 표현된다. 또한, 간격 간의 차이도 의미가 있어 덧셈과 뺄셈이 가능하다. 온도는 간격척도이다. 절대영점은 '온도가 없다'라는 것이 아니라 물이 어느 온도인지를 의미하기 때문에 임의의 영점이 된다(예: 온도, 토익 성적, 리커트척도). 간격척도는 연속형 자료이기 때문에 평균과 분산 등을 계산할 수 있다.

④ 비율척도

간격척도의 특성을 갖고 있고 크기의 비교가 가능하다. 또한, 절대 영점이 있다. 다양한 사칙연산, 평균을 이용하여 다양한 통계 방법을 활용할 수 있다(예: 길이, 무게, 시간, 거리, 각도, 나이, 기간, 기업 규모).

7.3 전처리 방법

(1) 데이터 타입의 변환

함수를 통해 일괄적으로 데이터 타입을 변경한다.

datetime()으로 타입 일괄 변경의 예

```
import pandas as pd
d=pd.DataFrame({'date':['2020-01-03',
'2021-11-22', '2023-01-05'],
'name':['J', 'Y', 'O']})
d=pd.to_datetime(d.date, format='%Y-%m-%d')
d
```

실행 결과

```
0    2020-01-03
1    2021-11-22
2    2023-01-05
Name: date, dtype:
datetime64[ns]
```

(2) 결측치 처리

결측값은 제거하거나 특정 값으로 채울 수 있다(fillna()).

결측값을 0으로 채우기

```
import pandas as pd
import numpy as np
df = pd.DataFrame(np.random.randn(15, 3), columns=['C1', 'C2', 'C3'])
df.loc[1, 'C2'] = np.nan
df.loc[3, 'C2'] = np.nan
# df
df = df.fillna(0)
df
```

실행 결과

	C1	C2	C3
0	-0.008049	-1.184495	1.467986
1	0.596381	0.000000	-0.275579
2	0.087217	1.017862	0.166472
3	-0.520654	0.000000	-0.703302
4	-0.038587	-0.886586	0.906200
5	-0.413036	0.786523	-0.217631
6	-1.590689	0.908454	0.237483
7	-1.125809	1.670296	0.806050
8	-1.442383	-0.613982	0.466890
9	-0.195840	0.811782	0.670193
10	-1.276882	1.366865	-1.595001
11	0.895712	2.281689	0.514438
12	-0.110325	-0.377618	-0.799212
13	-0.251152	0.729603	0.413344
14	0.702368	-2.397071	-0.124608

수치형 데이터의 경우 평균, 중앙값 등 대푯값으로 대체할 수 있다.

결측값을 평균으로 채우기

```
import pandas as pd
import numpy as np
df=pd.DataFrame(np.random.randn(8, 3), columns=['C1', 'C2', 'C3'])
df.loc[2, 'C2'] = np.nan
df.loc[3, 'C2'] = np.nan
df
df2=df.fillna(df.mean())
df2
```

실행 결과

```
          C1        C2        C3
0   0.903592  1.489286 -2.183471
1  -0.469284  0.338051 -1.052581
2  -0.323433  0.173724 -0.332736
3   0.827945  0.338051 -0.040223
4   0.451731 -1.325611  0.564322
5  -0.227553  0.151833  0.074076
6   0.105069  0.804794  0.866161
7   0.056019 -0.880329  0.349458
8  -0.249535 -0.490163 -0.795793
9   2.150184  1.928751 -0.587702
10 -0.917052  0.149380 -0.656695
11  0.436192 -0.273774  1.503636
12 -0.759411  1.971492  0.554237
13 -0.521971  0.870208 -0.193937
14 -0.171930 -0.174935  0.630302
```

1) 카테고리 데이터의 최빈값 대체

카테고리형 데이터의 경우 mode()를 사용하여 최빈값으로 대체할 수 있다. mode()를 사용할 때 [0]을 입력해야 에러가 발생하지 않는다.

최빈값으로 결측값 채우기

```
import pandas as pd
import numpy as np
data = {'학번' : range(2000, 2010), '성적' : [85, 95, 75, 70, 100,
100, 95, 85, 80, 85], '전공':['컴퓨터공학', np.nan, np.nan, '기계공학',
'전자공학', '수학교육', '건축공학', '항공시스템공학', '컴퓨터공학', np.nan]}
df=pd.DataFrame(data)
df=df.fillna(df['전공'].mode()[0])
df['전공']
```

실행 결과

```
0       컴퓨터공학
1       컴퓨터공학
2       컴퓨터공학
3       기계공학
4       전자공학
5       수학교육
6       건축공학
7       항공시스템공학
8       컴퓨터공학
9       컴퓨터공학
Name: 전공, dtype: object
```

2) 결측치 행 삭제

샘플수가 많은 경우 결측치가 발생한 행을 모두 삭제할 수 있다. 만약 목적변수(target)에 결측치가 있다면 삭제하도록 한다.

결측행 삭제

```
import pandas as pd
import numpy as np
data = {'학번' : range(2000, 2010), '성적' : [85, 95, 75, 70, 100, 100, 95, 85, 80, 85], '전공':['컴퓨터공학', np.nan,np.nan, '기계공학', '전자공학', '수학교육', '건축공학', '항공시스템공학', '컴퓨터공학', np.nan]}
df=pd.DataFrame(data)
df=df.dropna()
df
```

실행 결과

	학번	성적	전공
0	2000	85	컴퓨터공학
3	2003	70	기계공학
4	2004	100	전자공학
5	2005	100	수학교육
6	2006	95	건축공학
7	2007	85	항공시스템공학
8	2008	80	컴퓨터공학

(3) 이상치 처리

정규분포를 가정하고 양끝의 데이터를 이상치로 판정한 후 제거한다. 이는 시각화 방법(히스토그램, 박스플롯)을 활용하면 용이하게 찾을 수 있다.

이상치 찾아 제거하기

```
import pandas as pd
import numpy as np
import matplotlib.pyplot as plt
import seaborn as sns

df = pd.DataFrame(np.random.randn(8, 3), columns=['C1', 'C2', 'C3'])
df.loc[1, 'C1']=11
df.loc[3, 'C3']=-10
plt.boxplot([df['C1'], df['C2']])
df=df.drop(df[df.C1>10].index)
df
```

실행 결과

```
          C1        C2         C3
0   0.054312 -1.074193  -1.074925
2  -1.355003  0.315292  -0.475517
3   0.682197 -0.039638 -10.000000
4  -0.263734 -1.906600   0.552270
5   0.119409 -0.149861  -0.364986
6  -0.970319 -0.628781   0.699701
7   0.334986 -1.598839   1.350235
```

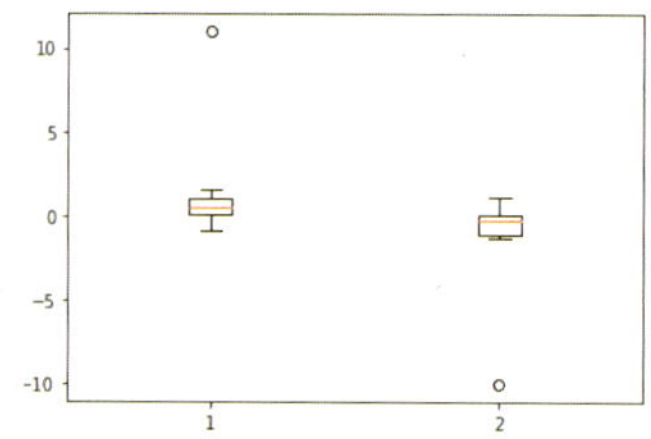

7.4 제로콜라와 기온 속성 간에는 관련이 있을까?

수집된 데이터는 정형 데이터와 비정형 데이터로 표현할 수 있다. 정형 데이터는 csv나 스프레드시트처럼 표 형식으로 표현할 수 있는 데이터를 의미한다. 비정형 데이터는 이미지, 음성, 영상, 텍스트와 같이 크기가 크고 정해진 틀이 없는 데이터를 의미한다. 정형 데이터와 비정형 데이터에 따라 전처리 방법도 달라진다. 네이버 데이터랩과 기상청에서 제공하는 데이터를 활용하여 데이터를 탐색하고 전처리 방법을 학습한다.

(1) 문제 정의

자판기 매니저는 자판기에 제로콜라를 얼마나 채워야 하는지 알 수 없다. 어느 날은 제로콜라가 품절되기도 하고 제로콜라만 남기도 한다. 이를 위해 제로콜라를 예측하는 프로그램을 만들고자 한다. 이때 제로콜라를 예측할 수 있도록 하는 주요 특성이 무엇인지 찾아보자.

(2) 데이터 속성 설명

데이터셋은 총 5개의 속성으로 구성되어 있고 각 속성은 다음과 같은 특징을 가지고 있다.

표 7-6 데이터셋의 속성의 특징

속성 명	속성 정보
date	날짜
mean	평균기온
min	최저기온
max	최고기온
zero-coke	제로콜라 판매량

(3) 원본 데이터 관찰하기

1) 데이터 정보와 내용 확인

판다스를 사용해 데이터 세트를 읽어온 후, 데이터의 정보와 내용을 확인한다.

데이터 정보 확인하기

```
import pandas as pd
df=pd.read_csv('/content/기온과제로콜라.csv')
df.info()
```

실행 결과

```
<class 'pandas.core.frame.DataFrame'>
RangeIndex: 366 entries, 0 to 365
Data columns (total 5 columns):
 #   Column     Non-Null Count  Dtype
---  ------     --------------  -----
 0   date       366 non-null    object
 1   mean       366 non-null    float64
 2   min        365 non-null    float64
 3   max        366 non-null    float64
 4   zero_coke  366 non-null    int64
dtypes: float64(3), int64(1), object(1)
memory usage: 14.4+ KB
```

전체 데이터는 총 366개의 행이고 5개의 칼럼으로 구성되어 있다. zero-coke는 정수형, date는 문자열, 나머지 속성은 모두 실수형인 것을 알 수 있다.

데이터 내용 확인하기

```
df.head()
```

실행 결과

	date	mean	min	max	zero_coke
0	2021-09-24	21.8	16.7	26.9	58
1	2021-09-25	21.2	18.7	23.1	54
2	2021-09-26	22.6	18.4	27.3	77
3	2021-09-27	21.6	18.7	25.0	100
4	2021-09-28	21.5	19.6	24.4	77

2) 결측치 확인하기

결측치 확인

```
df.isnull().sum()
```

실행 결과

```
date         0
mean         0
min          1
max          0
zero_coke    0
dtype: int64
```

최저기온에 결측치가 1개 있음을 확인할 수 있다.

(4) 요약 통계값 확인하기

판다스에서 제공하는 describe()를 사용하여 통계값을 확인한다.

결측치 확인

```
df.describe()
```

실행 결과

	mean	min	max	zero_coke
count	366.000000	365.000000	366.000000	366.000000
mean	13.556011	9.522466	18.236612	41.893443
std	10.749479	11.146055	10.566594	16.789824
min	-12.100000	-15.500000	-7.300000	6.000000
25%	5.025000	0.700000	9.300000	30.000000
50%	14.700000	10.400000	20.150000	44.000000
75%	22.875000	18.900000	27.275000	54.000000
max	30.900000	27.400000	36.100000	100.000000

제로콜라는 최소 6개에서 최대 100개까지 판매되었다는 것을 알 수 있다.

(5) 전처리하기

최저기온에 대한 결측치가 1개 있고, 해당 데이터 행을 삭제하더라도 전체 데이터에 큰 문제가 없을 것으로 판단되기에 결측치가 발생한 행을 삭제한다.

결측치 제거 및 확인

```
df=df.dropna(axis=0)
df.isnull().sum()
```

실행 결과

```
date        0
mean        0
min         0
max         0
zero_coke   0
dtype: int64
```

(6) 시각화로 표현

앞에서 통계량을 확인하였지만, 한눈에 파악하기는 어려운 점이 있다. 또한, 제로콜라와 관련된 속성이 무엇인지 찾아내야 한다. 이때 시각화를 사용하면 쉽게 속성을 파악할 수 있고 속성 간의 관계도 확인이 가능하다.

1) 히스토그램으로 속성별 분포 확인

판다스에서 제공하는 hist()를 사용하여 속성별 데이터 분포를 확인해본다.

속성별 분포 확인

```
import matplotlib.pyplot as plt

df.hist(figsize=(20, 10), grid=False, layout=(2, 4), bins = 30)
```

실행 결과

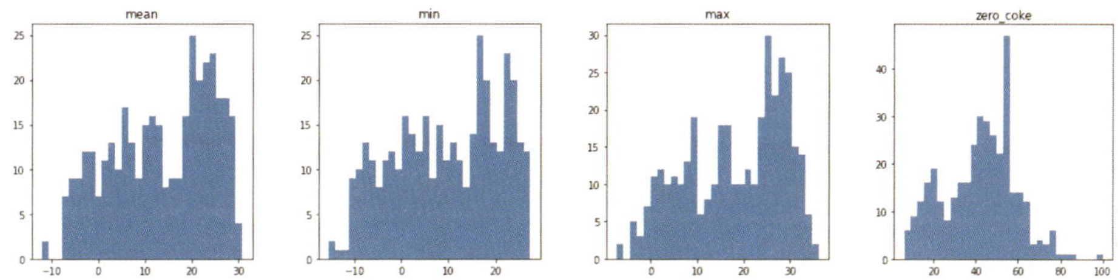

제로콜라는 대체적으로 왼쪽으로 치우친 분포를 보이고 있다.

2) pairplot()으로 각 속성의 관계 확인

각 속성 간의 관계

```
import numpy as np
# 수치형 데이터만 추출하여 num_features에 저장
num_features = df.select_dtypes(include=[np.number]).columns
sns.pairplot(df[num_features])
```

실행 결과

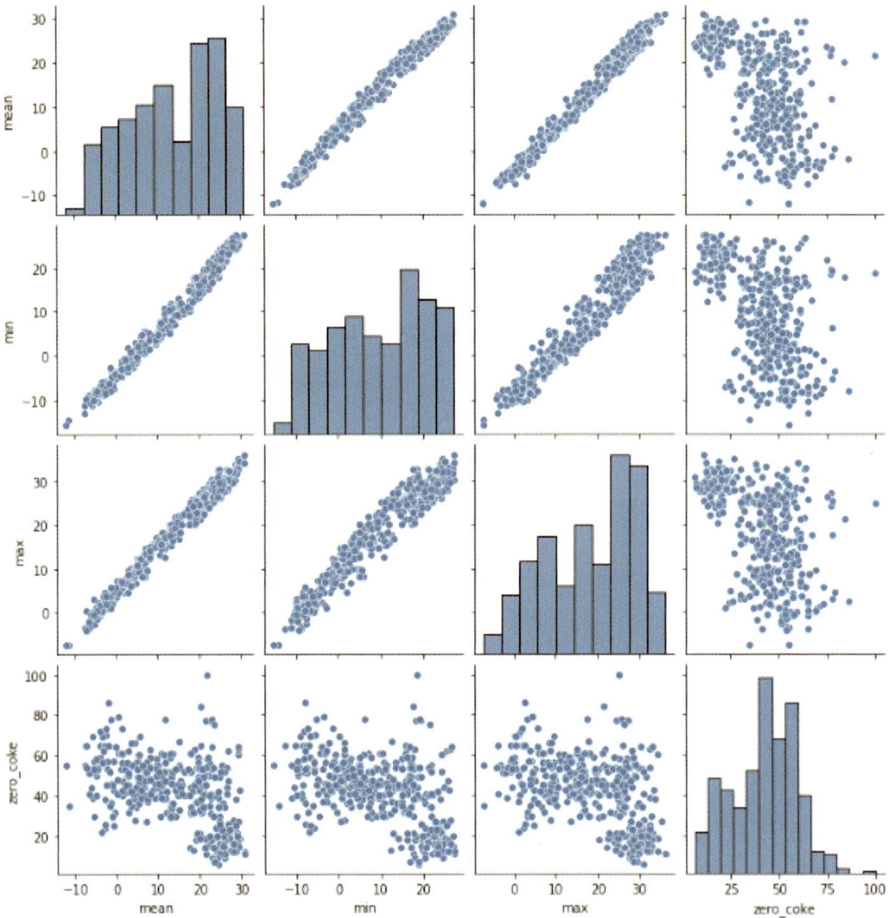

제로콜라는 최저기온, 최고기온, 평균기온 간의 음의 상관관계를 가지고 있는 분포를 보이고 있다.

(7) 상관관계 확인하기

판다스에서 제공하는 `corr()`을 이용하여 상관계수를 구하고 상관계수를 가지고 시본에서 제공하는 heatmap()을 사용하면 속성 간의 관계를 한 눈에 파악할 수 있다.

상관관계 확인

```
plt.figure(figsize=(20, 7))
sns.heatmap(df[['mean', 'zero_coke']].corr(), annot=True)
```

실행 결과

제로콜라와 평균기온 간에는 음의 상관관계가 있는 것을 알 수 있다. 상관계수 값이 −0.48로 다소 높은 상관관계임을 의미한다. 겨울철에는 제로콜라의 판매량이 더 많아지고 여름철에는 제로콜라의 판매량이 적어진다는 의미로도 해석할 수 있다.

7.5 데이터 탐색과 전처리 실습

케글에서 제공하는 전복 데이터셋을 활용하여 정형 데이터의 전처리 방법을 실습해 보자.

(1) 문제 정의

전복의 나이를 확인하기 위해 껍질을 원뿔 모양으로 자르고, 염색하고, 현미경으로 고리의 수를 세어 확인해야 한다. 이렇게 진행하려면 너무나도 많은 시간이 필요하다.

더 쉽게 나이를 예측하기 위해 전복의 특성이 담긴 데이터를 이용하고자 한다. 전복의 특성이 담긴 데이터들을 머신러닝에 사용할 수 있도록 다듬어보자.

(2) 데이터 속성 설명

전복 데이터셋은 총 9개의 속성이고 각 속성은 다음과 같은 특징을 가지고 있다.

표 7-7 전복 데이터셋의 속성 특징

속성 명	속성 정보	속성 명	속성 정보
Rings	나이테 개수	Whole weight	전체 무게
Sex	성별(수컷(m), 암컷(f), 유아(i))	Shucked weight	순살 무게
Length	길이	Viscera weight	내장 무게
Diameter	직경	Shell weight	껍질 무게
height	두께		

(3) 원본 데이터 관찰하기

1) 데이터 정보 확인

판다스를 사용해 데이터셋을 읽어온 후 데이터의 정보를 확인한다.

전복 데이터 정보 확인

```
import pandas as pd

df=pd.read_csv('/content/abalone.csv', encoding='utf-8')
df.info()

```

실행 결과

```
<class 'pandas.core.frame.DataFrame'>
RangeIndex: 4177 entries, 0 to 4176
Data columns (total 9 columns):
 #   Column          Non-Null Count  Dtype
---  ------          --------------  -----
 0   Sex             4177 non-null   object
 1   Length          4177 non-null   float64
 2   Diameter        4177 non-null   float64
 3   Height          4177 non-null   float64
 4   Whole weight    4177 non-null   float64
 5   Shucked weight  4177 non-null   float64
 6   Viscera weight  4177 non-null   float64
 7   Shell weight    4177 non-null   float64
 8   Rings           4177 non-null   int64
dtypes: float64(7), int64(1), object(1)
memory usage: 293.8+ KB
```

총 9개의 속성를 확인할 수 있고 4,177개의 데이터가 있다는 것을 알 수 있다. 또한, 각 속성의 데이터 타입도 확인 가능하다. Sex는 문자열이고 나이테 수는 정수형이며, 나머지 속성들은 모두 실수형인 것을 확인할 수 있다(수치만 있는 항목은 int64, 문자열을 포함한 항목은 object이다).

2) 결측치 확인

앞에서 데이터의 전체 크기를 확인하였고 이번에는 데이터 내부를 상세하게 확인해본다. 가장 먼저 isnull()을 사용해 데이터의 행과 열에 null 값이 존재하는지 확인해본다. 결측치가 존재하면 True, 그렇지 않으면 False 값이 출력된다.

칼럼별 결손값 유무 확인

```
df.isnull().sum()
```

실행 결과

```
Sex               0
Length            0
Diameter          0
Height            0
Whole weight      0
Shucked weight    0
Viscera weight    0
Shell weight      0
Rings             0
dtype: int64
```

데이터에 결측치가 있는지 확인한 결과, null 값이 존재하지 않는 것을 알 수 있다.

(4) 요약 통계값 확인

1) 수치형 데이터 통계

수치형 데이터의 통계량은 describe()를 사용하면 손쉽게 알 수 있다.

통계량 확인

```
df.describe()
```

실행 결과

	Length	Diameter	Height	Whole weight	Shucked weight	Viscera weight	Shell weight	Rings
count	4177.000000	4177.000000	4177.000000	4177.000000	4177.000000	4177.000000	4177.000000	4177.000000
mean	0.523992	0.407881	0.139516	0.828742	0.359367	0.180594	0.238831	9.933684
std	0.120093	0.099240	0.041827	0.490389	0.221963	0.109614	0.139203	3.224169
min	0.075000	0.055000	0.000000	0.002000	0.001000	0.000500	0.001500	1.000000
25%	0.450000	0.350000	0.115000	0.441500	0.186000	0.093500	0.130000	8.000000
50%	0.545000	0.425000	0.140000	0.799500	0.336000	0.171000	0.234000	9.000000
75%	0.615000	0.480000	0.165000	1.153000	0.502000	0.253000	0.329000	11.000000
max	0.815000	0.650000	1.130000	2.825500	1.488000	0.760000	1.005000	29.000000

결과에는 count(개수/건수), mean(평균), std(표준편차), min(최솟값), 25%(제1사분위값), 50%(제2사분위값), max(최댓값)가 출력된다. 사분위수에서 50%에 해당하는 제2사분위수는 중앙값과 동일한 의미를 가진다. 나이테의 수(Ring)는 1부터 29까지 있고, 대부분이(75%) 11까지 있다는 것을 알 수 있다. 순살의 무게(Shucked weight)는 0.001부터 1.488까지 있고 대부분이 0.502 정도까지 있다는 것도 확인할 수 있다. 이외에도 전체 무게(Whole weight)가 다른 속성들에 비해 편차가 많이 생기는 것도 알 수 있다. 또한, 높이(Height)만 0이 존재하는 것을 알 수 있다.

describe()로 출력된 결과는 최빈값을 확인하기 어렵기 때문에 판다스의 mode()를 사용하여 최빈값을 확인한다.

최빈값 확인

```
df.mode()
```

실행 결과

	Sex	Length	Diameter	Height	Whole weight	Shucked weight	Viscera weight	Shell weight	Rings
0	M	0.550	0.45	0.15	0.2225	0.175	0.1715	0.275	9.0
1	NaN	0.625	NaN	NaN	NaN	NaN	NaN	NaN	NaN

각 속성은 정규분포는 아니지만, 정규성에 가깝다는 것을 확인할 수 있다(중간값=평균=최빈값).

2) 이상치 제거

통계량에서 두께가 0인 것이 눈에 띈다. 두께(Height)는 0이 될 수 없다. 따라서 두께가 0보다 큰 값으로만 데이터를 추출하여 이상치를 제거한다.

이상치 제거

```
df=df[df.Height>0]
df.Height.min()
```

실행 결과

```
0.01
```

이상치가 잘 제거되었는지 확인한 결과, 두께(Height)의 최솟값이 0.01인 것을 알 수 있다.

3) 나이테 수(Rings)에 따른 전복 개수 확인

나이테 별로 전복의 개수를 확인하기 위해 판다스의 groupby()와 count()를 사용한다.

나이테 수에 따른 전복의 개수

```
df.groupby('Rings').count()
```

실행 결과

Rings	Sex	Length	Diameter	Height	Whole weight	Shucked weight	Viscera weight	Shell weight
1	1	1	1	1	1	1	1	1
2	1	1	1	1	1	1	1	1
3	15	15	15	15	15	15	15	15
4	57	57	57	57	57	57	57	57
5	115	115	115	115	115	115	115	115
6	258	258	258	258	258	258	258	258
7	391	391	391	391	391	391	391	391
8	567	567	567	567	567	567	567	567
9	689	689	689	689	689	689	689	689

·························· 중 략 ····································

16	67	67	67	67	67	67	67	67
17	58	58	58	58	58	58	58	58
18	42	42	42	42	42	42	42	42
19	32	32	32	32	32	32	32	32
20	26	26	26	26	26	26	26	26
21	14	14	14	14	14	14	14	14
22	6	6	6	6	6	6	6	6
23	9	9	9	9	9	9	9	9
24	2	2	2	2	2	2	2	2
25	1	1	1	1	1	1	1	1
26	1	1	1	1	1	1	1	1
27	2	2	2	2	2	2	2	2
29	1	1	1	1	1	1	1	1

가장 많이 차지하는 나이테 수가 9임을 알 수 있다.

4) 나이테 수(Ring)에 따른 순살의 평균 무게 확인

나이테 수별로 전복의 순살 평균 무게를 확인하기 위해 판다스의 groupby()와 통계 함수 mean()을 사용한다.

나이테 수에 따른 순살의 평균 무게

```
df.groupby('Rings')['Shucked weight'].mean()
```

실행 결과

```
Rings
1       0.001000
2       0.004500
3       0.011767
4       0.024719
5       0.061696
6       0.123413
7       0.182657
8       0.293927
9       0.387938
10      0.447217
11      0.503977
12      0.472781
13      0.434638
14      0.427190
15      0.402471
16      0.421716
17      0.467052
18      0.446833
19      0.440625
20      0.458115
21      0.447464
22      0.405000
23      0.399444
24      0.600250
25      0.426500
26      0.384000
27      0.539000
29      0.705500
```

나이테 수가 29인 경우 순살 무게가 0.70으로 가장 무겁고, 나이테 수가 1인 경우 순살 무게가 0.001로 가장 가벼운 것을 알 수 있다.

5) 나이테 수에 따른 전체 무게(Whole weight)와 껍질 무게(Shell weight) 확인

4)에 이어서 나이테 수별로 전복의 전체 평균 무게와 껍질 평균 무게를 확인하기 위해 판다스의 groupby()와 통계함수 mean()을 사용한다.

나이테 수에 따른 전체와 껍질 무게

```
df.groupby('Rings')['Shucked weight', 'Whole weight',
'Shell weight'].mean()
```

실행 결과

Ring	Shuckedweight	Whole weigh	Shell weight
1	0.001000	0.002000	0.001500
2	0.004500	0.015000	0.005000
3	0.011767	0.028400	0.008933
4	0.024719	0.059605	0.018000
5	0.061696	0.125500	0.036770
6	0.123413	0.273713	0.077333
7	0.182657	0.397386	0.111648
8	0.293927	0.641128	0.178721
9	0.387938	0.852013	0.236509
10	0.447217	1.008748	0.282976
11	0.503977	1.142559	0.319866
12	0.472781	1.102904	0.321157
13	0.434638	1.075453	0.320828
14	0.427190	1.079992	0.329960
15	0.402471	1.040951	0.321650
16	0.421716	1.133388	0.377858
17	0.467052	1.234328	0.393414
18	0.446833	1.194333	0.386762
19	0.440625	1.166797	0.365312
20	0.458115	1.251750	0.425885
21	0.447464	1.250607	0.444643
22	0.405000	1.221250	0.390000
23	0.399444	1.170389	0.370556

```
24    0.600250        1.798750        0.632500
25    0.426500        1.406000        0.510000
26    0.384000        1.057500        0.375000
27    0.539000        1.698000        0.705000
29    0.705500        1.807500        0.475000
```

껍질 무게가 가장 많이 나가는 나이테 수는 27이고 나이테 수가 작을수록 껍질 무게도 작다는 것을 알 수 있다. 전체 무게 또한 나이테 수가 작을수록 0에 가깝고, 나이테 수가 크면 1을 넘는다는 것을 확인할 수 있다.

(5) 시각화로 표현

앞에서 통계량을 확인하였지만, 한 눈에 파악하기는 어려운 점이 있다. 또한, 나이테 수와 관련된 속성이 무엇인지 찾아내야 한다. 이때 시각화를 사용하면 쉽게 속성을 파악할 수 있고 속성 간의 관계도 확인 가능하다.

1) 히스토그램으로 속성별 분포 확인

판다스에서 제공하는 `hist()`를 사용하여 속성별 데이터 분포를 확인해본다.

속성별 데이터 분포

```
# 2행 4열로 각 속성의 히스토그램 출력
df.hist(figsize=(20, 10), grid=False, layout=(2, 4), bins = 30)
```

실행 결과

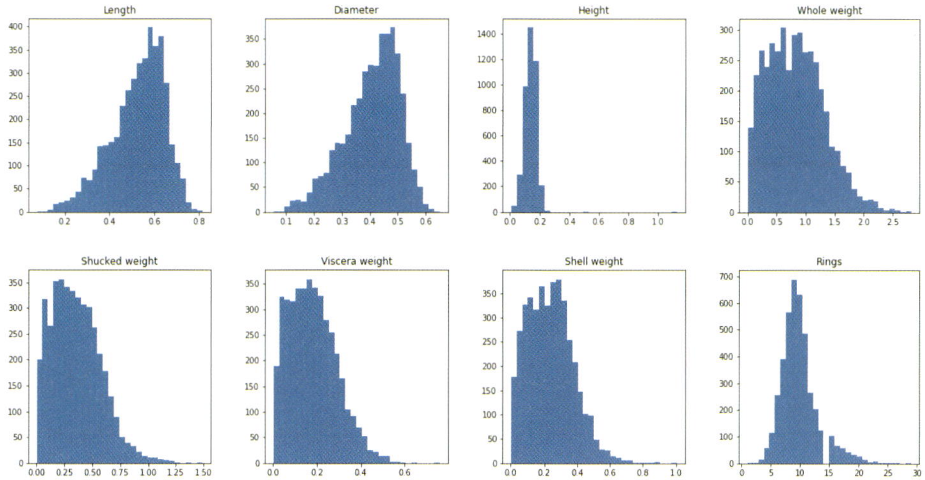

속성별 데이터의 분포 정도를 히스토그램으로 확인한 결과, 높이(Height)가 가장 크게 왼쪽으로 치우친 것을 알 수 있다.

2) countplot()으로 성별에 따른 데이터 분포 확인

시본에서 제공하는 countplot()를 사용하여 성별에 대한 데이터 분포를 확인해본다.

성별의 분포

```
import seaborn as sns
sns.countplot(x = 'Sex', data = df, palette = "Set3")
```

실행 결과

<matplotlib.axes._subplots.AxesSubplot at 0x7f415df8d310>

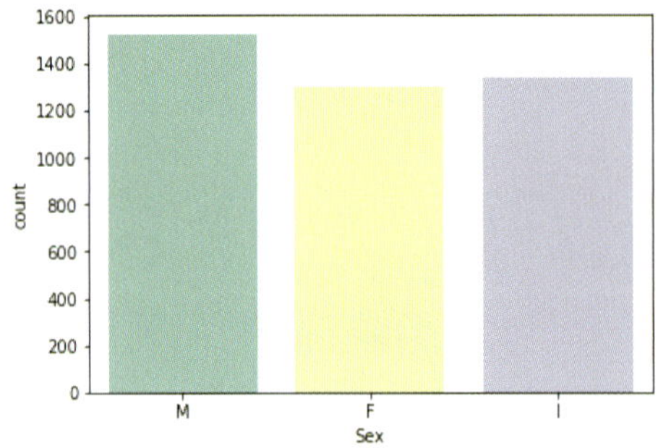

전복의 성별 분포를 확인한 결과, 수컷의 수가 가장 많고 암컷과 유아의 개수가 비슷하게 구성되어 있음을 알 수 있다.

3) swarmplot()과 violinplot()으로 성별에 따른 나이 분포 확인

시본에서 제공하는 swarmplot()과 violinplot()을 사용하여 성별에 대한 데이터 분포를 확인해 본다.

성별에 따른 나이 분포 확인

```
plt.figure(figsize = (20, 7))
sns.swarmplot(x = 'Sex', y = 'Rings', data = df, hue = 'Sex')
sns.violinplot(x = 'Sex', y = 'Rings', data = df)
```

실행 결과

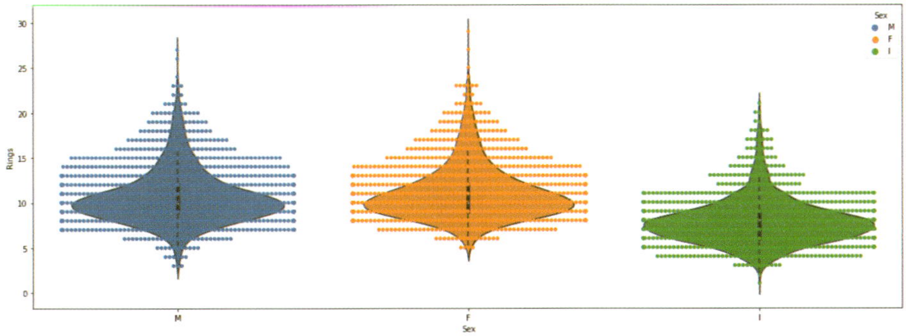

수컷 대부분의 나이테 수는 약 7.5~15이고 암컷 대부분은 8~14이다. 유아는 약 6~12이다.

4) pairplot()으로 각 속성의 변화 확인

시본에서 제공하는 parirplot()을 사용하면 하나의 속성이 다른 속성들과 어떻게 영향을 미치는지 명확하게 확인할 수 있다. pairplot()의 경우 명목척도가 아닌 수치로 구성된 데이터를 사용해야 한다. 이를 위해 numpy를 사용하여 숫자로 구성된 데이터 칼럼들을 따로 추출하여 사용하도록 한다.

각 속성 간의 변화

```
import numpy as np
# 숫자로 구성된 데이터 타입의 칼럼들만 추출하여 num_features에 저장
num_features = df.select_dtypes(include=[np.number]).columns
sns.pairplot(df[num_features])
```

실행 결과

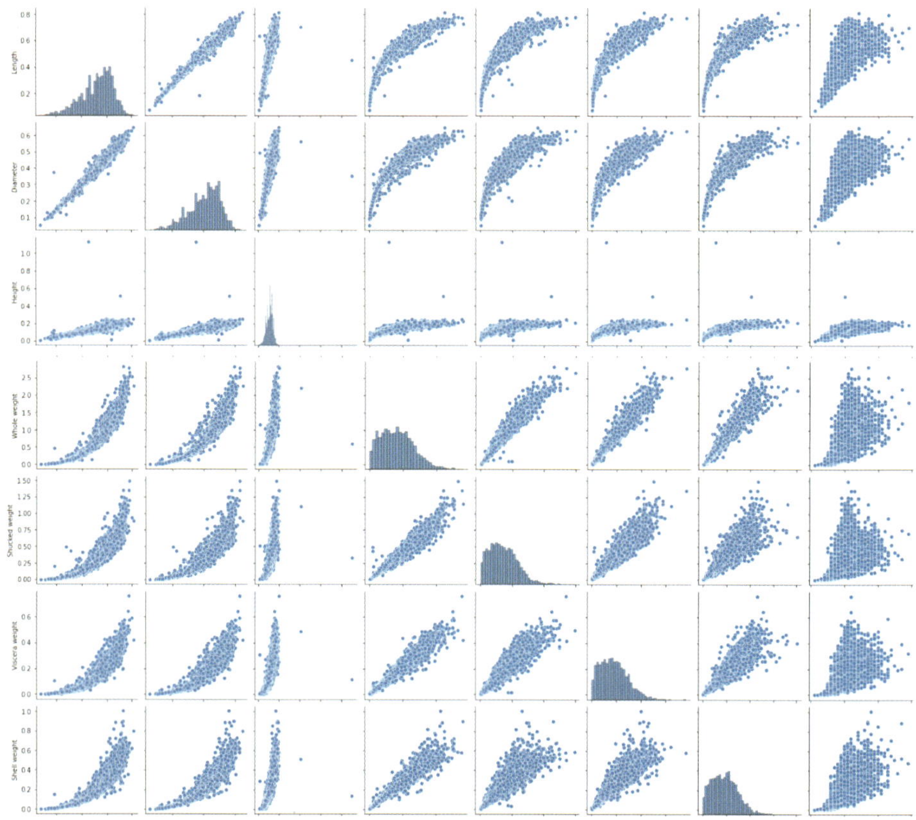

길이(length)와 직경(diameter)은 강력한 상관관계가 있고, 전체 무게(whole weight)는 순살 무게, 내장 무게, 껍질 무게와 높은 상관관계가 있음을 알 수 있다.

5) scatterplot()으로 이상치 확인하고 제거

4)에서 확인한 그래프에서 전체 데이터들과 다르게 따로 떨어져 있는 값들을 확인할 수 있다. 이러한 값을 이상치라고 하며, 분석하는 데 있어서 영향을 줄 수 있으므로 제거해야 한다. 여기서는 `scatterplot()`을 사용하여 이상치를 확인한 후에 판다스의

drop()을 사용하여 제거한다.

① 껍질 무게 이상치

껍질 무게의 이상치 확인

```
var = 'Shell weight'
plt.scatter(x = df[var], y = df['Rings'],)
plt.grid(True)
```

실행 결과

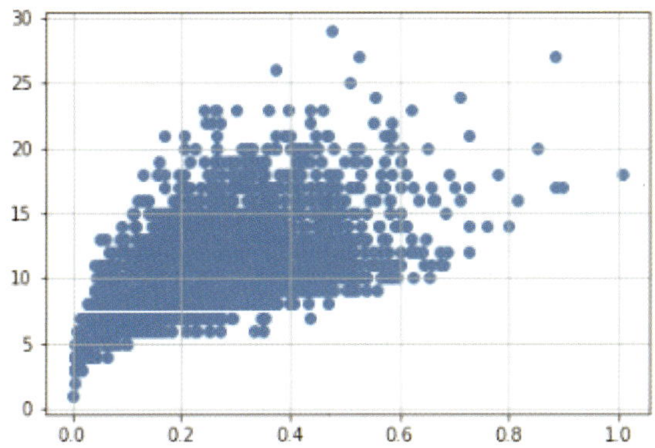

껍질 무게의 이상치는 0.6보다 크고 나이테 수는 25보다 작은 부분이 된다. 또한, 껍질 무게가 0.8보다 크고 나이테 수가 25보다 큰 부분도 이상치에 속한다. 이를 제거하기 위해 판다스의 drop()을 사용한다.

껍질 무게의 이상치 제거

```
df.drop(df[(df['Shell weight'] > 0.6) & (df['Rings'] < 25)].index,
inplace=True)
df.drop(df[(df['Shell weight'] < 0.8) & (df['Rings'] > 25)].index,
inplace=True)
df.drop(df[(df['Shell weight'] > 0.8) & (df['Rings'] > 25)].index,
inplace=True)
var = 'Shell weight'
plt.scatter(x = df[var], y = df['Rings'],)
plt.grid(True)
```

실행 결과

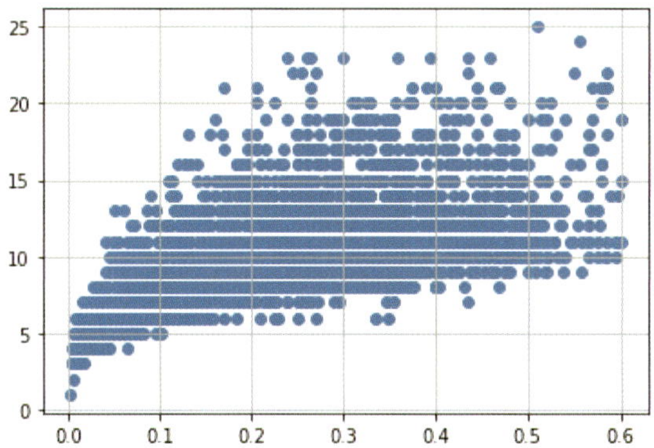

② 내장 무게 이상치

내장 무게의 이상치 확인

```
var = 'Viscera weight'
plt.scatter(x = df[var], y = df['Rings'],)
plt.grid(True)
```

실행 결과

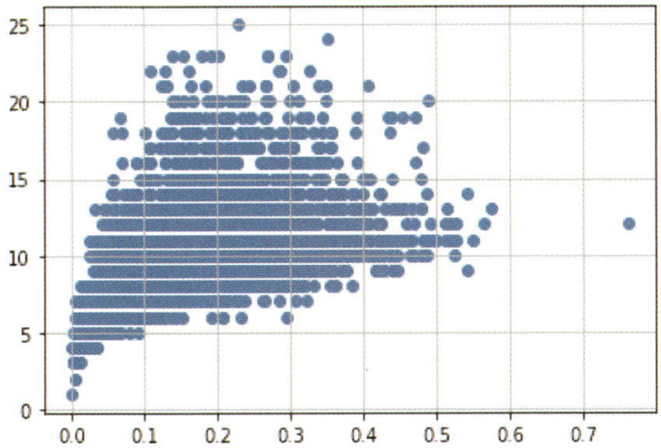

내장 무게의 이상치는 0.5보다 크고 나이테 수는 20보다 작은 부분이 된다. 또한, 내장 무게가 0.5보다 작고 나이테 수가 25보다 크거나 같은 데이터도 이상치에 속한다. 이를 제거하기 위해 판다스의 drop()을 사용한다.

내장 무게의 이상치 확인

```
df.drop(df[(df['Viscera weight'] > 0.5) & (df['Rings'] < 20)].
index, inplace=True)
df.drop(df[(df['Viscera weight'] < 0.5) & (df['Rings'] >= 25)].
index, inplace=True)
var = 'Viscera weight'
plt.scatter(x = data[var], y = data['age'],)
plt.grid(True)
```

실행 결과

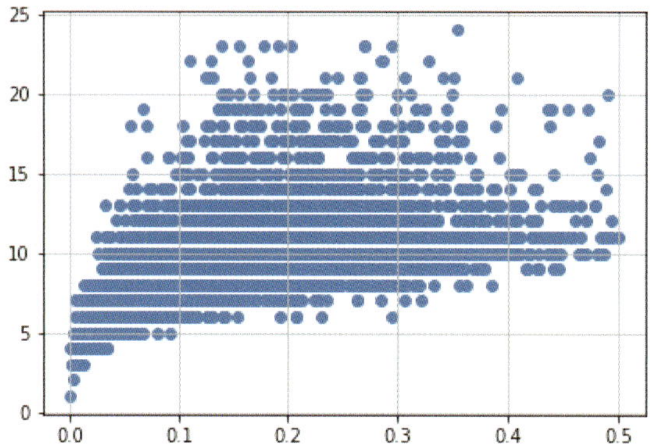

③ 순살 무게 이상치

순살 무게의 이상치 확인

```
var = 'Shucked weight'
plt.scatter(x = df[var], y = df['Rings'])
plt.grid(True)
```

실행 결과

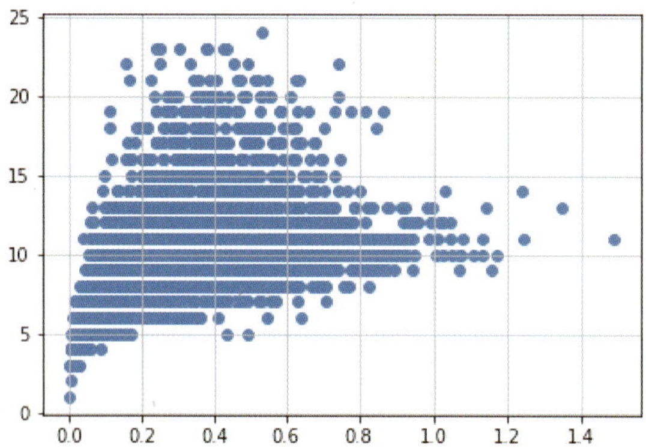

순살 무게의 이상치는 1 이상이고 나이테 수는 20보다 작은 부분이 된다. 또한, 순살 무게가 1보다 작고 나이테 수가 20보다 큰 데이터도 이상치에 속한다. 이를 제거하기 위해 판다스의 drop()을 사용한다.

순살 무게의 이상치 확인

```
df.drop(df[(df['Shucked weight'] >= 1) & (df['Rings'] < 20)].index, inplace=True)
df.drop(df[(df['Shucked weight'] < 1) & (df['Rings'] > 20)].index, inplace=True)
var = 'Shucked weight'
plt.scatter(x = df[var], y = df['Rings'])
plt.grid(True)
```

실행 결과

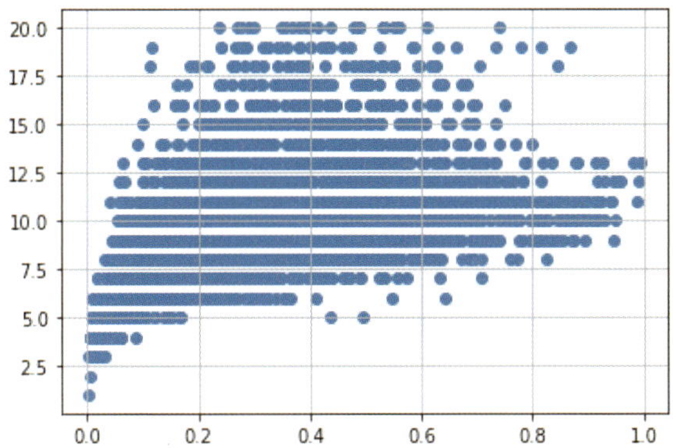

④ 전체 무게 이상치

전체 무게의 이상치 확인

```
var = 'Shucked weight'
plt.scatter(x = df[var], y = df['Rings'])
plt.grid(True)
```

실행 결과

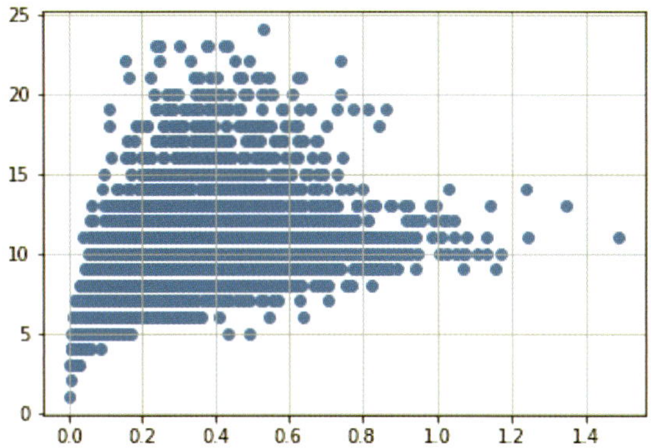

전체 무게의 이상치는 2.0보다 크고 나이테 수는 20 이상인 부분이 된다. 이를 제거하기 위해 판다스의 drop()을 사용한다.

전체 무게의 이상치 제거와 확인

```
df.drop(df[(df['Whole weight'] > 2.0) & (df['Rings'] <= 20)].index,
inplace=True)
var = 'Whole weight'
plt.scatter(x = df[var], y = df['Rings'])
plt.grid(True)
```

실행 결과

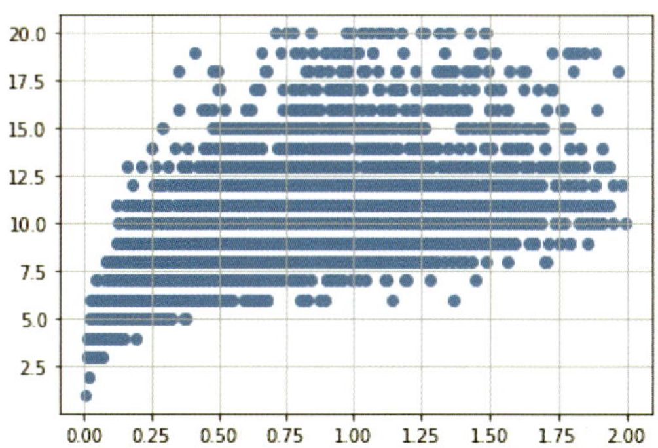

⑤ 직경의 이상치

직경의 이상치 확인

```
var = 'Diameter'
plt.scatter(x = df[var], y = df['Rings'])
plt.grid(True)
```

실행 결과

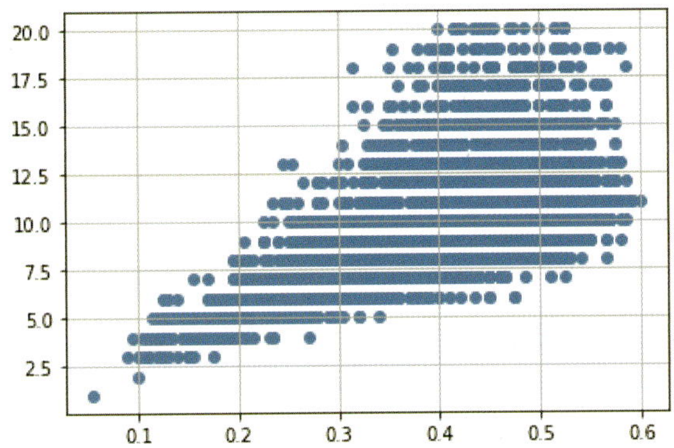

직경의 이상치는 0.1 이하이고 나이테 수는 2.5 미만인 부분이 된다. 이를 제거하기 위해 판다스의 drop()을 사용한다.

직경의 이상치 제거와 확인

```
df.drop(df[(df['Diameter'] <= 0.1) & (df['Rings'] < 2.5)].index,
inplace=True)
var = 'Diameter'
plt.scatter(x = df[var], y = df['Rings'])
plt.grid(True)
```

실행 결과

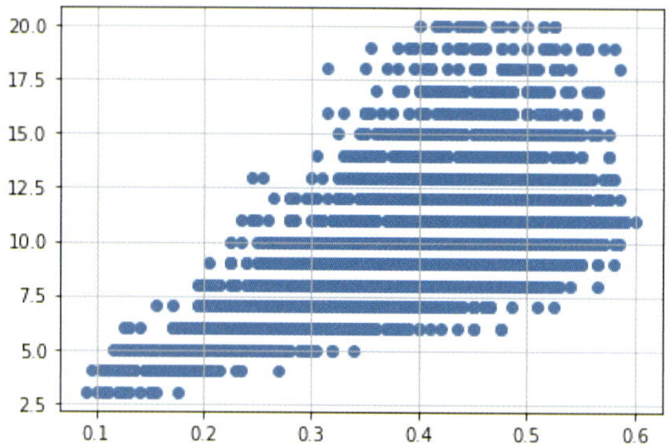

⑥ 높이의 이상치

높이의 이상치 확인

```
var = 'Height'
plt.scatter(x = df[var], y = df['Rings'])
plt.grid(True)
```

실행 결과

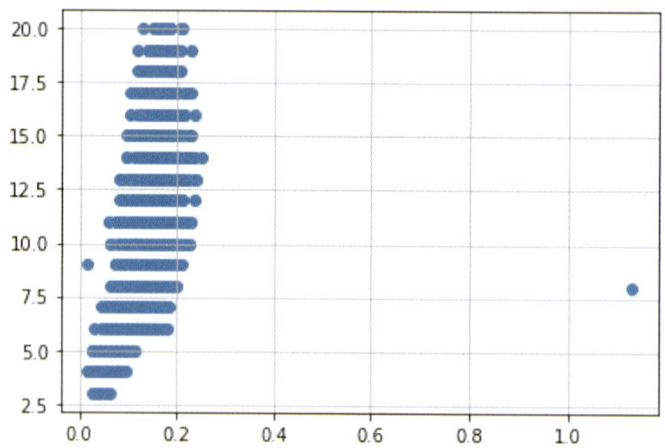

높이의 이상치는 0.4보다 크고 나이테 수는 10 미만인 부분이 된다. 이를 제거하기 위해 판다스의 drop()을 사용한다.

높이의 이상치 제거와 확인

```
df.drop(df[(df['Height'] > 0.4) & (df['Rings'] < 15)].index, inplace=True)
var = 'Height'
plt.scatter(x = df[var], y =df['Rings'])
plt.grid(True)
```

실행 결과

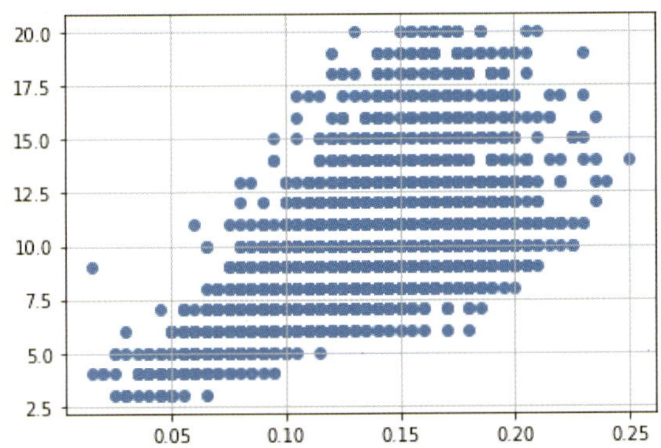

⑦ 길이의 이상치

길이의 이상치 확인

```
var = 'Length'
plt.scatter(x = df[var], y = df['Rings'])
plt.grid(True)
```

실행 결과

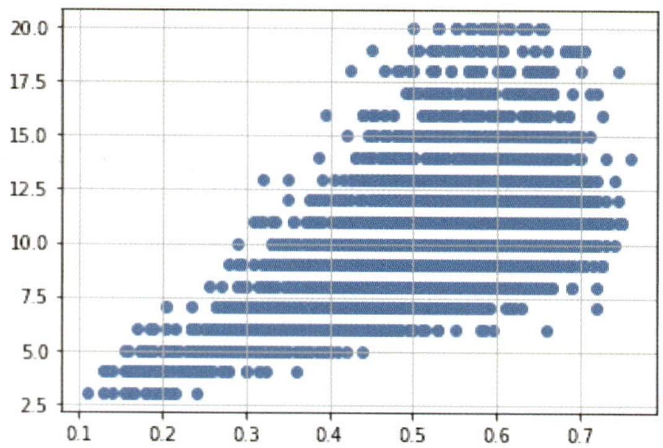

확인 결과 길이 속성에서는 이상치가 없는 것을 알 수 있다.

6) heatmap()으로 전체 속성 간의 상관관계 확인

판다스에서 제공하는 corr()을 이용하여 상관계수를 구하고 상관계수를 가지고 시본에서 제공하는 heatmap()을 사용하면 속성 간의 관계를 한눈에 파악할 수 있다.

속성 간의 상관관계 확인

```
plt.figure(figsize=(20,7))
sns.heatmap(df[num_features].corr(), annot=True)
```

실행 결과

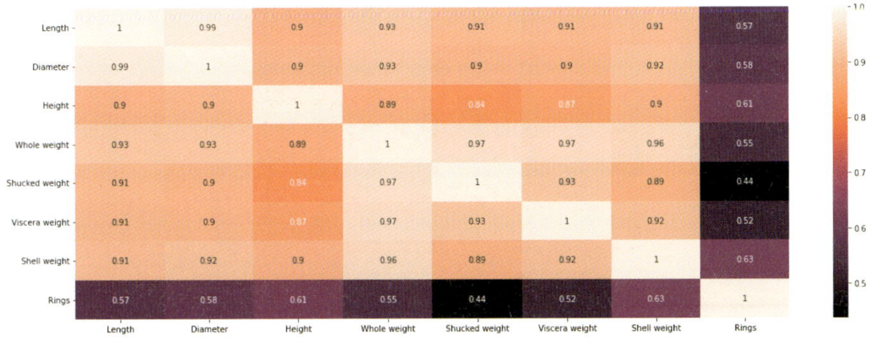

나이테 수와 길이, 직경, 높이, 전체 무게, 껍질 무게, 내장 무게는 높은 상관관계를 가지고 있다. 순살 무게는 상관관계가 어느 정도 있는 것을 알 수 있다.

연습 문제

1 머신러닝의 단계를 기술하시오.

2 전처리가 필요한 이유는 무엇인가?

3 다음은 '7장_연습1.xlsx'를 읽어와 각 속성에 해당하는 결측치를 확인한 결과이다. 빈칸을 채우시오.

```
import pandas as pd
import matplotlib.pyplot as plt
df=pd.read_excel('/content/7장_연습1.xlsx')
______________________________
```

실행 결과

```
id                  0
name                0
age                 0
continent           0
contract_until      0
position            0
prefer_foot         0
reputation          0
stat_overall        0
stat_potential      0
stat_skill_moves    0
value               0
dtype: int64
```

4 다음은 '7장_연습1.xlsx'를 읽어와 나이(`'age'`)에 따른 `value`를 산점도로 확인한 후, 이상치를 제거하려고 한다. 빈칸에 알맞게 채우시오.

```
import pandas as pd
import matplotlib.pyplot as plt
df=pd.read_excel('/content/7장_연습1.xlsx')
plt.figure(figsize=(10, 7))
plt.scatter(x=df['age'], y=df['value'])
plt.grid(True)


______________________________________________
plt.figure(figsize=(10, 5))
plt.scatter(x=df['age'], y=df['value'])
plt.grid(True)
```

실행 결과

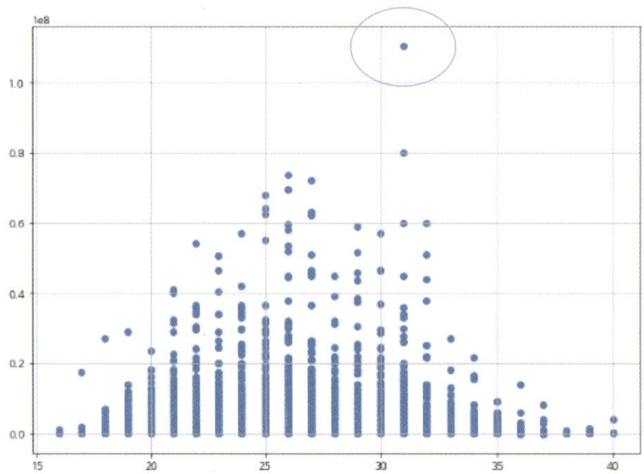

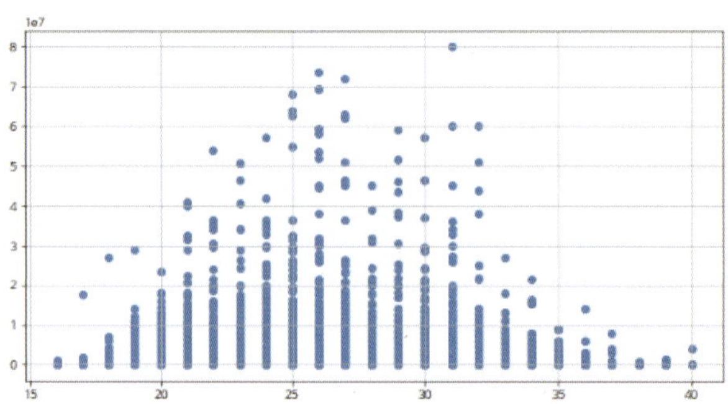

5 '7장_연습문제2.csv' 파일은 타이타닉호의 탑승자 정보이다. 각 속성은 다음과 같다.

조건

- PassengerId: 탑승객의 고유 아이디
- Survived: 생존 여부(0: 사망, 1: 생존)
- Pclass: 객실 등급(1: 1등급, 2: 2등급, 3: 3등급)
- Name: 이름
- Sex: 성별
- Age: 나이
- SibSp: 함께 탑승한 형제자매, 배우자의 수
- Parch: 함께 탑승한 부모, 자식의 수
- Ticket: 티켓 번호
- Fare: 티켓 요금
- Cabin: 객실 번호
- Embarked: 탑승한 항구 위치(C=Cherbourg, Q=Queenstown, S=Southampton)

다음 조건을 차례대로 수행해 보자.

1) 데이터 결측값 확인하기
2) Age의 결측값을 평균값으로 대체하기
3) 객실 등급(pclass)별 생존율 평균 시각화하기
4) 성별에 따른 생존율 시각화하기
5) 승객 연령대별 분포 시각화하기
6) 연령대별 생존율 시각화하기
7) 각 속성을 상관관계로 시각화하기

```
import pandas as pd
import matplotlib.pyplot as plt
df=pd.read_csv('/content/7장_연습문제2.csv')
```

실행 결과

```
(1)
PassengerId      0
Survived         0
Pclass           0
Name             0
Sex              0
Age            177
SibSp            0
Parch            0
Ticket           0
Fare             0
Cabin          687
Embarked         2
dtype: int64

(2)
PassengerId      0
Survived         0
Pclass           0
Name             0
Sex              0
Age              0
SibSp            0
Parch            0
Ticket           0
Fare             0
Cabin          687
Embarked         2
dtype: int64
```

(3)

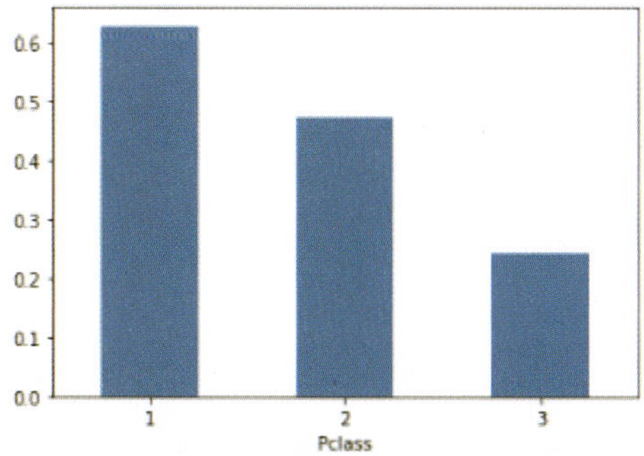
0.6
0.5
0.4
0.3
0.2
0.1
0.0
1
2
3
Pclass

(4)

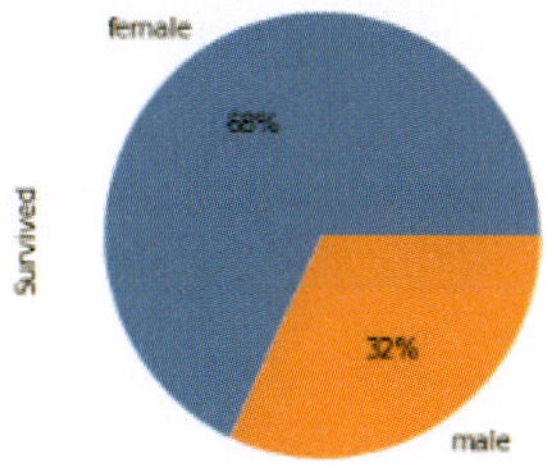
female
68%
Survived
32%
male

(5)

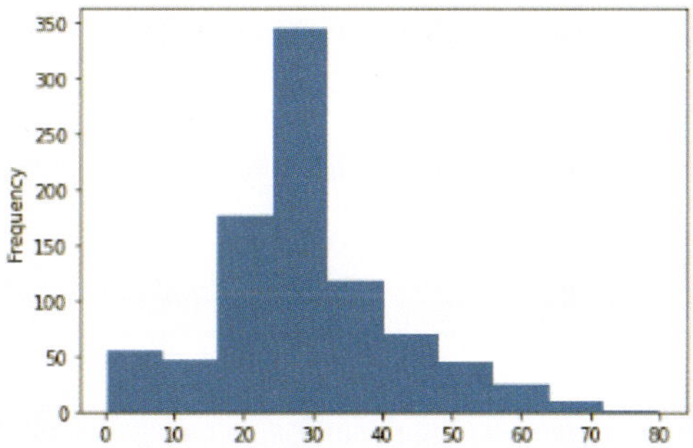
350
300
250
200
150
100
50
0
Frequency
0
10
20
30
40
50
60
70
80

(6)

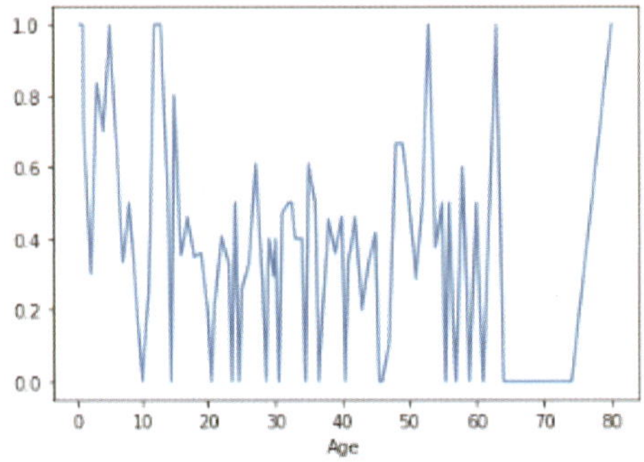
1.0
0.8
0.6
0.4
0.2
0.0
0
10
20
30
40
50
60
70
80
Age

7)

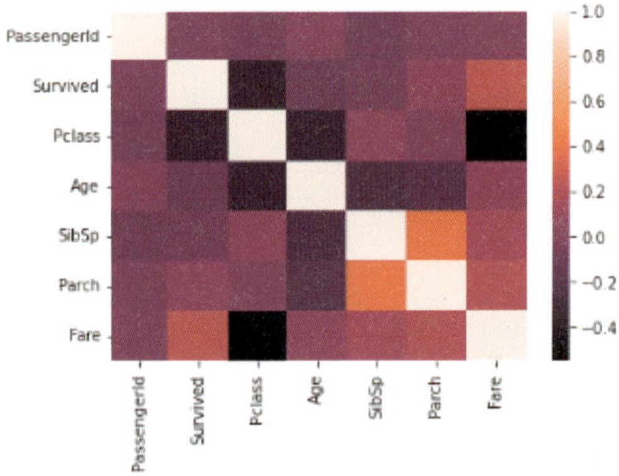
PassengerId
Survived
Pclass
Age
SibSp
Parch
Fare
1.0
0.8
0.6
0.4
0.2
0.0
−0.2
−0.4

행복지수 데이터 관계성 찾기

8

8.1 [상관분석] 행복지수 데이터 분석하기
8.2 [연관분석] 장바구니 분석하기

학습목표

- 상관분석에 대해 이해하고 활용할 수 있다.
- 상관계수 값으로 데이터를 설명하고 시각화할 수 있다.
- 연관규칙 분석에 대해 이해하고 활용할 수 있다.

CHAPTER

8 행복지수 데이터 관계성 찾기

유엔은 매년 세계행복보고서(World Happiness Report)를 통해 세계 각국의 행복지수 순위를 발표한다. 행복보고서의 설문은 국내총생산(GDP), 기대수명, 사회적 지지, 선택의 자유, 관용, 부패에 관한 인식, 미래에 대한 불안감 등 7가지인데 사람들이 다른 삶을 평가하는 방식으로 순위를 정하기 때문에 객관적이라 할 수 있다. 2021년 유엔이 발표한 세계행복보고서에 따르면 한국은 행복지수가 146개국 중 62위였다. 1위는 핀란드로 세계에서 가장 행복한 나라로 꼽혔다. 비결은 탄탄한 사회안전망과 촘촘한 사회복지 체계였다.

이 장에서는 행복지수 자료를 분석 대상 데이터로 정하고 행복지수에 영향을 미치는 변수가 무엇인지, 어떤 관계성을 가지고 있는지 분석하며, 우리나라는 얼마나 행복한지 행복지수가 비슷한 나라들은 어떤 나라들인지 알아보려고 한다.

8.1 [상관분석] 행복지수 데이터 분석하기

1) 데이터셋 정보

케글에서 제공하는 데이터셋을 가지고 전 세계 행복지수를 분석해보고자 한다. 평가지표는 1인당 GDP, 사회적 지지 정도, 건강한 기대수명, 인생 선택의 자유, 기부 총 5가지이다.

2) 데이터필드 이해

데이터셋의 주요 변수는 총 8개이고 각 변수는 다음과 같은 특징을 가지고 있다.

표 8-1 세계 행복지수 주요 데이터

변수명	데이터형	설명
RANK	int	행복지수 순위
Country	object	국가
Happiness score	float64	행복지수
GDP per capita	float64	• 1인당 국내총생산: 국내총생산을 인구수로 나눈 값으로 국민들의 평균적인 소득 수준을 나타낸다.
Social support	float64	사회적 지지 정도(주변인들의 지원)
Healthy life expectancy	float64	• 건강한 기대 수명: 국민들이 건강한 상태로 얼마나 오래 사느냐를 측정하는 통계값을 적용한다.
Freedom to make life choices	float64	• 인생 선택의 자유: 하고 싶은 것을 할 수 있는 자유
Generosity	float64	• 기부 문화: 지난달에 기부를 한 적이 있나요?

(1) 데이터 확인과 가공하기

[준비 파일: 2020.csv/2021.csv]

1) 데이터 읽어 와서 확인하기

판다스를 사용해 파일을 읽어 와서 데이터프레임 변수에 저장한 후 head 메소드로 데이터의 상단 부분을 확인한다.

'세계행복지수' 파일 읽어 오기

```
import pandas as pd
import matplotlib.pyplot as plt
import seaborn as sns
df2020=pd.read_csv('/content/drive/MyDrive/2020.csv', index_col=0)
df2021=pd.read_csv('/content/drive/MyDrive/2021.csv', index_col=0)
df2020.head()
df2021.head()
```

실행 결과

df2020

Rank	Country name	Happiness score	upperwhisker	lowerwhisker	GDP per capita	Social support	Healthy life expectancy	Freedom to make life choices	Generosity	Dystopia
1	Finland	7.8087	7.869766	7.747634	10.639267	0.954330	71.900825	0.949172	-0.059482	2.762835
2	Denmark	7.6456	7.711245	7.579955	10.774001	0.955991	72.402504	0.951444	0.066202	2.432741
3	Switzerland	7.5599	7.628528	7.491272	10.979933	0.942847	74.102448	0.921337	0.105911	2.350267
4	Iceland	7.5045	7.621347	7.387653	10.772559	0.974670	73.000000	0.948892	0.246944	2.460688
5	Norway	7.4880	7.556281	7.419719	11.087804	0.952487	73.200783	0.955750	0.134533	2.168266

df2021

Rank	Country name	Happiness score	upperwhisker	lowerwhisker	GDP per capita	Social support	Healthy life expectancy	Freedom to make life choices	Generosity	Dystopia
1	Finland	7.842	7.904	7.780	10.775	0.954	72.0	0.949	-0.098	3.253
2	Denmark	7.620	7.687	7.552	10.933	0.954	72.7	0.946	0.030	2.868
3	Switzerland	7.571	7.643	7.500	11.117	0.942	74.4	0.919	0.025	2.839
4	Iceland	7.554	7.670	7.438	10.878	0.983	73.0	0.955	0.160	2.967
5	Netherlands	7.464	7.518	7.410	10.932	0.942	72.4	0.913	0.175	2.798

2) 칼럼 삭제하기

칼럼 삭제하기

```
df2020.drop(['upperwhisker', 'lowerwhisker', 'Dystopia'], axis=1, inplace=True)
df2021.drop(['upperwhisker', 'lowerwhisker', 'Dystopia'], axis=1, inplace=True)
df2020.head()
df2021.head()
```

실행 결과

df2020

Rank	Country	Score	GDP.per.capita	Social.support	Life.expectancy	Freedom	Generosity
1	Finland	7.8087	10.639267	0.954330	71.900825	0.949172	-0.059482
2	Denmark	7.6456	10.774001	0.955991	72.402504	0.951444	0.066202
3	Switzerland	7.5599	10.979933	0.942847	74.102448	0.921337	0.105911
4	Iceland	7.5045	10.772559	0.974670	73.000000	0.948892	0.246944
5	Norway	7.4880	11.087804	0.952487	73.200783	0.955750	0.134533

df2021

Rank	Country	Score	GDP.per.capita	Social.support	Life.expectancy	Freedom	Generosity
1	Finland	7.842	10.775	0.954	72.0	0.949	-0.098
2	Denmark	7.620	10.933	0.954	72.7	0.946	0.030
3	Switzerland	7.571	11.117	0.942	74.4	0.919	0.025
4	Iceland	7.554	10.878	0.983	73.0	0.955	0.160
5	Netherlands	7.464	10.932	0.942	72.4	0.913	0.175

3) 칼럼명 변경하기

모든 칼럼명들을 다음과 같이 변경한다. 빈 공백을 포함한 칼럼명은 빈 공백 부분을 점(.)으로 대체한다.

칼럼명 변경하기

```
df2020.columns=['Country', 'Score', 'GDP.per.capita',
'Social.support', 'Life.expectancy', 'Freedom', 'Generosity']
df2021.columns=['Country', 'Score', 'GDP.per.capita',
'Social.support', 'Life.expectancy', 'Freedom', 'Generosity']
```

실행 결과

df2020

```
Index(['Country', 'Score', 'GDP.per.capita', 'Social.support',
       'Life.expectancy', 'Freedom', 'Generosity'],
      dtype='object')
```

df2021

```
Index(['Country', 'Score', 'GDP.per.capita', 'Social.support',
       'Life.expectancy', 'Freedom', 'Generosity'],
      dtype='object')
```

(2) 데이터 분석과 시각화

행복지수에 영향을 주는 요인들 간의 상관관계를 분석하고 시각화하여 분석 결과를 확인하고자 한다. 상관분석은 두 변수 간의 관계 정도를 알아보기 위한 분석 방법으로 상관계수를 이용해 확인하여 1에 가까울수록 강한 양의 상관이 있고, -1에 가까울수록 강한 음의 상관관계가 있다.

Note

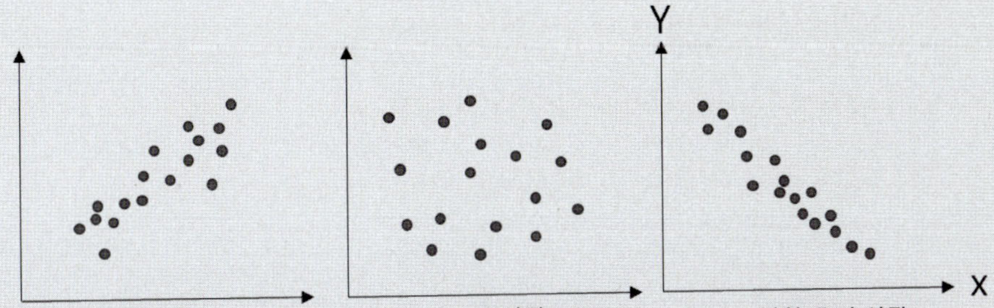

(A) 강한 양의 상관 (B) 무상관 (C) 강한 음의 상관

상관	상관계수
양의 상관	+0.7~+1.0이면 강한 양의 상관관계 +0.3~+0.7이면 뚜렷한 양의 상관관계 +0.1~+0.3이면 약한 양의 상관관계
무상관	-0.1~+0.1이면 관계가 없음
음의 상관	-1.0~-0.7이면 강한 음의 상관관계 -0.7~-0.3이면 뚜렷한 음의 상관관계 -0.3~-0.1이면 약한 음의 상관관계

1) 행복지수와 기능의 상관관계

한 국가의 행복지수와 경제적(GDP), 법적 상태(Freedom) 간에 강한 관계가 있습니까?

새로운 데이터프레임 생성: df1

```
df1=df2020.copy()
df1.drop(['Social.support', 'Life.expectancy', 'Generosity'], axis=1,
inplace=True)
df1
```

실행 결과

Rank	Country	Score	GDP.per.capita	Freedom
1	Finland	7.8087	10.639267	0.949172
2	Denmark	7.6456	10.774001	0.951444
3	Switzerland	7.5599	10.979933	0.921337
4	Iceland	7.5045	10.772559	0.948892
5	Norway	7.4880	11.087804	0.955750
...	...	...	...	...
149	Central African Republic	3.4759	6.625160	0.640881
150	Rwanda	3.3123	7.600104	0.900589
151	Zimbabwe	3.2992	7.865712	0.711458
152	South Sudan	2.8166	7.425360	0.451314
153	Afghanistan	2.5669	7.462861	0.396573

153 rows × 4 columns

행복지수와 다른 요소와의 상관관계

```
corr=df1.corr()
corr
corr['Score'].sort_values(ascending=False)
```

실행 결과

```
Score             1.000000
GDP.per.capita    0.775374
Freedom           0.590597
Name: Score, dtype: float64
```

상관계수를 보면 행복지수와 GDP(국내총생산)와 Freedom(자유)이 상관관계가 높다는 것을 확인할 수 있다. 히트맵을 통해 상관계수의 높고 낮음을 표현할 수 있다.

히트맵으로 그래프 그리기 1: df1

```
plt.figure(figsize=(10, 6))
sns.heatmap(corr, annot=True, cmap='Blues')
```

실행 결과

<matplotlib.axes._subplots.AxesSubplot at 0x7fa85d061c90>

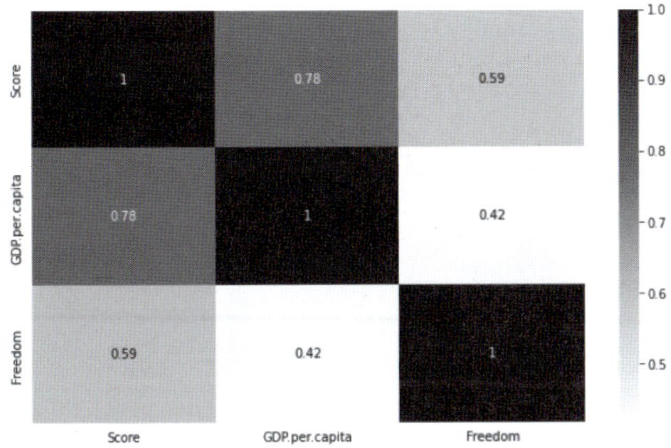

새로운 데이터프레임 생성: df2

```
df2=df2021.copy()
df2.drop(['Social.support', 'Life.expectancy', 'Generosity'],
axis=1, inplace=True)
df2
```

실행 결과

	Country	Score	GDP.per.capita	Freedom
Rank				
1	Finland	7.842	10.775	0.949
2	Denmark	7.620	10.933	0.946
3	Switzerland	7.571	11.117	0.919
4	Iceland	7.554	10.878	0.955
5	Netherlands	7.464	10.932	0.913
...	...	...	...	...
145	Lesotho	3.512	7.926	0.715
146	Botswana	3.467	9.782	0.824
147	Rwanda	3.415	7.676	0.897
148	Zimbabwe	3.145	7.943	0.677
149	Afghanistan	2.523	7.695	0.382

149 rows × 4 columns

히트맵으로 그래프 그리기 2: df2

```
plt.figure(figsize=(10, 6))
sns.heatmap(df2.corr(), annot=True, cmap='PuBuGn')
```

실행 결과

<matplotlib.axes._subplots.AxesSubplot at 0x7fa85b15aa10>

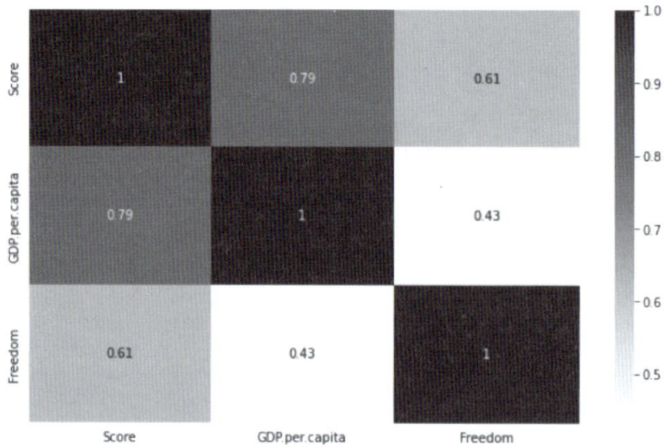

| 분석 결과 |

앞에 표시된 2개의 히트맵은 2020년, 2021년 각각에 해당하는 3개 열(행복지수, GDP, 자유)의 상관관계 매트릭스를 표시한다. 3가지 요소가 행복지수에 미치는 영향은 다음과 같다.

1. GDP는 행복지수와 어떤 관련이 있는가?

히트맵에서 GDP.per.capita와 Score 간의 상관계수는 총 2년 동안 ~0.79로 GDP에 대한 시민의 만족도와 행복도 점수 사이에 강한 양의 관계가 있음을 나타낸다. GDP.per.capita는 한 국가의 경제성장을 추적하는 지표이다. 긍정적인 경제성장률을 보이는 국가의 사람들은 더 높은 소득과 더 나은 생활수준으로 이어지기 때문에 더 행복해지는 경향이 있다. 따라서 우리는 만족을 보장하기 위해 한 국가의 GDP가 최우선순위 중 하나가 되어야 한다고 결론지을 수 있겠다.

2. 행복지수는 자유와 어떤 관련이 있는가?

자유와 행복지수 사이의 상관계수는 2년 전체에서 ~0.61로 자유에 대한 인식과 국가의 행복지수 사이에는 중간 정도의 양의 관계를 나타낸다. 연구에 따르면 자유에 대한 이러한 인식을 일반화하는 것은 세계의 다른 지역에 속한 사람들마다 다르기 때문에 어려운 작업이다. 그럼에도 여전히 국가의 행복지수에 중요한 기여를 한다고 볼 수 있다.

2) 행복지수와 국가의 사회적 상태(Social.support)와의 상관관계

한 국가의 사회적 상태(Social.support)에 대한 인식은 행복지수에 어떤 영향을 미치는가?

새로운 데이터프레임 생성: x1, x2

```
x1=df2020[['Generosity', 'Social.support', 'Score']].copy()
x2=df2021[['Generosity', 'Social.support', 'Score']].copy()
```

실행 결과

x1

	Generosity	Social.support	Score
Rank			
1	-0.059482	0.954330	7.8087
2	0.066202	0.955991	7.6456
3	0.105911	0.942847	7.5599
4	0.246944	0.974670	7.5045
5	0.134533	0.952487	7.4880
...	...	...	...
149	0.082410	0.319460	3.4759
150	0.055484	0.540835	3.3123
151	-0.072064	0.763093	3.2992
152	0.016519	0.553707	2.8166
153	-0.096429	0.470367	2.5669

153 rows × 3 columns

x2

	Generosity	Social.support	Score
Rank			
1	-0.098	0.954	7.842
2	0.030	0.954	7.620
3	0.025	0.942	7.571
4	0.160	0.983	7.554
5	0.175	0.942	7.464
...	...	...	...
145	-0.131	0.787	3.512
146	-0.246	0.784	3.467
147	0.061	0.552	3.415
148	-0.047	0.750	3.145
149	-0.102	0.463	2.523

149 rows × 3 columns

히트맵으로 그래프 그리기 1: for year 2020

```
a1=x1.corr()
plt.figure(figsize=(10, 6))
sns.heatmap(a1, annot=True)
```

실행 결과

```
<matplotlib.axes._subplots.AxesSubplot at 0x7fa857dd97d0>
```

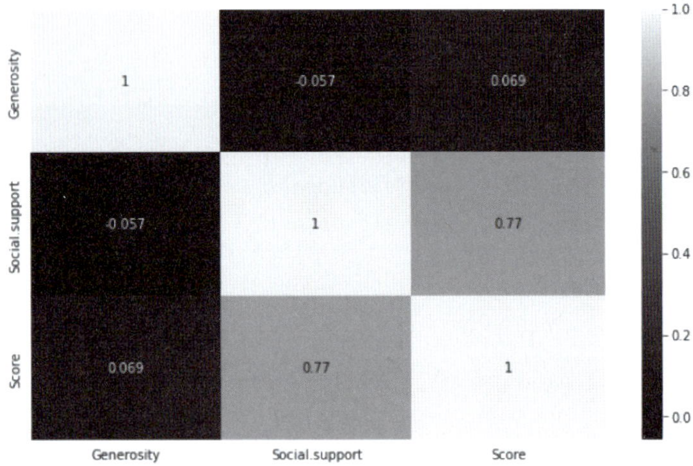

히트맵으로 그래프 그리기 2: for year 2021

```
a2=x2.corr()
plt.figure(figsize=(10, 6))
sns.heatmap(a2, annot=True, cmap='GnBu')
```

실행 결과

```
<matplotlib.axes._subplots.AxesSubplot at 0x7fa857c3b850>
```

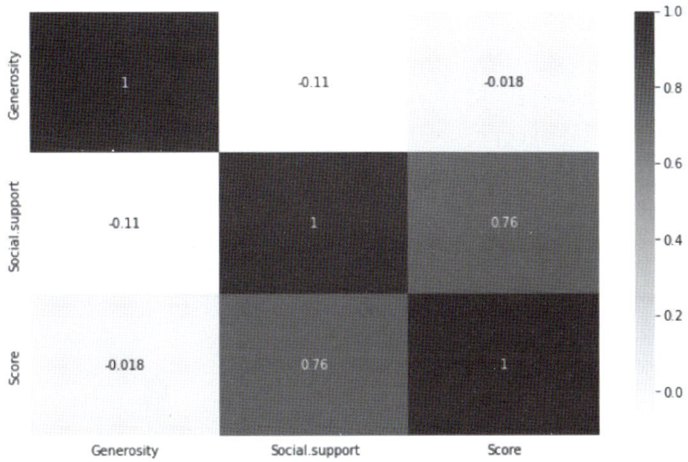

| 분석 결과 |

앞에 표시된 2개의 히트맵은 2020년, 2021년 각각에 해당하는 3개 열(행복지수, 사회적 지지, 기부)의 상관관계 매트릭스를 표시한다. 3가지 요소가 행복지수에 미치는 영향은 다음과 같다.

1. 사회적 지지는 행복지수와 어떤 관련이 있는가?

사회적 지지와 행복지수의 상관값은 0.77, 0.76으로 강한 양의 관계를 나타낸다. 사회적 지지는 사람들이 가족, 친구, 지인 등과 함께 얼마나 행복한지에 대한 인식이다. 이들은 일상생활에서 거의 모든 사람들이 대하는 사람들이기 때문에 사회적 지지에 대한 인식이 행복지수를 결정하는 중요한 요소라고 볼 수 있다.

2. 기부와 행복지수와는 어떤 관련이 있는가?

기부 상관계수는 0.69, -0.018로 관찰되어 매우 약한 양의 관계와 음의 관계를 나타낸다. 두 매트릭 간에 선형 변화는 많이 관찰되지 않는다.

3) 전체 변수 간의 상관관계

모든 변수 간의 상관관계가 있는가?

히트맵으로 그래프 그리기 1: df2020

```
import numpy as np
corr = df2020.corr()
corr['Score']
plt.figure(figsize=(11, 8))
mask = np.zeros_like(corr, dtype = np.bool)
mask[np.triu_indices_from(mask)] = True
sns.heatmap(corr, mask = mask, vmin=-1, vmax=1, annot = True,
            cmap ='RdYlBu_r', linewidths=4 )
```

실행 결과

```
<matplotlib.axes._subplots.AxesSubplot at 0x7fa855060c50>
```

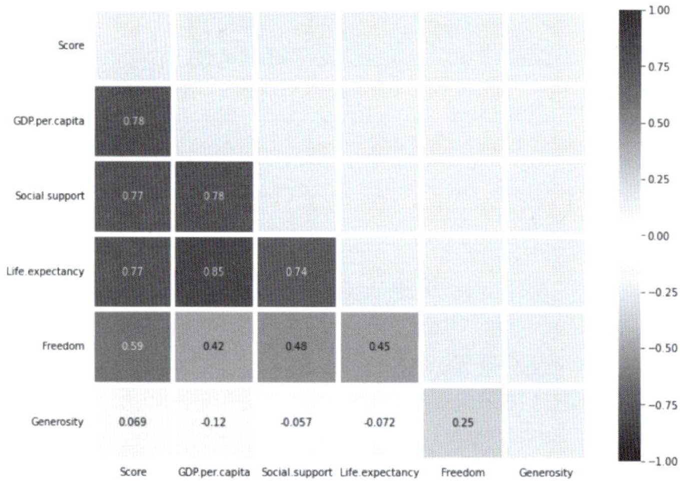

히트맵으로 그래프 그리기 2: df2021

```
import numpy as np
corr = df2021.corr()
corr['Score']
plt.figure(figsize=(11, 8))
mask = np.zeros_like(corr, dtype = np.bool)
mask[np.triu_indices_from(mask)] = True
sns.heatmap(corr, mask = mask, vmin=-1, vmax=1, annot = True,
            cmap ='PiYG', linewidths=4)
```

실행 결과

```
<matplotlib.axes._subplots.AxesSubplot at 0x7fa854f73890>
```

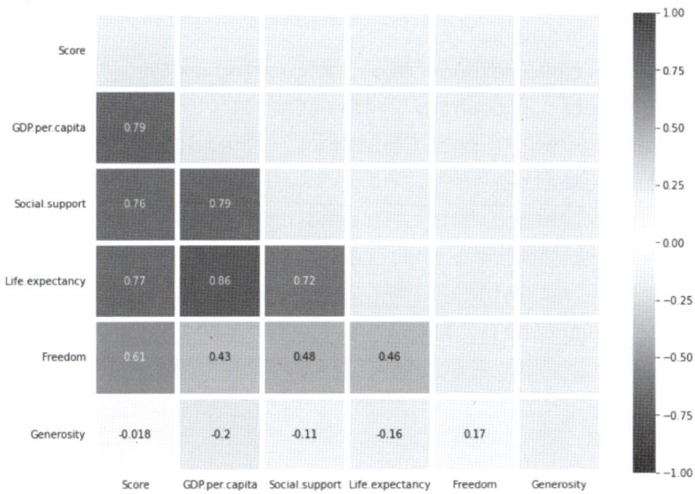

행복지수에 가장 큰 영향을 주는 것은 경제적 여유, 사회적 지지, 기대수명(건강), 자유도 순인 것을 알 수 있었으며, 기부와 행복지수는 크게 상관이 없었다. 또한 1인당 GDP와 건강한 기대수명의 상관관계(0.86)가 높은 것으로 봐서 부자들이 건강하게 산다는 것을 확인할 수 있다.

우리나라는 앞의 3가지가 각각 몇 위일까?

```
economy = df2020.loc[:,['Country', 'GDP.per.capita']]
economy = economy.groupby(economy.Country)['GDP.per.capita'].mean().sort_values(ascending=False)
economy = economy.rank(method='min', ascending=False)['South Korea']
social = df2020.loc[:,['Country', 'Social.support']]
social = social.groupby(social.Country)['Social.support'].mean().sort_values(ascending=False)
social = social.rank(method='min', ascending=False)['South Korea']
health = df2020.loc[:, ['Country', 'Life.expectancy']]
health = health.groupby(health.Country)['Life.expectancy'].mean().sort_values(ascending=False)
health = health.rank(method='min', ascending=False)['South Korea']
free = df2020.loc[:,['Country', 'Freedom']]
free= free.groupby(free.Country)['Freedom'].mean().sort_values(ascending=False)
free = free.rank(method='min', ascending=False)['South Korea']
print(f'153개국 중 대한민국의 순위:economy.astype(np.int)위사회적 지위 순위:social.astype(np.int)위기대수명 순위:health.astype(np.int)위자유도 순위:free.astype(np.int)위')
```

실행 결과

```
153개국 중 대한민국의
GDP 순위:27위
사회적 지위 순위:99위
기대수명 순위:10위
자유도 순위:140위
```

| 분석 결과 |

GDP 순위는 27위로 양호하며, 기대수명은 10위로 굉장히 높다. 다른 나라보다 국가 복지수준이 높은 덕에 높은 순위를 차지한 것 같다. 기대수명은 한 국가의 인구 건강을 분석하기 위한 주요 지표 중 하나로써 인간의 경우 예상되는 평균 수명으로 정의된다. 반면 사회적 지위 순위는 99위로 하위 수준이었으며, 자유도는 거의 최하위 수준이었다. 하고 싶은 것을 할 수 있는 자유가 다른 나라에 비해 월등히 좋지 않음을 알 수 있다.

산점도로 그래프 그리기 1: 상위 50위 국가의 기대수명과 GDP와의 관계

```
top50=df2021.head(50)
import seaborn as sns
sns.set_theme(style='dark')
plt.figure(figsize=(24, 12))
ax=sns.scatterplot(data=top50, x='Country', y='Life.expectancy',
size='GDP.per.capita', sizes=(400, 1500), hue='GDP.per.capita')
plt.xticks(rotation=90, fontsize=15, color='midnightblue')
plt.yticks(fontsize=15, color='midnightblue')
plt.xlabel('Country or region', size=15, color='midnightblue')
plt.ylabel('Healthy life expectancy', size=15, color='midnightblue')
plt.show()
```

실행 결과

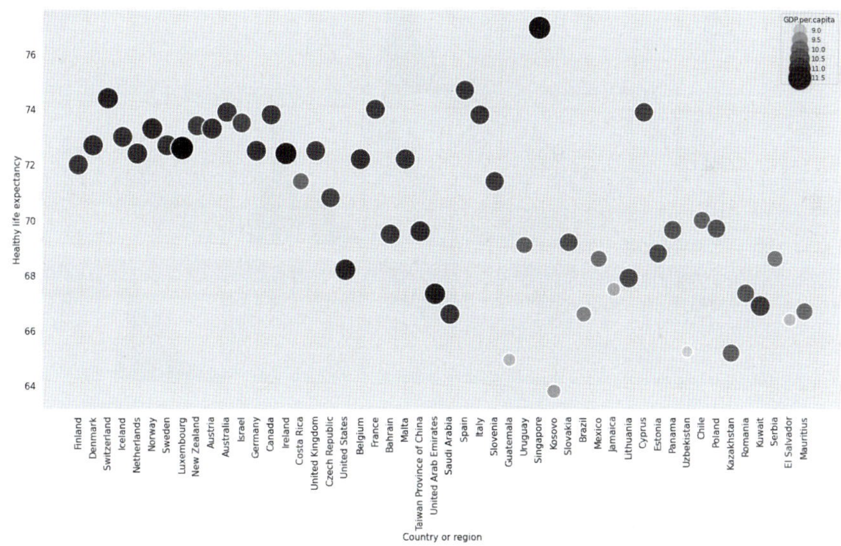

산점도로 그래프 그리기 2

```
plt.figure(figsize=(10, 6))
sns.pairplot(df2020)
```

실행 결과

<seaborn.axisgrid.PairGrid at 0x7f1b83554290>

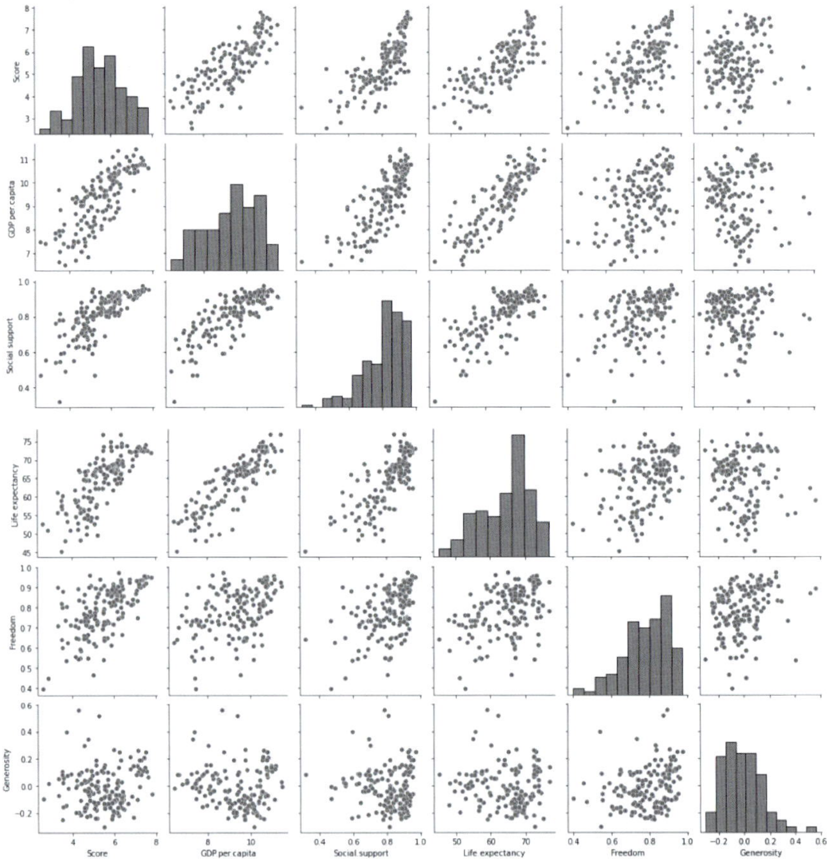

앞의 산점도에서 관찰할 수 있듯이 다양한 요인과 행복지수 사이에 설명된 선형 관계가 있음을 확인할 수 있다.

8.2 [연관분석] 장바구니 분석하기

연관분석은 데이터 안에 존재하는 항목 간의 연관규칙(association rule)을 발견하는 과정이다. 상품을 구매하거나 서비스를 받는 등의 일련의 거래나 사건의 연관성에 대한 규칙이다. 연관성 분석을 마케팅에서 손님의 장바구니에 들어있는 품목 간의 관계를 알아본다는 의미에서 장바구니 분석(market basket analysis)이라고도 한다.

(1) 연관분석의 개념 이해

슈퍼마켓에서 구입한 고객의 물건이 담겨져 있는 장바구니의 정보를 생각해보자. 연관성 분석은 특정한 상품을 구입한 고객이 어떤 부류에 속하는지, 그들이 왜 그런 구매를 했는지를 알기 위해서 고객들이 구매한 상품에 대한 자료를 분석하는 것이다.

1) 좋은 규칙을 판단하는 세 가지 지표

① 지지도(support)

- 전체 거래 중 항목 A와 항목 B를 동시에 포함하는 거래의 비율
- 지지도 = A와 B가 동시에 포함된 거래 수/전체 거래 수

② 신뢰도(confidence)

- 항목 A를 포함하는 거래 중에서 항목 A와 항목 B가 같이 포함될 확률
- 연관성의 정도
- 신뢰도 = A, B가 동시에 포함된 거래 수/A를 포함하는 거래 수

③ 향상도(lift)

- A가 구매되지 않았을 때 품목 B의 구매 확률에 비해 A가 구매됐을 때 품목 B의 구매 확률의 증가 비

- 연관규칙 A → B는 품목 A와 품목 B의 구매가 서로 관련이 없는 경우에 향상도가 1이 된다(A와 B가 독립이면 분모, 분자가 같기 때문에 1이 된다).

표 8-2 향상도 수치의 의미

향상도	의미
1	서로 독립적인 관계: 우연히 같이 사게 되는 경우
<1	서로 음의 상관관계: 같이 사지 않는 경우
>1	서로 양의 상관관계: 같이 사는 경우

- 향상도 = A, B 동시 구매/A 구매 ×B 구매

(2) 연관분석의 필요성

연관규칙분석은 대용량 데이터베이스에서 기존에는 발견할 수 없었던 항목(item) 간 흥미로운 관계를 탐색할 수 있다는 장점이 있다. 다음 그림은 대형 마켓에서 고객들의 상품 구매 정보를 바탕으로 연관규칙분석을 수행하고 이를 활용하는 과정을 나타낸 것이다.

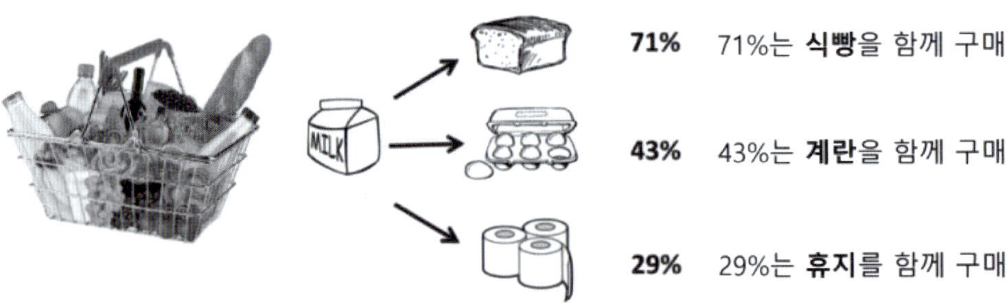

그림 8-1 연관분석

연관규칙분석을 이용하면 특정 상품을 구입하는 고객이 어떤 상품을 추가로 구매하는지 알아낼 수 있다. 이를 통하여 효율적인 상품 진열은 무엇인지, 어떤 상품을 묶음으로 하면 좋을지를 알 수 있고 이를 통해 마케팅 전략을 수립할 수 있다.

(3) 연관분석의 예제

마트에서 구매하는 품목을 바탕으로 연관분석의 개념을 이해하기 위한 목적으로 분석 코딩을 실시하였다. 간단한 구매 내역 데이터를 직접 작성하여 어떤 항목과 항목이 서로 연관성이 있는지를 확인한다. 판다스는 파이썬에서 사용하는 데이터 분석 라이브러리로 행과 열로 이루어진 데이터 객체를 만들어 사용하며, 대용량의 데이터를 처리하는 데 매우 편리한 도구이다. mlxtend는 통계분석 기능을 지원해주는 파이썬 라이브러리이다.

연관규칙(Association Rule) 적용을 위해서는 각 항목들이 데이터셋 안에서 어떤 빈도로 나타났는지 또는 어떤 항목과 함께 나왔는지를 파악하는 것이 필수적이다. 하지만 데이터셋이 큰 경우 이를 모든 항목들에 대해 검사하는 것은 매우 비효율적이다. 이를 해결하기 위해 사용되는 연관규칙분석의 대표적인 알고리즘이 Apriori 알고리즘이다.

1) 연관규칙분석에 필요한 라이브러리와 모듈을 불러온다.

필요한 모듈 import

```
import pandas as pd
from mlxtend.preprocessing import TransactionEncoder
from mlxtend.frequent_patterns import apriori, association_rules
```

2) 데이터셋이 다음과 같이 구성되어 있을 때 연관규칙을 확인해보자.

데이터셋 생성 및 가공

```
dataset = [['Milk', 'Cookie', 'Apple', 'Beans', 'Eggs', 'Yogurt'],
['Coke', 'Cookie', 'Apple', 'Beans', 'Eggs', 'Yogurt'],
['Milk', 'Apple', 'Kidney Beans', 'Eggs'],
['Milk', 'Orange', 'Corn', 'Beans', 'Yogurt'],
['Corn', 'Cookie', 'Cookie', 'Beans', 'Ice cream', 'Eggs']]
te = TransactionEncoder() #
te_ary = te.fit(dataset).transform(dataset) #
df = pd.DataFrame(te_ary, columns=te.columns_)
df
```

실행 결과

	Apple	Beans	Coke	Cookie	Corn	Eggs	Ice cream	Kidney Beans	Milk	Orange	Yogurt
0	True	True	False	True	False	True	False	False	True	False	True
1	True	True	True	True	False	True	False	False	False	False	True
2	True	False	False	False	False	True	False	True	True	False	False
3	False	True	False	False	True	False	False	False	True	True	True
4	False	True	False	True	True	True	True	False	False	False	False

TransactionEncoder()를 통해 데이터셋을 머신러닝 모듈에 적합한 배열(array) 형태로 변환할 수 있다. 주어진 코드에서 fit 함수를 통해 데이터셋은 고유한 라벨을 갖게 되고, transform 함수를 통해서 파이썬 리스트를 one-hot 인코딩된 numPy 배열로 변환한다. 배열은 출력 결과(Apple, Beans, Coke, Cookie, Corn, Eggs, Ice cream, Kidney Beans, Milk, Orange, Yogurt)를 칼럼으로 가지며, 아이템의 유무에 따라 True, false로 표현된 배열을 확인할 수 있다.

Note

- **mlxtend 모듈**: 통계분석 기능을 지원해주는 파이썬 라이브러리로 데이터의 전처리부터 분류, 군집 등의 모델링까지 머신러닝 기능을 제공한다.
- **one-hot 인코딩**: 단어 집합의 크기를 벡터의 차원으로 하고, 표현하고 싶은 단어의 인덱스에 1의 값을 부여하며, 다른 인덱스에는 0을 부여하는 단어의 벡터 표현 방식이다.

3) 연관규칙 결과를 활용해보자.

Apriori 알고리즘 활용

```
frequent_itemsets = apriori(df, min_support=0.5, use_colnames=True)
frequent_itemsets.sort_values('support', ascending=False)
```

실행 결과

	support	itemsets
1	0.8	(Beans)
3	0.8	(Eggs)
0	0.6	(Apple)
2	0.6	(Cookie)
4	0.6	(Milk)
5	0.6	(Yogurt)
6	0.6	(Apple, Eggs)
7	0.6	(Cookie, Beans)
8	0.6	(Beans, Eggs)
9	0.6	(Yogurt, Beans)
10	0.6	(Cookie, Eggs)
11	0.6	(Cookie, Beans, Eggs)

최소 지지도(min_support)를 지정해야 하는데 최소 지지도의 기본값은 0.5이다. 최소 지지도가 0.5인 것은 대상이 되는 후보 패턴의 발생 확률이 전체 구매 내역에서 50%임을 의미한다. use_colnames 옵션은 데이터프레임의 열 이름을 아이템 이름으

로 지정하는 것이다. Beans를 살 확률은 80%를 가지며, Apple을 살 확률은 60%를 갖는다고 할 수 있다. 2개인 경우를 보면 두 아이템이 서로 연관이 있음을 알 수 있다.

연관규칙 분석 결과를 필터링해보기

```
frequent_itemsets = apriori(df, min_support=0.6, use_colnames=True)
frequent_itemsets['length'] = frequent_itemsets['itemsets'].
apply(lambda x:len(x))
frequent_itemsets
```

실행 결과

	support	itemsets	length
0	0.6	(Apple)	1
1	0.8	(Beans)	1
2	0.6	(Cookie)	1
3	0.8	(Eggs)	1
4	0.6	(Milk)	1
5	0.6	(Yogurt)	1
6	0.6	(Apple, Eggs)	2
7	0.6	(Cookie, Beans)	2
8	0.6	(Beans, Eggs)	2
9	0.6	(Yogurt, Beans)	2
10	0.6	(Cookie, Eggs)	2
11	0.6	(Cookie, Beans, Eggs)	3

연관규칙 분석 결과를 필터링한 결과를 itemsets의 길이를 칼럼 추가한 결과 A라는 물건을 구매한 후, B 혹은 B, C를 구매하는 경우 itemsets의 길이가 2 또는 3이 될 것이다. 이는 특정 물건을 구매하면 어떤 물건을 구매할 확률이 있을 수 있음을 의미한다.

연관규칙 분석 결과를 필터링해보기

```
frequent_itemsets1 = frequent_itemsets[(frequent_itemsets['length'] == 2) & (frequent_itemsets['support'] >= 0.6)]
frequent_itemsets1
```

실행 결과

	support	itemsets	length
6	0.6	(Apple, Eggs)	2
7	0.6	(Cookie, Beans)	2
8	0.6	(Beans, Eggs)	2
9	0.6	(Yogurt, Beans)	2
10	0.6	(Cookie, Eggs)	2

패턴 내 아이템은 두 개이고 최소 지지도는 60% 이상인 패턴만 필터링한 결과이다.

4) 관심 항목 대상으로 지지도, 신뢰도, 향상도를 확인한다.

다음 결과표는 판다스에서 제공하는 association_rules 함수를 사용해 얻은 결과이다.

association_rules 함수 이용: lift>=0.8

```
rules1=association_rules(frequent_itemsets, metric='lift', min_threshold=0.8)
rules1
```

실행 결과

	antecedents	consequents	antecedent support	consequent support	support	confidence	lift	leverage	conviction
0	(Apple)	(Eggs)	0.6	0.8	0.6	1.00	1.250000	0.12	inf
1	(Eggs)	(Apple)	0.8	0.6	0.6	0.75	1.250000	0.12	1.6
2	(Cookie)	(Beans)	0.6	0.8	0.6	1.00	1.250000	0.12	inf
3	(Beans)	(Cookie)	0.8	0.6	0.6	0.75	1.250000	0.12	1.6
4	(Beans)	(Eggs)	0.8	0.8	0.6	0.75	0.937500	-0.04	0.8
5	(Eggs)	(Beans)	0.8	0.8	0.6	0.75	0.937500	-0.04	0.8
6	(Yogurt)	(Beans)	0.6	0.8	0.6	1.00	1.250000	0.12	inf
7	(Beans)	(Yogurt)	0.8	0.6	0.6	0.75	1.250000	0.12	1.6
8	(Cookie)	(Eggs)	0.6	0.8	0.6	1.00	1.250000	0.12	inf
9	(Eggs)	(Cookie)	0.8	0.6	0.6	0.75	1.250000	0.12	1.6
10	(Cookie, Beans)	(Eggs)	0.6	0.8	0.6	1.00	1.250000	0.12	inf
11	(Cookie, Eggs)	(Beans)	0.6	0.8	0.6	1.00	1.250000	0.12	inf
12	(Beans, Eggs)	(Cookie)	0.6	0.6	0.6	1.00	1.666667	0.24	inf
13	(Cookie)	(Beans, Eggs)	0.6	0.6	0.6	1.00	1.666667	0.24	inf
14	(Beans)	(Cookie, Eggs)	0.8	0.6	0.6	0.75	1.250000	0.12	1.6
15	(Eggs)	(Cookie, Beans)	0.8	0.6	0.6	0.75	1.250000	0.12	1.6

association_rules 함수를 활용하면 신뢰도, 향상도 등을 한꺼번에 볼 수 있다. association_rules 함수는 데이터프레임을 입력, 신뢰도(confidence), 향상도(lift) 등을 조건으로 사용하고, 각 metric별 사용하는 최솟값은 min_threshold로 지정하며, 기본값은 0.8로 지정한다. 여기서 향상도가 1 이상인 경우, 특정 패턴이 있음을 고려할 수 있다. 여기서는 향상도가 1.25 이상인 패턴만 살펴보도록 한다.

association_rules 함수 이용: lift>=1.2

```
rules2=association_rules(frequent_itemsets, metric='lift', min_threshold=1.2)
rules2
```

실행 결과

	antecedents	consequents	antecedent support	consequent support	support	confidence	lift	leverage	conviction
0	(Apple)	(Eggs)	0.6	0.8	0.6	1.00	1.250000	0.12	inf
1	(Eggs)	(Apple)	0.8	0.6	0.6	0.75	1.250000	0.12	1.6
2	(Cookie)	(Beans)	0.6	0.8	0.6	1.00	1.250000	0.12	inf
3	(Beans)	(Cookie)	0.8	0.6	0.6	0.75	1.250000	0.12	1.6
4	(Yogurt)	(Beans)	0.6	0.8	0.6	1.00	1.250000	0.12	inf
5	(Beans)	(Yogurt)	0.8	0.6	0.6	0.75	1.250000	0.12	1.6
6	(Cookie)	(Eggs)	0.6	0.8	0.6	1.00	1.250000	0.12	inf
7	(Eggs)	(Cookie)	0.8	0.6	0.6	0.75	1.250000	0.12	1.6
8	(Cookie, Beans)	(Eggs)	0.6	0.8	0.6	1.00	1.250000	0.12	inf
9	(Cookie, Eggs)	(Beans)	0.6	0.8	0.6	1.00	1.250000	0.12	inf
10	(Beans, Eggs)	(Cookie)	0.6	0.6	0.6	1.00	1.666667	0.24	inf
11	(Cookie)	(Beans, Eggs)	0.6	0.6	0.6	1.00	1.666667	0.24	inf
12	(Beans)	(Cookie, Eggs)	0.8	0.6	0.6	0.75	1.250000	0.12	1.6
13	(Eggs)	(Cookie, Beans)	0.8	0.6	0.6	0.75	1.250000	0.12	1.6

antecedents 칼럼은 조건절이며, consequents은 결과절로써 만일 (조건절)이라면 (결과절)로 해석될 수 있다. 그럼 이제 손님이 “어떤 메뉴를 사시나요?”에 대해 ‘Apple’을 살 때 ‘Eggs’를 사거나, ‘Cookie’를 살 때 ‘Beans’를 주로 함께 산다고 말할 수 있다.

연관분석에 대한 결과 해석은 어느 하나의 지표만 보고 판단하지 않는다. 지지도와 신뢰도, 향상도 외에도 필요한 지표들을 종합해서 결론을 내린다. 특히, 지지도와 신뢰도 그리고 향상도는 위와 같이 품목별 관계성을 직관적으로 보여주므로 품목 간 관계 정도의 서열을 확인하는 데 유용하다.

연습 문제

[준비 파일: 지역별 시민행복지수(2021).xlsx] [데이터프레임 명: hapiness2021]

다음은 공공 데이터 포털에서 '서울시 시민행복지수 통계'에 대한 데이터를 확인하고 행복지수와 다른 변수 간의 상관관계를 알아보고자 한다.

- url: https://data.seoul.go.kr/dataList/26/S/2/datasetView.do
- 시민행복지수: 서울 시민의 주관적인 행복 정도로 건강 상태, 재정 상태, 주위 친지 · 친구와의 관계, 가정생활, 사회생활의 만족지수를 산출한다.

1 엑셀 데이터를 불러와서 데이터를 확인하는 코드이다. 빈칸에 가장 알맞은 코드를 완성하시오.

```
import pandas as pd
happiness2021=pd.____________________('/content/drive/MyDrive/지역별 시민행복지수(2021).xlsx')
____________________
```

실행 결과

	순위	지역	행복지수	자신의 건강상태	자신의 재정상태	주위 친지 친구와의 관계	가정생활	사회생활
0	1	강남구	6.53	6.86	5.99	6.65	6.66	6.48
1	2	송파구	6.45	6.81	5.91	6.55	6.55	6.42
2	3	광진구	6.38	6.70	5.78	6.54	6.52	6.39
3	4	노원구	6.38	6.72	5.80	6.48	6.54	6.35
4	5	서초구	6.38	6.66	5.88	6.51	6.54	6.32

2 다음은 모든 칼럼명들의 빈 공백을 언더바(_)로 대체하는 코드이다. 빈칸에 가장 알맞은 코드를 완성하시오.

```
happiness2021.columns=________________________________________
happiness2021.columns
```

실행 결과

```
Index(['순위', '지역', '행복지수', '자신의_건강상태', '자신의_재정상태', '주위_친지_친구와의_관계', '가정생활',
       '사회생활'],
      dtype='object')
```

3 다음은 모든 변수 간 상관관계지수를 출력하는 코드이다. 빈칸에 가장 알맞은 코드를 완성하시오.

```
corr=__________________________
corr
```

실행 결과

	순위	행복지수	자신의_건강상태	자신의_재정상태	주위_친지_친구와의_관계	가정생활	사회생활
순위	1.000000	-0.978812	-0.832581	-0.920552	-0.906710	-0.901350	-0.928174
행복지수	-0.978812	1.000000	0.861772	0.928807	0.934476	0.923024	0.937074
자신의_건강상태	-0.832581	0.861772	1.000000	0.758057	0.777438	0.720133	0.717052
자신의_재정상태	-0.920552	0.928807	0.758057	1.000000	0.780666	0.809592	0.861819
주위_친지_친구와의_관계	-0.906710	0.934476	0.777438	0.780666	1.000000	0.907678	0.857601
가정생활	-0.901350	0.923024	0.720133	0.809592	0.907678	1.000000	0.839956
사회생활	-0.928174	0.937074	0.717052	0.861819	0.857601	0.839956	1.000000

4 다음은 행복지수와 다른 변수와의 상관관계 지수를 출력하는 코드이다. 빈칸에 가장 알맞은 코드를 완성하시오.

```
pd.DataFrame(________________________________)
```

실행 결과

	행복지수
행복지수	1.000000
사회생활	0.937074
주위_친지_친구와의_관계	0.934476
자신의_재정상태	0.928807
가정생활	0.923024
자신의_건강상태	0.861772
순위	-0.978812

5 다음은 모든 변수 간의 상관관계를 히트맵으로 그리는 코드이다. 빈칸에 가장 알맞은 코드를 완성하시오.

```
import seaborn as sns
plt.figure(figsize=(11, 8))
sns.________________________________
```

실행 결과

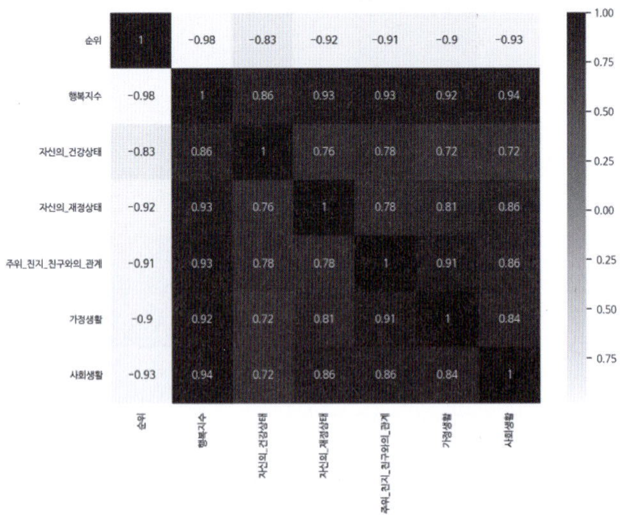

6 모든 변수 간의 상관관계를 히트맵으로 그리는 코드를 완성하시오. 빈칸에 가장 알맞은 코드를 완성하시오.

Hint: 본문 참고

```
import numpy as np
corr = happiness2021.corr()
______________________________
______________________________
__________________________________________________________________
```

실행 결과

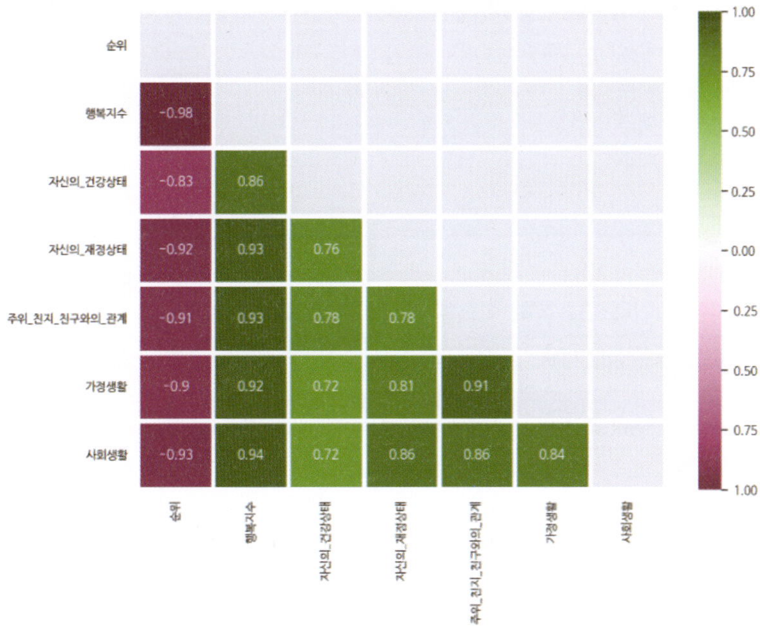

[데이터프레임 명: df]

연관분석을 하기 위한 필요한 모듈과 데이터셋이 다음과 같이 생성되어 있다고 가정했을 때 다음 질문에 차례대로 답하시오.

```
# 필요한 pandas, mlxtend 패키지를 로드한다.
import pandas as pd
from mlxtend.preprocessing import TransactionEncoder
from mlxtend.frequent_patterns import apriori

# 데이터셋 생성하기
dataset=[['치즈', '우유', '생수'],
['생수', '수박', '우유', '맥주'],
['수박', '생수', '맥주'],
['생수', '우유', '맥주'],
['치즈', '우유', '맥주']
]
```

7-1 다음은 생성된 데이터셋을 통해 학습을 시작하는 코드이다. 실행 결과를 보고 빈칸에 가장 알맞은 코드를 완성하시오.

```
te = TransactionEncoder()
te_arr =______________________
te_arr
```

실행 결과

```
array([[False,  True, False,  True,  True],
       [ True,  True,  True,  True, False],
       [ True,  True,  True, False, False],
       [ True,  True, False,  True, False],
       [ True, False, False,  True,  True]])
```

7-2 다음은 문제 7-1에서 생성한 배열을 데이터프레임으로 변경하는 코드이다. 실행 결과를 보고 빈칸에 가장 알맞은 코드를 완성하시오.

```
df=pd.____________________________________
df
```

실행 결과

	맥주	생수	수박	우유	치즈
0	False	True	False	True	True
1	True	True	True	True	False
2	True	True	True	False	False
3	True	True	False	True	False
4	True	False	False	True	True

인덱스 0(첫 번째)줄을 보면 생수와 우유, 치즈를 구매했기 때문에 세 개의 칼럼에만 True 되어 있다.

7-3 다음은 7-2에서 생성한 데이터프레임으로 apriori 알고리즘을 사용하여 지지도(support)를 알아보는 코드이다. 실행 결과를 보고 빈칸에 가장 알맞은 코드를 완성하시오. 최소 지지도는 0.4로 설정한다.

```
itemset =____________________________________
itemset.sort_values('support', ascending=False).head()
```

실행 결과

	support	itemsets
0	0.8	(맥주)
1	0.8	(생수)
3	0.8	(우유)
5	0.6	(맥주, 생수)
7	0.6	(맥주, 우유)

맥주를 살 확률은 80%, 맥주와 생수를 살 확률은 60%이다.

7-4 다음은 문제 7-3의 결과를 이용하여 연관규칙을 알아보는 코드이다. 실행 결과를 보고 빈칸에 가장 알맞은 코드를 완성하시오. 최소신뢰도는 0.8로 설정(기본값)한다.

```
______________________________________________
_______________________________________________
```

실행 결과

	antecedents	consequents	antecedent support	consequent support	support	confidence	lift	leverage	conviction
0	(수박)	(맥주)	0.4	0.8	0.4	1.0	1.250000	0.08	inf
1	(수박)	(생수)	0.4	0.8	0.4	1.0	1.250000	0.08	inf
2	(치즈)	(우유)	0.4	0.8	0.4	1.0	1.250000	0.08	inf
3	(수박, 맥주)	(생수)	0.4	0.8	0.4	1.0	1.250000	0.08	inf
4	(수박, 생수)	(맥주)	0.4	0.8	0.4	1.0	1.250000	0.08	inf
5	(수박)	(맥주, 생수)	0.4	0.6	0.4	1.0	1.666667	0.16	inf

5번 인덱스 데이터를 보면 (수박)을 구매한 고객이 (맥주, 생수)를 구매할 확률이 높다고 판단할 수 있다.

날씨 데이터 예측하기 9

9.1 회귀분석의 개념

9.2 [회귀분석] 날씨 데이터 분석하기

학습목표

- 회귀분석에 대한 개념을 이해하고 활용할 수 있다.
- 선형회귀분석과 다중회귀분석에 대해 이해하고 활용할 수 있다.

CHAPTER

9 날씨 데이터 예측하기

공부를 많이 할수록 시험 점수가 오를까? 운동을 많이 할수록 체중이 빠질까? 몇 시간 공부하면 점수가 얼마나 나올 것이며, 운동 시간을 얼마로 하면 체중이 얼마나 많이 빠질까? 학습 시간과 공부 시간, 운동 시간과 체중은 어떤 관계가 있을까? 이 장에서는 과거의 10년치 날씨 데이터를 통해 미래의 기온을 예측하기 위한 내용을 학습해보고자 한다.

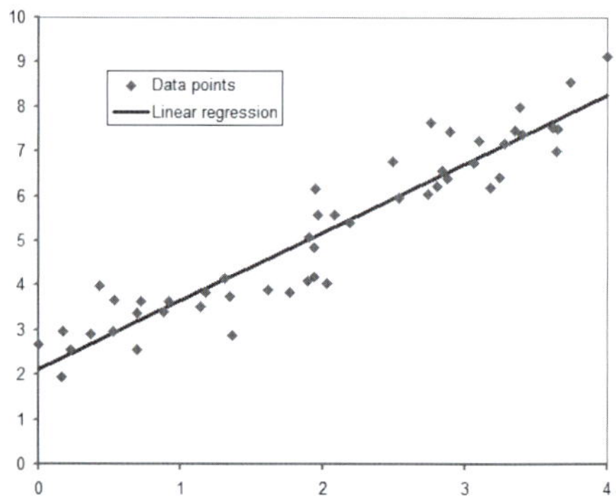

그림 9-1 회귀분석

출처: Wiki

9.1 회귀분석의 개념

(1) 회귀분석의 개념 이해

오래 학습할수록 시험 성적이 높을까? 마트에 방문한 사람이 많을수록 매출도 높을까? 이 질문에 대답하려면 학생들의 공부 시간과 시험 점수를 조사하고 매일 마트에 방문하는 사람의 수를 세고 그날의 매출을 알아봐야 한다. 그다음 공부 시간과 시험 점수, 방문한 사람 수와 매출 사이에 어떤 관계가 있는지 확인하면 된다. 이렇게 두 변수 사이의 연관성을 알아내는 통계 방법을 회귀분석(Regression Analysis)이라고 한다. 회귀분석(regression)은 연속적인 값 예측, 가격, 매출, 주가 등의 연속성이 있는 데이터의 예측에 사용되는 알고리즘이다.

학생의 공부 시간과 시험 점수 사이의 관계를 안다면, 공부하는 시간으로 다음의 시험 점수를 예측할 수 있다. 예측하려는 변수는 시험 점수이고 예측에 사용하는 변수는 공부 시간이다. 시험 점수처럼 예측하려는 변수를 종속변수(dependent variable, 설명변수), 공부 시간처럼 예측에 사용하는 변수를 독립변수(independent variable)라고 부른다. 회귀분석은 특정 변수(독립변수)가 다른 변수(종속변수)에 어떠한 영향을 미치는가를 분석하는 지도학습 방법이다.

(2) 기업의 회귀분석 활용 사례

기업에서는 회귀분석을 통해 무엇을 하고자 할까? 몇 가지 사례를 들면 다음과 같은 것이 있을 수 있다.

① 매출액에 영향을 미치는 변수는 무엇인가?

② 이들 변수들이 어느 정도로 영향을 미치고 있는지를 알고 싶어한다.

③ 더 나아가 미래 매출액을 예측할 수 있기를 바란다.

Note

생존의 기로에 선 백화점 업계의 노력

국내에서 최고의 품격을 자랑하는 A 백화점에서는 여러 가지 브랜드의 대형 할인매장의 등장으로 경영상 새로운 전환점을 맞이하게 되었다. 물론 백화점과 할인매장의 특성상 고객 계층이 다르기 때문에 크게 관계가 없다는 자세를 견지하고는 있지만, 내심 가격 할인에 따른 소비자들의 반응을 예의 주시하지 않을 수 없었다. A 백화점에서는 마케팅 전략기획 회의를 통해 기존에 자사의 유통체인을 이용하는 고객들을 세분화하고, 그들이 자사 백화점에 충성도를 가지고 있는 것에 어떤 특성이 있는가를 파악하여 이를 보다 강화하는 전략을 수립하기로 하였다.

자사 백화점 고객의 충성도 모델이라는 명칭으로 개발된 모형은 자사의 고객들이 자사 백화점을 찾는 이유를 8가지 범주의 차원으로 구성하여 설명하고 있다. 종속변수는 자사 백화점에 대한 충성도의 정도를 7점 척도로 평가하였다. 독립변수는 1) 판매되는 제품이나 상품의 품질, 2) 진열된 상품의 다양성과 구색, 3) 교환 및 환불 시스템, 4) 매장 내에서의 인적인 서비스 품질(응대성과 친절성, 적극성 등), 5) 가격 특성, 6) 쇼핑객을 위한 제반 편의시설 구성과 위치, 7) 쇼핑객의 동선을 고려한 점포의 배열, 8) 신용카드와 영수증 발급시스템 등으로 구성하고 역시 7점 척도를 사용하여 측정하였다. 그 결과 8개의 선택 범주 중에서 **매장 내에서의 인적인 서비스 품질이 백화점의 충성도를 높이는 데 결정적인 기여를 하고 있는 것**으로 분석되었다. 모든 변수의 회귀계수는 모두 정(+)의 값을 취하고 있었으며, 개별적인 차원의 세부 평가요소들 역시 자사 백화점을 선택하는 데 있어 통계적으로 유의한 영향을 미치는 것으로 나타나고 있었다. 이 모델은 자사 백화점을 이용하는 고객들의 선호도와 충성도를 예측하는 데 매우 적합한 모델로 판명되었으며, 그 후 A 백화점은 이러한 평가모델을 활용하여 지속적인 고객 선호도와 충성도를 평가하여 개선하고 있으며, 국내에서 최고 수준의 격조와 품위가 있는 그리고 가장 믿을 만한 백화점으로 성장하였다.

(3) 단순선형회귀와 다중선형회귀

다음은 학습 시간과 성적의 관계 데이터를 가지고 설명하고자 한다.

표 9-1 공부 시간과 성적의 관계

공부 시간	2	4	6	8	10
성적(점수)	81	93	90	97	100

위의 표처럼 '공부한 시간(학습 시간)'이라는 변수를 x로 하고 '독립변수'라고 부르며, 이 독립변수에 따라 달라질 수 있는 y값(성적)을 '종속변수'라고 부른다. 선형회귀에서는 독립변수 x를 사용해 종속변수 y의 움직임을 예측하고 설명한다. 선형회귀 중 하나의 x값으로 y값을 설명할 수 있을 때 이를 단순선형회귀(simple linear regression)라고 하며, x값이 여러 개 필요할 때에는 다중선형회귀(multiple linear regression)라고 한다.

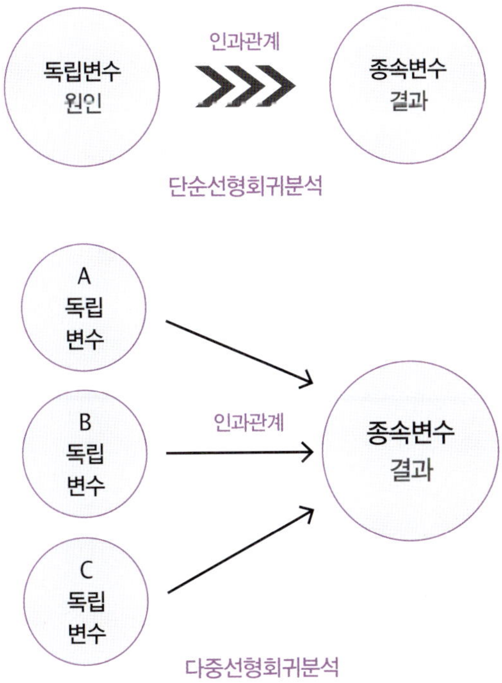

그림 9-2 단순선형과 다중선형회기분석의 이해

회귀분석의 간단한 실습

```
import matplotlib.pyplot as plt
from sklearn.linear_model import LinearRegression

# x(공부 시간 : 독립변수), y(시험 점수 : 종속변수)
x = [[2], [4], [6], [8], [10]]        # 공부 시간
y = [[81], [93], [90], [97], [100]]  # 시험 점수

# 산점도 그래프
plt.scatter(x, y)
plt.show()

```

```
# 학습시키기
model = LinearRegression()       # 선형회귀분석 객체 생성하기

# 선형회귀분석 객체를 이용하여 학습시키기
model.fit(x, y)

# 예측하기
result = model.predict([[7]])   # 7시간 학습
print(f'예상점수:result')
```

실행 결과

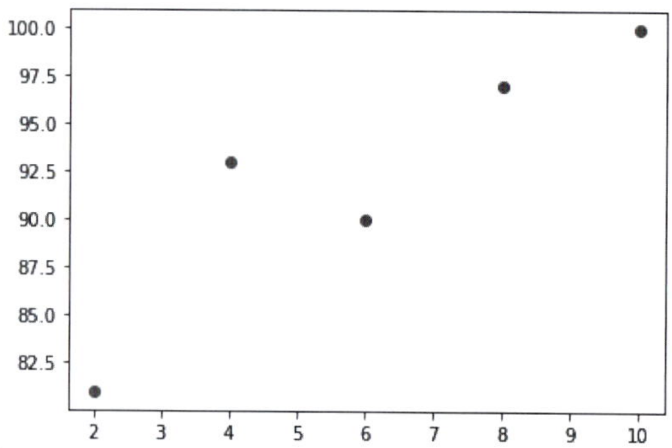


```
예상점수:[[94.3]]
```

Note

- 독립변수: 원인이 되는 변수
- 종속변수: 결과가 되는 변수
- 단순선형회귀분석: 독립변수의 개수가 1인 경우
- 다중선형회귀분석: 독립변수의 개수가 2 이상인 경우
- 지도학습: 정답이 있는 데이터를 활용해 데이터를 학습시키는 방법으로 입력값(X data)이 주어지면 입력값에 대한 Label(Y data)을 주어 학습시키는 것을 말한다.

9.2 [회귀분석] 날씨 데이터 분석하기

[준비 파일: (2010-2020) weather.xlsx]

(1) 데이터셋 정보

기상자료개방포털 홈페이지에서 제공하는 기상 과년 데이터셋을 가지고 날씨를 예측해보고자 한다. 다음과 같이 상단 메뉴에서 [기후통계분석] → [통계분석]을 선택한 후 기온분석 페이지에서 원하는 지역(서울)과 기간(2010.1~2020.12)을 다음과 같이 설정한 후 날씨 데이터를 다운로드한다.

그림 9-3 날씨 데이터 다운로드

(2) 데이터필드의 이해

데이터셋의 주요 변수는 총 5개이고 각 변수는 다음과 같은 특징을 가지고 있다.

표 9-2 날씨 데이터의 설명

변수명	데이터형
날짜	날짜형
지점	정수형
평균기온(℃)	실수형
최저기온(℃)	실수형
최고기온(℃)	실수형

(3) 데이터 확인과 가공하기

[준비 파일: (2010-2020) weather.xlsx]

1) 데이터 읽어 와서 확인하기

판다스를 사용해 파일을 읽어 와서 데이터프레임 변수(seoul)에 저장한 후, head 메서드로 데이터의 상단 부분을 확인한다.

'날씨' 파일 읽어오기

```
import pandas as pd
import numpy as np
import matplotlib.pyplot as plt
import seaborn as sns
seoul = pd.read_excel('/content/drive/MyDrive/(2010-2020) weather.xlsx')
seoul.head()
```

실행 결과

	날짜	지점	평균기온(℃)	최저기온(℃)	최고기온(℃)
0	2010-01-01	108	-7.6	-12.7	-3.6
1	2010-01-02	108	-3.6	-7.4	0.2
2	2010-01-03	108	-6.8	-10.5	-3.2
3	2010-01-04	108	-5.9	-8.0	-3.4
4	2010-01-05	108	-9.9	-12.3	-7.0

데이터의 전체적인 구조 출력

```
seoul.info()
```

실행 결과

```
<class 'pandas.core.frame.DataFrame'>
RangeIndex: 4018 entries, 0 to 4017
Data columns (total 5 columns):
 #   Column    Non-Null Count  Dtype
---  ------    --------------  -----
 0   날짜        4018 non-null   datetime64[ns]
 1   지점        4018 non-null   int64
 2   평균기온(℃)  4018 non-null   float64
 3   최저기온(℃)  4018 non-null   float64
 4   최고기온(℃)  4017 non-null   float64
dtypes: datetime64[ns](1), float64(3), int64(1)
memory usage: 157.1 KB
```

요약 통계량 확인하기

```
seoul.describe()
```

실행 결과

	지점	평균기온(℃)	최저기온(℃)	최고기온(℃)
count	4018.0	4018.000000	4018.000000	4017.000000
mean	108.0	12.965207	8.991015	17.699627
std	0.0	10.803691	10.932678	10.976719
min	108.0	-14.800000	-18.000000	-10.700000
25%	108.0	3.700000	-0.300000	8.200000
50%	108.0	14.250000	9.800000	19.600000
75%	108.0	22.800000	18.900000	27.400000
max	108.0	33.700000	30.300000	39.600000

2) 칼럼 삭제하기

데이터 분석에 필요 없는 칼럼('지점')을 삭제한다.

지점 명 칼럼 삭제하기

```
seoul.drop('지점', axis=1, inplace=True)
seoul.head()
```

실행 결과

	날짜	평균기온(℃)	최저기온(℃)	최고기온(℃)
0	2010-01-01	-7.6	-12.7	-3.6
1	2010-01-02	-3.6	-7.4	0.2
2	2010-01-03	-6.8	-10.5	-3.2
3	2010-01-04	-5.9	-8.0	-3.4
4	2010-01-05	-9.9	-12.3	-7.0

3) 칼럼명 변경하기

모든 칼럼명들을 다음과 같이 변경한다.

칼럼명 변경하기

```
seoul.columns=['날짜', '평균기온', '최저기온', '최고기온']
seoul.columns
```

실행 결과

```
Index(['날짜', '평균기온', '최저기온', '최고기온'], dtype='object')
```

4) 결측 데이터 확인 및 처리

칼럼별 결측 데이터 개수를 다음과 같이 확인한다.

결측 데이터 개수 확인

```
seoul.isnull().sum()
```

실행 결과

```
날짜      0
평균기온    0
최저기온    0
최고기온    1
dtype: int64
```

누락된 데이터 행 삭제하기

```
seoul.dropna(subset=['최고기온'], axis=0, inplace=True)
seoul.isnull().sum()
```

실행 결과

```
날짜      0
평균기온    0
최저기온    0
최고기온    0
dtype: int64
```

5) 칼럼 생성하기

날짜 칼럼에서 연도만을 추출하여 새로운 칼럼('년도')을 생성한다.

칼럼 생성하기

```
seoul['년도']=seoul['날짜'].dt.year
seoul.head()
```

실행 결과

	날짜	평균기온	최저기온	최고기온	년도
0	2010-01-01	-7.6	-12.7	-3.6	2010
1	2010-01-02	-3.6	-7.4	0.2	2010
2	2010-01-03	-6.8	-10.5	-3.2	2010
3	2010-01-04	-5.9	-8.0	-3.4	2010
4	2010-01-05	-9.9	-12.3	-7.0	2010

6) 데이터 필터링

날짜 칼럼에서 '8월 15일' 데이터만을 추출하여 새로운 데이터프레임(seoul0815)을 생성한다.

조건에 맞는 데이터 추출

```
conditions=(seoul['날짜'].dt.month==8) & (seoul['날짜'].dt.day==15)
conditions
seoul0815=seoul[conditions]
seoul0815
```

실행 결과

	날짜	평균기온	최저기온	최고기온	년도
226	2010-08-15	26.6	24.6	30.2	2010
591	2011-08-15	24.5	22.9	26.9	2011
957	2012-08-15	23.7	22.4	27.1	2012
1322	2013-08-15	28.7	25.8	32.4	2013
1687	2014-08-15	24.9	20.9	29.6	2014
2052	2015-08-15	27.1	23.1	30.8	2015
2418	2016-08-15	29.1	25.8	34.0	2016
2783	2017-08-15	21.9	20.8	24.0	2017
3148	2018-08-15	31.7	28.3	38.0	2018
3513	2019-08-15	25.9	23.9	28.6	2019
3879	2020-08-15	26.1	25.0	27.0	2020

7) 데이터 시각화

연도와 평균 기온 칼럼을 이용하여 산점도 그래프를 그려본다.

산점도 그래프 그리기

```
fig = plt.figure(figsize=(15, 7))
X = seoul0815[['년도']]
Y = seoul0815['평균기온']
plt.xlabel('년도')
plt.ylabel('평균기온')
plt.scatter(X, Y)
plt.show()
```

실행 결과

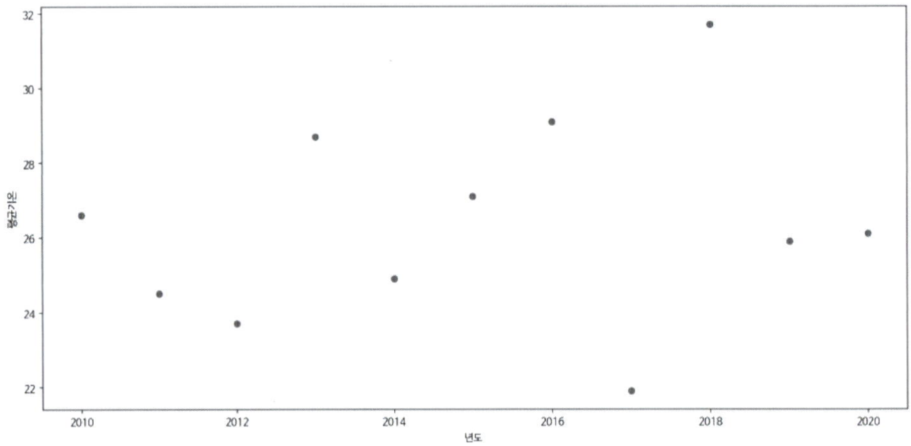

(4) 회귀분석 예제

과거 10년 날씨 데이터를 분석하고 회귀분석의 개념을 이해하기 위한 목적으로 현재의 날씨를 예측하는 분석 코딩을 실시하였다. 날씨 데이터 변수 간의 인과관계를 알아보고 특정 날짜의 기온을 예측해보고자 한다.

1) 회귀분석에 필요한 라이브러리와 모듈을 불러온다.

필요한 모듈 import

```
from sklearn.linear_model import LinearRegression
```

사이킬런 모듈은 다양한 머신러닝 알고리즘을 구현한 파이썬 라이브러리의 기능을 지원해주는 파이썬 라이브러리이다.

2) 단순선형회귀분석

2022년 08월 15일 기온 예측하기

```
1 model = LinearRegression()
2 X = seoul0815[['년도']]
3 Y = seoul0815['평균기온']
4 model.fit(X, Y)
5 result = model.predict([['2022']]) # [27.50818182]
6 print(result)
```

- **1행**: LinearRegression 모델을 생성한다.
- **2행**: x축 데이터에 해당하는 칼럼('년도')을 추출한다.
- **3행**: y축 데이터에 해당하는 칼럼('평균기온')을 추출한다.
- **4행**: fit() 메서드는 선형회귀모델에 필요한 두 가지 변수를 전달한다.
- **5행**: predict() 메서드는 x 데이터(독립변수)가 주어졌을 때 예측된 값을 출력한다.

앞의 예에서 10년 동안 날씨 데이터를 학습하고 현재 연도가 독립변수의 값으로 주어질 때 예상된 값을 추출할 수 있다. 독립변수의 값이 '2002'가 주어졌을 때 평균 기온은 [27.50818182]로 예측됨을 알 수 있다.

08월 15일 평균 기온의 산점도, 회귀선 출력하기

```
1  x=seoul0815['년도']
2  y=seoul0815['평균기온']
3  fp1 = np.polyfit(x, y, 2)
4  f1 = np.poly1d(fp1)
5  fx = np.linspace(2010, 2020)
6  plt.figure(figsize=(15, 7))
7  plt.scatter(x, y)
8  plt.plot(fx, f1(fx), ls='dashed', lw=3, color='g')
9  plt.xlabel('년도')
10 plt.ylabel('평균기온')
11 plt.show()
```

실행 결과

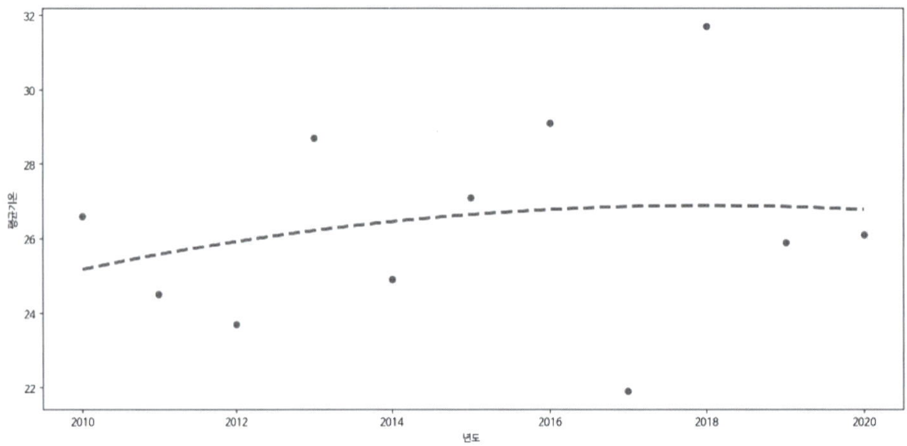

- 3행: numpy.polyfit 함수는 입력과 출력값으로부터 다항식의 계수를 찾아주는 함수이다. array([-2.69230769e-02, 1.08660909e+02, -1.09611331e+05])
- 4행: numpy.poly1d 함수는 입력 배열을 항으로 간주하여 다항식을 생성하는 함수이다. poly1d([-2.69230769e-02, 1.08660909e+02, -1.09611331e+05])

- **5행**: 2차 이상의 식의 경우에는 np.linspace 함수를 이용하여 촘촘한 x 값을 새롭게 선언해준 뒤 이를 바탕으로 회귀예측식을 구해주어야 회귀선이 완만한 곡선으로 그려질 수 있다. np.linspace(start, stop, num) num을 생략하면 디폴트로 50개의 수열이 생성된다.
- **8행**: x축 데이터는 np.linspace로 값을 할당하고(fx), y축 데이터는 np.poly1d로 값을 할당한다. 직선의 모양(ls)은 점선(dashed)이고 선의 두께(lw)는 3, 선 색깔(color)은 'green'으로 설정한다.

Note

polyfit() 함수: y=ax2+bx+c라는 식에서 x, y 값을 알고 있으면 다항식의 계수값인 a, b, c의 값을 찾아준다. polyfit() 함수의 원형은 다음과 같다.
p = polyfit(x, y, n)
- x는 다항식의 입력값
- y는 다항식의 결과값
- n은 다항식의 차수를 의미
- p는 차수에 따른 다항식의 계수 값을 의미

시본 모듈로 추세선 넣기

```
fig = plt.figure(figsize=(15, 7))
sns.regplot(x='년도', y='평균기온', data=seoul0815)
plt.grid()
plt.show()
```

실행 결과

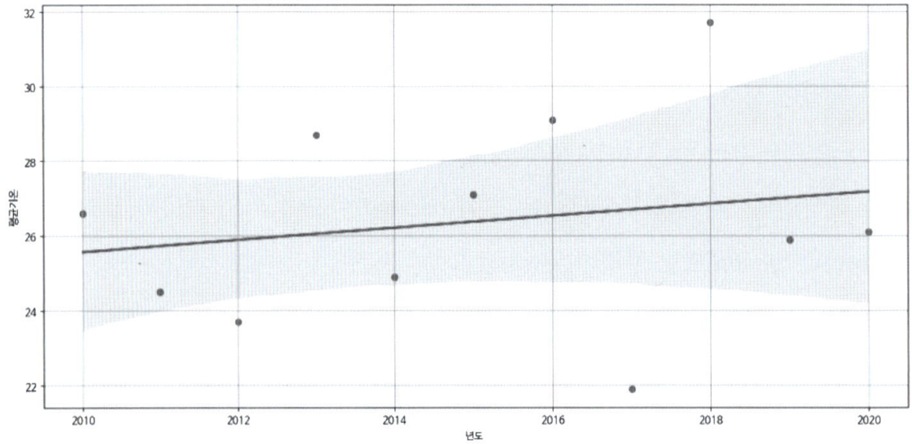

- **2행**: regplot 함수는 scatter plot과 line plot을 함께 볼 수 있는 데이터 시각화 방법으로 추세선을 넣을 때 사용한다. 선의 위아래로 옅게 표시된 부분은 추세선의 95% 신뢰구간을 나타낸다.

산점도와 히스토그램 동시에 그리기

```
plt.figure(figsize=(15, 7))
sns.jointplot(x='년도', y='평균기온', data=seoul0815, kind='reg')
plt.show()
```

실행 결과

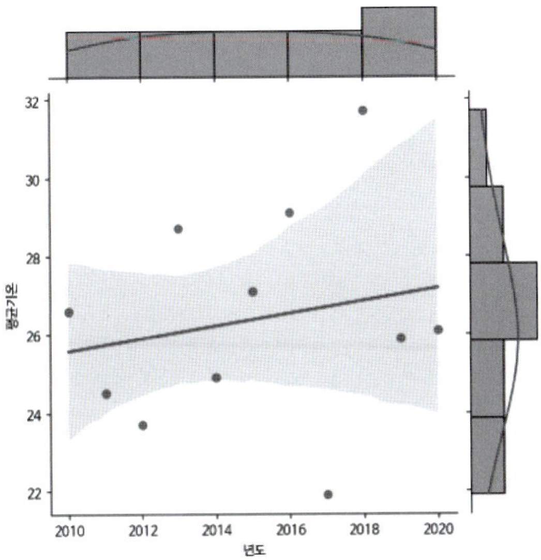

• **2행**: jointplot 함수는 산점도를 기본으로 표시하고 x-y 축에 각 변수에 대한 히스토그램을 동시에 보여준다. x, y 인자에 원하는 칼럼 이름을 지정하고 data 인자값으로 데이터프레임(seoul0815)을 지정한다. 두 변수의 관계와 데이터가 분산되어 있는 정도를 한눈에 파악하기 쉽다. 우측에는 '년도' 칼럼의 히스토그램을, 위쪽엔 '평균기온' 칼럼의 히스토그램을 동시에 보여주고 있다.

산점도와 히스토그램 동시에 그리기

```
sns.pairplot(seoul0815, kind='reg')
plt.show()
```

실행 결과

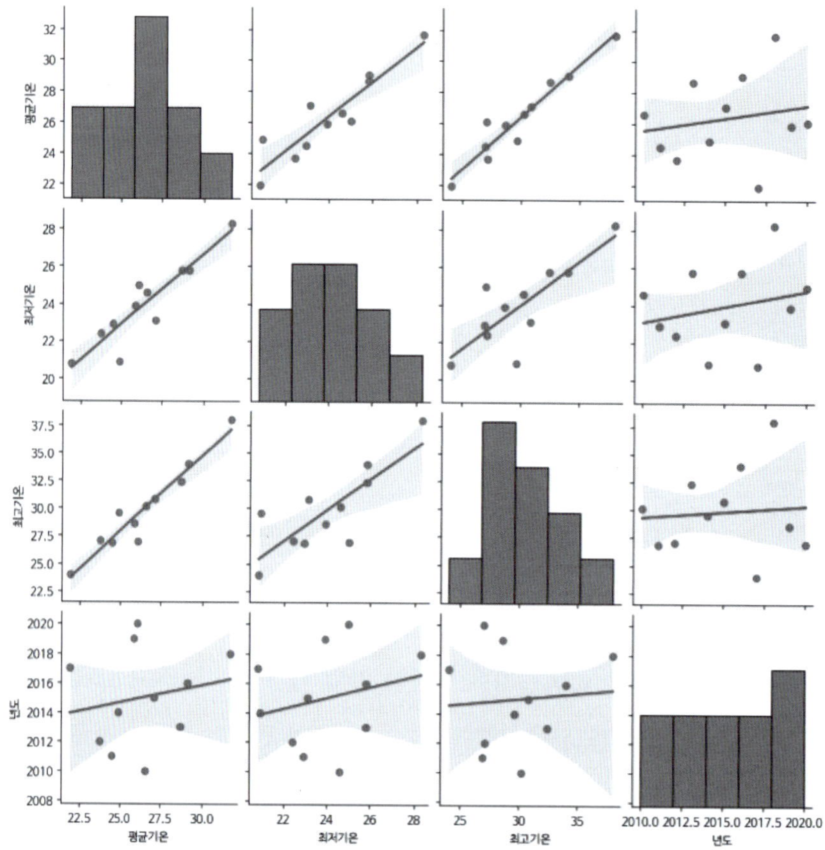

• **1행**: `pairplot` 함수는 데이터에 들어 있는 각 칼럼(열)들의 모든 상관관계를 출력한다.

3) 다중선형회귀분석

다중선형회귀는 여러 개의 특성을 이용해 종속변수를 예측하기 때문에 일반선형회귀보다 더 좋은 성능을 기대할 수 있다.

2022년 08월 15일 기온 예측하기

```
1 from sklearn.linear_model import LinearRegression
2 model = LinearRegression()
3 
4 X = seoul0815[['년도', '최저기온', '최고기온']]
5 Y = seoul0815['평균기온']
6 
7 model.fit(X, Y)
8 result = model.predict([['2022', 24, 33]])
9 print(result)                    # [28.08381871] # 평균기온 예측됨
```

실행 결과

```
[28.08381871]
```

- **8~9행**: predict() 메서드는 x 데이터(독립변수)가 주어졌을 때 예측된 값을 출력한다. 현재 연도, 최저기온, 최고기온 세 개의 독립변수 값으로 주어질 때 예상된 값을 추출할 수 있다. 독립변수가 '2020', '24', '33'이 주어졌을 때 평균기온은 [28.08381871]로 예측됨을 알 수 있다.

다중선형회귀분석

```
from sklearn.linear_model import LinearRegression
from sklearn.model_selection import train_test_split
import seaborn as sns
plt.figure(figsize=(15, 7))

# 데이터 준비: 속성(변수) 2가지 선택
X = seoul[['년도', '최저기온', '최고기온']]
Y = seoul['평균기온']

x_train, x_test, y_train, y_test = train_test_split(X, Y, train_
size = 0.7, test_size = 0.3)
```

```
11 model = LinearRegression()
12 model.fit(x_train, y_train)
13
14 plt.plot(model.predict(x_test[:50]), label='predict')
15 plt.plot(y_test[:50].values.reshape(-1, 1), label='real temp')
16 plt.legend()
```

실행 결과

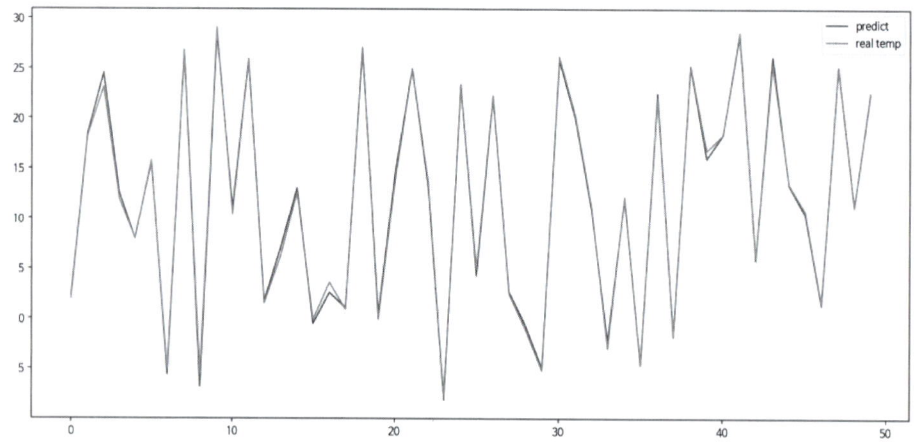

- **10행**: 먼저 x와 y 변수를 받아 사이킷런의 `train_test_split` 함수를 통해 7:3의 비율로 데이터를 분할한다.
- **12행**: 다중선형회귀 역시 지도학습으로 먼저 사이킷런의 선형회귀모델을 생성하고 `fit` 메서드를 통해 입력 변수로 입력될 `x_train`과 레이블로 사용할 `y_train` 변수를 학습시킨다.
- **15행**: 테스트셋의 일부 데이터를 가지고 모델의 예측 결과가 얼마나 좋게 나타나는지 확인한다. 테스트셋의 x 데이터 50개를 이용해 평균 기온을 예측하고 실제 테스트셋의 y 데이터를 확인한 결과 대체적으로 비슷한 결과를 보였다.

전체 테스트 데이터를 이용해 값을 예측하고 실제값과 비교하여 산점도를 그려 선형적인 모습인지 확인한다.

다중선형회귀분석: 산점도 그래프 그리기

```
plt.figure(figsize=(15, 7))
y_predict = model.predict(x_test)

plt.scatter(y_test, y_predict, alpha = 0.4)
plt.show()
```

실행 결과

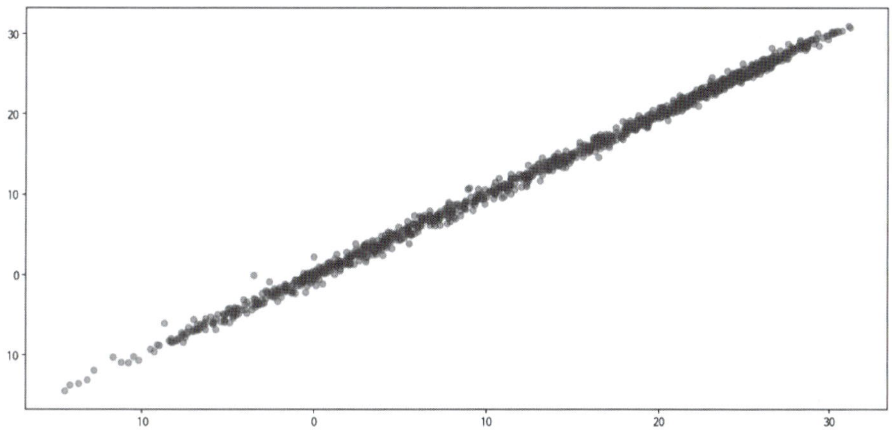

한눈에 봐도 그래프가 이상적인 선형적 모습을 보인다. 이제 score 메서드를 통해 다중선형회귀모델의 성능을 측정하면 다음과 같다.

다중선형회귀모델의 성능 측정

```
print(model.score(x_train, y_train))
```

실행 결과

```
0.9976977104781903
```

우리가 모델링한 다중선형회귀모델은 약 0.99의 결정계수를 가지며, 이는 x 변수들이 y 변수에 미치는 영향이 99%로, x 변수들이 평균 기온값 변동의 99%를 설명할 수 있다는 뜻이다.

연습 문제

[준비 파일: (2000-2010) weather.csv] [데이터프레임 명: weather]

기상자료개방포털에서 본인이 태어난 지역의 '2000~2010년'에 대한 데이터를 다운로드한 후 CSV 데이터를 불러와서 데이터를 확인하는 코드는 다음과 같다.

```
import pandas as pd
import numpy as np
import matplotlib.pyplot as plt
import seaborn as sns
weather=pd.read_csv('/content/drive/MyDrive/(2000-2010) weather.csv')
weather.head()
```

실행 결과

	날짜	지점	평균기온(℃)	최저기온(℃)	최고기온(℃)
0	2000-01-01	108	5.5	1.8	9.9
1	2000-01-02	108	4.2	-0.9	6.9
2	2000-01-03	108	-2.2	-4.6	0.1
3	2000-01-04	108	0.3	-4.3	4.3
4	2000-01-05	108	2.8	0.1	4.6

1-1 다음은 데이터를 분석하기 전 데이터 전처리에 대한 과정이다. 실행 결과를 보고 빈칸에 가장 알맞은 코드를 완성하시오.

```
# 날짜 칼럼 자료형을 날짜 형식으로 변경
weather['날짜']=pd.______________(weather['날짜'])
print(weather.info())
# 칼럼 생성
weather['year']=______________
weather['month']=______________
weather['day']=______________
# 칼럼 삭제
weather.drop('지점', axis=1, inplace=True)
# 칼럼명 변경
weather.______________columns={'날짜':'date', '평균기온(℃)':'temp'},
inplace=True)
```

실행 결과

```
<class 'pandas.core.frame.DataFrame'>
RangeIndex: 4018 entries, 0 to 4017
Data columns (total 5 columns):
 #   Column    Non-Null Count  Dtype
---  ------    --------------  -----
 0   날짜       4018 non-null   datetime64[ns]
 1   지점       4018 non-null   int64
 2   평균기온(℃)  4018 non-null   float64
 3   최저기온(℃)  4018 non-null   float64
 4   최고기온(℃)  4018 non-null   float64
dtypes: datetime64[ns](1), float64(3), int64(1)
memory usage: 157.1 KB
None
```

	date	temp	최저기온(℃)	최고기온(℃)	year	month	day
0	2000-01-01	5.5	1.8	9.9	2000	1	1
1	2000-01-02	4.2	-0.9	6.9	2000	1	2
2	2000-01-03	-2.2	-4.6	0.1	2000	1	3
3	2000-01-04	0.3	-4.3	4.3	2000	1	4
4	2000-01-05	2.8	0.1	4.6	2000	1	5

1-2 다음은 데이터 분석에 사용할 데이터를 필터링한 후 새로운 데이터프레임을 생성하는 코드이다. 실행 결과를 보고 빈칸에 가장 알맞은 코드를 완성하시오.

조건

- 9월 1일에 해당하는 데이터만 추출

```
weather=weather[['date', 'temp', 'year', 'month', 'day']]
conditions= ________________________________

df0901=weather[conditions]
df0901
```

실행 결과

	date	temp	year	month	day
244	2000-09-01	24.4	2000	9	1
609	2001-09-01	26.1	2001	9	1
974	2002-09-01	23.5	2002	9	1
1339	2003-09-01	22.0	2003	9	1
1705	2004-09-01	24.7	2004	9	1
2070	2005-09-01	26.8	2005	9	1
2435	2006-09-01	24.2	2006	9	1
2800	2007-09-01	20.4	2007	9	1
3166	2008-09-01	19.7	2008	9	1
3531	2009-09-01	23.7	2009	9	1
3896	2010-09-01	26.0	2010	9	1

1-3 다음은 year, temp 데이터에 대한 산점도 그래프를 그리는 코드이다. 실행 결과를 보고 빈칸에 가장 알맞은 코드를 완성하시오.

```
fig = plt.figure(figsize=(15, 7))
X =________________
Y =________________
plt.xlabel('년도')
plt.ylabel('평균기온')
plt.scatter(X, Y)
plt.show()
```

실행 결과

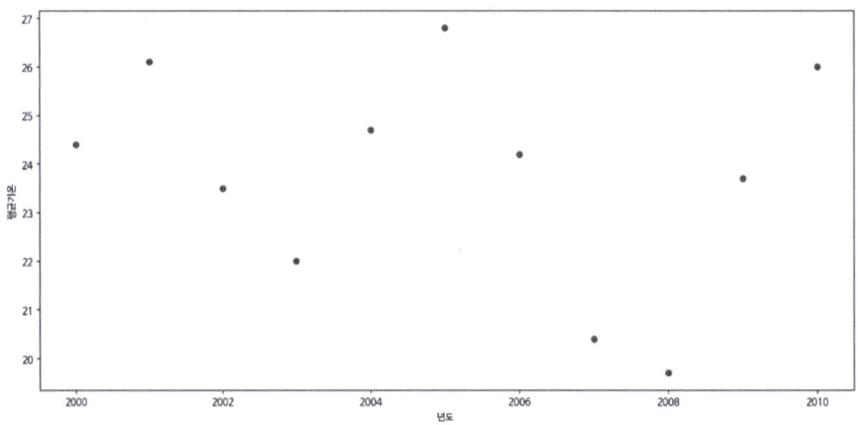

1-4 10년 치의 9월 1일에 분석된 데이터를 통해 2022년 9월 1일 개강일의 기온을 예측하는 코드이다. 실행 결과를 보고 빈칸에 가장 알맞은 코드를 완성하시오.

```
from sklearn.linear_model import LinearRegression
model = LinearRegression()
X = df0901[['year']]
Y = df0901['temp']
________________
result =________________
print(result)
```

실행 결과

```
[21.19181818]
```

[준비 파일: health_screenings_2020_1000ea.xlsx] [데이터프레임 명: df]

다음은 2020년에 건강검진을 한 고객들의 정보(연도, 지역코드, 성별, 나이, 키, 몸무게)이다. 키와 몸무게의 관계를 단순선형회귀분석으로 분석하고 예측해보자.

```
# 필요한 모듈 불러오기
from sklearn.linear_model import LinearRegression
import pandas as pd
import numpy as np
import matplotlib.pyplot as plt
# 엑셀 파일로 키와 몸무게가 들어 있는 파일을 불러온 후 확인한다.
df = pd.read_excel('/content/drive/MyDrive/health_screenings_2020_1000ea.
xlsx')
df.head()
```

실행 결과

	year	city_code	gender	age_code	height	weight
0	2020	11	1	10	175	65
1	2020	11	2	15	150	60
2	2020	41	2	15	155	60
3	2020	41	1	9	165	60
4	2020	31	1	9	160	55

2-1 다음은 학습모델을 생성하고 데이터를 fit 시킨 후 예측 그래프를 작성하는 코드이다. 실행 결과를 보고 빈칸에 가장 알맞은 코드를 완성하시오.

```
# 학습 모델을 생성하고 데이터를 fit 시킨다.
model = LinearRegression()
model.fit(________________________________)
# 예측
print('예상몸무게',model.predict([[185]]))
# 기존 X 값으로 y를 예측하게 해서 그래프를 그려보자.
plt.plot(X, Y, 'o')
plt.plot(X, model.predict(X.values.reshape(-1, 1)))
plt.show()
```

실행 결과

```
예상몸무게 [82.81082122]
```

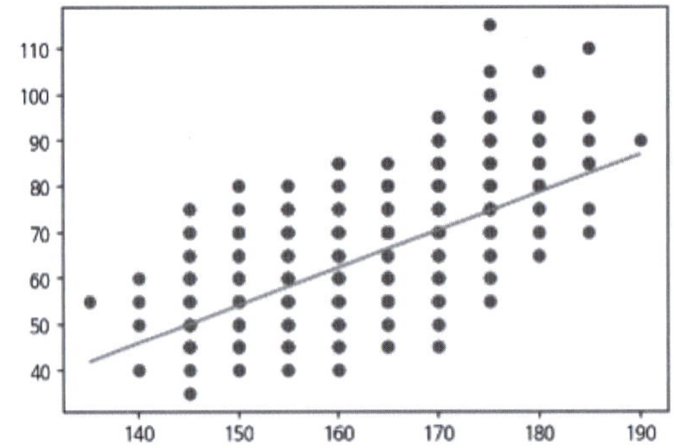

2-2 다음은 시본 모듈을 이용하여 추세선을 넣는 코드이다. 실행 결과를 보고 빈칸에 가장 알맞은 코드를 완성하시오.

```
fig = plt.figure(figsize=(15, 10))
sns.______________________________________
plt.grid()
plt.show()
```

실행 결과

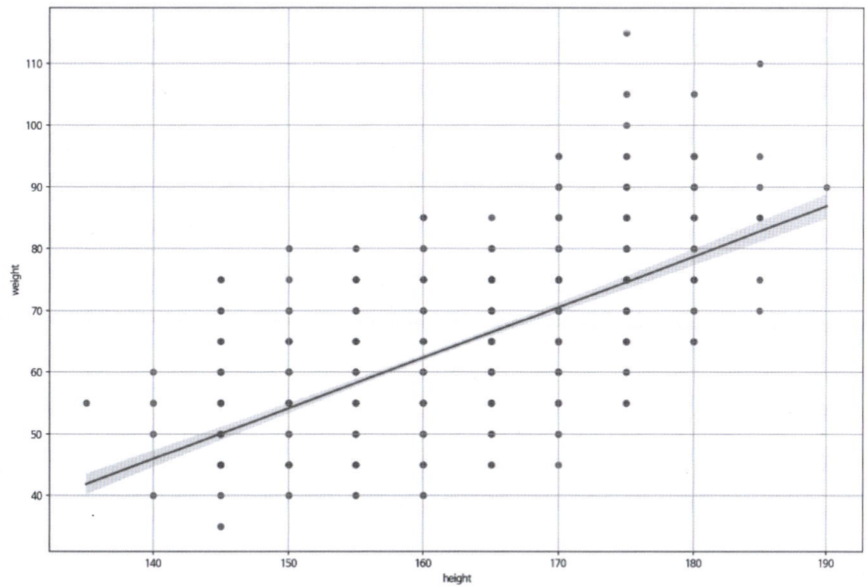

[준비 파일: manhattan.csv] [데이터프레임 명: manhattan]

미국 뉴욕시 중심부인 맨해튼의 주택 임대료가 역대 최고치를 경신했다. 이는 코로나19 대확산(팬데믹) 시기 도시를 떠났던 이들이 하나둘 돌아오고 주택담보대출(모기지) 금리가 급등한 영향 때문이라고 뉴욕타임스(NYT)가 9일(현지 시각) 보도했다. 부동산 회사 '더글러스 엘리먼'에 따르면 맨해튼의 주택 월간 임대료 중간값은 5월에 4천 달러(약 506만 원)로 지난해 같은 달보다 25.2% 오르며 사상 최고를 기록했다. 맨해튼의 데이터를 분석해서 임대료에 영향을 미치는 요소가 무엇인지 그리고 그 요인들과의 관계를 분석해서 임대료를 예측해보자.

```
import pandas as pd
manhattan = pd.read_csv('/content/drive/MyDrive/manhattan.csv')
manhattan.head()
```

실행 결과

	rental_id	rent	bedrooms	bathrooms	size_sqft	min_to_subway	floor	building_age_yrs	no_fee	has_roofdeck	has_washer_dryer	has_doorman	has_elevator	has_dishwasher	has_patio	has_gym	neighborhood	borough
0	1545	2550	0.0	1	480	9	2.0	17	1	1	0	0	1	1	0	1	Upper East Side	Manhattan
1	2472	11500	2.0	2	2000	4	1.0	96	0	0	0	0	0	0	0	0	Greenwich Village	Manhattan
2	2919	4500	1.0	1	916	2	51.0	29	0	1	0	1	1	1	0	0	Midtown	Manhattan
3	2790	4795	1.0	1	975	3	8.0	31	0	0	0	1	1	1	0	1	Greenwich Village	Manhattan
4	3946	17500	2.0	2	4800	3	4.0	136	0	0	0	1	1	1	0	1	Soho	Manhattan

3-1 다음은 데이터셋 Training & Test를 7:3으로 분리하고 학습모델을 생성하는 코드이다. 그리고 직접 데이터를 입력하여 주택 임대료를 예측하는 코드이다. 실행 결과를 보고 빈칸에 가장 알맞은 코드를 완성하시오.

```
from sklearn.model_selection import train_test_split
x = manhattan[['bedrooms', 'bathrooms', 'size_sqft', 'min_to_subway', 'floor', 'building_age_yrs', 'no_fee', 'has_roofdeck', 'has_washer_dryer', 'has_doorman', 'has_elevator', 'has_dishwasher', 'has_patio', 'has_gym']]
y = manhattan[['rent']]
x_train, x_test, y_train, y_test = ________________________________
# 학습모델 생성하기
from sklearn.linear_model import LinearRegression
model = ____________________________
model.fit(x_train, y_train)
# 직접 데이터를 입력하여 주택 임대료를 예측한다.
my_apartment = [[1, 1, 620, 16, 1, 98, 1, 0, 1, 0, 0, 1, 1, 0]]
my_predict = ______________________________
my_predict
```

실행 결과

```
array([[2453.68248716]])
```

3-2 다음은 x_test 데이터를 이용하여 y_predict를 예측하는 코드이다. 실행 결과를 보고 빈칸에 가장 알맞은 코드를 완성하시오.

```
y_predict = ____________________
____________________
```

실행 결과

```
array([[3625.58335034],
       [7206.53106241],
       [2516.79957537],
       [3821.05641875],
       [7131.71985528],
       [3984.52696825],
       [2909.87309365],
       [9675.769998  ],
       [3356.55562086],
       [7508.38245276]])
```

3-3 다음 코드는 실제 임대료와 예측 임대료에 대한 산점도 그래프이다. 실행 결과를 보고 빈칸에 가장 알맞은 코드를 완성하시오.

```
import matplotlib.pyplot as plt
fig = plt.figure(figsize=(15, 7))
plt.scatter(__________________________________)
plt.xlabel('실제 임대료')
plt.ylabel('예측 임대료')
plt.title('다중 선형 회귀분석')
plt.show()
```

실행 결과

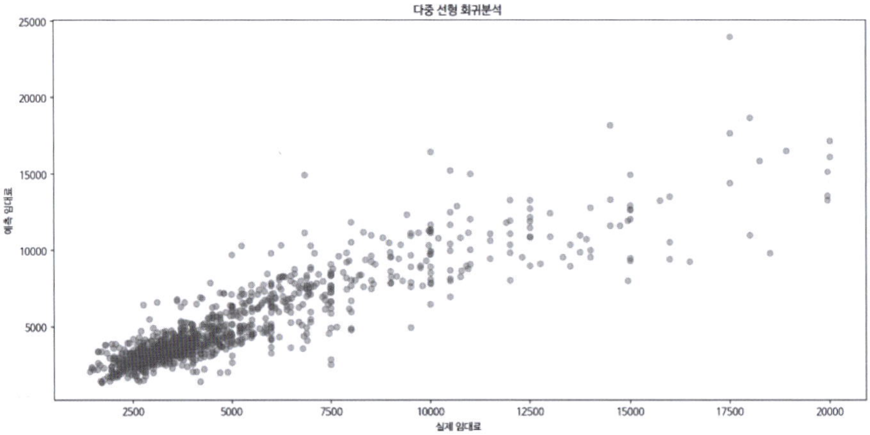

3-4 다음은 다중선형회귀모델의 성능을 측정하기 위한 코드이다. 결정계수의 값을 구하는 적절한 함수를 쓰시오.

```
print(______________________________)
```

실행 결과

```
0.7688828880196837
```

- 결과 분석: 주택 임대료의 77%를 14개의 항목으로 설명할 수 있다는 의미이다.

클러스터링을 활용한 쇼핑몰 회원 관리

10

10.1 클러스터링

10.2 클러스터링을 활용한 쇼핑몰 회원 세분화

학습목표

- 클러스터링의 원리를 이해하여 알고리즘의 차이를 파악할 수 있다.
- 군집화하기 위한 특성을 추출하고, 최적의 k를 찾을 수 있다.
- KMeans 알고리즘을 적용하여 군집화할 수 있다.
- AgglomerativeClustering 알고리즘을 적용하여 군집화할 수 있다.

CHAPTER

10 클러스터링을 활용한 쇼핑몰 회원 관리

기계학습 중 비지도학습은 훈련 데이터를 이용하여 규칙성을 찾는 학습 방법이다. 이번 장에서는 쇼핑몰 사이트에서 물건을 구매하는 소비자에게 적절한 서비스를 제공하기 위해 비슷한 성향을 가진 소비자를 그룹화하는 비지도학습을 진행한다. 이를 위해 라벨링되어 있지 않은 쇼핑몰의 회원정보를 이용하여 머신러닝 k-means 학습 알고리즘으로 소비자를 세분화하고 특징을 분석한 후, 그룹별로 적용 가능한 서비스를 제안한다. 쇼핑몰의 회원정보는 케글에서 제공하는 Mall_Customers.csv를 활용한다.

10.1 클러스터링

클러스터링(Clustering)은 데이터셋을 클러스터라는 그룹으로 묶는 작업이다. 한 클러스터 안의 데이터 포인트끼리는 매우 비슷하고 다른 클러스터의 데이터 포인터와는 구분되도록 묶어낸다. 클러스터링과 관련된 학습 알고리즘은 KMeans, DBSCAN, Hierarchical clustering, Spectral Clustering 등 여러 가지가 있다. 이 중에서 간단히 사용할 수 있는 알고리즘은 KMeans와 Hierachical Clustering이다. 이 두 가지 알고리즘의 원리를 살펴보자.

(1) K-Means

1) K-Means의 원리

KMeans 클러스터링 알고리즘은 데이터의 어떤 영역을 대표하는 클러스터의 중심을 찾는 방법이다. n개의 중심점을 찍은 후에, 이 중심점에서 각 점 간의 거리의 합이 가장 최소화가 되는 중심점 n의 위치를 찾고, 이 중심점에서 가까운 점들을 중심점을 기준으로 묶는 클러스터링 알고리즘이다. 이때 중심점은 각 군집 데이터들의 평균값이 되기 때문에 Means 알고리즘이라고 한다.

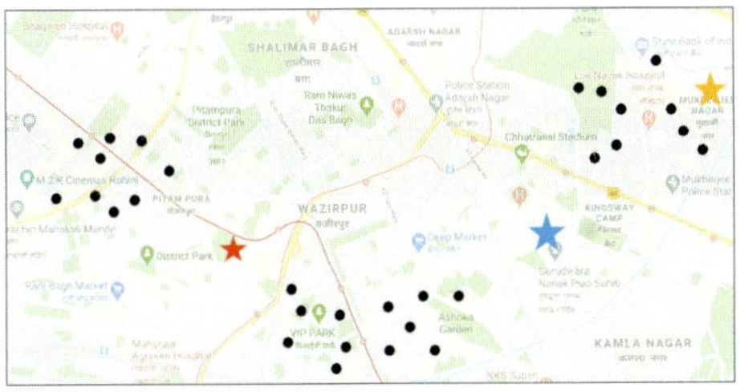

① K개의 임의의 중심점을 배치한다.

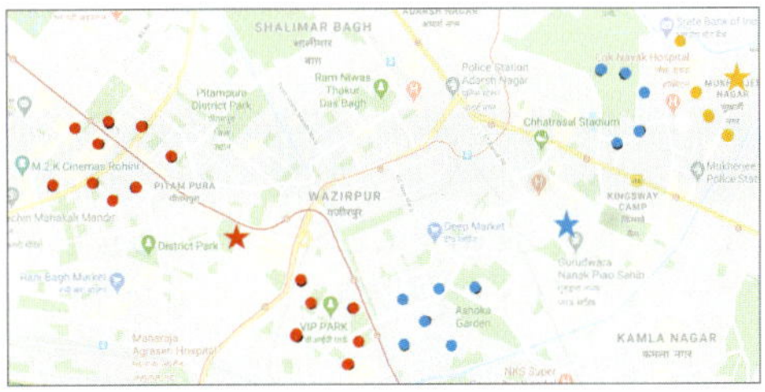

② 각 데이터들을 가장 가까운 중심점으로 묶는다.

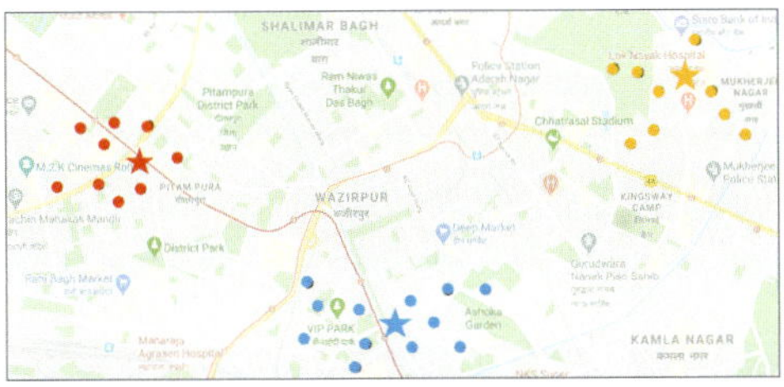

③ 각 클러스터의 중심점을 구한 후 중심점에서 가장 가까운 데이터들을 묶는다.

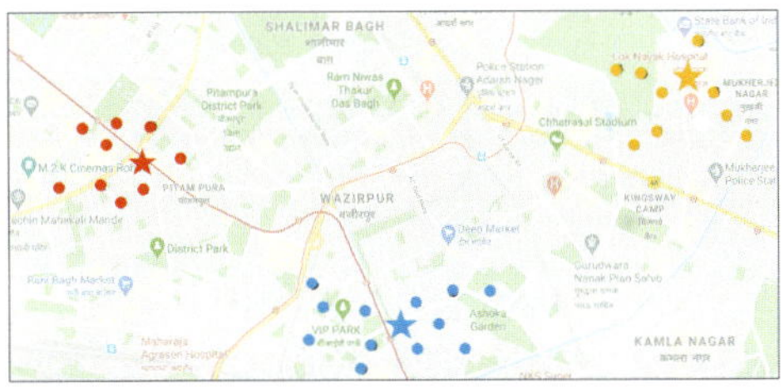

④ 각 클러스터가 변하지 않을 때까지 ③을 반복한다.

그림 10-1 KMeans 알고리즘의 원리

2) class sklearn.cluster.KMeans 모델 사용 방법

sklearn.cluster 모듈에 있는 KMeans 클래스에 k-means 알고리즘이 구현되어 있다.

KMeans에서 설정할 매개변수는 클러스터의 개수를 지정하는 n_clusters이다. 만약 설정을 따로 하지 않는다면 8개로 지정된다.

sklearn.cluster.KMeans

```
from sklearn.cluster import KMeans
kmeans = KMeans(n_clusters = 군집의 수) # 모델 생성
```

비지도학습이기 때문에 fit()을 이용하여 모델을 학습할 때, 라벨링이 없는 학습 데이터를 사용한다.

sklearn.cluster.KMeans 사용 방법

```
from sklearn.cluster import KMeans
x = data[[특성들]] # 학습의 정보가 되는 특성을 x 변수에 저장

kmeans = KMeans(n_clusters = 군집의 수) # 모델 생성
kmeans.fit(x) # 모델 학습
```

KMeans 클래스의 메서드는 다음과 같다.

표 10-1 KMeans 클래스의 메서드

메서드	설명
fit(train_data)	train_data의 각 샘플에 대한 k-means clustering을 계산한다.
predict(test_data)	test_data의 각 샘플에 속한 가장 가까운 클러스터를 예측한다
score(x)	응집도(inertia_)의 음수값을 반환한다.

KMeans 클래스의 속성은 다음과 같다.

표 10-2 KMeans 클래스의 속성

속성	설명
labels_	각 샘플에 속한 cluster이다
inertia_	각 중심점에서 군집의 데이터 간의 거리를 합산한 것으로 군집의 응집도를 나타낸다.
n_iter_	k-means의 반복 횟수를 나타낸다.

다음 코드를 통해 kmeans 학습 모델을 만들고 모델의 메서드와 속성값을 확인해 보자.

sklearn.cluster.KMeans 학습 모델

```
from sklearn.cluster import KMeans
import numpy as np
X = np.array([[1, 2], [1, 4], [1, 0], [10, 2], [10, 4], [10, 0]])
kmeans = KMeans(n_clusters=2)
kmeans.fit(X)
print(f'clusterkmeans.labels_')
print(f'중심점: kmeans.cluster_centers_')
print(f'응집도: kmeans.inertia_')
print(kmeans.score(X))
```

실행 결과

```
cluster[0 0 0 1 1 1]
중심점: [[ 1.  2.] [10.  2.]]
응집도: 16.0
```

실행한 결과 2개의 클러스터(0, 1)인 것을 알 수 있고, 클러스터 0의 중심점은 (1, 2)이며, 클러스터 1의 중심점은 (10, 2)인 것을 알 수 있다. 응집도는 16.0인 것을 알 수 있다. score()는 응집도의 음수값인 것을 확인할 수 있다.

3) 최적의 k값

k-means 알고리즘은 모델을 생성할 때 클러스터의 수를 지정해야 한다. 어떻게 하면 적절한 k값을 알 수 있을까? 대표적인 두 가지 방법은 KMeans 클래스의 속성 중 inertia를 사용하는 elbow 방법과 yellowbrick에서 제공하는 KElbowVisualizer를 사용하여 최적의 클러스터 수를 구하는 방법이다.

① 응집도를 활용한 Elbow 방법

모델을 만들 때 클러스터의 수를 1부터 하나씩 증가시키면서 응집도의 값 변화를 살펴본다. 이때 응집도가 거의 변화가 없는 부분이 적절한 클러스터의 수로 판단한다. 다음을 실행해보자.

최적의 k값 찾기 1

```
from sklearn.cluster import KMeans
import numpy as np
import matplotlib.pyplot as plt

fruit = np.array([[3, 4], [1, 5], [7, 9], [5, 4], [6, 8], [2, 3], [4, 4]])
temp=[]
for i in range(1, 8):
  kmeans=KMeans(n_clusters=i)
  kmeans.fit(fruit)
  temp.append(kmeans.inertia_)
plt.plot(range(1, 8), temp)
```

실행 결과

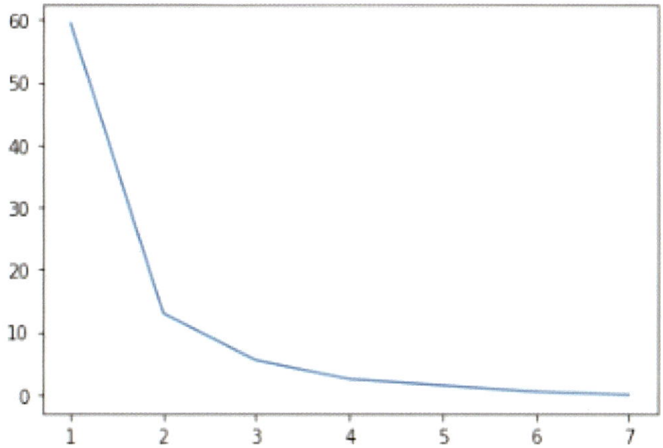

실행 결과 클러스터 수 3이 지점부터 응집도의 값 변화가 거의 없는 것을 알 수 있다. 따라서 3이 적절한 클러스터 수(k)라 할 수 있다.

② KElbowVisualizer

yellowbrick에서 제공하는 KElbowVisualizer를 사용하면 최적의 클러스터 수를 구할 수 있다.

yellowbrick.cluster.KElbowVisualizer

```
from yellowbrick.cluster import KElbowVisualizer
from sklearn.cluster import KMeans
모델명=KElbowVisualizer(KMeans(), k=(k값의 범위))
모델명.fit(학습데이터)
모델명.show()
```

KElbowVisualizer()의 파라미터로 KMeans 학습 모델과 k값의 범위를 설정하고 모델을 학습시키면 k값에 따른 각 지점에서 중심점까지의 거리에 대한 제곱합(오차제곱의 합)은 파란색으로, 훈련하는 데 걸리는 시간은 초록색으로 표시된다. 이때 적절한 k값은 점선으로 표시되어 출력된다.

최적의 k값 찾기 2

```
from sklearn.cluster import KMeans
import numpy as np
import matplotlib.pyplot as plt
from yellowbrick.cluster import KElbowVisualizer
fruit = np.array([[3, 4], [1, 5], [7, 9], [5, 4], [6, 8], [2, 3], [4, 4]])

visualizer = KElbowVisualizer(KMeans(), k=(2, 7))
visualizer.fit(fruit)
visualizer.show()
```

실행 결과

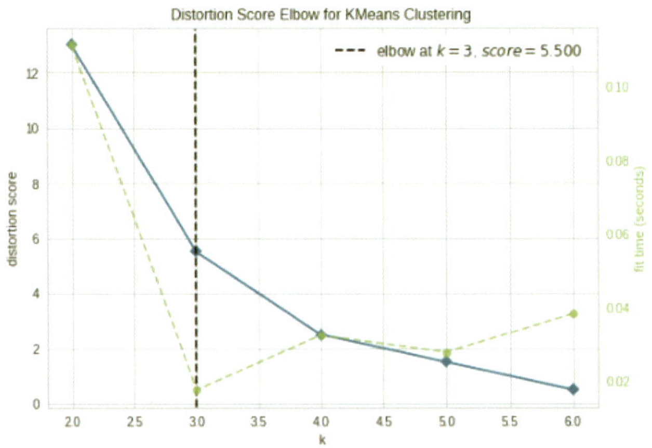

실행 결과 적절한 클러스터의 수는 3인 것을 알 수 있다.

(2) Hierarchical clustering

1) Hierarchical clustering의 원리

비슷한 군집끼리 묶어가면서 최종적으로 하나의 군집으로 묶여질 때까지 군집을 묶어나가는 알고리즘이다. 군집 간의 거리를 바탕으로 묶어주고 K-Means와 다르게 군집의 수를 미리 정하지 않아도 된다.

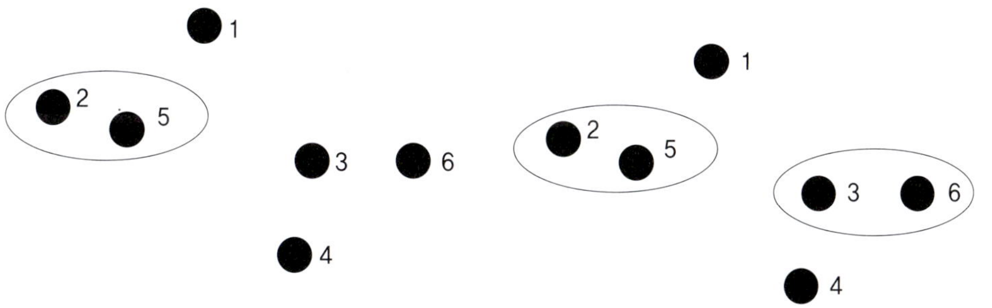

① 거리가 가장 가까운 데이터를 찾고 묶는다.　② 3과 6이 가장 가까운 데이터이므로 하나로 묶는다.

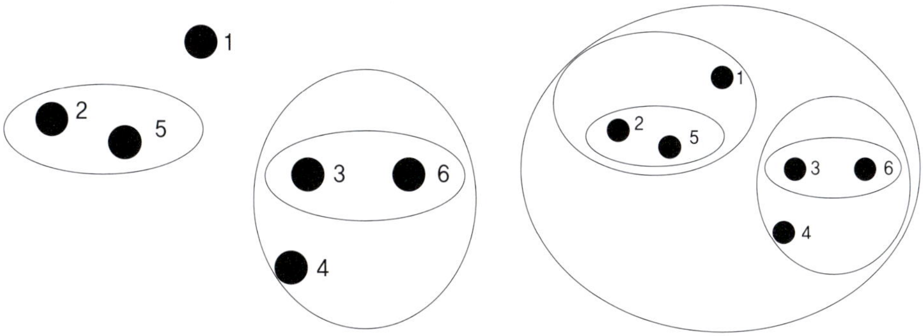

③ 3, 6 클러스터와 데이터 4의 거리가 가장 가까워 보이므로 하나로 묶는다.　④ 하나의 클러스터로 묶일 때까지 반복한다.

그림 10-2 Hierarchical clustering의 원리

그룹화한 결과를 덴드로그램으로 표현하면 다음과 같다.

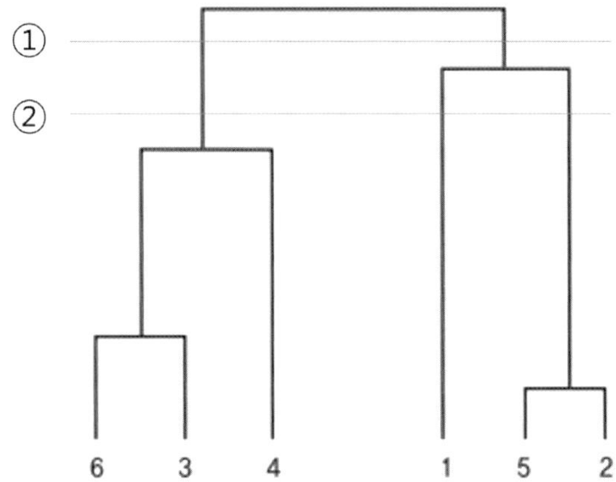

그림 10-3 **그룹화한 결과의 덴드로그램**

만약 두 개의 클러스터를 원한다면 맨 위의 ① 선을 잘라서 (6, 3, 4) 클러스터 1개와 (1, 5, 2) 클러스터 1개를 만들 수 있다. 만약 세 개의 클러스터를 원한다면 ② 선을 잘라서 (6, 3, 4) 클러스터 1개와 (1) 클러스터 1개, (5, 2) 클러스터 한 개를 만들 수 있다.

2) scipy.cluster.hierarchy import dendrogram, linkage

`Hierarchical clustering`은 `K-means clustering`과는 달리 알고리즘이 시작할 때 클러스터의 개수를 미리 지정할 필요가 없다. `hierarchical clustering`은 `scipy.cluster.hierarchy` 패키지를 통해서 구현한다. 클러스터링의 결과를 덴드로그램(dendogram)으로 시각화하기 위해 `dendogram`을 `import`한다. 또한, 두 클러스터의 거리를 측정하기 위해 `linkage()`를 사용한다. `linkage()` 함수 안에 학습 데이터와 거리 측정 방법을 설정한다. 거리 설정 방법에는 `single`, `complete`, `average`, `ward`가 있다. `single`은 최단연결법으로 두 클러스터에서 가장 가까운 거리를 사용하는 방식이고 `comlplete`는 최장연결법으로 두 클러스터 상에서 가장 먼 거리를 이용해서 측정하는 방식이다. `average`는 평균연결법으로 각 클러스터의 데이터들 간 모든 거

리들의 평균을 클러스터 간 거리로 사용하는 방식이다. Ward는 두 클러스터 간의 유사성을 두 군집이 합쳐졌을 때의 오차 제곱합(ESS: Error Sum of Squares)의 증가분으로 측정하는 방식이다. 마지막으로 dendrogram() 함수에 학습 데이터를 인수로 넣으면 계층군집이 시각화되어 나타난다.

from scipy.cluster.hierarchy import dendrogram, linkage 사용 방법

```
from scipy.cluster.hierarchy import dendrogram, linkage
from matplotlib import pyplot as plt
x = data[[input특성들]] # 학습의 정보가 되는 특성 값을 x 변수에 저장

linked = linkage(x, method='single')
dendrogram(x)
```

신맛과 단맛의 과일 데이터셋으로 계층적 군집화를 실행해보자.

신맛과 단맛의 계층군집화

```
from scipy.cluster.hierarchy import dendrogram, linkage
from matplotlib import pyplot as plt
fruit = np.array([[3, 4], [1, 5], [7, 9], [5, 4], [6, 8], [2, 3], [4, 4]])
plt.figure(figsize=(20, 10))
cluster=linkage(fruit, method='ward')

dendrogram = dendrogram(cluster)
plt.title('Dendrogram')
plt.xlabel('Sour taste')
plt.ylabel('sweet taste')
```

실행 결과

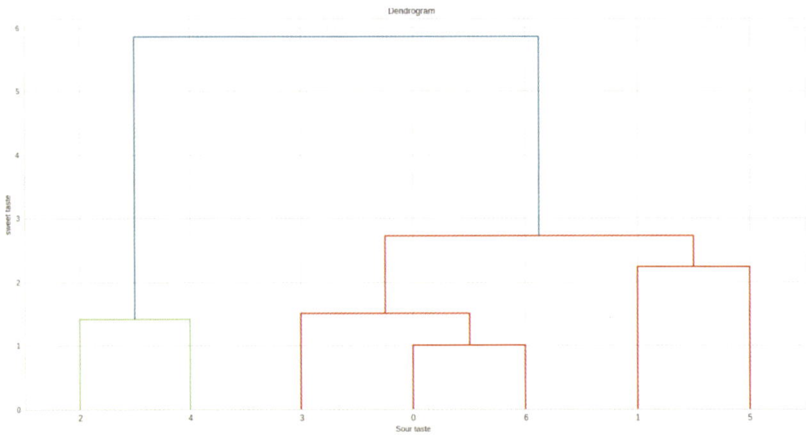

Hierarchical clustering을 한 결과에서 수평선을 만나지 않고 선을 그어보면 적절한 clustering 수가 2, 3, 7인 것을 알 수 있다. 가지의 수가 긴 것은 각 클러스터 간의 거리가 먼 것을 의미하고 클러스터 간의 거리가 가까운 것은 가지의 길이가 짧다. 따라서 클러스터 간의 차이가 분명한 선으로 계층을 나누는 것이 적절하기에 여기에서는 2개의 층을 나누는 선을 선택한다.

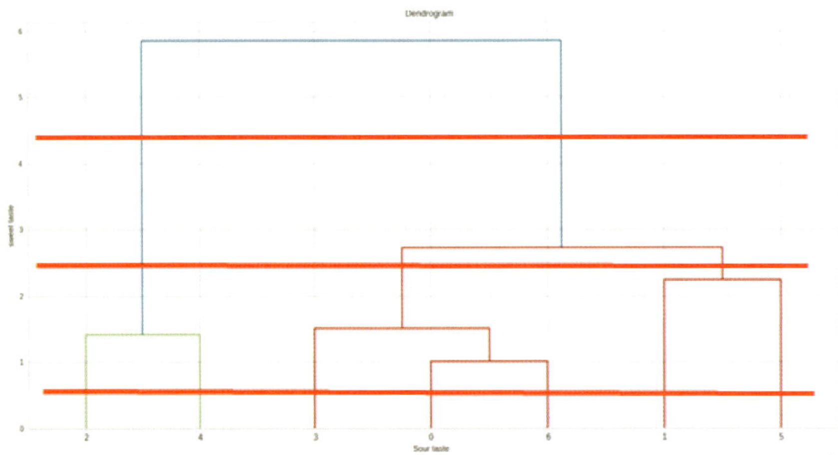

그림 10-4 **클러스터링 수의 확인**

3) sklearn.cluster. AgglomerativeClustering

sklearn.cluster 모듈에 있는 AgglomerativeClustering 클래스에 병합군집(Agglomerative Clustering) 알고리즘이 구현되어 있다. 병합군집은 모든 데이터 포인트를 하나의 클러스터로 지정하고 지정된 개수의 클러스터가 될 때까지 가장 비슷한 두 클러스터를 합쳐나가는 알고리즘이다. AgglomerativeClustering에서 설정할 매개변수는 클러스터의 개수이다. 또한, 연결을 계산하는 방식을 설정하는 affinity는 연결 방식이 ward인 경우 유클리드만 허용된다.

덴드로그램(Dendrogram)을 통해 계층군집의 클러스터 수를 알아낸 후, 그 다음 단계는 알아낸 클러스터의 개수로 그룹화하는 것이다. 이를 위해 sklearn.cluster 라이브러리의 AgglomerativeClustering 클래스를 사용한다.

from sklearn.cluster import AgglomerativeClustering 사용의 예

```
from sklearn.cluster import AgglomerativeClustering

cluster = AgglomerativeClustering(n_clusters=5,
affinity='euclidean', linkage='ward')
cluster.fit_predict(data)
```

단맛과 신맛의 과일 데이터셋을 가지고 병합군집을 실행해보자.

AgglomerativeClustering

```
from sklearn.cluster import AgglomerativeClustering
import numpy as np
fruit = np.array([[3, 4], [1, 5], [7, 9], [5, 4], [6, 8], [2, 3], [4, 4]])
cluster = AgglomerativeClustering(n_clusters=2, affinity='euclidean',
linkage='ward')
cluster.fit_predict(fruit)
```

실행 결과

```
array([0, 0, 1, 0, 1, 0, 0])
```

실행 결과 덴드로그램으로 나타낸 그룹과 일치하는 것을 알 수 있다.

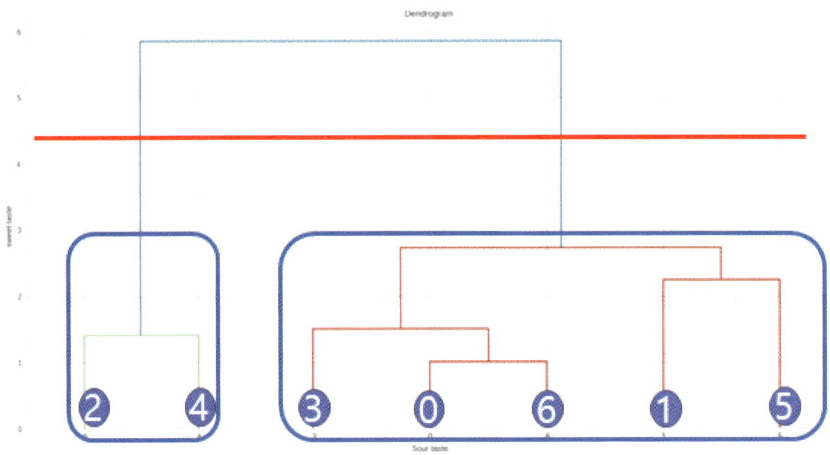

10.2 클러스터링을 활용한 쇼핑몰 회원 세분화

쇼핑몰을 이용하는 고객을 세분화하여 체계적으로 관리하고자 한다. 이를 위해 회원 정보를 통해 고객 ID, 나이, 성별, 연간 수입, 지출 점수와 같은 고객에 대한 몇 가지 기본 데이터를 활용한다. 지출 점수는 고객 행동 및 구매 데이터를 가지고 계산한 것이다. 지금부터 앞에서 살펴본 클러스터링 알고리즘을 적용하여 쇼핑몰 회원을 세분화하여 분석해보자.

실습에 필요한 라이브러리

```
import pandas as pd
import numpy as np
import matplotlib.pyplot as plt
import seaborn as sns
from sklearn.cluster import KMeans
```

(1) 데이터 읽기

1) kaggle에 접속하여 데이터를 다운로드한다.

https://www.kaggle.com/code/kushal1996/customer-segmentation-k-means-analysis/data

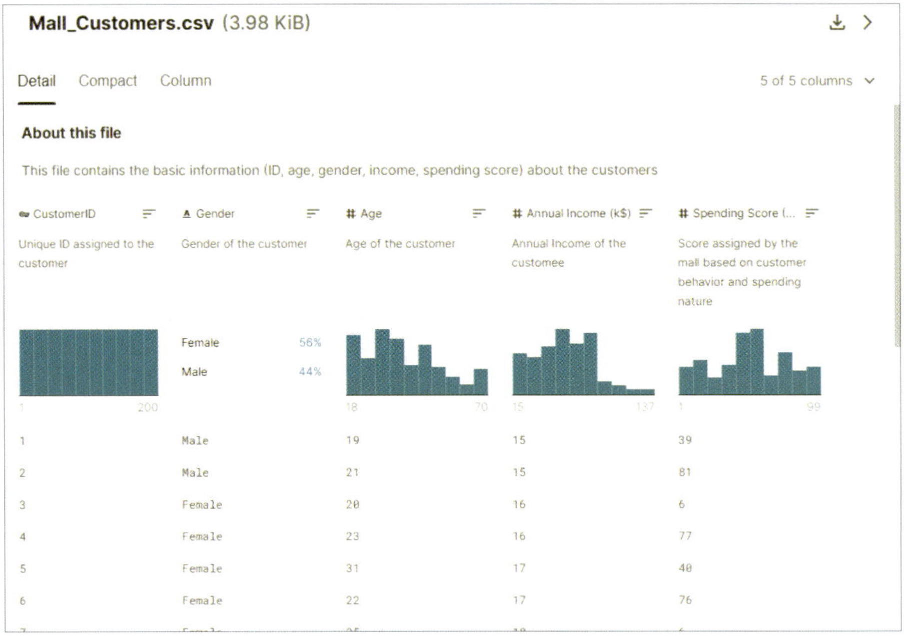

2) 다운로드한 데이터를 읽어온다.

Mall_Customers.csv 읽어오기

```
import pandas as pd # data processing, CSV file I/O (e.g. pd.read_
csv)
df=pd.read_csv('/content/Mall_Customers.csv')
df.head()
```

실행 결과

	CustomerID	Gender	Age	Annual Income (k$)	Spending Score (1-100)
0	1	Male	19	15	39
1	2	Male	21	15	81
2	3	Female	20	16	6
3	4	Female	23	16	77
4	5	Female	31	17	40

3) 데이터 정보를 확인한다.

df.info()

```
df.info()
```

실행 결과

```
<class 'pandas.core.frame.DataFrame'>
RangeIndex: 200 entries, 0 to 199
Data columns (total 5 columns):
 #   Column                  Non-Null Count  Dtype
---  ------                  --------------  -----
 0   CustomerID              200 non-null    int64
 1   Gender                  200 non-null    object
 2   Age                     200 non-null    int64
 3   Annual Income (k$)      200 non-null    int64
 4   Spending Score (1-100)  200 non-null    int64
dtypes: int64(4), object(1)
memory usage: 7.9+ KB
```

총 5개의 칼럼으로 구성되었고 200개의 데이터가 있다는 것을 알 수 있다. 또한, int 형이 4개, 문자열 형이 1개인 데이터 타입으로 구성된 것을 볼 수 있다. 각 칼럼은 다음과 같은 의미를 가진다.

표 10-3 칼럼의 구성

변수	설명
CustomerID	고객에게 할당된 고유 ID
Gender	성별
Age	나이
Annual Income (k$)	고객의 연간 소득
Spending Score (1-100)	쇼핑몰 점수(쇼핑몰에서의 소비 금액)

(2) 데이터 탐색

1) 요약값 확인

먼저, 회원 정보의 요약값을 확인해본다.

회원 정보의 요약값

```
df.describe()
```

실행 결과

	CustomerID	Age	Annual Income (k$)	Spending Score (1-100)
count	200.000000	200.000000	200.000000	200.000000
mean	100.500000	38.850000	60.560000	50.200000
std	57.879185	13.969007	26.264721	25.823522
min	1.000000	18.000000	15.000000	1.000000
25%	50.750000	28.750000	41.500000	34.750000
50%	100.500000	36.000000	61.500000	50.000000
75%	150.250000	49.000000	78.000000	73.000000
max	200.000000	70.000000	137.000000	99.000000

쇼핑몰 회원의 나이는 20대 후반에서 40대 후반이 대부분이다. 또한, 연소득은 41,500~78,000달러가 대부분이고, 쇼핑몰 점수는 대부분 34.750~73.000이라는 것을 알 수 있다.

2) 특성별 데이터 분포 확인

각 특성(나이, 연간 소득, 쇼핑몰 점수) 분포를 확인하기 위해 시본에서 제공하는 distplot을 이용하여 히스토그램으로 확인한다. 또한, 여성과 남성의 분포를 알아보기 위해 시본에서 제공하는 countplot으로 시각화하고, 데이터프레임의 value_counts()를 이용하여 각 성별의 수를 알아본다. 이외에도 scatter(), violinplot()과 swarmplot()을 이용하여 데이터의 특징을 살펴본다.

① 나이

나이 분포 확인

```
import matplotlib.pyplot as plt
import seaborn as sns
plt.figure(1, figsize = (15, 6)) # 그래프 사이즈
sns.distplot(df['Age'], bins = 20) # 빈 수치를 20으로 설정
plt.title('Distplot of Age')
```

실행 결과

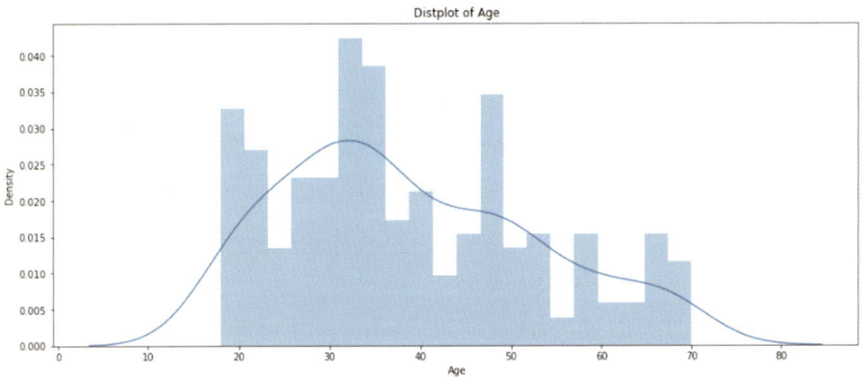

쇼핑몰 회원 중에 30대 초반에서 중반까지가 가장 많고, 그 다음으로는 20대 초반과 40대 후반인 것을 알 수 있다.

② 연간 소득

연간 소득 히스토그램

```
import matplotlib.pyplot as plt
import seaborn as sns
plt.figure(1, figsize = (15, 6))
sns.distplot(df['Annual Income (k$)'], bins = 20)
plt.title('Distplot of Age')
```

실행 결과

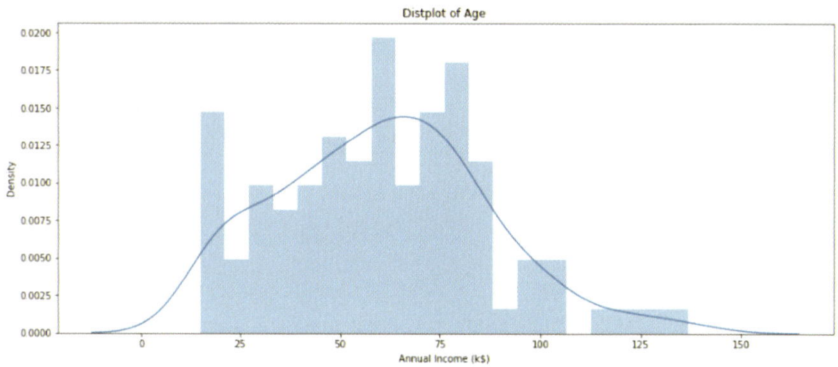

회원들의 연간 소득의 분포는 65,000~75,000달러가 가장 많다.

③ 쇼핑몰 점수

쇼핑몰 점수 히스토그램

```
# import matplotlib.pyplot as plt
# import seaborn as sns
plt.figure(1, figsize = (15, 6))
sns.distplot(df['Spending Score (1-100)'], bins = 20)
plt.title('Distplot of Spending Score')
```

실행 결과

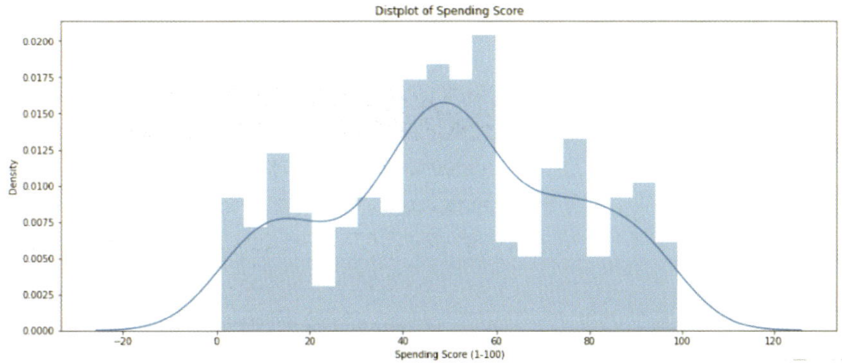

쇼핑몰 점수의 분포는 40~60점이 가장 많은 것을 확인할 수 있다.

④ 성별

성별 비율

```
plt.figure(1, figsize = (15, 5))
sns.countplot(y = 'Gender', data = df)
print(df['Gender'].value_counts())
```

실행 결과

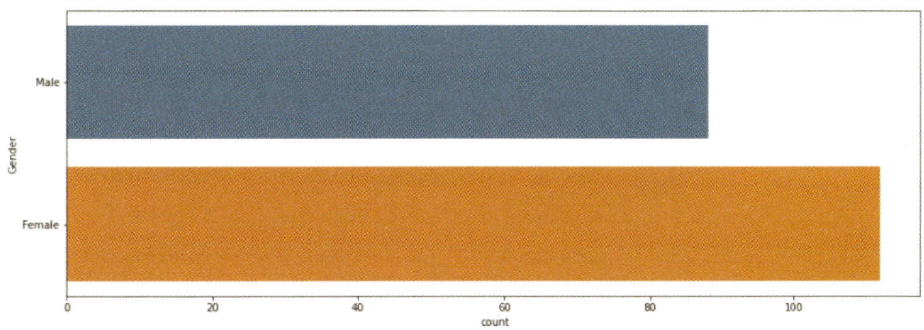


```
Female 112
Male 88
Name: Gender, dtype: int64
```

쇼핑몰을 이용하는 고객은 여성이 56%, 남성이 44%로 여성의 비율이 더 많은 것을 알 수 있다.

조금 더 구체적으로 성별에 따른 나이와 연간 수입을 알아보기 위해 scatter()로 시각화하여 살펴보자.

성별에 따른 연소득 분포

```
plt.figure(1, figsize = (15, 6))
for gender in ['Male', 'Female']:
plt.scatter(x = 'Age', y = 'Annual Income (k$)', data = df
[df['Gender'] == gender], s = 200, alpha = 0.5, label = gender)
plt.xlabel('Age'), plt.ylabel('Annual Income (k$)')
plt.title('Age vs Annual Income w.r.t Gender')
plt.legend()
```

실행 결과

언뜻 보기에는 성별에 따른 나이와 연소득 차이가 거의 없는 것처럼 보인다. 조금 더 명확하게 탐색하기 위해 violinplot과 swarmplot으로 시각화하여 살펴본다.

성별에 따른 나이 분포

```
plt.figure(1, figsize = (7, 4))

sns.violinplot(x = 'Age', y = 'Gender', data = df, palette = 'vlag')
sns.swarmplot(x = 'Age', y = 'Gender', data = df)
plt.ylabel('Gender')
```

실행 결과

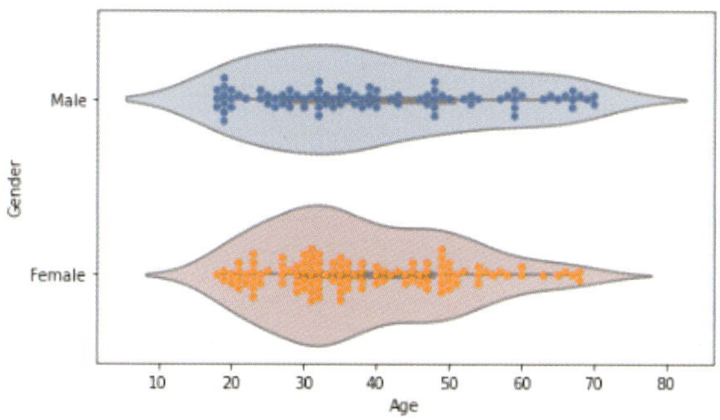

성별에 따른 나이의 분포는 여성이 30대에 가장 두껍게 분포되었고, 남성은 20대 초반에서 30대까지 얇게 분포되어 있는 것을 확인할 수 있다.

성별에 따른 연소득 분포

```
plt.figure(1, figsize = (7, 4))

sns.violinplot(x = 'Age', y = 'Gender', data = df, palette = 'vlag')
sns.swarmplot(x = 'Age', y = 'Gender', data = df)
plt.ylabel('Gender')
```

실행 결과

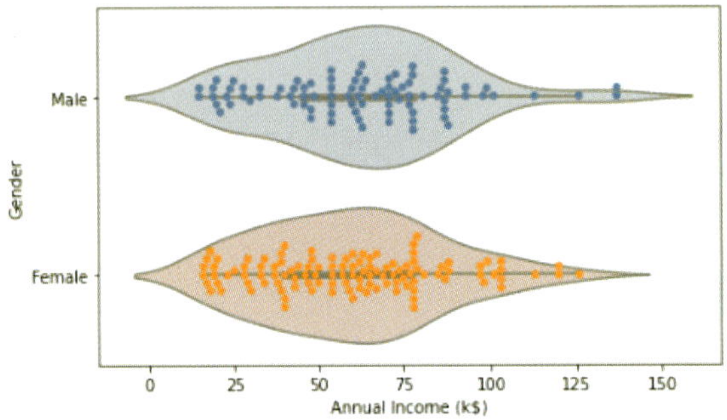

성별에 따른 연소득은 여성의 경우 대부분 40,000달러에서 70,000달러까지 분포되어 있고, 남성은 대부분 50,000달러에서 80,000달러까지 분포되어 있는 것을 확인할 수 있다.

성별에 따른 쇼핑몰 점수 분포

```
plt.figure(1, figsize = (7, 4))

sns.violinplot(x = 'Spending Score (1-100)', y = 'Gender', data = df,
palette = 'vlag')
sns.swarmplot(x = 'Spending Score (1-100)', y = 'Gender', data = df)
plt.ylabel('Gender')

```

실행 결과

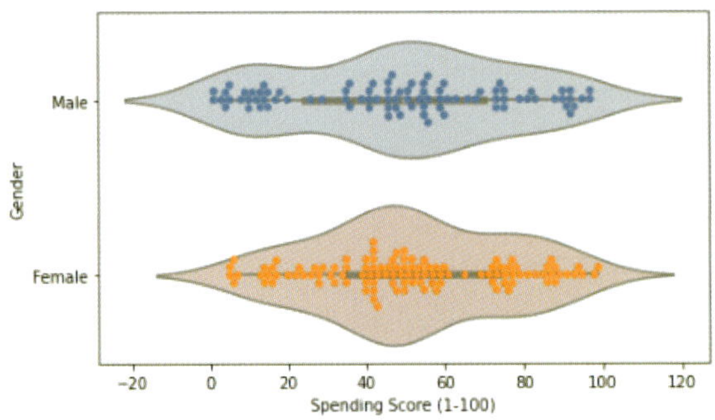

성별에 따른 쇼핑몰 점수는 성별에 크게 차이 없이 40점에서 60점 사이가 가장 많이 분포되어 있다. 또한, 80점 이상을 가진 회원도 꽤 있다는 것도 알 수 있다.

(3) K-means를 이용한 군집화

K-means 학습 알고리즘을 적용하여 모델을 생성하기 위해 sklearn.cluster 패키지에서 KMeans 모듈을 불러온다. 비지도학습이기 때문에 학습 데이터가 되는 특성을 input에 지정해 주고 모델을 설정한다. 데이터를 적용하여 모델을 만든 후, 클러스터링 결과는 데이터셋에 추가하여 확인한다.

KMeans 모듈 활용 방법

```
from sklearn.cluster import KMeans
x = data[[input특성들]] # 학습의 정보가 되는 특성을 x 변수에 저장
kmeans = KMeans(n_clusters = 군집의 수) # 모델 생성
kmeans.fit(x) #모델 학습
data['cluster'] = kmeans.labels_ # 생성된 라벨을 데이터셋에 추가
data
```

학습의 정보가 되는 특성을 추출하여 x 변수에 저장한다. KMeans() 학습 알고리즘을 사용하여 모델을 하나 생성한다. 이때, n_clusters 파라미터에 군집의 수를 설정한다. 만약 설정을 따로 하지 않는다면 8개로 설정된다. 따라서 데이터에 맞는 최적의 클러스터 개수를 찾는 과정을 먼저 수행할 필요가 있다.

1) 고객 세분화를 위한 최적의 k 찾기

① 나이와 쇼핑몰 점수

최적의 k 찾기

```
from sklearn.cluster import KMeans
from yellowbrick.cluster import KElbowVisualizer
data= df[['Age', 'Spending Score (1-100)']].iloc[: , :].values
# 클러스터링 모델과 시각화
model = KMeans()
visualizer = KElbowVisualizer(model, k=(2, 10))
visualizer.fit(data)
visualizer.show()
```

실행 결과

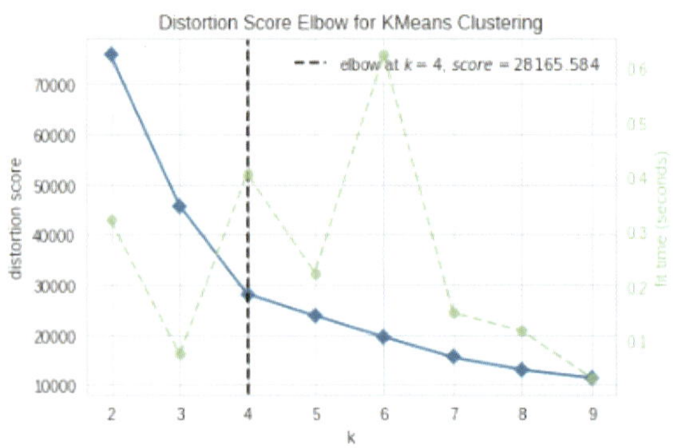

나이와 쇼핑몰 점수의 경우 모델을 학습하면 4개의 클러스터 수가 적절하다는 것을 알 수 있다.

② 연간 소득과 쇼핑몰 점수

최적의 k 찾기

```
data=df[['Annual Income (k$)', 'Spending Score (1-100)']].iloc[: , :].values
model = KMeans()
visualizer = KElbowVisualizer(model, k=(2, 10))
visualizer.fit(data)
visualizer.show()
```

실행 결과

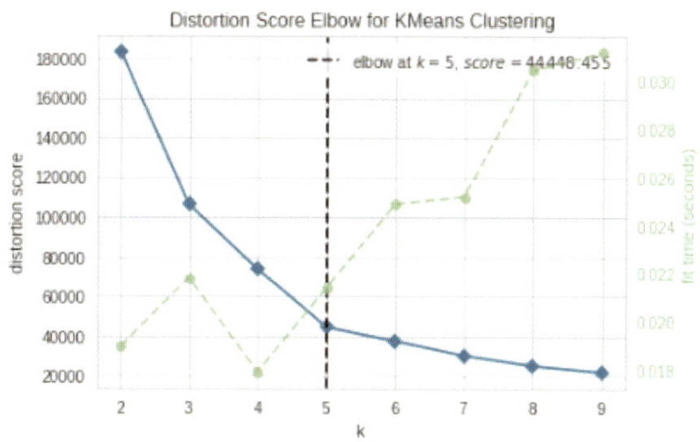

연간 소득과 쇼핑몰 점수 특성을 입력값으로 하여 모델을 학습하면 5개의 클러스터 수가 적절하다는 것을 알 수 있다.

③ 나이와 연간 소득과 쇼핑몰 점수

최적의 k 찾기

```
from sklearn.cluster import KMeans
from yellowbrick.cluster import KElbowVisualizer
data= df[['Age', 'Annual Income (k$)', 'Spending Score (1-100)']].
iloc[: , :].values
# 클러스터링 모델과 시각화
model = KMeans()
visualizer = KElbowVisualizer(model, k=(2, 10))
visualizer.fit(data)
visualizer.show()
```

실행 결과

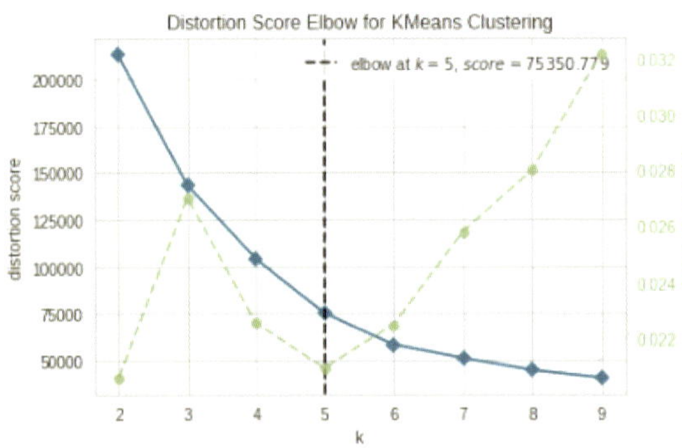

나이와 연간 소득과 쇼핑몰 점수 특성을 입력값으로 하여 모델을 학습하면 5개의 클러스터 수가 적절하다는 것을 알 수 있다.

2) 모델 생성과 학습

파이썬 라이브러리 scikit-learn를 사용하여 K-means를 매우 쉽게 적용해볼 수 있다.

① 나이와 쇼핑몰 점수로 세분화한 고객 클러스터

앞에서 나이와 쇼핑몰 점수를 고객 특성으로 구한 최적의 클러스터 수는 4이므로 모델을 생성할 때 n_cluster의 값을 4로 설정한다. 생성한 모델을 학습할 때는 나이와 쇼핑몰 점수 데이터를 입력값으로 설정한다. 모델의 학습 결과로 나온 클러스터링 값은 데이터셋에 추가하여 확인한다.

'나이와 쇼핑몰 점수'로 모델 생성과 학습(k=4)

```
data= df[['Age', 'Spending Score (1-100)']].iloc[: , :].values
algorithm = KMeans(n_clusters = 4)
algorithm.fit(data)
labels1 = algorithm.labels_
df['label1'] =  labels1
df.head(20)
```

실행 결과

	CustomerID	Gender	Age	Annual Income (k$)	Spending Score (1-100)	label1
0	1	Male	19	15	39	3
1	2	Male	21	15	81	1
2	3	Female	20	16	6	0
3	4	Female	23	16	77	1
4	5	Female	31	17	40	3
5	6	Female	22	17	76	1
6	7	Female	35	18	6	0
7	8	Female	23	18	94	1
8	9	Male	64	19	3	0
9	10	Female	30	19	72	1

총 4개의 클러스터로 구성된 것을 확인할 수 있다. 각 클러스터의 특징은 무엇일까? 이를 알아보기 위해 시본에서 제공하는 stripplot()을 이용하여 시각화한다.

'나이와 쇼핑몰 점수' 클러스터 시각화

```
plt.figure(figsize = (15, 7) )
sns.stripplot(x='Age', y='Spending Score (1-100)', data=df,
hue='label1', jitter=True)
```

실행 결과

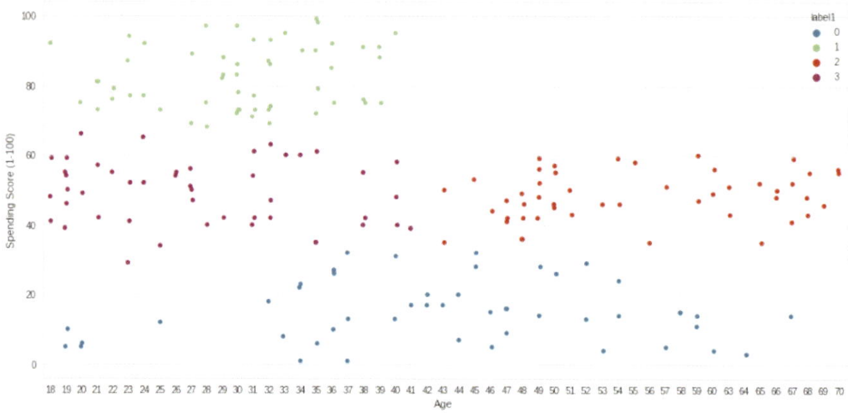

나이와 쇼핑몰 점수로 세분화한 결과, 0번 그룹의 경우 모든 연령대에서 쇼핑몰 점수가 40 미만인 것을 알 수 있다. 1번 그룹은 쇼핑몰 점수가 60 이상이고 나이가 40 미만인 고객의 특징을 찾아볼 수 있다. 또한, 2번 그룹은 43세 이상 쇼핑몰 점수가 40~60 이하인 고객들이고, 3번 그룹은 쇼핑몰 점수가 40~60 이하인 18세 이상 39세 미만인 고객들인 것을 한눈에 알 수 있다.

② 연간 소득과 쇼핑몰 점수로 세분화한 고객 클러스터

앞에서 연간 소득과 쇼핑몰 점수를 고객 특성으로 구한 최적의 클러스터 수는 5이기에 모델을 생성할 때 n_cluster의 값을 5로 설정한다. 생성한 모델을 학습할 때는 연간 소득과 쇼핑몰 점수 데이터를 입력값으로 설정한다. 모델의 학습 결과로 나온 클러스터링 값은 데이터셋에 추가하여 확인한다.

'연간 소득과 쇼핑몰 점수'로 모델 생성과 학습(k=5)

```
data= df[['Annual Income (k$)', 'Spending Score (1-100)']].iloc[:
, :].values
algorithm = KMeans(n_clusters = 5)
algorithm.fit(data)
labels2 = algorithm.labels_
#centroids1 = algorithm.cluster_centers_
df['label2'] = labels2
df.head(20)
```

실행 결과

	CustomerID	Gender	Age	Annual Income (k$)	Spending Score (1-100)	label1	label2
0	1	Male	19	15	39	3	1
1	2	Male	21	15	81	1	2
2	3	Female	20	16	6	0	1
3	4	Female	23	16	77	1	2
4	5	Female	31	17	40	3	1
5	6	Female	22	17	76	1	2
6	7	Female	35	18	6	0	1
7	8	Female	23	18	94	1	2
8	9	Male	64	19	3	0	1
9	10	Female	30	19	72	1	2
10	11	Male	67	19	14	0	1

총 5개의 클러스터(0, 1, 2, 3, 4)로 구성된 것을 확인할 수 있다. 각 클러스터의 특징은 무엇일까? 이를 알아보기 위해 시본에서 제공하는 `stripplot()`을 이용하여 시각화한다.

'연간 소득과 쇼핑몰 점수' 클러스터 시각화

```
plt.figure(figsize = (15, 7) )
sns.stripplot(x='Annual Income (k$)', y='Spending Score (1-100)',
data=df, hue='label2', jitter=True)
```

실행 결과

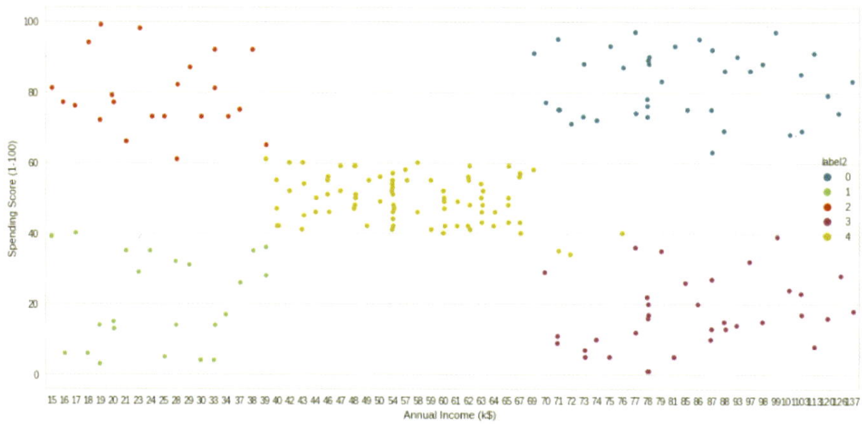

나이와 쇼핑몰 점수로 세분화한 결과, 0번 그룹의 경우 연간 소득이 70,000달러 이상이고 쇼핑몰 점수가 60 이상임을 알 수 있다. 1번 그룹은 쇼핑몰 점수가 40 미만이고 연간 소득이 40,000달러 미만인 고객들임을 알 수 있다. 또한, 2번 그룹은 연간 소득이 40,000달러 미만이고 쇼핑몰 점수가 60 이상인 고객들이며, 3번 그룹은 연간 소득이 70,000달러 이상이고 쇼핑몰 점수가 40 미만인 고객들인 것을 한눈에 파악할 수 있다. 마지막으로 4번 그룹 고객들의 대부분은 연간 소득이 40,000달러 이상 70,000달러 이하이고 쇼핑몰 점수가 40 이상 60 미만임을 살펴볼 수 있다.

③ 나이와 연간 소득과 쇼핑몰 점수로 세분화한 고객 클러스터

앞에서 나이, 연간 소득과 쇼핑몰 점수를 고객 특성으로 구한 최적의 클러스터 수는 5

이기에 모델을 생성할 때 n_cluster의 값을 5로 설정한다. 생성한 모델을 학습할 때는 나이, 연간소득과 쇼핑몰 점수 데이터를 입력값으로 설정한다. 모델의 학습 결과로 나온 클러스터링 값은 데이터셋에 추가하여 확인한다.

'나이, 연간 소득과 쇼핑몰 점수'로 모델 생성과 학습(k=5)

```
data= df[['Age', 'Annual Income (k$)', 'Spending Score (1-100)']].
iloc[: , :].values
algorithm = KMeans(n_clusters = 5)
algorithm.fit(data)
labels3 = algorithm.labels_
#centroids1 = algorithm.cluster_centers_
df['label3'] = labels3
df.head(10)
```

실행 결과

	CustomerID	Gender	Age	Annual Income (k$)	Spending Score (1-100)	label1	label2	label3
0	1	Male	19	15	39	3	1	4
1	2	Male	21	15	81	1	2	0
2	3	Female	20	16	6	0	1	4
3	4	Female	23	16	77	1	2	0
4	5	Female	31	17	40	3	1	4
5	6	Female	22	17	76	1	2	0
6	7	Female	35	18	6	0	1	4
7	8	Female	23	18	94	1	2	0
8	9	Male	64	19	3	0	1	4
9	10	Female	30	19	72	1	2	0
10	11	Male	67	19	14	0	1	4

총 5개의 클러스터(0, 1, 2, 3, 4)로 구성되어 있는 것을 확인할 수 있다. 클러스터별 고객의 특징을 알아보기 위해 시본에서 제공하는 scatterplot()을 이용하여 x축에는 'Age', y축에는 'Annual Income (k$)', 그룹은 'label3', 점의 크기는 'Spending

Score(1-100)'으로 시각화한다.

'나이, 연간 소득과 쇼핑몰 점수' 클러스터 시각화

```
sns.scatterplot(x='Age', y='Annual Income (k$)', hue='label3',
size='Spending Score (1-100)', data=df, palette='deep', sizes=(20,
200))
```

실행 결과

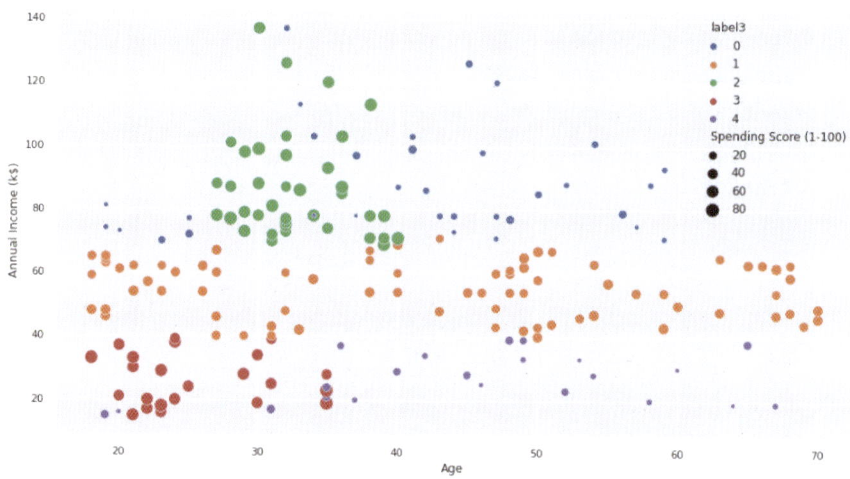

0번 그룹의 특징은 연 소득 40,000달러 미만이고, 1번 그룹은 연 소득 40,000달러 이상 70,000달러 미만이고 쇼핑몰 점수가 40점 정도임을 알 수 있다. 2번 그룹은 연 소득 70,000달러 이상이면서 20대 후반에서 40대이고 쇼핑몰 점수가 80점 이상이라는 특징을 파악할 수 있다. 또한, 3번 그룹은 연 소득 40,000달러 미만이면서 20대에서 40대 미만이고 쇼핑몰 점수가 80점 이상이라는 것을 알 수 있다. 마지막으로 4번 그룹의 특징은 연 소득이 70,000달러 이상인 것을 알 수 있다.

그렇다면 실제값을 넣고 예측 결과가 맞는지 확인해보자.

예측값 확인

```
algorithm.predict([[19,15,39]]) # 실제 값 넣어보기
data= df[['Age', 'Annual Income (k$)', 'Spending Score (1-100)']].
iloc[: , :].values

df['label3_pred']=algorithm.predict(data) # 예측값
df[['label3','label3_pred']] # 실제값과 예측값
```

실행 결과

	label3	label3_pred
0	0	0
1	3	3
2	0	0
3	3	3
4	0	0
...	...	...
195	2	2
196	4	4
197	2	2
198	4	4
199	2	2

200 rows × 2 columns

실행 결과 실제값과 예측값이 일치하는 것을 확인할 수 있다.

(4) Hierarchical clustering을 이용한 군집화

1) 계층적 군집화에 필요한 라이브러리

모델 생성에 필요한 라이브러리 불러오기

```
from scipy.cluster.hierarchy import dendrogram, linkage
from matplotlib import pyplot as plt
```

2) 거리 측정 방법에 따른 Hierarchical clustering

가장 먼저 회원정보 데이터를 읽어와 필요한 특성값을 추출한다.

데이터 읽어오기

```
import pandas as pd
df=pd.read_csv('/content/Mall_Customers.csv')
data= df[['Age', 'Annual Income (k$)', 'Spending Score (1-100)']].
iloc[: , :].values
data.shape
```

실행 결과

```
(200,3)
```

linkage()를 사용하여 계층적 군집 모델을 만들고 dendrogram()을 사용하여 시각화하여 군집 수를 확인한다. 이때 메서드의 방식에 따라 계층적 클러스터링 결과를 비교해보자.

① method='single'로 계층적 클러스터링

method='single'

```
from scipy.cluster.hierarchy import dendrogram, linkage
from matplotlib import pyplot as plt
plt.figure(figsize=(20, 10))
cluster=linkage(data, method='single')
print(cluster.shape)
dendrogram = dendrogram(cluster)
plt.title('Dendrogram')
plt.xlabel('Customers')
plt.ylabel('Euclidean distances')
```

실행 결과

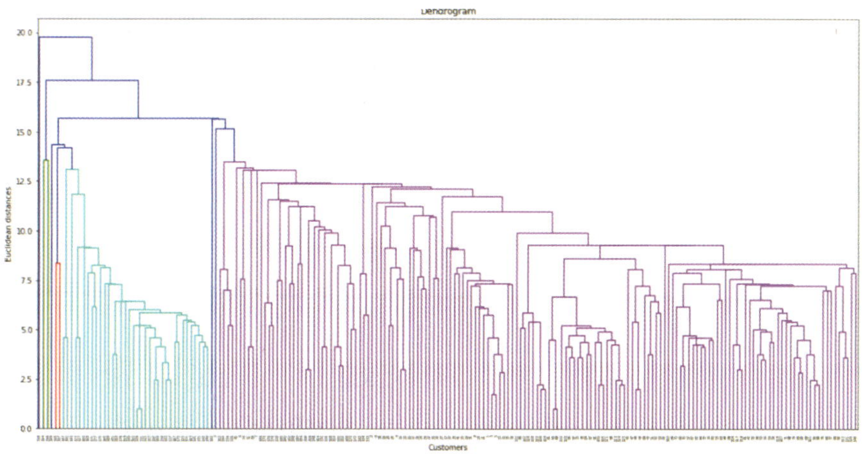

시각화 결과에서 가지의 길이는 합쳐진 클러스터가 얼마나 멀리 떨어져 있는지를 나타낸다. 단순 연결 방식으로 Hierarchical clustering을 한 결과, 적절한 클러스터링 수를 판단하기 어렵다.

② method='complete'로 계층적 클러스터링

method='complete'

```
from scipy.cluster.hierarchy import dendrogram, linkage
from matplotlib import pyplot as plt
plt.figure(figsize=(20, 10))
cluster=linkage(data, method='complete')
print(cluster.shape)
dendrogram = dendrogram(cluster)
plt.title('Dendrogram')
plt.xlabel('Customers')
plt.ylabel('Euclidean distances')
```

실행 결과

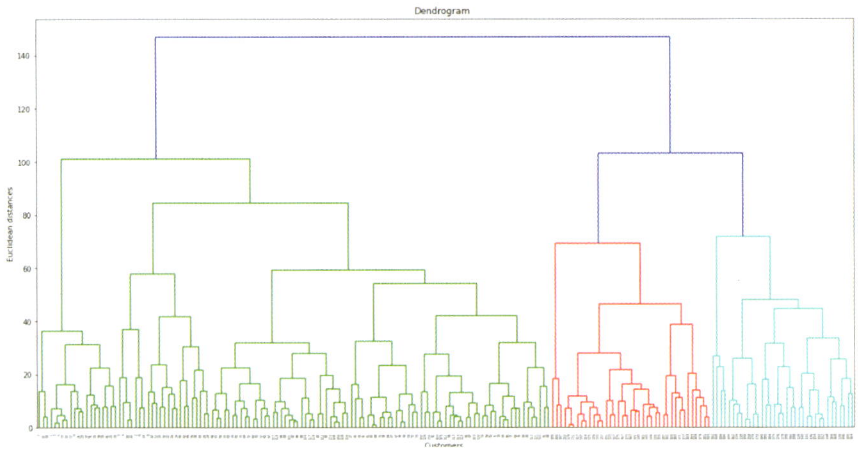

완전 연결 방식으로 `Hierarchical clustering`을 한 결과에서 수평선을 만나지 않고 선을 그어보면 적절한 클러스터링 수가 2, 4 또는 5인 것을 알 수 있다. 다음 그림은 클러스터링 수가 5인 경우이다.

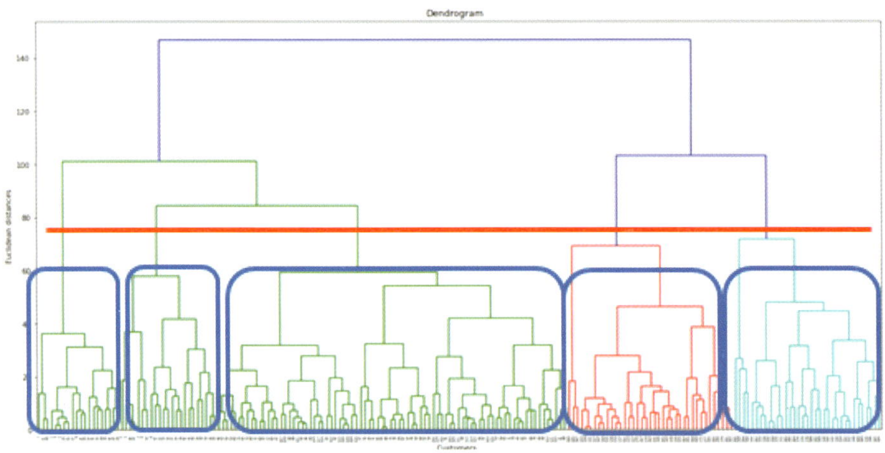

그림 10-5 클러스터링 수가 5인 경우

③ method='average'로 계층적 클러스터링

method='average'

```
from scipy.cluster.hierarchy import dendrogram, linkage
from matplotlib import pyplot as plt
plt.figure(figsize=(20, 10))
cluster=linkage(data, method='average')
print(cluster.shape)
dendrogram = dendrogram(cluster)
plt.title('Dendrogram')
plt.xlabel('Customers')
plt.ylabel('Euclidean distances')
```

실행 결과

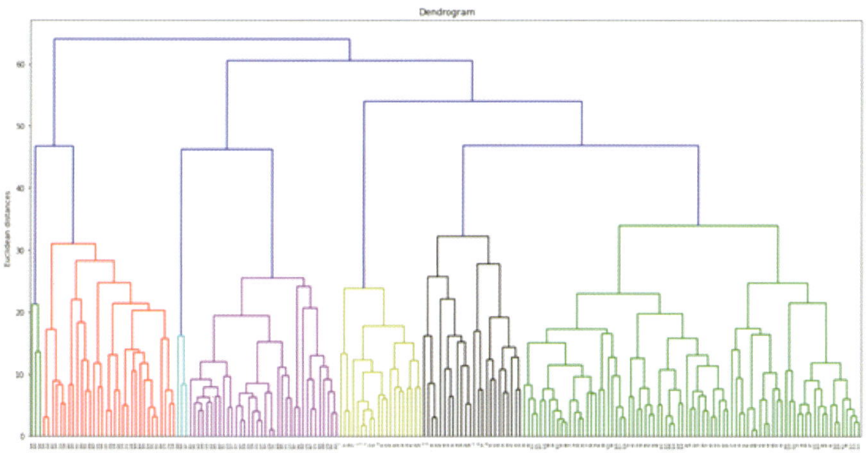

평균 연결 방식으로 Hierarchical clustering을 한 결과에서 수평선을 만나지 않고 선을 그어보면 적절한 clustering 수가 3, 4, 7인 것을 알 수 있다. 다음 그림은 clustering 수가 4인 경우이다.

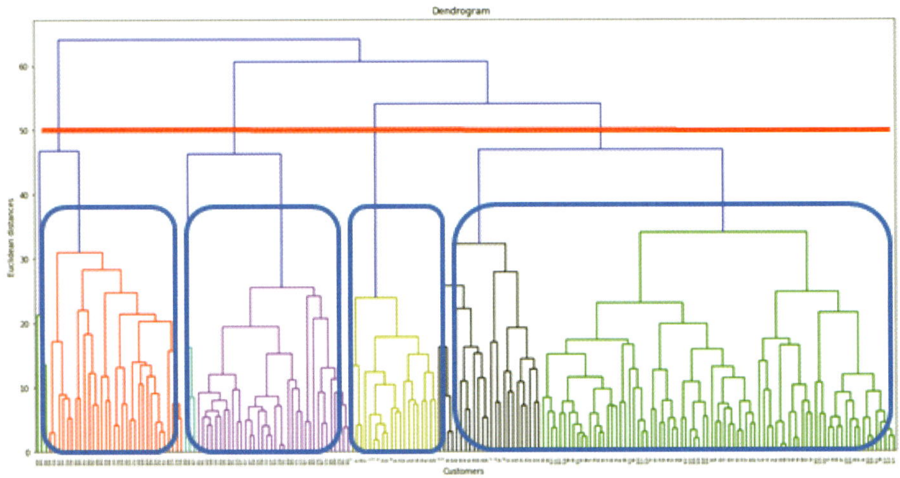

그림 10-6 클러스터링 수가 4인 경우

④ method='ward'로 계층적 클러스터링

method='ward'

```
from scipy.cluster.hierarchy import dendrogram, linkage
from matplotlib import pyplot as plt
plt.figure(figsize=(20, 10))
dendrogram = dendrogram(linkage(data, method='ward'))
plt.title('Dendrogram')
plt.xlabel('Customers')
plt.ylabel('Euclidean distances')
```

실행 결과

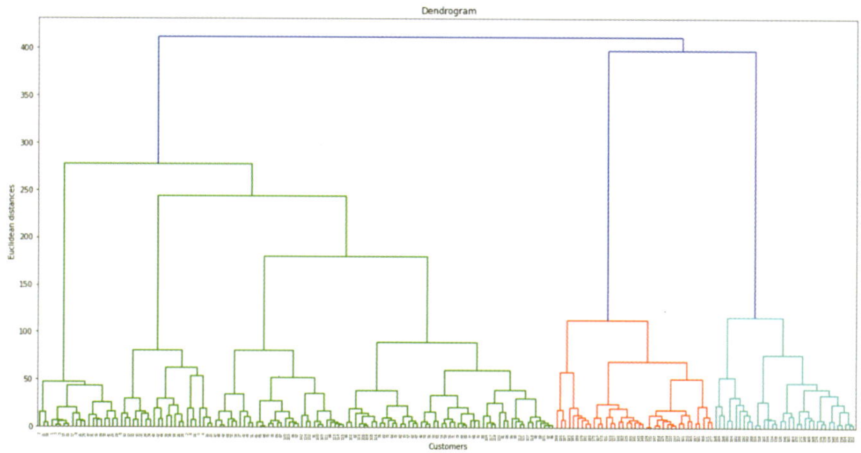

유사도 연결방식으로 Hierarchical clustering을 한 결과에서 수평선을 만나지 않고 선을 그어보면 적절한 clustering 수가 3, 4, 5, 6인 것을 알 수 있다. 다음 그림은 clustering 수가 6인 경우이다.

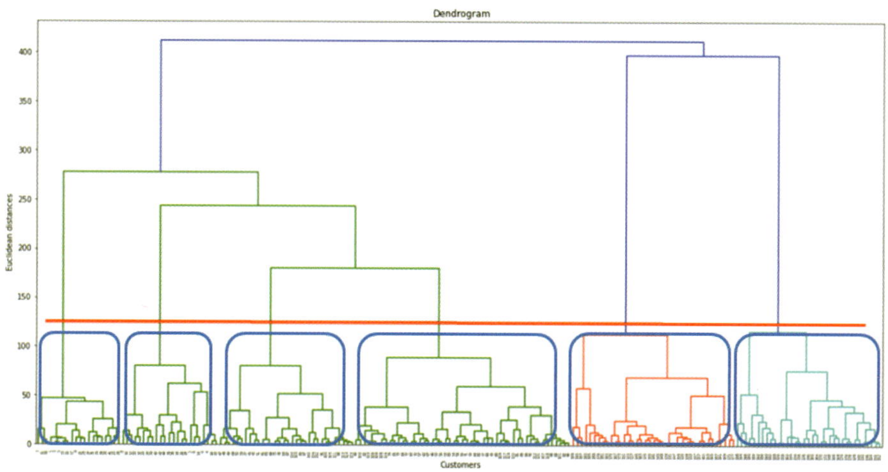

그림 10-7 클러스터링 수가 6인 경우

3) 모델 학습과 시각화

AgglomerativeClustering(n_cluster=5)

```
from sklearn.cluster import AgglomerativeClustering

cluster_model = AgglomerativeClustering(n_clusters=5,
affinity='euclidean', linkage='ward')
cluster_label=cluster_model.fit_predict(data)
df['label4']=cluster_label
df.head()
```

실행 결과

	CustomerID	Gender	Age	Annual Income (k$)	Spending Score (1-100)	label4
0	1	Male	19	15	39	4
1	2	Male	21	15	81	3
2	3	Female	20	16	6	4
3	4	Female	23	16	77	3
4	5	Female	31	17	40	4

각 cluster의 특징을 한눈에 살펴보기 위해 시본에서 제공하는 scatterplot으로 그룹별 특징을 확인한다.

시각화(n_cluster=5)

```
import seaborn as sns
from matplotlib import pyplot as plt
plt.figure(figsize=(20, 10))
sns.scatterplot(x='Age', y='Annual Income (k$)', hue='label4',
size='Spending Score (1-100)', data=df, palette='deep', sizes=(20,
200))
```

실행 결과

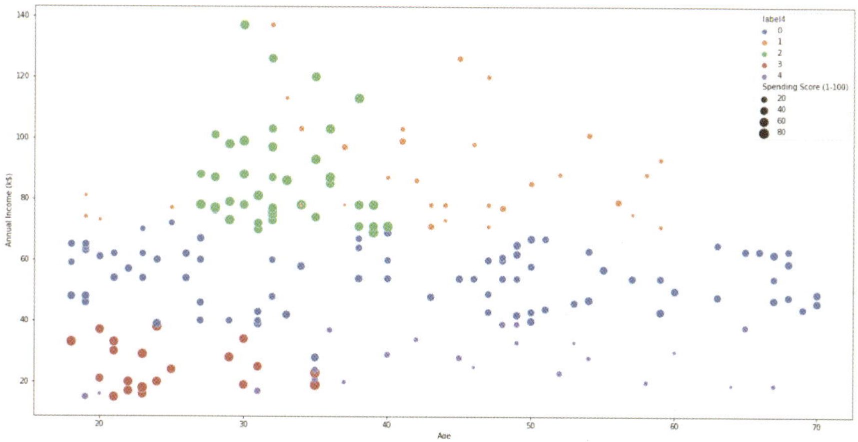

클러스터 수가 5인 경우, 10.2절의 k-means를 활용한 나이와 연간 소득과 쇼핑몰 점수로 세분화한 고객 클러스터 결과가 같은 특징을 보인다(결과에 대한 설명은 10.2절을 참고한다).

연습 문제

1 키와 몸무게에 대한 데이터셋을 가지고 그룹별로 세분화하려고 한다. 다음 코드의 실행 결과는 무엇인가?

```
from sklearn.cluster import KMeans
import numpy as np

data = np.array([[185, 60], [180, 62], [185, 70], [165, 63], [155, 68], [170, 75], [175, 80]])

km=KMeans(n_clusters=3)
km.fit(data)
print(km.labels_)
print(km.predict([[7, 7]]))
```

실행 결과

2 키와 몸무게에 대한 데이터셋을 가지고 KMeans()로 세분화하려고 한다. 실행 결과로 알 수 있는 최적의 k값은 무엇인가?

```
from sklearn.cluster import KMeans
import numpy as np
import matplotlib.pyplot as plt

data = np.array([[185, 60], [180, 62], [185, 70], [165, 63], [155, 68], [170, 75], [175, 80]])
temp=[]
for i in range(1,7):
  km=KMeans(n_clusters=i)
  km.fit(data)
  temp.append(km.inertia_)
plt.plot(range(1, 7), temp)
```

실행 결과

3 키와 몸무게에 대한 데이터셋을 가지고 최적의 k값을 찾아 KMeans로 세분화하려 한다. 실행 결과를 보고 빈칸을 알맞게 채우시오.

```
from sklearn.cluster import KMeans
import numpy as np
import matplotlib.pyplot as plt
from yellowbrick.cluster import ________________
data = np.array([[185, 60], [180, 62], [185, 70], [165, 63], [155,
68], [170, 75], [175, 80]])

visualizer = ____________(KMeans(), k=(2, 7))
visualizer.fit(data)
visualizer.show()
```

실행 결과

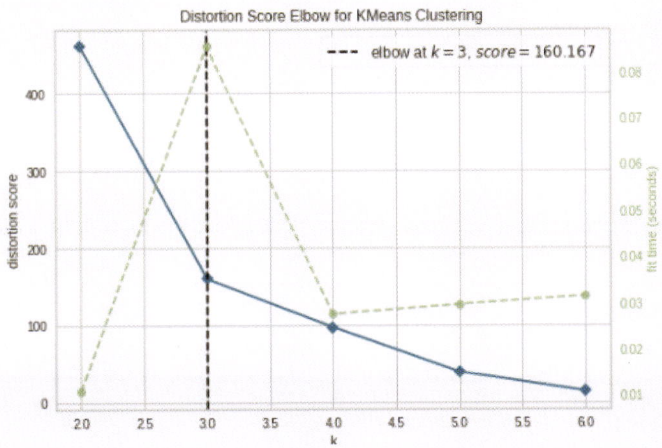

4 키와 몸무게에 대한 데이터셋을 가지고 계층적 군집화를 실행하기 위해 시각화하였다. 실행 결과를 보고 빈칸을 알맞게 채우시오.

```
from scipy.cluster.hierarchy import dendrogram, linkage
from matplotlib import pyplot as plt
data = np.array([[185, 60], [180, 62], [185, 70], [165, 63], [155,
68], [170, 75], [175, 80]])
plt.figure(figsize=(20, 10))
cluster= ______(data, method='ward')
________________
plt.title('Dendrogram')
plt.xlabel('heigh')
plt.ylabel('weight')
```

실행 결과

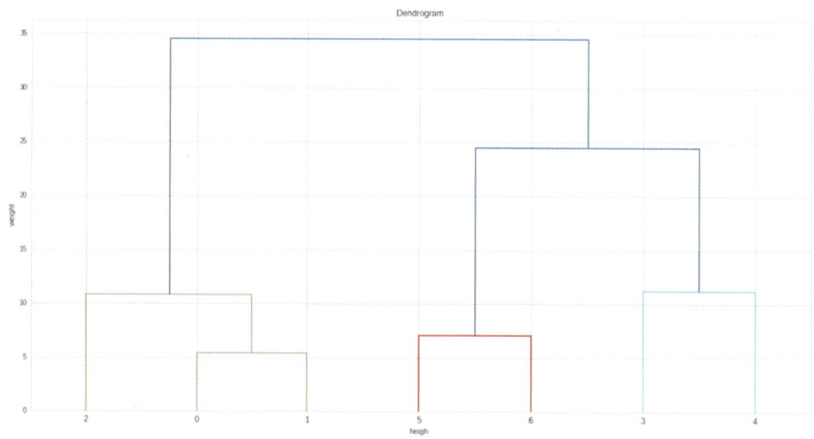

5 [chap10_food01.csv]

kmeans 알고리즘을 사용하여 음식을 세분화해 보시오.

조건

- 탄수화물, 단백질, 지방, 나트륨 속성을 모두 사용한다.
- 최적의 k값을 찾는다.
- KMeans 클래스에서 제공하는 kmeans 알고리즘을 사용한다.
- 데이터프레임에 kmeans 결과(labels_)를 칼럼으로 추가한다.
- 각 라벨의 개수를 출력한다.

실행 결과

```
label1
3          1236
2          1004
0           995
1           963
dtype: int64
```

6 [food02.csv]

계층형 군집 알고리즘을 사용하여 음식을 세분화해 보시오.

조건

- 탄수화물, 단백질, 지방, 나트륨 속성을 모두 사용한다.
- dendrogram으로 시각화하여 군집의 수를 결정한다.
- AgglomerativeClustering을 사용하여 계층형 군집으로 음식을 세분화한다.
- 데이터프레임에 AgglomerativeClustering 결과(labels_)를 칼럼으로 추가한다.
- 각 라벨의 개수를 출력한다.

실행 결과

```
(메서드를 ward으로 했을 경우)
label2
0         1635
1         1396
2         1167
dtype: int64
```

7 문제 5와 문제 6에서 모든 속성을 사용하지 않는다면 cluster 결과는 어떻게 되는가? 문제 6에서 사용한 연결 방식 외의 다른 방식으로 메서드를 지정해보자.

드라마 분류하기

11

11.1 K-최근접 이웃

11.2 K-NN을 이용한 인기 영화 분류하기

11.3 K-NN을 이용한 농구 선수 분류하기

학습목표

- 지도학습인 K-최근접 이웃 알고리즘의 원리를 이해하고 특징을 설명할 수 있다.
- 성능이 좋은 K-최근접 이웃 학습모델을 만들기 위해 최적의 K를 찾을 수 있다.
- KNeighborsClassifier를 이용하여 K-최근접 이웃 알고리즘을 적용하여 분류할 수 있다.

CHAPTER

11 드라마 분류하기

말 그대로 분류를 뜻하는 Classification은 지도학습의 일종으로 기존에 존재하는 데이터의 Category 관계를 파악하고, 새롭게 관측된 데이터의 Category를 스스로 판별한다. 예를 들어, 문자를 판별하여 스팸 보관함으로 분류하는 것(단일분류)과 수능 점수가 몇 등급에 해당하는지 판별하는 것(다중분류)이 여기에 해당한다.
11장에서는 컴퓨터가 이미 분류가 되어 있는 데이터를 학습하여 모델을 생성하고, 생성한 모델에 새롭게 입력한 데이터를 분류하는 방법을 배운다.
이러한 분류에는 K-최근접 이웃과 의사결정트리가 있다. 11장에서는 K-최근접 이웃을 통해 분류를 학습해보자.

11.1 K-최근접 이웃

(1) K-최근접 이웃의 원리

K-최근접 이웃(K-NN) 알고리즘은 머신러닝에서 지도학습(Supervised Learning)에 속하기 때문에 기존 데이터의 라벨 값이 존재하고, 새로운 데이터가 입력되었을 때 가장 유사한 속성을 찾아 분류하여 입력된 데이터가 어떤 라벨에 속하는지 알 수 있도록 한다.

K-NN 알고리즘은 입력된 데이터로부터 거리가 가까운 K개의 기존 데이터 레이블을 참조하여 가장 많이 속한 라벨로 입력된 데이터를 라벨링하는 방법이기 때문에 거리 기반 분류분석 모델이라고도 한다. 여기서 데이터 간의 거리를 계산할 때는 피타고라스의 정리에서 배웠던 '유클리디안 거리'를 사용한다.
K-NN 알고리즘의 원리를 '신맛'과 '단맛'에 대한 2가지 변수만 고려하여 '천혜향 vs 레드향'의 선호도를 예측하는 예를 살펴보자.
y축은 단맛의 선호 정도이고 x축은 신맛의 선호 정도이다. 대체로 단맛을 좋아하는 사람은 레드향을 선호하고, 단맛과 신맛 두 가지를 모두 좋아하는 사람은 천혜향을 선호하는 것을 알 수 있다.

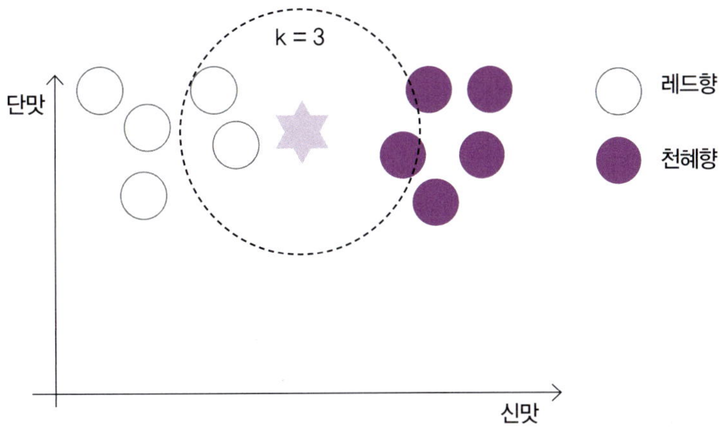

그림 11-1 천혜향과 레드향의 선호도 예측

K-NN 알고리즘을 이용하여 새로운 사람의 선호하는 맛(별 모양)과 가장 가까운 거리에 있는 3개(K=3)의 데이터를 찾아보자. 별 모양과 가장 가까운 데이터는 레드향이고, 3개의 데이터 범주 안에서 가장 많이 차지하는 것은 레드향인 것을 알 수 있다. 따라서 새로운 사람은 레드향으로 분류된다. 일반적으로 K의 개수는 동점 상황을 만들지 않기 위해 홀수로 지정한다.

앞에서 살펴보았듯이 K-NN 알고리즘의 원리는 간단하기에 구현하기 쉽다. 그러나 K-NN 알고리즘은 모델을 새롭게 생성하는 것이 아니라 훈련 데이터를 그냥 가지고만 있으므로 데이터는 많아지면, 매번 계산하여 분류 속도가 느려지는 단점이 있다.

(2) class sklearn.cluster.KNeighborsClassifier 모델 사용 방법

sklearn.cluster 모듈에 있는 KNeighborsClassifier 클래스에 K-NN 알고리즘이 구현되어 있다. KNeighborsClassifier에서 모델을 생성할 때, 이웃의 수를 지정하는 매개변수는 n_clusters이다. 만약 설정을 따로 하지 않는다면 이웃의 수는 5개로 지정된다.

sklearn.cluster.KNeighborsClassifier

```
from sklearn.neighbors import KNeighborsClassifier
neigh = KNeighborsClassifier(n_neighbors=이웃의 수) # 모델 생성
```

지도학습이기 때문에 fit()을 이용하여 모델을 학습할 때, 라벨이 있는 학습 데이터를 사용한다.

sklearn.cluster.KNeighborsClassifier 사용의 예

```
from sklearn.neighbors import KNeighborsClassifier
x_train = data[[특성들]] # 학습의 정보가 되는 특성을 x 변수에 저장
y_train= data[라벨들] # 각 라벨을 y 변수에 저장
neigh = KNeighborsClassifier(n_neighbors=3) # 모델 생성
neigh.fit(x_train, y_target) # 모델 학습
```

일반적으로 가장 많이 사용하는 KNeighborsClassifier 클래스의 메서드는 다음과 같다.

표 11-1 KNeighborsClassifier 클래스의 메서드

메서드	설명
fit(x_train,y_train)	train_data의 각 샘플에 대한 k-nn을 계산한다.
predict(x_test)	x 테스트 데이터(test_data)에 대한 추정값(라벨)을 예측한다.
score(x_test, y_test)	주어진 x_test 데이터와 레이블의 정확도를 반환한다.
predict_proba(x_test)	x 테스트 데이터에 대한 확률값을 반환한다.

KNeighborsClassifier 클래스에서 속성 중 가장 많이 사용하는 것은 다음과 같다.

표 11-2 KNeighborsClassifier 클래스의 속성

속성	설명
classes_	클래스 레이블
effective_metric_	거리 계산 방법
n_samples_fit_	학습된 데이터의 샘플 수

다음 코드를 통해 KNeighborsClassifier 학습모델을 만들고 모델의 메서드와 속성값을 확인해 보자.

sklearn.cluster.KNeighborsClassifier 학습모델 실습

```
from sklearn.neighbors import KNeighborsClassifier
x_train = [[0], [1], [2], [3]]
y_train = [0, 0, 1, 1]
neigh = KNeighborsClassifier(n_neighbors=3)
neigh.fit(x_train, y_train)
print(f'클래스의 종류: neigh.classes_)
print(f'거리 계산 방법: neigh.effective_metric_')
print(f'훈련 데이터 샘플 수: neigh.n_samples_fit_')
print(kmeans.score(X))
```

실행 결과

```
클래스의 종류: [0 1]
거리 계산 방법: euclidean
훈련 데이터 샘플 수: 4
```

x에는 훈련 데이터를 저장하고 y에는 레이블을 저장한다. KNeighborsClassifier(n_neighbors=3)를 이용하여 모델을 생성한 후 fit()을 이용하여 훈련한다. 훈련된 모델의 각 속성값을 확인한 결과 2개의 클래스(0, 1)로 분류되는 것을 알 수 있고 데이터 간의 거리 계산 방법은 유클리디안을 사용하며, 전체 훈련 데이터의 샘플 수가 4인 것을 확인할 수 있다.

(3) k의 수

K-NN 알고리즘의 특징 중 하나는 탐색할 이웃의 개수(K)에 따라 분류가 달라질 수 있다. k가 너무 크면 세세한 부분을 담지 못하기 때문에 과소적합(underfitting)이 발생한다. 반면, k가 너무 작으면 데이터 하나에 민감하게 반응하기에 과적합(overfitting)이 발생하여 주변의 다른 데이터까지 충분히 반영하지 못한다. 그렇기 때문에 최적의

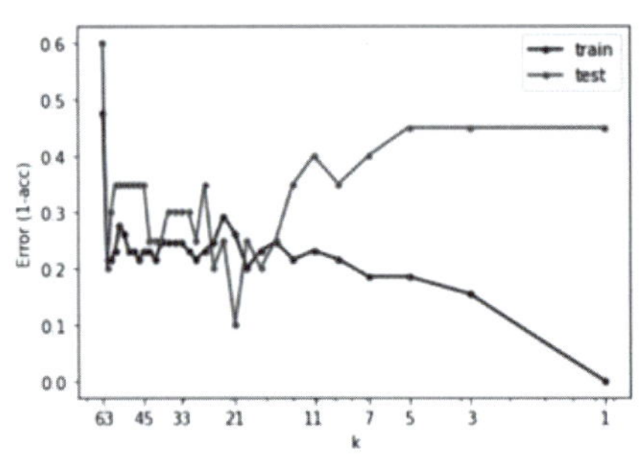

k값이 너무 작으면	k값이 너무 크면
분류 기준이 엄격해지므로 학습 데이터셋에서는 정확도가 높지만, 테스트 데이터셋에서 에러가 높고 정확도가 낮다(과적합).	분류 기준이 매우 일반적이기에 새로운 데이터를 정밀하게 판단하지 못하여 데이터셋에 대한 정확도가 낮아질 수 있다(과소적합).

그림 11-2 k 값 찾기

k를 찾는 것이 중요하다.

또한, k에 따라 분류되는 레이블이 다르게 예측되는 결과를 얻기도 한다. 어떻게 하면 최적의 k를 찾을 수 있을까? 일반적으로 test-error를 작게 하는 k를 결정하는 데 cross-vaildation(교차검증)을 통해 쉽게 구할 수 있다.

다음 원두의 '산미'와 '바디감'의 데이터를 이용해 원두를 분류하는 예를 통해 최적의 k를 찾는 방법을 확인해보자(실습을 위한 데이터 예라서 실제와 다를 수 있다).

1) 최적의 k가 필요한 이유

가장 먼저 산미와 바디감의 데이터를 입력하고 산미와 바디감이 강한 원두는 1로, 산미과 바디감이 약한 원두는 0으로 레이블을 저장한다. 이때, 산미와 바디감의 데이터를 하나의 쌍으로 저장하기 위해 zip()을 이용하여 리스트로 저장한다.

데이터 확인하기

```
import pandas as pd
import numpy as np
import matplotlib.pyplot as plt
from sklearn.neighbors import KNeighborsClassifier
x = [4, 5, 10, 4, 3, 11, 14 , 8, 10, 12]
y = [21, 19, 24, 17, 16, 25, 24, 22, 21, 21]
classes = [0, 0, 1, 0, 0, 1, 1, 0, 1, 1]
plt.style.use('default')
plt.scatter(x, y, c=classes)
plt.show()
data = list(zip(x, y))
print(data)
```

실행 결과

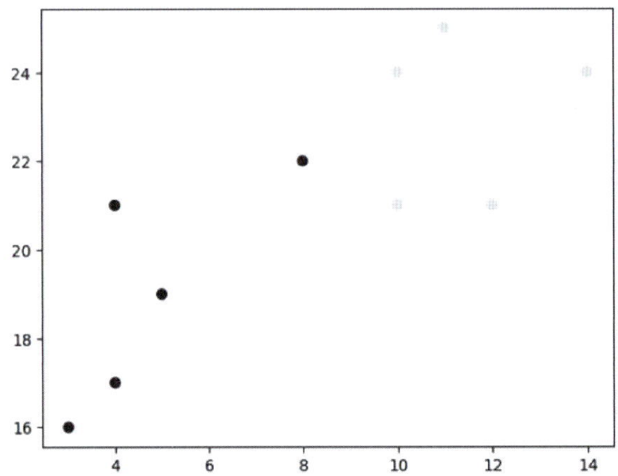

```
[(4, 21), (5, 19), (10, 24), (4, 17), (3, 16), (11, 25), (14, 24),
(8, 22), (10, 21), (12, 21)]
```

데이터와 레이블에 따라 두 개의 원두 그룹으로 분류한 것을 확인할 수 있다. k 값에 따라 새로운 데이터가 분류되는 레이블이 다를 수 있다. 새로운 데이터(산미=8, 바디감=21)를 통해 확인해보자.

k=1

```
knn = KNeighborsClassifier(n_neighbors=1)
knn.fit(data, classes)
new_x = 8
new_y = 21
new_point = [(new_x, new_y)]
prediction = knn.predict(new_point)
print(prediction)
plt.scatter(x + [new_x], y + [new_y], c=classes + [prediction[0]])
plt.text(x=new_x-1.7, y=new_y-0.7, s=f"new point, class:
{prediction[0]}")
plt.show()
```

실행 결과

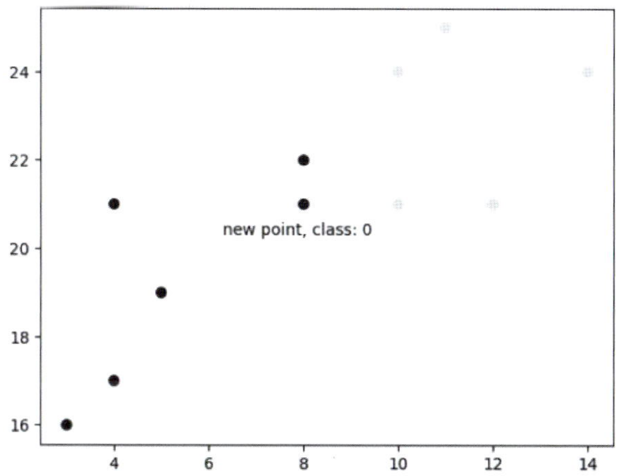

k=5

```
# new_x = 8
# new_y = 21
knn = KNeighborsClassifier(n_neighbors=5)
knn.fit(data, classes)
prediction = knn.predict(new_point)
print(prediction)
plt.scatter(x + [new_x], y + [new_y], c=classes + [prediction[0]])
plt.text(x=new_x-1.7, y=new_y-0.7, s=f"new point, class: prediction[0]")
plt.show()
```

실행 결과

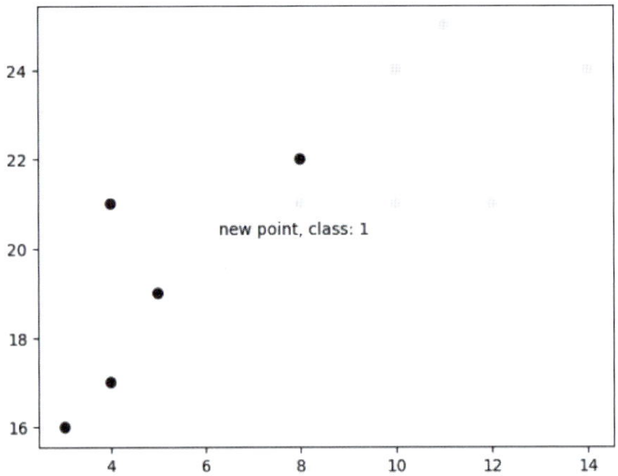

k=1일 때는 새로운 데이터의 분류가 0으로 되었다가 k=5일 때는 1로 분류되는 것을 확인할 수 있다.

2) 최적의 k 값 찾는 방법

어떤 k가 최적인 것일까? 이러한 문제를 해결하기 위해 sklearn에서 제공하는 cross_val_score()를 이용한다.

sklearn.model_selection.cross_val_score

```
from sklearn.neighbors import cross_val_score
cross_val_score(학습모델, 학습데이터, 레이블, cv=교차검증 폴드 수,scoring=예측성능지표)
```

표 11-3 매개변수의 종류

매개변수	설명
학습모델(estimator)	학습모델
학습데이터	학습한 데이터(feature) 세트
레이블(target)	레이블 데이터 세트
scoring	예측 성능 평가 지표('accuracy'(정확도))
cv	교차검증 폴드 수(입력하지 않으면 default=5)

원두커피를 분류하는 예에서 sklearn.model_selection.cross_val_score를 이용하여 최적의 k를 찾아보자.

최적의 k 찾기

```
from sklearn.model_selection import cross_val_score
knn=KNeighborsClassifier()
scores=cross_val_score(knn, data, classes, cv=3, scoring='accuracy')
for i in range(scores.size):
    print(f"i+1번째 정확도: scores[i]")
```

실행 결과

```
1번째 정확도: 1.0
2번째 정확도: 1.0
3번째 정확도: 0.6666666666666666
```

k가 1과 2일 때는 정확도가 1이고 3일 경우 0.6으로 떨어지는 것을 알 수 있다. 따라서 k를 홀수인 1로 결정할 수 있으나 일반적으로 k=1로 결정하게 되면 과적합이 될 수 있기에 k=3부터 홀수 개씩 탐색한다.

(4) 표준화 작업

K-NN 알고리즘을 구현할 때 '표준화' 작업이 필요하다. 만약 신맛의 측정 범위가 0부터 10이고 단맛의 특성은 측정 범위가 0부터 10,000이라면 단맛의 범위가 더 넓으므로 신맛보다 거리함수에 압도적으로 영향을 미치게 된다. 이로 인해 엉뚱한 결과가 나올 수 있다. 따라서 모든 특성이 고르게 반영될 수 있도록 표준화(정규화) 작업을 진행해야 한다.

표준화 작업은 최대-최소 표준화 방법과 z-점수 표준화 방법이 있으며, Scikit-Learn에서 제공하고 있다.

표 11-4 **표준화 작업의 종류**

표준화 방법	표준화 종류	설명
z-점수 표준화	StandardScaler	기본 규모. 평균과 표준편차 사용
최대-최소 표준화	MinMaxScaler	최대/최솟값이 각각 1, 0이 되도록 스케일링

1) StandardScaler

각 데이터가 평균에서 얼마나 떨어져 있는지 그 결과를 확인할 수 있다. 데이터의 특징을 모르면 가장 일반적으로 사용하는 표준화 방법이다.

먼저 sklearn.preprocessing에서 StandardScaler를 임포트한 다음, StandardScaler()로 객체를 생성한 뒤, fit_transform()을 이용하여 데이터셋을 정규화하여 저장하면 된다.

StandardScaler()

```
from sklearn.preprocessing import StandardScaler
객체이름 = StandardScaler()
저장 = 객체이름.fit_transform(데이터셋)
```

간단한 예로 데이터의 범위가 다른 두 개의 칼럼이 있는 데이터를 생성한 후 정규화해 보자.

① 데이터 프레임 생성

A 칼럼은 0부터 10까지의 수가 차례로 있고, B 칼럼은 제곱수가 들어있는 데이터프레임을 생성한다.

데이터프레임 생성

```
import pandas as pd
import numpy as np

df = pd.DataFrame('x1' : np.arange(11), 'x2' : np.arange(11) ** 2)
df
```

실행 결과

	A	B
0	0	0
1	1	1
2	2	4
3	3	9
4	4	16
5	5	25
6	6	36
7	7	49
8	8	64
9	9	81
20	10	100

② StandardScaler로 정규화하기

각 칼럼의 특성값의 평균을 0으로 하고 표준편차를 1로 간주하여 정규화하는

Standard Scaler를 적용한다.

StandardScaler로 정규화

```
from sklearn.preprocessing import StandardScaler
standardScaler = StandardScaler()

df_standardScaled = standardScaler.fit_transform(df)

pd.DataFrame(df_standardScaled, columns = ['A_std', 'B_std'])
```

실행 결과

	A_std	B_std
0	-1.581139	-1.066004
1	-1.264911	-1.035546
2	-0.948683	-0.944175
3	-0.632456	-0.791888
4	-0.316228	-0.578688
5	0.000000	-0.304572
6	0.316228	0.030457
7	0.632456	0.426401
8	0.948683	0.883260
9	1.264911	1.401033
20	1.581139	1.979721

정규화 결과 각 데이터가 평균에서 얼마나 떨어져 있는지를 보여준다.

2) MinMaxScaler

각 특성의 최솟값과 최댓값을 기준으로 0~1 범위에서 값을 균등하게 배정하는 표준화 방법이다. 먼저 sklearn.preprocessing에서 MinMaxScaler를 임포트한 다음, MinMaxScaler()로 객체를 생성한 뒤, fit_transform()을 이용하여 데이터셋을 정규화하여 저장하면 된다.

MinMaxScaler()

```
from sklearn.preprocessing import MinMaxScaler
객체이름 = MinMaxScaler()
저장 = 객체이름.fit_transform(데이터 세트)
```

① MinMaxScaler로 정규화하기

앞에서 생성한 데이터의 범위가 다른 두 개의 칼럼이 있는 데이터를 이용하여 MinMaxScaler로 정규화해보자.

MinMaxScaler로 정규화

```
from sklearn.preprocessing import MinMaxScaler
minmaxScaler = MinMaxScaler()

df_minmaxScaled = minmaxScaler.fit_transform(df)
pd.DataFrame(df_minmaxScaled, columns = ['A_minmax', 'B_minmax'])
```

실행 결과

	A_minmax	B_minmax
0	0.0	0.00
1	0.1	0.01
2	0.2	0.04
3	0.3	0.09
4	0.4	0.16
5	0.5	0.25
6	0.6	0.36
7	0.7	0.49
8	0.8	0.64
9	0.9	0.81
20	1.0	1.00

각 칼럼의 값이 모두 0~1로 동등하게 분포된 결과를 확인할 수 있다.

11.2 K-NN을 이용한 인기 영화 분류하기

영화를 개봉하기 전에 인기가 있을 것인지 판단하기는 어렵다. 제작 비용이 많은 영화라고 해서 꼭 성공하지는 않는다. 그러므로 어떤 영화가 높은 평가를 받을지를 예측하는 것이 중요하다. 사람들이 선호하는 영화가 무엇인지 알기 위해 기존의 영화에 대한 정보 데이터셋을 통해 인기 있는 영화를 분류하고, 새로운 영화가 인기가 있을지 예측하고자 한다. 지금부터는 11.1에서 다룬 K-NN 알고리즘을 적용하여 새로운 영화가 어느 정도 인기가 있을 것인지 분석해보자.

실습에 필요한 라이브러리

```
import pandas as pd
import numpy as np
import matplotlib.pyplot as plt
from sklearn.neighbors import KNeighborsClassifier
from sklearn.model_selection import cross_val_score
```

(1) 데이터 읽기

1) 영화 데이터 읽어오기

캐글에서 제공하는 영화 데이터셋을 실습에 적합한 형태로 수정한 'chap11_movie_genre_final.csv' 파일을 읽어온다.

movie_genre_final.csv 읽어오기

```
import pandas as pd # data processing, CSV file I/O (e.g. pd.read_csv)
df=pd.read_csv('/content/chap11_movie_genre_final.csv')
df.head()
```

실행 결과

	id	original_title	target	vote_average	Action	Adventure	Fantasy	ScienceFiction	Crime	Drama	...	Mystery	History	War	Music	Documentary	Foreign	TVMovie	director	
0	19995	Avatar	7	7.2	1	1	1	1	0	0	...	0	0	0	0	0	0	0	James Cameron	SamWorthington,Sigourn
1	285	Pirates of the Caribbean: At World's End	7	6.9	1	1	1	0	0	0	...	0	0	0	0	0	0	0	Gore Verbinski	JohnnyDepp,KeiraKnig
2	206647	Spectre	6	6.3	1	1	0	0	1	0	...	0	0	0	0	0	0	0	Sam Mendes	ChristophWaltz,Danie
3	49026	The Dark Knight Rises	8	7.6	1	0	0	0	1	1	...	0	0	0	0	0	0	0	Christopher Nolan	AnneHathaway,Christian

2) 데이터 정보를 확인한다.

df.info()

```
df.info()
```

실행 결과

```
<class 'pandas.core.frame.DataFrame'>
RangeIndex: 4775 entries, 0 to 4774
Data columns (total 27 columns):
 #   Column          Non-Null Count  Dtype
---  ------          --------------  -----
 0   id              4775 non-null   int64
 1   original_title  4775 non-null   object
 2   target          4775 non-null   int64
 3   vote_average    4775 non-null   float64
 4   Action          4775 non-null   int64
 5   Adventure       4775 non-null   int64
 6   Fantasy         4775 non-null   int64
 7   ScienceFiction  4775 non-null   int64
 8   Crime           4775 non-null   int64
 9   Drama           4775 non-null   int64
 10  Thriller        4775 non-null   int64
 11  Animation       4775 non-null   int64
 12  Family          4775 non-null   int64
 13  Western         4775 non-null   int64
 14  Comedy          4775 non-null   int64
 15  Romance         4775 non-null   int64
 16  Horror          4775 non-null   int64
 17  Mystery         4775 non-null   int64
 18  History         4775 non-null   int64
 19  War             4775 non-null   int64
 20  Music           4775 non-null   int64
 21  Documentary     4775 non-null   int64
 22  Foreign         4775 non-null   int64
 23  TVMovie         4775 non-null   int64
 24  director        4745 non-null   object
 25  cast            4732 non-null   object
 26  keywords        4775 non-null   object
dtypes: float64(1), int64(22), object(4)
memory usage: 1007.4+ KB
```

총 27개의 칼럼으로 구성되어 있고 4,775개의 데이터가 있다는 것을 알 수 있다. 또한, `int` 형이 22개, 문자열이 4개, 실수형이 1개로 데이터 타입이 구성된 것을 확인할 수 있다. 각 칼럼은 다음과 같은 의미가 있다. 각 영화는 여러 개의 장르로 구성된다.

표 11-5 영화 장르에 따른 분류

변수	설명
id	영화에 할당된 고유 ID
original_title	영화 제목
target	레이블(0~7)
vote_average	영화 평점 평균
Action	장르가 액션인지 여부(yes=1/no=0)
Adventure	장르가 모험인지 여부(yes=1/no=0)
Fantasy	장르가 판타지인지 여부(yes=1/no=0)
ScienceFiction	장르가 공상과학인지 여부(yes=1/no=0)
Crime	장르가 범죄인지 여부(yes=1/no=0)
Drama	장르가 드라마인지 여부(yes=1/no=0)
Thriller	장르가 스릴러인지 여부(yes=1/no=0)
Animation	장르가 만화인지 여부(yes=1/no=0)
Family	장르가 가족인지 여부(yes=1/no=0)
Western	장르가 서부영화인지 여부(yes=1/no=0)
Comedy	장르가 코미디인지 여부(yes=1/no=0)
Romance	장르가 로맨스인지 여부(yes=1/no=0)
Horror	장르가 공포인지 여부(yes=1/no=0)
Mystery	장르가 미스터리인지 여부(yes=1/no=0)
History	장르가 역사인지 여부(yes=1/no=0)
War	장르가 전쟁인지 여부(yes=1/no=0)
Music	장르가 음악인지 여부(yes=1/no=0)
Documentary	장르가 다큐멘터리인지 여부(yes=1/no=0)
Foreign	장르가 외국인지 여부(yes=1/no=0)
TVMovie	장르가 텔레비전 영화인지 여부(yes=1/no=0)
director	제작자
cast	캐스팅 배우들
keywords	영화 키워드

(2) 데이터 탐색

1) 레이블에 따른 영화 수 확인

레이블에 따라 영화 수가 얼마나 분포되었는지 확인하기 위해 시본에서 제공하는 distplot을 이용하여 히스토그램으로 확인한다.

영화의 레이블 분포

```
import matplotlib.pyplot as plt
import seaborn as sns
plt.figure(1, figsize = (15, 6)) # 그래프 사이즈
sns.distplot(df['target'], bins = 20) # 빈 수치를 20으로 설정
plt.title("movie count")
```

실행 결과

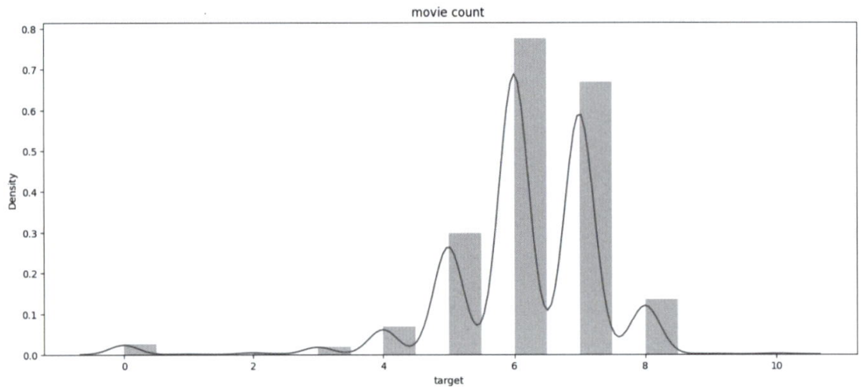

영화 중에서 6과 7의 레이블로 분류된 영화가 가장 많다는 것을 알 수 있다.

2) 영화 평점

영화의 평점 분포

```
import matplotlib.pyplot as plt
import seaborn as sns
plt.figure(1, figsize = (15, 6)) # 그래프 사이즈
sns.distplot(df['vote_average'], bins = 20) # 빈 수치를 20으로 설정
plt.title("vote_average")
```

실행 결과

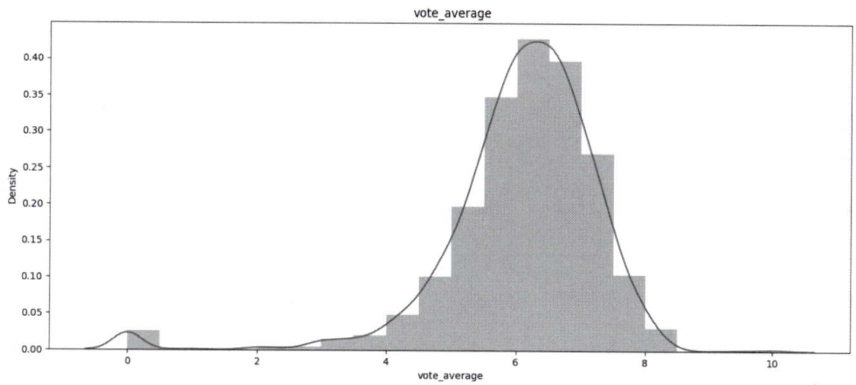

영화 평점이 5점 후반대에서 7점 중반대가 가장 많다는 것을 확인할 수 있다.

3) 장르별 분포

장르별 분포를 살펴보기 위해 장르에 해당하는 칼럼명과 각 장르의 값이 1인 데이터들을 추출하여 리스트에 저장한 후, 막대 그래프로 결과를 확인한다.

장르별 영화 분포 시각화 및 데이터 출력

```
print(df.columns) # 칼럼명 확인하기

# 장르 리스트
genre_list=['Action', 'Adventure', 'Fantasy', 'ScienceFiction',
'Crime', 'Drama', 'Thriller', 'Animation', 'Family', 'Western',
'Comedy', 'Romance', 'Horror', 'Mystery', 'History', 'War',
'Music', 'Documentary', 'Foreign', 'TVMovie']

# 장르에 해당하는 영화 개수 리스트
count_list=[]
for i in genre_list:
  count_list.append(len(df[df[i]==1]))
count_list
```

맷플롯립에서 제공하는 barh()를 이용하여 장르별 영화 수를 가로 막대그래프로 출력한다. 이때 20개의 각 장르의 색을 다르게 출력하기 위해 sns.color_palette('hls', 20)으로 지정한다.

각 장르별 영화 수 시각화 및 출력

```
plt.figure(1, figsize = (15, 6)) # 그래프 사이즈
plt.barh(genre_list,count_list, color=sns.color_palette('hls', 20))
for i in range(len(genre_list)):
  print(f'genre_list[i] : count_list[i]')
```

실행 결과

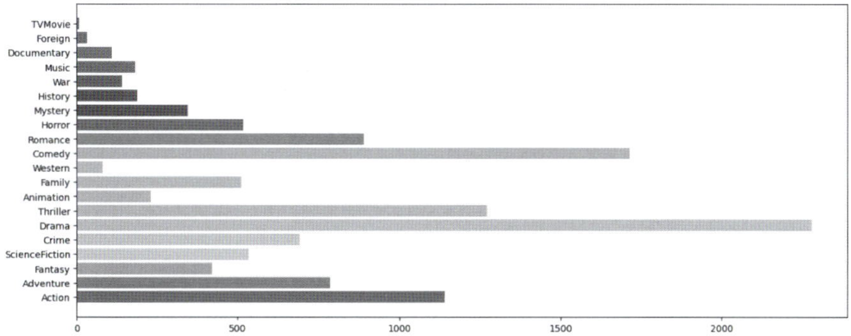


```
Action : 1140
Adventure : 786
Fantasy : 421
ScienceFiction : 535
Crime : 691
Drama : 2281
Thriller : 1270
Animation : 232
Family : 512
Western : 81
Comedy : 1714
Romance : 891
Horror : 518
Mystery : 347
History : 191
War : 143
Music : 184
Documentary : 110
Foreign : 33
TVMovie : 8
```

가장 많은 영화 장르는 드라마이고 그다음으로 코미디, 스릴러, 액션 순임을 알 수 있다. 많이 제작하는 것은 그만큼 평점이 높은 영화가 많다는 것을 의미하기도 한다. 따라서 높은 비중을 차지하는 4개의 영화 장르에서 인기가 많은 영화의 수를 알아보기 위해 평점이 6.5 이상인 영화의 수를 탐색해 보자.

장르별 평점 6.5 이상의 영화 수

```
temp=(df.Drama==1)&(df.vote_average>=6.5)
df[temp]
print(f'드라마 영화 2281편 중 평점 6.5 이상:len(df[temp])편')

temp=(df.Comedy==1)&(df.vote_average>=6.5)
df[temp]
print(f'코메디 영화 1714편 중 평점 6.5 이상:len(df[temp])편')

temp=(df.Thriller==1)&(df.vote_average>=6.5)
df[temp]
print(f'스릴러 영화 1270편 중 평점 6.5 이상:len(df[temp])편')

temp=(df.Action==1)&(df.vote_average>=6.5)
df[temp]
print(f'액션 영화 1140편 중 평점 6.5 이상:len(df[temp])편')
```

실행 결과

```
드라마 영화 2281편 중 평점 6.5 이상:1208편
코메디 영화 1714편 중 평점 6.5 이상:521편
스릴러 영화 1270편 중 평점 6.5 이상:415편
액션 영화 1140편 중 평점 6.5 이상:355편
```

드라마 장르의 약 54% 정도가 평점이 6.5 이상이고 코미디 장르의 약 30% 정도가 평점 6.5 이상을 차지한다. 또한, 스릴러의 약 32%, 액션의 약 31% 정도가 평점 6.5 이상인 것을 확인할 수 있다. 이것은 드라마 장르가 많이 제작되기도 하지만, 사람들에게 인기가 있는 영화가 많다는 것으로 해석할 수 있다.

(3) 훈련 데이터와 테스트 데이터 나누기

인기 있는 영화를 예측할 수 있는 여러 가지 특성이 있지만, 여기서는 영화 장르를 가지고 인기 여부를 예측해 보도록 한다. 먼저, 데이터의 과적합을 피하고 일반화가 잘 되는 학습모델을 만들기 위해 데이터셋을 훈련 데이터와 테스트 데이터로 나눈다. 이를 위해 sklearn에서 제공하는 train_test_split()을 사용하여 훈련 데이터와 테스트 데이터로 나눈다. 사용 방법은 다음과 같다.

sklearn.model_selection.train_test_split

```
from sklearn.model_selection import train_test_split
x_train, x_test, y_train, y_test = train_test_split(학습데이터, 레이블데이터, test_size=테스트데이터비율)
```

영화 데이터에서 학습 데이터는 영화 장르에 대한 데이터로 지정하고 학습 데이터의 레이블은 target으로 지정한다. 그런 다음, train_test_split를 이용하여 학습 데이터와 테스트 데이터를 분리한다.

학습 데이터와 테스트 데이터 분리

```
x=df[['Action', 'Adventure', 'Fantasy', 'ScienceFiction', 'Crime',
'Drama', 'Thriller', 'Animation', 'Family', 'Western', 'Comedy',
'Romance', 'Horror', 'Mystery', 'History', 'War', 'Music',
'Documentary', 'Foreign', 'TVMovie']]
y=df[['target']]
from sklearn.model_selection import train_test_split
x_train, x_test, y_train, y_test = train_test_split(x, y, test_size=0.2)
print(x_train.shape)
print(x_test.shape)
```

실행 결과

```
(3820, 20)
(955, 20)
```

실행 결과를 보면 학습 데이터는 3,820개, 테스트 데이터는 955개로 분리된 것을 알 수 있다.

(4) K-NN을 이용한 분류

K-NN 학습 알고리즘을 적용하여 모델을 생성하기 위해 sklearn.neighbors 패키지에서 KNeighborsClassifier 모듈을 불러온다. 모델을 학습하기 전에 cross_val_score()를 이용하여 최적의 K를 구한다. 최적의 K가 정해지면, 학습 데이터(x_train)과 레이블 데이터(y_train)를 적용하여 모델을 학습한 후, 결과를 확인한다.

1) 최적의 K 찾기

정확도로 최적의 K 찾기

```

from sklearn.model_selection import cross_val_score
knn=KNeighborsClassifier()
scores=cross_val_score(knn, x_train, y_train, cv=5, scoring='accuracy')

for i in range(scores.size):
    print(f"i+1번째 정확도: scores[i]")
```

실행 결과

```
1번째 정확도: 0.39397905759162305
2번째 정확도: 0.4214659685863874
3번째 정확도: 0.38481675392670156
4번째 정확도: 0.3704188481675393
5번째 정확도: 0.4201570680628272
```

모든 특성을 고려하지 않고 장르에 대한 데이터를 가지고 학습해서 정확도가 아주 높지는 않다. 결과로 나온 정확도 중에서 가장 높은 것은 2번째이지만, 분류의 모호성을 배제하기 위해 홀수 번째 중에서 가장 높은 정확도를 찾아야 한다. 홀수 번째 중에서 5번째 정확도가 가장 높은 것을 알 수 있다. 따라서 k를 5로 정한다.

2) 모델 생성과 학습

파이썬 라이브러리 scikit-learn을 사용하여 K-NN을 매우 쉽게 적용할 수 있다. 앞에서 구한 최적의 k가 5이기에 모델을 생성할 때 n_neighbors=5로 설정한다.

모델 생성과 학습

```
from sklearn.neighbors import KNeighborsClassifier

neigh=KNeighborsClassifier(n_neighbors=5)
neigh.fit(x_train, y_train)
print(neigh.classes_)
print(f'거리계산방법: neigh.effective_metric_')
print(f'샘플수: neigh.n_samples_fit_')
```

실행 결과

```
[ 0  1  2  3  4  5  6  7  8  9 10]
거리계산방법: euclidean
샘플수: 3820
```

훈련 데이터의 샘플 수가 총 3,820개이고, 레이블이 0부터 10까지 구성되어 있으며, 거리 계산 방법은 유클리디안을 사용한 것을 확인할 수 있다.

3) 예측과 평가

학습모델의 성능을 확인하려면 score(x_test, y_test)를 사용해 테스트 데이터(x_test)로 확인한다. 또한, 실제 영화 정보 데이터가 입력되면 어떤 영화로 분류되는지 확인하기 위해 predict()를 사용한다. 액션이면서 스릴러 장르의 영화라면 인기 분류가 어떻게 되는지 확인해보자.

예측과 평가하기

```
print(neigh.score(x_test, y_test))
new_x = [1, 0, 0, 0, 0, 1, 0, 0, 0, 0, 0, 0, 0, 0, 0, 0, 0, 0, 0, 0]
prediction = neigh.predict([new_x])
prediction
```

실행 결과

```
0.38010471204188484
array([6])
```

학습모델의 검증 결과 0.380 정도의 정확도를 가지고 있다는 것과 액션이면서 스릴러 장르의 영화는 인기 정도가 6인 영화로 분류되는 것을 알 수 있다.

11.3 K-NN을 이용한 농구 선수 분류하기

농구 선수의 정보를 담은 데이터셋이다. 레이블(target)은 선수의 경력이 5년 이상이면 1, 5년 미만이면 0을 나타낸다. 각 선수의 기량으로 해당 선수가 5년 이상의 경력을 가진 능력을 갖추고 있는지 여부를 분류해 보자.

실습에 필요한 라이브러리

```
import pandas as pd
import numpy as np
import matplotlib.pyplot as plt
from sklearn.neighbors import KNeighborsClassifier
from sklearn.model_selection import cross_val_score
```

(1) 데이터 읽기

1) 데이터를 읽어온다.

케글에서 제공하는 영화 데이터셋을 실습에 적합한 형태로 수정한 'chap11_basketball_final.csv' 파일을 읽어온다.

chap11_ basketball_final.csv 읽어오기

```
import pandas as pd # data processing, CSV file I/O (e.g. pd.read_csv)
df=pd.read_csv('/content/chap11_basketball_final.csv')
df.head()
```

실행 결과

	Rebounds	Assists	Steals	Blocks	Turnovers	Target
0	4.1	1.9	0.4	0.4	1.3	0
1	2.4	3.7	1.1	0.5	1.6	0
2	2.2	1.0	0.5	0.3	1.0	0
3	1.9	0.8	0.6	0.1	1.0	1
4	2.5	0.3	0.3	0.4	0.8	1

2) 데이터 정보를 확인한다.

df.info()

```
df.info()
```

실행 결과

```
<class 'pandas.core.frame.DataFrame'>
RangeIndex: 1340 entries, 0 to 1339
Data columns (total 6 columns):
 #   Column     Non-Null Count  Dtype
---  ------     --------------  -----
 0   Rebounds   1340 non-null   float64
 1   Assists    1340 non-null   float64
 2   Steals     1340 non-null   float64
 3   Blocks     1340 non-null   float64
 4   Turnovers  1340 non-null   float64
 5   Target     1340 non-null   int64
dtypes: float64(5), int64(1)
memory usage: 62.9 KB
```

총 1,340개의 샘플 수와 6개의 칼럼으로 구성된 것을 알 수 있다. 또한, 각 칼럼은 실수형이 5개, 정수형이 1개로 데이터 타입이 구성된 것을 확인할 수 있다. 각 칼럼은 다음의 의미가 있다.

표 11-6 칼럼 변수의 설명

변수	설명
Rebounds	슈팅된 공이 득점하지 않았을 때 그 공을 잡은 횟수
Assists	선수가 팀 동료에게 볼을 넘김으로써 팀 동료가 필드골로 득점한 횟수
Steals	공을 뺏어서 공격권을 가지고 온 횟수
Blocks	수비자가 반칙하지 않고 공격자가 슛한 공을 쳐낸 횟수
Turnovers	공격하는 플레이어의 실책 횟수
Target	5년 이상 경력은 1, 5년 미만 경력은 0

(2) 데이터 탐색

1) 레이블에 따른 선수 수 확인하기

5년 이상 경력을 가진 선수와 5년 미만 경력을 가진 선수가 얼마나 분포되었는지 확인하기 위해 시본에서 제공하는 countplot을 이용하여 확인한다.

경력별 선수의 수

```
iimport matplotlib.pyplot as plt
import seaborn as sns
plt.figure(1, figsize = (5, 5)) # 그래프 사이즈
sns.countplot(df['Target'])
plt.title("player")
```

실행 결과

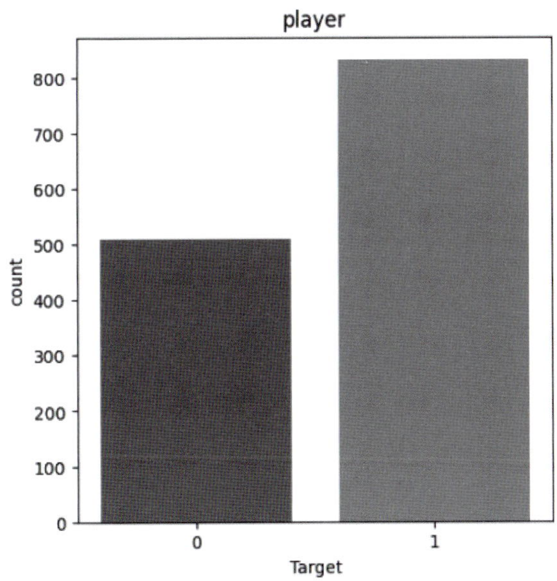

5년 이상 선수가 5년 미만 선수와 비교하면 300명 정도 더 많은 것을 확인할 수 있다.

(3) 경력별 선수의 특징

경력별 선수의 특징을 살펴보기 위해 groupby()를 이용한다.

경력에 따른 농구 기술

```
print(f"리바운드df[‘Rebounds’].groupby(df['Target']).mean()")
print(f"어시스트df[‘Assists’].groupby(df['Target']).mean()")
print(f"스틸df[‘Steals’].groupby(df['Target']).mean()")
print(f"블록df[‘Blocks’].groupby(df['Target']).mean()")
print(f"턴오버df[‘Turnovers’].groupby(df['Target']).mean()")
```

실행 결과

```
리바운드
 Target
0     2.247544
1     3.516486
Name: Rebounds, dtype: float64
어시스트
 Target
0     1.221022
1     1.752347
Name: Assists, dtype: float64
스틸
 Target
0     0.498232
1     0.692178
Name: Steals, dtype: float64
블록
 Target
0     0.253438
1     0.439110
Name: Blocks, dtype: float64
턴오버
 Target
0     0.942240
1     1.347533
Name: Turnovers, dtype: float64
```

경력이 5년 이상인 선수는 팀에 도움이 되는 기술(리바운드, 어시스트, 스틸, 블록)에 해당하는 횟수가 경력이 5년 미만인 선수에 비해 많은 것을 알 수 있다. 또한, 경력이 5년 이상인 선수는 턴오버의 횟수가 1.34로 경력이 5년 미만인 선수에 비해 높은 것을 확인할 수 있다.

(4) 훈련 데이터와 테스트 데이터 나누기

먼저 데이터의 과적합을 피하고 일반화가 잘 되는 학습모델을 만들기 위해 선수 정보 데이터셋을 훈련 데이터와 테스트 데이터로 나눈다. 이를 위해 sklearn에서 제공하는 train_test_split()을 사용하여 훈련 데이터와 테스트 데이터로 나눈다.

학습 데이터와 테스트 데이터 분리

```
x=df[['Rebounds', 'Assists', 'Steals', 'Blocks', 'Turnovers']]
y=df[['Target']]
from sklearn.model_selection import train_test_split
x_train, x_test, y_train, y_test = train_test_split(x, y, test_size=0.2)
print(x_train.shape)
print(x_test.shape)
```

실행 결과

```
(1072, 5)
(268, 5)
```

전체 데이터 셋의 20%를 test셋(test_size=0.2)으로 설정했기에 실행 결과를 보면, 학습 데이터가 1,072개, 테스트 데이터가 268개로 분리된 것을 알 수 있다.

(5) K-NN을 이용한 분류

K-NN 학습 알고리즘을 적용하여 모델을 생성하기 위해 sklearn.neighbors 패키지에서 KNeighborsClassifier 모듈을 불러온다. 학습 데이터와 레이블 데이터를 적용하여 모델을 만든 후 결과를 확인한다. 가장 먼저 성능이 좋은 학습모델을 만들기 위해 최적의 K를 찾아 적용해보자.

1) 최적의 k 찾기

최적의 k 찾기

```
from sklearn.model_selection import cross_val_score
knn=KNeighborsClassifier()
scores=cross_val_score(knn, x, y, cv=5, scoring='accuracy')
for i in range(scores.size):
    print(f"i+1번째 정확도: scores[i]")
```

실행 결과

```
1번째 정확도: 0.6837209302325581
2번째 정확도: 0.6604651162790698
3번째 정확도: 0.6074766355140186
4번째 정확도: 0.602803738317757
5번째 정확도: 0.6728971962616822
```

과적합이 될 수 있는 문제로 인해 1을 제외하고 홀수 번째 정확도 중에서 가장 높은 정확도를 찾아보면 5번째인 것을 알 수 있다.

2) 모델 생성과 학습

앞에서 구한 최적의 k가 5이기에 학습모델을 생성할 때 n_neighbors=5로 설정한다.

모델 생성과 학습

```
from sklearn.neighbors import KNeighborsClassifier
neigh=KNeighborsClassifier(n_neighbors=7)
neigh.fit(x_train, y_train)
print(neigh.classes_)
print(f'거리계산방법: neigh.effective_metric_')
print(f'샘플수: neigh.n_samples_fit_')
```

실행 결과

```
[0 1]
거리계산방법: euclidean
샘플수: 1072
```

훈련 데이터의 샘플 수가 총 1,072개이고, 레이블이 0과 1로 구성되어 있으며, 거리 계산 방법은 유클리디안을 사용한 것을 확인할 수 있다.

3) 예측과 평가

학습모델의 성능은 score()를 사용해 확인한다. 또한, 새로운 선수 데이터들이 입력되면 predict()를 사용하여 해당 선수의 5년 이상 경력 여부를 확인할 수 있다.

예측과 평가하기

```
print(neigh.score(x_test,y_test))
new_x = [3, 3, 2, 2, 4]
prediction = neigh.predict([new_x])
print(prediction)
```

실행 결과

```
0.6231343283582089
[1]
```

학습모델의 성능은 0.62의 정확도를 가지고 있는 것을 알 수 있다. 또한, 리바운드, 어시스트, 스틸, 블록, 턴오버의 횟수가 3, 3, 2, 2, 4인 선수의 데이터를 입력한 결과 경력이 5년 이상인 선수로 분류되었다.

연습 문제

1 K-최근접 이웃 알고리즘의 원리에 대하여 설명하시오.

2 최적의 k를 찾아야 하는 이유와 찾는 방법을 설명하시오.

3 다음은 K-NN으로 학습모델을 생성하고 값을 예측하는 코드이다. 실행 결과를 보고 빈칸을 채우시오.

```
x = [[0], [1], [2], [3]]
y = [0, 0, 1, 1]
from sklearn.neighbors import ______________
neigh = ____________________(n_neighbors=3)
neigh.fit(x, y)
print(neigh.predict([[1.1]]))
```

실행 결과

```
[0]
```

4 다음은 사이킷런에서 제공하는 당뇨병 환자 데이터를 로드한 후, K-NN 알고리즘을 적용해서 모델을 학습하기 위해 최적의 k를 찾는 코드이다. 다음 빈칸에 코드를 채우시오.

```
from sklearn.model_selection import cross_val_score
from sklearn.neighbors import KNeighborsClassifier
from sklearn import datasets
diabetes = datasets.load_diabetes()
x = diabetes.data[:150]
y = diabetes.target[:150]
knn=KNeighborsClassifier()

scores= _______________(_________, _________, ____________, cv=3,
scoring='accuracy')

for i in range(scores.size):
    print(f"i+1번째 정확도: scores[i]")
```

실행 결과

```
1번째 정확도: 0.0
2번째 정확도: 0.0
3번째 정확도: 0.02
```

[chap11_전복나이예측.csv]

5 다음 빈칸을 채워 전복 데이터셋을 이용하여 최적의 k를 구하시오.

```
import numpy as np
import pandas as pd
from sklearn.model_selection import cross_val_score
from sklearn.neighbors import KNeighborsClassifier
from sklearn.model_selection import train_test_split
df=pd.read_csv('/content/chap11_knn01.csv')

x=df[['Diameter', 'Height', 'Whole_Weight', 'Viscra_Weight',
'Shell_Weight']]
y=df[['Group']]

knn=KNeighborsClassifier()

for i in range(scores.size):
    print(f"i+1번째 정확도: scores[i]")
```

[chap11_유튜브장르.csv]

6 다음은 유튜버의 평균 나이와 평균 먹방 장면의 횟수를 가지고 분류한 데이터셋이다(힐링: a, 직업체험: b, 먹방: c).

	유튜버평균나이	먹방장면	장르
0	46.0	0.1750	a
1	44.0	0.1750	a
2	42.0	0.1625	a
3	41.0	0.1875	a
4	45.0	0.1750	a

다음 조건에 맞게 진행하여 KNN 학습모델을 생성하고 성능 결과를 출력하시오.

조건

- 훈련 데이터와 테스트 데이터 분리: test_size=0.2, random_state=42
- 최적의 k 찾기(정확도 출력)
- 최적의 k를 n_neighbors로 설정하여 neigh 이름의 K-NN 학습모델 만들기
- 테스트 데이터의 평 가점수 출력

```
import numpy as np
import pandas as pd
from sklearn.model_selection import cross_val_score
from sklearn.neighbors import KNeighborsClassifier
from sklearn.model_selection import train_test_split
```

실행 결과

```
1번째 정확도: 0.5416666666666666
2번째 정확도: 0.625
3번째 정확도: 0.7083333333333334
4번째 정확도: 0.5833333333333334
5번째 정확도: 0.6666666666666666
정확도 : 0.7333333333333333
```

[chap11_상권분류.csv]

7 순수 수익(income)과 총지출 비용(cost)으로 상권을 분류한 데이터셋이다.

	income	cost	label
0	2850735	12120296344	3
1	3146942	8976116500	1
2	2774214	6175425196	2
3	2561943	1609692543	0
4	3001401	10437230074	1

다음 조건에 맞게 진행하여 KNN 학습모델을 생성하고 성능 결과를 출력하시오.

조건

- 훈련 데이터와 테스트 데이터 분리: test_size=0.2, random_state=42
- 최적의 k 찾기(정확도 출력)
- 최적의 k를 n_neighbors로 설정하여 neigh 이름의 K-NN 학습모델 만들기
- 테스트 데이터의 평가 점수 출력

실행 결과

```
1번째 정확도: 0.9997708524289642
2번째 정확도: 0.99977079990832
3번째 정확도: 1.0
4번째 정확도: 1.0
5번째 정확도: 1.0
정확도: 1.0
```

텍스트로 읽는 세상 12

12.1 자연어 처리
12.2 워드클라우드
12.3 자연어 처리 실습

학습목표

- 자연어 처리의 분석 기법이 무엇인지 설명할 수 있다.
- 자연어 처리에 필요한 라이브러리가 무엇인지 알고 설치할 수 있다.
- 자연어 처리 기법을 학습하고 실제 문제에 적용할 수 있다.
- 자연어 처리를 통해 워드클라우드로 시각화할 수 있다.

CHAPTER

12 텍스트로 읽는 세상

12.1 자연어 처리

우리가 사용하는 언어가 자연어이다. 이러한 자연어를 컴퓨터가 처리할 수 있도록 하면 의미를 분석하여 내용을 요약하고, 번역하거나 사람의 감성 분석 및 텍스트를 분류하는 데 사용할 수 있다.

12장에서는 자연어를 처리하는 기법을 학습하고 이를 바탕으로 워드클라우드로 시각화하여 의미를 찾아본다.

(1) 토큰화

토큰의 기준을 단어로 하는 것을 단어 토큰화(Word Tokenization)라 한다. 영어는 단어마다 띄어쓰기가 되어 띄어쓰기 단위로 토큰화하기 쉬운 반면, 한국어는 띄어쓰기 단위로 토큰화하면 단어 하나에 조사가 붙어서 다른 단어로 인식되기 때문에 처리가 힘들다. 예를 들면, '나는', '나에게', '나를', '나와', '나의'와 같이 '나'라는 단어 뒤에 조사가 붙어서 모두 다른 단어로 인식되는 것이다. 이러한 이유로 한국어는 형태소(morpheme)를 이용하여 자립형태소(명사, 대명사, 수사, 관형사, 부사, 감탄사), 의존형태소(접사, 조사 등)로 토큰화한다. 예를 들면, '파이썬이 너무 좋다'를 형태소로 토큰화하면 '파이썬', '이', '너무', '좋다'로 나뉜다.

1) KoNLPy 설치하기

형태소 단위로 토큰화하기 위해 KoNLPy 패키지를 설치한다. KoNLPy에는 Okt(Open Korea Text), 메캅(Mecab), 코모란(Komoran), 한나눔(Hannanum), 꼬꼬마(Kkma) 형태소 분석기가 있다. 이 중에서 Okt를 사용하여 토큰화를 수행해보자.

KoNLPy 설치

```
!pip install konlpy

!pip install wordcloud
```

실행 결과

```
Looking in indexes: https://pypi.org/simple, https://us-python.
pkg.dev/colab-wheels/public/simple/
Collecting konlpy
  Downloading konlpy-0.6.0-py2.py3-none-any.whl (19.4 MB)
     |████████████████████████████████| 19.4 MB 1.1 MB/s
Requirement already satisfied: numpy>=1.6 in /usr/local/lib/
python3.7/dist-packages (from konlpy) (1.21.6)
Requirement already satisfied: lxml>=4.1.0 in /usr/local/lib/
python3.7/dist-packages (from konlpy) (4.9.1)
Collecting JPype1>=0.7.0
  Downloading JPype1-1.4.0-cp37-cp37m-manylinux_2_5_x86_64.
manylinux1_x86_64.whl (453 kB)
     |████████████████████████████████| 453 kB 72.4 MB/s
Requirement already satisfied: typing-extensions in /usr/local/
lib/python3.7/dist-packages (from JPype1>=0.7.0->konlpy) (4.1.1)
Installing collected packages: JPype1, konlpy
Successfully installed JPype1-1.4.0 konlpy-0.6.0
Looking in indexes: https://pypi.org/simple, https://us-python.
pkg.dev/colab-wheels/public/simple/
```

```
Requirement already satisfied: wordcloud in /usr/local/lib/
python3.7/dist-packages (1.8.2.2)
Requirement already satisfied: numpy>=1.6.1 in /usr/local/lib/
python3.7/dist-packages (from wordcloud) (1.21.6)
Requirement already satisfied: pillow in /usr/local/lib/python3.7/
dist-packages (from wordcloud) (7.1.2)
Requirement already satisfied: matplotlib in /usr/local/lib/
python3.7/dist-packages (from wordcloud) (3.2.2)
Requirement already satisfied: pyparsi
ng!=2.0.4,!=2.1.2,!=2.1.6,>=2.0.1 in /usr/local/lib/python3.7/dist-
packages (from matplotlib->wordcloud) (3.0.9)
Requirement already satisfied: cycler>=0.10 in /usr/local/lib/
python3.7/dist-packages (from matplotlib->wordcloud) (0.11.0)
Requirement already satisfied: python-dateutil>=2.1 in /usr/local/
lib/python3.7/dist-packages (from matplotlib->wordcloud) (2.8.2)
Requirement already satisfied: kiwisolver>=1.0.1 in /usr/local/
lib/python3.7/dist-packages (from matplotlib->wordcloud) (1.4.4)
Requirement already satisfied: typing-extensions in /usr/local/
lib/python3.7/dist-packages (from kiwisolver>=1.0.1->matplotlib-
>wordcloud) (4.1.1)
Requirement already satisfied: six>=1.5 in /usr/local/lib/
python3.7/dist-packages (from python-dateutil>=2.1->matplotlib-
>wordcloud) (1.15.0)
```

KoNLPy 모듈이 제대로 설치했는지 show 명령어를 이용하여 확인한다.

KoNLPy 확인

```
!pip show konlpy
```

실행 결과

```
Name: konlpy
Version: 0.6.0
Summary: Python package for Korean natural language processing.
Home-page: http://konlpy.org
Author: Team KoNLPy
Author-email: konlpy@googlegroups.com
License: GPL v3
Location: /usr/local/lib/python3.7/dist-packages
Requires: numpy, lxml, JPype1
Required-by:
Name: wordcloud
Version: 1.8.2.2
Summary: A little word cloud generator
Home-page: https://github.com/amueller/word_cloud
Author: Andreas Mueller
Author-email: t3kcit+wordcloud@gmail.com
License: MIT
Location: /usr/local/lib/python3.7/dist-packages
Requires: matplotlib, pillow, numpy
Required-by:
```

2) 형태소 토큰화하기

한국어 형태소 분석기 Okt를 사용하기 위해 'konlpy.tag'에 있는 Okt 클래스를 불러와서 분석기를 생성한다.

Okt 분석기 생성

```
from konlpy.tag import Okt
okt=Okt()
```

Okt 클래스가 가지고 있는 메소드는 phrases(), morphs(), nouns(), pos() 등이 있다.

표 12-1 Okt 클래스의 메소드

메소드	설명
phrases(text)	어구 추출
morphs(text)	형태소 추출
nouns(text)	명사 추출
pos(text)	품사 정보 추가하여 추출

① morphs()

morphs()를 사용하면 형태소를 추출할 수 있다.

morphs()

```
from konlpy.tag import Okt
okt=Okt()
token=okt.morphs('달이 참 예쁘다고')
print(token)
```

실행 결과

```
['달이', '참', '예쁘다고']
```

② pos()

pos()는 품사 정보를 추가하여 형태소로 토큰화한 결과를 튜플로 쌍을 이루어 반환한다. 이때, 파라미터를 join=True로 설정하면 품사 정보를 포함한 문자열로 반환한다.

pos()

```
from konlpy.tag import Okt
okt=Okt()
sentence_tag=okt.pos('달이 참 예쁘다고')
print(sentence_tag)
sentence_tag=okt.pos('달이 참 예쁘다고', join=True)
print(sentence_tag)
```

실행 결과

```
('달이', 'Noun'), ('참', 'Verb'), ('예쁘다고', 'Adjective')]
['달이/Noun', '참/Verb', '예쁘다고/Adjective']
```

③ phrases()

어구를 추출하여 반환한다.

pos()

```
from konlpy.tag import Okt
okt=Okt()
sentence=okt.phrases('달이 참 예쁘다고')
sentence
```

실행 결과

```
['달이']
```

(2) 토큰화 실습

입력된 텍스트 중에서 가장 많이 언급되는 단어를 추출해보자.

1) 형태소 분석

가장 먼저 okt.pos()를 이용하여 형태소로 분리한다.

pos()로 형태소 분석

```
text='이승윤 숨고 싶을 땐 다락이 되어 줄거야 죽고 싶을 땐 나락이 되어 줄거야 울고 싶은 만큼 허송 세월 해 줄거야 진심이 버거울 땐 우리 가면무도회를 열자'
sentece_tag=okt.pos(text) # 형태소 분석하기
sentece_tag
```

실행 결과

```
[('이승윤', 'Noun'),
 ('숨고', 'Verb'),
 ('싶을', 'Verb'),
 ('땐', 'Noun'),
 ('다락', 'Noun'),
 ('이', 'Josa'),
 ('되어', 'Verb'),
 ('줄거야', 'Verb'),
 ('죽고', 'Verb'),
 ('싶을', 'Verb'),
 ('땐', 'Noun'),
 ('나락', 'Noun'),
 ('이', 'Josa'),
 ('되어', 'Verb'),
 ('줄거야', 'Verb'),
 ('울', 'Noun'),
 ('고', 'Josa'),
 ('싶은', 'Verb'),
 ('만큼', 'Noun'),
 ('허송', 'Noun'),
 ('세월', 'Noun'),
```

```
('해', 'Noun'),
('줄거야', 'Verb'),
('진심', 'Noun'),
('이', 'Josa'),
('버거울', 'Adjective'),
('땐', 'Noun'),
('우리', 'Noun'),
('가면', 'Noun'),
('무도회', 'Noun'),
('를', 'Josa'),
('열자', 'Noun')]
```

2) collection

동일한 값의 자료가 몇 개인지 파악하는 데 사용하는 모듈인 collection을 불러온다. 이때, collection에서 제공하는 counter() 메소드를 사용하면 동일한 값의 빈도수를 쉽게 구할 수 있다. 또한, most_common(n)을 사용하면 가장 빈도수가 많은 순서대로 n개를 추출할 수 있다.

collection.counter()로 빈도수 구하기

```
import collections
text='달이 참 예쁘다고 숨고 싶을 땐 다락이 되어 줄거야 죽고 싶을 땐 나락이 되어 줄거야 울고 싶은 만큼 허송 세월 해 줄거야 진심이 버거울 땐 우리 가면 무도회를 열자'
sentece_tag=okt.pos(text)
sentece_tag
adj_list=[]
for word,tag in sentece_tag:
  if tag in ['Noun', 'Adjective']:
    adj_list.append(word)
counts=collections.Counter(adj_list)
tag=counts.most_common(2)
tag
print(tag)
```

실행 결과

```
[('땐', 3), ('이승윤', 1)]
```

pos()에서 품사와 단어가 하나의 쌍인 튜플로 반환되기 때문에 반복문에서 품사와 단어를 각각 tag와 word에 저장하여 tag가 '명사 또는 형용사'인 것만 추출하여 adj_list에 추가한다. sentence_tag를 모두 읽어온 후에 adj_list에 있는 단어의 빈도수는 Counter()를 사용해서 구할 수 있다.

12.2 워드클라우드

워드클라우드는 자연어 처리에서 언급된 단어들의 빈도수를 파악해서 빈도수가 가장 많은 단어의 크기를 크게 나타내고, 빈도수가 적은 단어의 크기는 작게 나타내는 시각화 기법이다. 워드클라우드에 필요한 라이브러리는 matplotlib, wordcloud이다.

(1) 라이브러리 설치하기

wordcloud 설치

```
!pip install wordcloud
```

matplotlib 설치

```
import matplotlib.pyplot as plt
```

(2) 한글 글꼴 설치

한글을 시각화하여 출력할 때, 글꼴이 설치되어 있지 않으면 깨지는 현상이 발생할 수 있다. 따라서 font-nanum을 설치하고 글꼴 위치를 설정해야 한다.

나눔 글꼴 설치하기

```
! apt-get install fonts-nanum
font_path='/usr/share/fonts/truetype/nanum/NanumBarunGothic.ttf'
```

실행 결과

```
Reading package lists... Done
Building dependency tree
Reading state information... Done
The following package was automatically installed and is no longer
required:
  libnvidia-common-460
Use 'apt autoremove' to remove it.
The following NEW packages will be installed:
  fonts-nanum
0 upgraded, 1 newly installed, 0 to remove and 20 not upgraded.
Need to get 9,604 kB of archives.
After this operation, 29.5 MB of additional disk space will be
used.
Get:1 http://archive.ubuntu.com/ubuntu bionic/universe amd64
fonts-nanum all 20170925-1 [9,604 kB]
Fetched 9,604 kB in 0s (51.5 MB/s)
Selecting previously unselected package fonts-nanum.
(Reading database ... 159447 files and directories currently
installed.)
Preparing to unpack .../fonts-nanum_20170925-1_all.deb ...
Unpacking fonts-nanum (20170925-1) ...
Setting up fonts-nanum (20170925-1) ...
Processing triggers for fontconfig (2.12.6-0ubuntu2) ...
```

(3) 텍스트 가져오기

텍스트 가져오기

```
f = open("/content/달이참예쁘다고.txt", 'r') #파일 열기
str=''
lines = f.readlines() # 파일의 모든 줄을 읽어오기(리스트로 저장됨)
for line in lines: # 한 줄씩 읽어오기
    # print(line)
    line = line.strip() # 줄 바꿈(\n) 문자 제거
    text+=line  # 문자열에 계속 추가하기
f.close() #파일 닫기
# print(str)
```

(4) 품사 태깅하기

okt.pos()를 이용하여 형태소로 토큰화하면 단어, 품사를 하나의 쌍으로 얻을 수 있다. 이것을 이용하여 명사 또는 형용사인 단어를 추출한다.

품사 태깅

```
sentece_tag=okt.pos(str) # 형태소 분석하기
sentece_tag
```

실행 결과

```
('버거울', 'Adjective'),
 ('땐', 'Noun'),
 ('우리', 'Noun'),
 ('가면', 'Noun'),
 ('무도회', 'Noun'),
 ('를', 'Josa'),
 ('열자', 'Noun'),
 ('달', 'Noun'),
 ('위', 'Noun'),
 ('에다', 'Josa'),
```

```
('발자국', 'Noun'),
('을', 'Josa'),
('남기고', 'Verb'),
('싶진', 'Verb'),
('않아', 'Verb'),
('단지', 'Noun'),
('너', 'Noun'),
('와', 'Josa'),
('발', 'Noun'),
('맞추어', 'Verb'),
('걷고', 'Verb'),
('싶었어', 'Verb'),
('닻', 'Noun'),
('이', 'Josa'),
('닫지', 'Verb'),
('않는', 'Verb'),
('바다', 'Noun'),
· · · · · · · · 중략 · · · · · · · · · · ·
('서수만', 'Noun'),
('광년', 'Noun'),
('의', 'Josa'),
('일렁임', 'Noun'),
('을', 'Josa'),
('거두어', 'Verb'),
('지금', 'Noun'),
('을', 'Josa'),
('네', 'Noun'),
('게', 'Josa'),
('들려', 'Verb'),
('줄거야', 'Verb'),
('달이', 'Noun'),
('참', 'Verb'),
('예쁘다고', 'Adjective')]
```

태깅한 품사에서 명사와 형용사 형태소만 추출하기

```
adj_list=[]
for word, tag in sentece_tag:
  if tag in ['Noun', 'Adjective']:
    adj_list.append(word)
adj_list[:10]
```

실행 결과

```
['이승윤', '밤', '하늘', '수만', '가지', '것', '행성', '잔', '고개', '경
의']
```

(5) 동일한 단어의 빈도수 구하기

명사와 형용사인 단어로 구성된 adj_list에서 collection.Counter()를 이용하면 동일한 단어의 빈도수를 구할 수 있다.

단어 빈도수 구하기

```
counts=collections.Counter(adj_list)
tag=counts.most_common(10)
tag
```

실행 결과

```
[('있어', 3),
 ('이름', 3),
 ('땐', 3),
 ('가지', 2),
 ('안', 2),
 ('영원히', 2),
 ('노', 2),
 ('저을', 2),
 ('순', 2),
 ('없지만', 2)]
```

(6) wordcloud 생성

wordcloud 모듈에 있는 WordCloud 클래스에 워드클라우드와 관련된 알고리즘이 구현되어 있다. WordCloud에서 워드클라우드를 생성할 때 파라미터는 여러 개 있지만, 대표적으로 한글폰드와 워드클라우드의 크기에 관련된 인수를 설정한다.

wordcloud.WordCloud

```
from wordcloud import WordCloud
WordCloud(font_path=한글글꼴위치, width=너비사이즈, height=높이사이즈,
background_color=배경색, max_font_size=최대 글꼴 사이즈)
```

워드클라우드 파라미터 중 한글 폰트 지정을 정확하게 설정해줘야 한글이 깨지지 않고 생성될 수 있다. WordCloud의 파라미터로 font_path는 한글 폰트가 있는 경로이다. 여기서는 (2)에서 글꼴 경로로 저장한 font_path를 사용한다. background_color는 워드클라우드의 배경색이다. 이렇게 함으로 워드클라우드의 레이아웃을 만들 수 있다. 이제 실제 데이터를 넣고 워드클라우드를 생성하기 위해 generate_from_frequencies()를 사용한다. 이때 괄호 안에는 (5)에서 생성한 tag를 딕셔너리 형태로 변환하여 넣어준다.

tag를 가지고 워드클라우드 생성하기

```
from wordcloud import WordCloud
wc = WordCloud(font_path=font_path, background_color='skyblue',
max_font_size=60)
cloud=wc.generate_from_frequencies(dict(tag))
```

(7) matplotlib으로 시각화하기

(6)에서 생성한 워드클라우드를 시각화하기 위해 matplotlib을 사용한다. imshow() 안에 생성한 워드클라우드를 넣어주면 화면에 출력되는 것을 확인할 수 있다.

워드클라우드 시각화

```
import matplotlib.pyplot as plt
plt.figure(figsize=(10, 8))
plt.imshow(cloud)

```

실행 결과

12.3 자연어 처리 실습

(1) 뉴스기사로 워드클라우드 만들기

빅카인즈에서 제공하는 기사 데이터를 이용하여 자연어를 처리하는 과정을 익혀보도록 한다.

1) 필요한 라이브러리 불러오기

필요한 라이브러리 불러오기

```
import pandas as pd
import matplotlib.pyplot as plt
import collections
from wordcloud import WordCloud
```

2) 데이터 읽어오기

실습 데이터를 불러오면 일자, 언론사, 본문, 분석 제외 여부 칼럼으로 구성된 25개의 기사가 있다.

데이터 읽어오기

```
df=pd.read_excel('/content/chap12_실습2.xlsx')
df.head()
```

실행 결과

```
    일자언론사   본문
0 20220924 파이낸셜뉴스 9월 30일부터 10월 2일까지 갓바위문화타운 일원에서 열려 \n \n \n【파이낸...
1 20220923 한국일보 정부가 야외에서의 마스크 착용 의무를 26일부터 전면 해제한다고 밝히면서 내달 열리...
2 20220923 한국일보 야외 공연 즐기기 좋은 가을철을 맞아 대형 음악 축제가 이어진다. 팬데믹 기간 정상...
3 20220922 광주매일신문 우리나라 대중음악을 빛내는 별들이 '목포뮤직플레이'에 대거 출연해 목포의 가을을 장...
4 20220921 경향신문 50대 여성 A씨는 지난 8일 유명 트로트 가수의 티켓을 판매한다는 게시글을 중고품...
```

데이터의 정보를 확인해 보면 총 25개의 기사로 구성되었고, 언론사, 본문은 문자열로 구성되었으며, 기사 일자는 정수형으로 이루어진 것을 확인할 수 있다.

데이터 정보 확인

```
df.info()
```

실행 결과

```
<class 'pandas.core.frame.DataFrame'>
RangeIndex: 25 entries, 0 to 24
Data columns (total 4 columns):
 #   Column   Non-Null Count  Dtype
---  ------   --------------  -----
 0   일자       25 non-null     int64
 1   언론사      25 non-null     object
 2   본문       25 non-null     object

dtypes: float64(1), int64(1), object(2)
memory usage: 928.0+ bytes
```

3) 데이터 전처리

① 결측치 제거

데이터 중에 null 값이 있는지도 확인해보자.

언론사의 중복 여부와 null 값 확인

```
print(df.isnull().sum())
```

실행 결과

```
일자     0
언론사    0
본문     0
dtype: int64
```

각 속성에 null 값이 없다는 것을 확인할 수 있다. 만약 null 값이 있다면 기사를 분석하는 데 의미가 없는 데이터이므로 해당 행을 제거해야 한다.

② 불용어 제거

불용어란 데이터를 분석하는 데 있어서 큰 의미를 가지고 있지 않은 단어를 의미한다. 예를 들면, 줄바꿈 문자 '\n', 괄호 등 데이터셋에는 자주 등장하지만, 분석에는 의미가 없는 것이 불용어이다. 한글과 공백을 제외한 모든 문자를 제거하기 위해서는 정규표현식을 사용한다. 모든 한글을 정규표현식으로 나타내면 [ㄱ-ㅎㅏ-ㅣ가-힗]이다. 여기에 공백까지 추가하면 [ㄱ-ㅎㅏ-ㅣ가-힗]이 된다. 또한, 날짜를 포함하는 기사가 있을 수 있으므로 0부터 9까지의 숫자를 포함해서 [ㄱ-ㅎㅏ-ㅣ가-힗 0-9]로 나타낸다. 숫자, 한글과 공백을 제외하는 의미로 ^를 넣어주어 [^ ㄱ-ㅎㅏ-ㅣ가-힗]로 표현하면 워드클라우드로 시각화할 때 필요 없는 단어를 모두 제거할 수 있다.

정규표현식을 사용하여 불용어 제거

```
df['정규화본문'] = df['본문'].str.replace("[^ㄱ-ㅎㅏ-ㅣ가-힗 0-9]","")
df.head()
```

실행 결과

	일자	언론사	본문	정규화본문
0	20220924	파이낸셜뉴스	9월 30일부터 10월 2일까지 갓바위문화타운 일원에서 열려 ₩n ₩n ₩n【파이낸...	9월 30일부터 10월 2일까지 갓바위문화타운 일원에서 열려 파이낸셜뉴스 목포 황...
1	20220923	한국일보	정부가 야외에서의 마스크 착용 의무를 26일부터 전면 해제한다고 밝히면서 내달 열리...	정부가 야외에서의 마스크 착용 의무를 26일부터 전면 해제한다고 밝히면서 내달 열리...
2	20220923	한국일보	야외 공연 즐기기 좋은 가을철을 맞아 대형 음악 축제가 이어진다. 팬데믹 기간 정상...	야외 공연 즐기기 좋은 가을철을 맞아 대형 음악 축제가 이어진다 팬데믹 기간 정상적...
3	20220922	광주매일신문	우리나라 대중음악을 빛내는 별들이 '목포뮤직플레이'에 대거 출연해 목포의 가을을 장...	우리나라 대중음악을 빛내는 별들이 목포뮤직플레이에 대거 출연해 목포의 가을을 장식한...
4	20220921	경향신문	50대 여성 A씨는 지난 8일 유명 트로트 가수의 티켓을 판매한다는 게시글을 중고품...	50대 여성 씨는 지난 8일 유명 트로트 가수의 티켓을 판매한다는 게시글을 중고품 ...

③ 형태소로 토큰화하기

정규화된 기사를 불러와서 단어와 품사가 하나의 쌍으로 구성되도록 pos()로 토큰화한다. 토큰화한 단어 중에서 형용사와 명사만 추출한 후에 collection.Counter()를 사용하여 빈도수를 구한다.

형용사와 명사 단어의 빈도수 추출

```
temp_list=[]
for sentence in df['정규화본문']:
 s_list=okt.pos(sentence)
 for word,tag in s_list:
   if tag in ['Noun', 'Adjective']:
     temp_list.append(word)
counts=collections.Counter(temp_list)
tag=counts.most_common(50)
tag
```

실행 결과

```
[('뮤직', 25),
 ('목포', 22),
 ('이승윤', 19),
 ('플레이', 17),
 ('문화', 16),
 ('가수', 16),
 ('음악', 11),
 ('축제', 10),
 ('공연', 10),
 ('투표', 10),
 ('갓바위', 9),
 ('목포시', 9),
 ('타운', 8),
 ('코로나', 8),
 ('전국', 8),
 ('통해', 8),
 ('지난', 7),
 ('티켓', 7),
 ('스타', 7),
 ('수', 7),
 ('더', 7),
 ('일원', 6),
 ('있다', 6),
```

```
('계획', 6),
('경연', 6),
('온라인', 6),
('진행', 6),
('팩트', 6),
('어워즈', 6),
('뮤지션', 6),
('추진', 6),
('대표', 5),
('최초', 5),
('대회', 5),
('마름모', 5),
('이', 5),
('보고', 5),
('기자', 4),
('전남', 4),
('국내', 4),
('페스티벌', 4),
('씨', 4),
('브랜드', 4),
('파워', 4),
('위', 4),
('표', 4),
('방송', 4),
('있는', 4),
('콘서트', 4),
('대중', 4)]
```

4) 워드클라우드 생성

단어의 빈도수를 가지고 generate_from_frequencies()를 사용하여 워드클라우드로 나타낸다.

워드클라우드 시각화

```
# from wordcloud import WordCloud
# import matplotlib.pyplot as plt
# from wordcloud import WordCloud
wc=WordCloud(font_path=font_path,background_color='white', max_
font_size=60, scale=2.0) # scale은 이미지의 크기를 결정
cloud=wc.generate_from_frequencies(dict(tag))
plt.figure(figsize=(10, 8))
plt.imshow(cloud)
```

실행 결과

워드클라우드의 생성 결과 '이승윤', '뮤직', '목포', '문화', '플레이', '가수'가 가장 많이 언급되는 단어라는 것을 알 수 있다.

5) 원하는 모양으로 워드클라우드 생성

image.open() 함수를 이용해 이미지를 불러와 넘파이를 이용하여 수치로 변환한다. mask에는 워드클라우드 배경에 사용할 데이터로 설정하면 원하는 모양의 워드클라우드를 만들 수 있다.

워드클라우드 시각화

```
import numpy as np
from PIL import Image
img = Image.open('/content/검은배경.jpg')
img_array = np.array(img)
wc = WordCloud(font_path=font_path, width=400, height=400,
scale=2.0, max_font_size=250, mask=img_array)
gen = wc.generate_from_frequencies(dict(tag))
import matplotlib.pyplot as plt
plt.figure(figsize=(10, 8))
plt.imshow(gen)
```

실행 결과

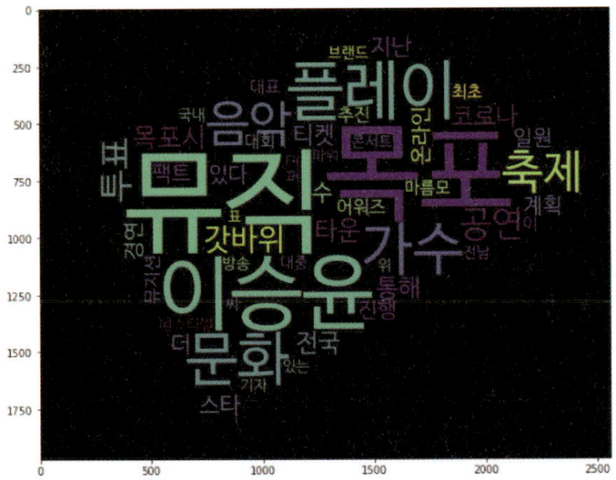

6) 워드클라우드 결과 저장하기

시각화된 워드클라우드를 저장하려면 to_file(파일명)을 사용한다. 코랩에서 작업하기에 파일은 현재 작업 폴더에 생성된다. 파일을 다운로드해서 확인하면 저장된 워드클라우드 이미지 파일을 확인할 수 있다.

워드클라우드 결과 저장

```
wc.to_file('기사검색워드클라우드.png')
```

실행 결과

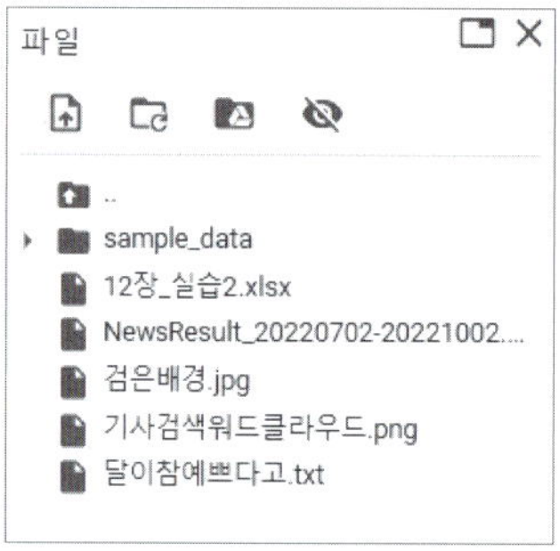

연습 문제

1 다음에 제시된 텍스트를 가지고 순서대로 진행해보시오.

1) 품사를 태깅하여 단어와 품사로 출력하시오.
2) 형태소로 토큰화하여 단어로 출력하시오.
3) 가장 많이 언급되는 단어 5개를 출력하시오.

```
text= '위대한 공식이 길게 늘어서 있는
거대한 시공에
짧은 문장을 새겨 보곤 해
너와 나 또 몇몇의 이름
두어 가지 마음까지
영원히 노를 저을 순 없지만
몇 분짜리 노랠 지을 수 있어서
수만 광년의 일렁임을 거두어
지금을 네게 들려 줄거야'
```

실행 결과

```
단어와 품사 출력
[('위대한', 'Adjective'), ('공식', 'Noun'), ('이', 'Josa'), ('길게',
'Adjective'), ('늘어서', 'Verb'), ('있는', 'Adjective'), ('거대한', 'Adjective'),
('시공', 'Noun'), ('에', 'Josa'), ('짧은', 'Adjective'), ('문장', 'Noun'), ('을',
'Josa'), ('새겨', 'Verb'), ('보곤', 'Verb'), ('해너', 'Noun'), ('와', 'Josa'),
('나', 'Noun'), ('또', 'Noun'), ('몇몇', 'Noun'), ('의', 'Josa'), ('이름',
'Noun'), ('두어', 'Verb'), ('가지', 'Noun'), ('마음', 'Noun'), ('까지', 'Josa'),
('영원히', 'Adjective'), ('노', 'Noun'), ('를', 'Josa'), ('저을', 'Noun'),
('순', 'Noun'), ('없지만', 'Adjective'), ('몇', 'Noun'), ('분', 'Noun'), ('짜리',
'Verb'), ('노랠', 'Adjective'), ('지을', 'Verb'), ('수', 'Noun'), ('있어',
'Adjective'), ('서수만', 'Noun'), ('광년', 'Noun'), ('의', 'Josa'), ('일렁임',
'Noun'), ('을', 'Josa'), ('거두어', 'Verb'), ('지금', 'Noun'), ('을', 'Josa'),
('네', 'Noun'), ('게', 'Josa'), ('들려', 'Verb'), ('줄거야', 'Verb')]

형태소로 토큰화하여 단어 출력
['위대한', '공식', '길게', '있는', '거대한', '시공', '짧은', '문장', '해너', '나',
'또', '몇몇', '이름', '가지', '마음', '영원히', '노', '저을', '순', '없지만', '몇',
'분', '노랠', '수', '있어', '서수만', '광년', '일렁임', '지금', '네']

가장 많이 언급되는 단어 5개 출력
[('위대한', 1), ('공식', 1), ('길게', 1), ('있는', 1), ('거대한', 1)]
```

※ 문제 2~문제 6의 빈칸을 채워서 자연어 처리를 순서대로 수행해보시오.

2 'chap12_연습문제.xlsx' 파일은 특정 날짜의 기사를 추출한 데이터이다. 데이터를 읽어와 '본문' 칼럼을 품사로 태깅해보시오.

```
import pandas as pd
import matplotlib.pyplot as plt
import collections
from wordcloud import WordCloud
news_df=pd.read_excel('/content/12장_연습문제.xlsx')

_________________________
_________________________
_________________________
```

실행 결과

```
[('HL', 'Alpha'),
 ('만도', 'Noun'),
 ('와', 'Josa'),
 ('한국', 'Noun'),
 ('교통', 'Noun'),
 ('안전', 'Noun'),
 ('공단', 'Noun'),
 ('은', 'Josa'),
 ('전국', 'Noun'),
 ('교통사고', 'Noun'),
 ('피해', 'Noun'),
 ('중', 'Noun'),
 ('증장', 'Noun'),
 ('애인', 'Noun'),
 ('118', 'Number'),
 ('명', 'Noun'),
 ('에게', 'Josa'),
 ("'", 'Punctuation'),
 ('사랑', 'Noun'),
```

```
 ('의', 'Josa'),
 ('오뚝이', 'Noun'),
                    ......중략 ......
 ('고', 'Noun'),
 ('(', 'Punctuation'),
 (' ', 'Foreign'),
 (')', 'Punctuation'),
 ('정인영', 'Noun'),
 ('HL', 'Alpha'),
 ('그룹', 'Noun'),
 ('창업', 'Noun'),
 ('회', 'Noun'),
 ('..', 'Punctuation')]
```

3 문제 2의 실습 결과는 불용어를 처리하지 않고 품사를 태깅한 결과이다. 불용어가 다음과 같을 때, '본문' 칼럼의 데이터를 불용어 처리한 결과를 '정규화본문' 칼럼으로 저장해보시오.

※ 불용어: 한글이거나 공백 및 숫자가 아닌 문자들[^ㄱ-ㅎㅏ-ㅣ가-힣0-9]

```
news_df['정규화본문']=________________________________
news_df.head()
```

실행 결과

	언론사	본문	정규화본문
0	한국경제	카카오는 오는 6일 아이폰용 카카오톡의 이모티콘 가격을 인상한다고 3일 발표했다. ...	카카오는 오는 6일 아이폰용 카카오톡의 이모티콘 가격을 인상한다고 3일 발표했다 ...
1	서울경제	소상공인시장진흥공단이 중소벤처기업부와 함께 30일 경북 영주시 영주시민운동장에서 '...	소상공인시장진흥공단이 중소벤처기업부와 함께 30일 경북 영주시 영주시민운동장에서 2...
2	서울경제	보안업체 에스원이 중소 대형 사업장의 사고를 예방할 수 있는 안전 솔루션을 출시했다...	보안업체 에스원이 중소 대형 사업장의 사고를 예방할 수 있는 안전 솔루션을 출시했다...
3	매일경제	삼성SDI가 오는 2050년까지 탄소중립을 달성한다는 내용의 환경경영 전략을 3일 ...	삼성가 오는 2050년까지 탄소중립을 달성한다는 내용의 환경경영 전략을 3일 발표했...
4	한국일보	권성동 국민의힘 의원은 3일 문재인 전 대통령이 '서해 공무원 피격 사건'과 관련한...	권성동 국민의힘 의원은 3일 문재인 전 대통령이 서해 공무원 피격 사건과 관련한 감...

4 news_df['정규화본문']의 데이터들을 품사로 태깅하여 형용사와 명사만을 추출한 후, 빈도수가 높은 5개의 문자를 출력해보시오.

```
temp_list=[] # 명사와 형용사 단어리스트
_______________________________________
_______________________________________
_______________________________________
_______________________________________
_______________________________________
_______________________________________
_______________________________________
tag
```

실행 결과

```
[('기자', 6365), ('등', 6350), ('것', 4878), ('있다', 4754), ('전', 3451)]
```

5 문제 4의 결과를 보면 주요 단어를 시각화하는 데 필요 없는 문자들이 포함된 것을 확인할 수 있다. 다음의 불용어 리스트를 이용하여 news_df['정규화본문']의 데이터에서 불용어 리스트에 포함되지 않은 형용사 또는 명사인 단어만 추출하여 빈도수가 높은 5개의 문자를 출력해보시오.

불용어 목록
['중', '기자', '이', '수', '위', '등', '것', '있다', '날', '씨', '위해', '원', '개', '입니다', '를', '제', '의', '고', '명', '있는', '전', '두', '관', '윤', '파', '시']

```
temp_list=[]
_______________________________________
_______________________________________
_______________________________________
_______________________________________
_______________________________________
_______________________________________
_______________________________________
_______________________________________
_______________________________________
tag
```

실행 결과

```
[('대통령', 3393), ('지난', 3036), ('서울', 3031), ('한국', 2784), ('
미국', 2504)]
```

6 빈도수가 높은 200개의 단어를 추출하여 워드클라우드로 생성하시오.

```
tag_200=counts.most_common(200)
```

실행 결과

••• 참고문헌

PART 01. Why

[1] 오경선, 장은실, 양숙희, "데이터 분석을 위한 파이썬", 2022.

[2] 장은실, 오경선, 양숙희, "엑셀로 하는 데이터 분석", 2021.

[3] https://www.glassdoor.com/member/home/index.htm

[4] https://ko.wikipedia.org

[5] https://nicola-ml.tistory.com/88

[6] https://mk-jung.tistory.com/183

PART 02. What

[1] 양숙희, 오경선, 장은실, "핵심만 쏙쏙 파이썬", 2020.

[2] https://colab.research.google.com/

[3] https://matplotlib.org/

[4] https://datastudio.google.com/reporting/0B_U5RNpwhcE6SF85TENURnc4UjA/preview

[5] https://www.data.go.kr/

[6] https://www.airkorea.or.kr/

[7] https://www.kaggle.com/

[8] http://seaborn.pydata.org/index.html

[9] http://seaborn.pydata.org/tutorial/color_palettes.html

[10] https://wikidocs.net/136292

PART 03. How

[1] https://wikidocs.net/46344

[2] https://www.kaggle.com/code/mittii/world-happiness-report-south-korea/notebook

••• 찾아보기

ㄱ

가로 바이올린 플롯 그래프 210
가로 상자수염 그래프 179
가로 카운트 플롯 그래프 209
강화 학습 33
강화학습 258
결측 데이터 131
공공기관 홈페이지 26
그래프 속성값 161
그룹 누적 가로 막대 그래프 169
그룹 산점도 그래프 172
그룹 세로 막대 그래프 168
그룹 히스토그램 175
극단치 177
근접값 177
글래스도어(Glassdoor) 22
기본 자료형 50

ㄴ

내장 시각화 옵션 161
내장 함수 82
논리 연산자 53

ㄷ

다중 선 그래프 165
다중선형회귀 350
다중 플롯 그리드 그래프 215
단순선형회귀 350
대입(할당, assignment) 연산자 51
데이터 분석가(Data Analyst) 21
데이터 수집 25
데이터 시각화 148
데이터 시각화 유형 149, 189
데이터 시각화의 사례 151
데이터 시각화의 장점 148
데이터의 특징 20
데이터 일반화 29
데이터 전처리 27
데이터 정형화 27
데이터 탐색 28
데이터프레임(DataFrame) 100
데이터 학습 모델 유형 30
도수분포표 174
독립변수 349
딕셔너리 66
딕셔너리 제어 함수 68

딥러닝 34

ㄹ

람다(lambda) 함수 86
랜덤 함수 84
리스트(list) 60
리스트 내포(List Comprehension) 71
리스트명[시작:끝] 62
리스트 인덱싱(Indexing) 61
리스트 제어 함수 63

ㅁ

막대 그래프 166
매개변수(parameter) 85
맷플롯립(Matplotlib) 154
맷플롯립(matplotlib) 라이브러리 155
맷플롯립 시각화의 예 156
머신러닝 258
머신러닝 모델 적용 29
머신러닝의 데이터 모델링 알고리즘 31
문자열 연산자 53
문제 해결의 목적 정의 24

ㅂ

바이올린 플롯 그래프 210
반복문 77
반환값(return value) 86
변수 48
변수 생성 및 규칙 49
보케(Bekeh) 154
복합 대입 연산자 52
분류 432
불용어 491
비교 연산자(또는 관계 연산자) 52
비정형 데이터 274
비지도학습 32, 258
빅데이터 분석(Big Data analysis) 20
빅데이터 분석의 필요성 21
빅데이터 분석 처리 과정 23

ㅅ

사용자 정의 함수 85
산술 연산자 51
산점도 그래프 171
상관계수 318
상관관계 266
상관분석 318
상자 몸통 177
상자수염 그래프 177
선 그래프 161
선택문 73
성능 평가 지표 31

세로 막대 그래프 167
세트 69
세트 제어 함수 70
슬라이싱(Slicing) 61
시각적으로 요약 149
시각화 단계 155
시각화 대시보드 151
시각화 라이브러리 154
시리즈(Series) 100
시본(Seaborn) 154
시본(Seaborn) 라이브러리 188
시본 가로 상자수염 그래프 207
시본 라이브러리의 기본 팔레트 191
시본 라이브러리의 특징 및 단계 190
시본 라이브러리 플롯의 분류 190
시본 막대 그래프 197
시본 산점도 그래프 198
시본 상자수염 그래프 205
시본 스웜 플롯 그래프 201
시본 스트립 플롯 그래프 199
시본의 색상 표현 201
시본 히스토그램 203
시본 히트맵(Heat Map) 그래프 211
신뢰도(confidence) 331

ㅇ

아웃라이어 177
연관규칙 331
연관분석 331
오차행렬 31
요소(element) 61
요약통계값 261
이상치 177
이상치 확인 265
익명 함수(anonymous function) 87
인공신경망 34
인덱스(Index) 100
인사이트 도출 150
인수(argument) 85

ㅈ

장바구니 분석 331
재현율 31
정밀도 31
정형 데이터 274
정확도 31
정확한 데이터 분석 150
제어문 73
조건식 74
종속변수 349

주석 처리 50
주요 마커 및 색상 속성 160
지도학습 32, 258
지지도(support) 331

ㅊ
최소 지지도(min_support) 335

ㅋ
카운트 플롯 그래프 208
커널 밀도 추정(KDE) 속성 204
컬렉션 자료형 60
코랩(Colab) 40
콤마(,)를 이용한 출력 56
클러스터링 382

ㅌ
탐색적 데이터 분석 260
토큰화 474
튜플 64

ㅍ
패싯 그리드 그래프 215
페어 플롯 그래프 217
폴리움(Folium) 154
표준 입·출력 54
플로틀리(Plotly) 154

ㅎ
학습 모델 평가 30
함수 81
향상도(lift) 331
형태소 추출 478
회귀분석(regression) 349
히스토그램 174

A
add_subplot() 195
add_subplot() 함수 197
AgglomerativeClustering 393
annot 속성 212
Apriori 알고리즘 333
aspect 속성 215

B
bar() 166, 195
barh() 169
barplot() 194
boxplot() 178, 206
break 문 81

C

choice() 85
ci 속성 194
classes_ 435
cmap 속성 212
collection 481
color 속성 158
columns 106
continue 문 81
corr() 212
counter() 481
countplot() 208
cross-vaildation 437
cross_val_score() 440
CSV 파일 105

D

def 85
describe() 106
drop 메서드 128
dtypes 107

E

effective_metric_ 435
Elbow 386
end 옵션 56
enumerate() 83
estimator 속성 194

F

F1 Score 31
FacetGrid() 215
figure() 195
fit() 384
fit(x_train,y_train) 435
float() 55
font-nanum 483
format() 함수를 이용한 출력 58
for 문 77, 78
f-string 포맷팅을 이용한 출력 59

G

generate_from_frequencies() 494
groupby() 함수 130

H

head() 106
heatmap() 212
height 속성 215
Hierarchical clustering 389
hist() 174
histplot() 203

hue 속성 197

I

if~elif / if~elif~else 문 76
if / if~else 문 75
iloc() 239
iloc[행 인덱스, 열 인덱스] 123
image.open() 495
index 106
info() 106
input() 54
int() 55

K

kde 속성 204
KElbowVisualizer 387
kind 속성 161
KMeans 383
KNeighborsClassifie 434
KoNLPy 475
k의 수 436
K-최근접 이웃(K-NN) 432

L

legend() 157
LinearRegression() 361
linestyle 속성 159
linkage() 390
loc() 239
loc[] 122

M

map() 215
map_diag() 218
map_offdiag() 218
marker 속성 159
mask 속성 213
MinMaxScaler 442
mlxtend 333
mlxtend 모듈 335
morphs(text) 478
most_common(n) 481

N

NaN(Not a Number) 131
n_clusters 384
nouns(text) 478
n_samples_fit_ 435

O

Okt(Open Korea Text) 475
one-hot 인코딩 335

order 속성 209
OTT 서비스 230

P
pairplot() 217
palette 속성 200
pass 문 81
phrases(text) 478
plot() 157, 162
polyfit() 함수 363
pos(text) 478
predict_proba(x_test) 435
predict(x_test) 435
print() 56

R
randint() 84
range() 79
read_csv() 107
read_excel() 105
reset_index() 194

S
scatter() 171
score(x_test, y_test) 435
set() 191
shape 106
sort_values() 107
StandardScaler 442
StandardScaler() 442
stripplot() 199
stripplot() 함수 200
swarmplot() 202

T
tail() 106
title() 156
to_file(파일명) 496
train_test_split() 463
TransactionEncoder() 334
tril() 함수 214
triu() 213
triu() 함수 214

U
unique() 107

V
value_counts() 107
vert 속성 179
violinplot() 210

W

Ward 391
while 문 77, 79
WordCloud 487

X

xlabel() 158
xlim() 159

Y

ylabel() 158
ylim() 159

Z

zip() 83

%d 형식지정자 57
%f 형식지정자 58
%s 형식지정자 57
% 형식지정자를 이용한 출력 57
25%(제1사분위) 177
75%(제3사분위) 177

저자 소개

장은실(Jang EunSill) | esjang@joongbu.ac.kr

동국대학교에서 컴퓨터공학전공 공학박사 학위를 취득하였으며, 2018~2020년에 성균관대학교 소프트웨어대학 초빙교수와 2020~2021년에 한양대학교 소프트웨어학부 SW 교육 전담 교수를 거쳐 2021년부터 현재까지 중부대학교 학생성장교양학부 조교수로 재직 중이다. 경기도경제과학진흥원(GBSA), 한국연구재단(NRF), 정보통신기획평가원(IITP) 등에서 심사평가위원으로 활동 중이며, 컴퓨팅 기반 문제 해결, 데이터 분석, 프로그래밍 등의 저서를 집필하였다.

양숙희(Yang SukHee) | ysh8460@skku.edu

동국대학교에서 경영정보전공 경영학박사 학위를 취득하였으며, 2003년부터 현재까지 신구대학교 겸임교수, 건국대학교, 경기대학교, 연세대학교, 이화여자대학교에 출강 중이며, 2012년부터 현재까지 연소프트 기술지원 팀장, 2018년부터 현재까지 성균관대학교 소프트웨어대학 겸임교수, 2022년부터 현재까지 단국대학교 자유교양대학 초빙교수로 재직 중이다. 컴퓨터활용능력, 오피스 활용, 데이터 분석, 프로그래밍 등 다양한 분야의 저서를 집필하였다.

오경선(Oh KyungSun) | skyal@konkuk.ac.kr

성균관대학교에서 컴퓨터교육전공 교육학박사 학위를 취득하였으며, 2017~2019년에 단국대학교 SW 중심대학사업단 강의 전담 조교수를 거쳐 2019년부터 현재까지 건국대학교 상허교양대학 조교수로 재직 중이다. 컴퓨팅 사고, 데이터 분석, 프로그래밍 등 다양한 분야의 저서를 집필하였다.